Jacqueline Kennedy

JACQUELINE
KENNEDY

GESPRÄCHE ÜBER EIN LEBEN MIT JOHN F. KENNEDY

Mit einem Vorwort von

CAROLINE KENNEDY

Interviews mit

ARTHUR M. SCHLESINGER JR., 1964

Einführung und Anmerkungen von

MICHAEL BESCHLOSS

Hoffmann und Campe

Die Originalausgabe erschien 2011 unter dem Titel
Historic Conversations on Life with John F. Kennedy
im Verlag Hyperion, New York.

Aus dem amerikanischen Englisch von
Helmut Dierlamm, Jens Hagestedt, Christina Knüllig,
Dagmar Mallett, Thomas Pfeiffer und Thorsten Schmidt

Ein besonderer Dank gilt John F. Kennedy
Presidential Library and Museum
www.jfklibrary.org

1. Auflage 2022

www.hoffmann-und-campe.de
Umschlaggestaltung: Lisa Busch © Hoffmann und Campe
Umschlagabbildung: © Mark Shaw / mptvimages.com
Satz: Dörlemann Satz, Lemförde
Druck und Bindung: GGP Media GmbH, Pößneck
Printed in Germany
ISBN 978-3-455-01509-6

HOFFMANN UND CAMPE

Ein Unternehmen der
GANSKE VERLAGSGRUPPE

INHALT

VORWORT

CAROLINE KENNEDY

Im Jahr 1964 setzte sich meine Mutter im Rahmen eines Oral-History-Projekts mit Arthur M. Schlesinger jr. zusammen, um über ihre Erinnerungen an das Leben und die Karriere von John F. Kennedy zu berichten. Diese Aufzeichnungen, die keine vier Monate nach dem Tod ihres Mannes entstanden, sind ihr Geschenk an die Geschichtsschreibung und ein Liebesdienst, den sie meinem Vater erwies. Die Entscheidung, sie zu veröffentlichen, haben wir, meine Kinder und ich, uns nicht leicht gemacht; aber wir denken, das fünfzigste Jubiläum der Präsidentschaft meines Vaters ist der rechte Moment dafür – einerseits ist genug Zeit vergangen, um dieses einzigartige Dokument unvoreingenommen würdigen zu können, andererseits ist John F. Kennedys Amtszeit noch vielen Menschen in Erinnerung, und die Beobachtungen meiner Mutter werden für diese Menschen besonders aufschlussreich sein. Außerdem hoffe ich, dass auch jüngere Leser, die sich erst heute für die sechziger Jahre zu interessieren beginnen, daraus lernen, wie Geschichte gemacht wird, und vielleicht angeregt werden, ihrem Land, das uns allen so viel gegeben hat, etwas zurückzugeben.

Als ich noch ein Kind war, traf sich meine Mutter oft hinter verschlossenen Türen mit Angehörigen des Stabs meines Vaters, um – nach seinem Tod – für eine Grabstätte auf dem Nationalfriedhof von Arlington zu sorgen und um seinen Nachlass zu verwalten, seinen persönlichen Besitz, aber auch alle amtlichen Papiere und Dokumente; in späteren Jahren dann, um sich um den Bau des John F. Kennedy Center for the Performing Arts, die John F. Kennedy Presidential Library und das Institute of Politics zu kümmern – Einrichtungen, die von meinem Vater ins Leben gerufen worden waren als Ausdruck seines großen Engagements für das kulturelle Erbe unseres Landes. Meine Mutter war entschlossen, die Kennedy Library zu einer lebendigen Gedenkstätte zu machen. Die Bibliothek sollte Studierende dazu anregen, ihr Leben dem Dienst an der Gemeinschaft zu widmen, Forschern Zugang zu historischen Dokumenten verschaffen und Familien die Ideale nahebringen, die für den Lebensweg meines Vaters entscheidend waren und seine Vision für Amerika bestimmten. Diese Treffen waren immer sehr geheimnisvoll, aber meinem Bruder und mir wurde doch recht bald klar, dass, wenn es um Vergangenheit und Geschichte geht, die »Oral History«, die mündliche Überlieferung, von größter Bedeutung ist.

Meine Eltern teilten ein lebhaftes Interesse für Geschichte. Für sie war die Vergangenheit keine Domäne der Gelehrten. Geschichte – das war für sie eine Gesellschaft faszinierender Persönlichkeiten, die man liebend gern einmal kennenlernen würde. Das Interesse meines Vaters galt vor allem der politischen Geschichte – ich habe heute noch seine Bücher über den Bürgerkrieg und die englische Parlamentsgeschichte sowie seine kommentierte Ausgabe der *Federalist Papers.* Meine Mutter meinte, in der amerikanischen Geschichte gebe es zu wenig Frauen, um sie so interessant zu machen wie die Romane und Tagebücher, die an den Höfen Europas kursierten. Während der Vorwahlen in Wisconsin las sie *Krieg und Frieden.* Und nach der Lektüre der *Memoiren des Herzogs von Saint-Simon am Hofe Ludwigs XIV.*

sagte sie, kein Werk habe sie besser auf das Leben im Weißen Haus vorbereitet als dieses.

Nach dem Tod meines Vaters wollte meine Mutter alles dafür tun, seine Regierungszeit für die Nachwelt zu dokumentieren. Sie war sich sicher, dass seine Entscheidungen sich auch im Rückblick als richtig erweisen würden, und wollte zukünftigen Generationen die Möglichkeit geben, zu erfahren, was für ein außergewöhnlicher Mensch er gewesen war. So wurde sie zur Mit-Initiatorin eines der umfassendsten Oral-History-Projekte der damaligen Zeit, für das über tausend Zeitzeugen zu ihren Erfahrungen mit John F. Kennedy interviewt wurden. Obwohl es für meine Mutter sehr schmerzlich war, wusste sie, wie wichtig es war, dass auch sie selbst sich befragen ließ. Sie sagte uns immer, dass sie sich von Arthur M. Schlesinger jr., dem Pulitzerpreisträger, Historiker, ehemaligen Harvard-Professor und Berater des Präsidenten, habe interviewen lassen, weil sie an die späteren Generationen denke – weshalb sie die Bänder auch für fünfzig Jahre hat sperren lassen.

Ich las Abschriften dieser Gespräche zum ersten Mal 1994, wenige Wochen nach dem Tod meiner Mutter, als der Tresorraum geöffnet wurde und ihr Notar mir ein Exemplar aushändigte. Es war eine schwere Zeit für mich, da ich entscheiden musste, wie im Einzelnen mit ihrem Besitz zu verfahren sei – so, wie sie es dreißig Jahre zuvor für meinen Vater getan hatte. Im Fall der Gesprächsaufzeichnungen war es allerdings einfach, weil ich ihren Willen in dieser Sache kannte. Ich wusste daher auch, dass ich etwas las, was noch nicht für die Öffentlichkeit bestimmt war, und sosehr mich diese Aufzeichnungen auch faszinierten, legte ich sie dennoch wieder in den Tresor, um abzuwarten, bis ihre Zeit gekommen war.

Vor einigen Jahren begann meine Familie dann, den fünfzigsten Jahrestag des Amtsantritts meines Vaters zu planen. Wir wollten vor allem Projekte ins Leben rufen, die sein Erbe weltweit zugänglich machen sollten. Gemeinsam mit der John F. Kennedy Library and Foundation und großzügigen privaten Partnern richtete mein Mann ein digitales Archiv zur Präsidentschaft meines Vaters ein, mit Online-Lebensläufen und herunterladbaren historischen Dokumenten, sowie eine spezielle Webseite – *www.jfk50.org* –, die den Aufruf meines Vaters erneuern soll, das eigene Leben der Gemeinschaft zu widmen.

Die Veröffentlichung der vorliegenden Interviews ist ein wichtiger Beitrag zu diesem Gedenken und hat ihre ganz eigene Geschichte. Als der Leiter der Kennedy Library mit der Idee an mich herantrat, bat ich ihn, zunächst in den Archiven nach einer Bestätigung für den Wunsch meiner Mutter bezüglich des Veröffentlichungsdatums zu suchen. Überraschenderweise – wenn man die Wichtigkeit des Materials bedenkt – fand sich keinerlei Urkunde oder beglaubigte Verfügung darüber, zu welchem Zeitpunkt die Interviews zugänglich gemacht werden sollten. Es gab lediglich die kurze Aktennotiz eines Archivars, dass die Interviews »denselben Beschränkungen wie die Manchester-Interviews« unterliegen sollten.

Dazu muss man wissen, dass meine Mutter nach dem Tod meines Vaters drei wichtige Interviews gegeben hatte. Das erste, mit Theodore H. White, fand am 29. November 1963 in Hyannis Port auf Cape Cod statt, nur wenige Tage nach dem Begräbnis meines Vaters. In diesem Gespräch erzählte meine Mutter unter anderem, dass sie und mein Vater sich abends vor dem Schlafengehen oft eine Aufnahme des Broadway-Musicals *Camelot* anhörten und dass die Amtszeit meines Vaters im Rückblick für sie – »für einen kurzen leuchtenden Moment« – ihr Camelot gewesen sei. Whites Artikel erschien eine Woche später im *Life*-Magazin, aber die Abschrift dieses Interviews wurde bis zum ersten Todestag meiner Mutter gesperrt. Inzwischen steht sie der Forschung an der Kennedy Library in Boston zur Verfügung.

Ein zweites, mehrteiliges Gespräch führte meine Mutter mit William Manchester, der damals an seinem Buch *Der Tod des Präsidenten (The Death of a President)* schrieb. Dabei sagte meine Mutter mehr über die Ermordung meines Vaters, als sie eigentlich wollte, und war danach so erschrocken darüber, dass sie Autor und Verlag gerichtlich zwingen wollte, sie aus dem Buch zu streichen. Es wurde schließlich ein Vergleich geschlossen, und obwohl vieles doch den Weg in die Öffentlichkeit fand, sind die Abschriften dieser Interviews nach wie vor gesperrt, und zwar für hundert Jahre – also noch bis 2067.

Die bei weitem wichtigsten Gespräche waren allerdings diejenigen mit Arthur Schlesinger, die dieser im Rahmen des Oral-History-Projekts führte und in denen sich meine Mutter ausführlich zu der Zeit ihrer Ehe äußerte und zu ihrem Mann als öffentliche und private Person. Die Archivnotiz über das Veröffentlichungsdatum stimmte nicht mit meiner Erinnerung überein und schien mir auch nicht dem Wunsch meiner Mutter zu entsprechen. Ich besprach mich mit den damaligen Mitarbeitern im Weißen Haus und aus der Zeit danach und zog auch Freunde und Anwälte hinzu. Niemand meldete Zweifel an, dass meine Erinnerungen mich trogen, vielmehr waren alle begeistert, dass die Interviews endlich veröffentlicht werden sollten.

Trotzdem sah ich mich einem Dilemma gegenüber: Meine Mutter war einerseits bekannt dafür, größten Wert auf ihr Privatleben zu legen, gab – außer den drei genannten – niemals Interviews über das Leben im Weißen Haus und verlangte in ihrem Testament von meinem Bruder und mir, zu verhindern, dass ihre persönlichen Papiere, Briefe und Tagebücher je veröffentlicht würden.

Andererseits hob sie jedes Stück Papier gewissenhaft auf – Geburtstagskarten, Telegramme, die Briefe von ihren Eltern, natürlich ihre Terminkalender und Tagebücher und selbst Briefentwürfe und kurze Mitteilungen. Sie wusste, welch ein enormes Privileg es war, im Weißen Haus zu leben, und sie war stolz darauf. Als sie einmal bemerkte, wie eine ihrer Sekretärinnen alte Notizen und hausinterne Mitteilungen wegwarf, machte sie ihr ernste Vorhaltungen und wies sämtliche Mitarbeiter an, alles

Schriftliche bis hin zur hingekritzelten Notiz ausnahmslos aufzubewahren. Ihre Beschäftigung mit den Memoiren geschichtlicher Persönlichkeiten hatte sie davon überzeugt, dass es ihre Pflicht war, alles zu dokumentieren, was sich während ihrer Zeit im Weißen Haus ereignete.

In den Jahren nach ihrem Tod habe ich mir oft die Frage gestellt: Wie lange gehört uns ein uns nahestehender Mensch? Ab wann gehört er der Geschichte? Es gibt nur wenige Menschen, über die so viel geschrieben worden ist wie über meine Mutter, und ich wuchs in dem Bewusstsein auf, sie beschützen zu müssen – so, wie sie auch uns beschützt hat. Deswegen hielt ich es immer für gerechtfertigt, die Interviews all die Jahre ruhenzulassen. Die Erinnerung an meine Mutter sollte nicht wieder Anlass geben zu Klatsch und Spekulationen. Aber ich sehe auch ein, dass das fortdauernde Interesse an ihrem Leben Teil der großen Wertschätzung ist, die sie noch immer genießt. Zudem ist der freie Zugang zu allen Belangen der Regierung ein wichtiges amerikanisches Prinzip.

Im Lauf der Zeit sind viele Bitten um Veröffentlichung der Aufzeichnungen und Briefe meiner Mutter an mich herangetragen worden. Manchmal war es schwierig, den Wunsch meiner Mutter nach Privatheit mit ihrer Rolle als öffentliche Person zu vereinbaren und beidem gerecht zu werden. Obwohl mich jede Bitte in einen Zwiespalt stürzt, weiß ich doch, dass meine Mutter meinem Urteil stets vertraute, weil sie spürte, dass ich ihre Haltung verstand. Inzwischen ist es weniger schmerzlich geworden, sie mit der ganzen Welt teilen zu müssen, ja, ich empfinde es vielmehr als eine Ehre. Als ihre Tochter fällt es mir manchmal schwer, zu begreifen, dass so viele Menschen glauben, meine Mutter zu kennen, aber im Grunde gar nichts über sie wissen. Sie erinnern sich an ihren modischen Kleidungsstil, an ihre respekteinflößenden Auftritte in der Öffentlichkeit, ahnen aber oft nichts von ihrer intellektuellen Neugier, ihrem Sinn für Humor, ihrer Abenteuerlust und ihrem ausgeprägten Moralverständnis.

Mit der Zeit bin ich dazu übergegangen, die Grenze zwischen ihren privaten und ihren öffentlichen Angelegenheiten so zu ziehen, wie sie es selbst wohl getan hätte: Anfragen nach schriftlichen Äußerungen meiner Mutter zu meinem Vater, dem Leben im Weißen Haus und zu den politischen Ereignissen beantworte ich in aller Regel positiv, Anfragen, die ihre privaten Aufzeichnungen betreffen, lehne ich für gewöhnlich ab.

Die vorliegenden Gespräche fallen nun durchaus nicht in die Kategorie der privaten Aufzeichnungen, weil sie ja mit der Absicht einer künftigen Veröffentlichung aufgenommen wurden. Die Frage war also nicht, *ob* sie publiziert werden sollten, sondern nur, wann, und die Entscheidung lag bei mir.

Um zu einer Entscheidung zu kommen, machte ich mir noch einmal klar, in welchem Kontext und mit welchem Ziel die Interviews geführt worden waren. Es ging darum, Leben und Laufbahn meines Vaters zu dokumentieren anhand von Personen, die ihm nahegestanden hatten. Die Fragen folgen daher der Chronologie der Ereignisse, beginnend mit den frühen politischen Debatten meines Vaters in Massachusetts, über seinen Kampf um die Nominierung als Vizepräsidentschaftskandidat 1956, den Präsidentschaftswahlkampf von 1960, die Amtsübernahme und die Vereidigung, die Invasion in der Schweinebucht und die Kubakrise bis hin zum offiziellen und privaten Leben im Weißen Haus und den Planungen für den Wahlkampf 1964 und die zweite Amtszeit. Dabei kommt es immer wieder zu Abschweifungen, in denen viele der Hauptakteure und wichtigen Ereignisse am Rande, sowohl in der Innen- wie in der Außenpolitik, näher beleuchtet werden.

Erschwert wurde meine Entscheidung durch die Gewissheit, dass meine Mutter in den Abschriften sicherlich Änderungen vorgenommen hätte, wenn sie sie hätte durchsehen können. Als die Interviews geführt wurden, war sie eine junge Witwe, in der schwersten Zeit der Trauer, nur vier Monate waren vergangen, seit sie ihren Ehemann, ihr Heim und ihr Lebensziel verloren hatte. Sie hatte zwei kleine Kinder, die sie jetzt allein aufziehen musste. Es liegt nahe, dass sie einige ihrer damaligen Aussagen später als zu persönlich oder als zu emotional betrachtet hätte. An einigen Stellen hätte sie sicher noch etwas hinzugefügt, und ihre Ansichten haben sich im Lauf der Zeit auch geändert. Ich habe lange überlegt, ob ich Bemerkungen streichen sollte, die missverständlich sein könnten, wenn man sie nicht vor diesem Hintergrund sieht. Ich war mir aber darüber klar, wie leicht meine Absichten missverstanden werden könnten, selbst wenn die bearbeitete Fassung »richtiger« gewesen wäre. Nach gründlicher Überlegung habe ich mich dafür entschieden, die Tonbandaufzeichnungen als Grundlage zu verwenden und unbearbeitet herauszugeben. Korrekturen wurden nur im Sinne einer besseren Lesbarkeit, nicht am Inhalt vorgenommen.

Gemildert wurden meine Bedenken durch die bemerkenswerte Unbefangenheit und Direktheit der Gespräche. Wenn ich ihre Worte lese, höre ich geradezu ihre Stimme. Ich spüre, wenn sie emotional wird, wenn sie sich wohlfühlt und wenn sie sich ärgert – wobei sie stets höflich bleibt. In den meisten ihrer Antworten geht es zwar um meinen Vater, aber wenn man sich die Aufzeichnung anhört, kann man auch viel über sie als Person erfahren. Ich bin jedenfalls zuversichtlich, dass die Leserinnen und Leser aus diesen Interviews ein zutreffendes und umfassendes Bild eines Menschen in seiner Zeit gewinnen und dass sie die Liebe meiner Mutter zu ihrem Ehemann ebenso spüren werden wie ich.

Meine Eltern teilten nicht nur das Interesse für Geschichte, sondern sie waren sich auch einig in der Ansicht, dass die amerikanische Nation sich verändert habe, erwachsen geworden sei. Das erscheint heute nicht weiter bemerkenswert, aber damals waren die Vereinigten Staaten noch nicht lange eine Weltmacht, und man richtete sich in vielen Dingen nach dem Vorbild Europas. Meine Eltern glaubten, dass Amerika nicht nur mit seiner Wirtschaft und seinem Militär eine Führungsrolle in der Welt einnehmen sollte, sondern auch mit seinen Idealen, und sie wollten daher vor allem unsere künstlerischen und kulturellen Errungenschaften mit der Welt teilen. Meine Mutter nahm in diesem Zusammenhang entscheidenden Einfluss auf die Entstehung dessen, was heute »weiche Diplomatie« genannt wird. Sie reiste viel, sowohl mit meinem Vater als auch allein, und bediente sich oft der Sprache ihres Gastlandes. Im Ausland sorgte sie für Aufsehen.

Darüber hinaus war ihr klar, dass das Weiße Haus als solches ein bedeutendes Symbol unserer Demokratie war, weshalb sie alles daransetzte, dass es sowohl den Bürgern, die es besichtigten, als auch den ausländischen Staatsgästen die beste Seite Amerikas zeige. Sie arbeitete hart dafür – nicht indem sie es »neu dekorieren« ließ (*redecorate* – sie hasste dieses Wort), sondern indem sie dafür sorgte, dass das Erbe von John Adams, Thomas Jefferson, James Madison und Abraham Lincoln für alle in ihm sichtbar wurde. Für die Bibliothek ließ sie Klassiker der amerikanischen Geschichtsschreibung und Literatur anschaffen. Sie gründete die Fine Arts Committee and White House Historical Association, die es sich zur Aufgabe machte, eine Dauerausstellung amerikanischer Künstler und Kunsthandwerker zusammenzutragen, die zu einer der besten des Landes werden sollte. Sie machte das Weiße Haus zur Bühne, auf der die berühmtesten internationalen Künstler auftraten, aber auch junge amerikanische Musiker, aufstrebende afroamerikanische Opernsänger, Jazzmusiker und Balletttänzer, um die Aufmerksamkeit auf die amerikanische Kunst und Kultur zu lenken.

Meine Mutter war immer der Ansicht, dass die Hauptstadt Washington, D.C., Amerikas neuer Stellung in der Welt gerecht werden müsse. Deshalb kämpfte sie für die Erhaltung des Lafayette Square und initiierte das Sanierungsprogramm für die Pennsylvania Avenue, das bis heute besteht. Sie glaubte darüber hinaus, dass die Geschichte und das kulturelle Erbe für das Selbstbewusstsein der Völker überall auf der Welt von entscheidender Bedeutung sind. Sie überzeugte meinen Vater daher, dass die Vereinigten Staaten die Beziehung zu Ländern wie Ägypten am ehesten verbessern konnten, indem sie zur Erhaltung der dortigen Kulturdenkmäler beitrugen. Der daraus erwachsene großzügige Beitrag der USA zum Rettungsprogramm der UNESCO für die Tempelanlage von Abu Simbel, deren Existenz durch den Bau des Assuan-Staudamms bedroht war, wurde vom Nasser-Regime sehr positiv aufgenommen. Ein anderes Beispiel für die Kulturdiplomatie meiner Mutter war ihr erfolgreiches Bemühen um eine Leihgabe der *Mona Lisa* für eine Ausstellung in den USA. Es war das einzige Mal überhaupt, dass dieses Gemälde den Louvre verlassen hat.

Ihr wichtigster Beitrag zur Amtszeit meines Vater war aber wohl, dass sie es für ihre Pflicht hielt, ihren Mann auf jede nur erdenkliche Weise zu unterstützen. Obwohl sie in der Diplomatie und sogar in der Politik eine prominente Rolle spielte, nahm sie für sich nie den Titel »First Lady« in Anspruch – sie mochte ihn ohnehin nicht; er klang für sie, wie sie sagte, wie der Name eines Rennpferds. Aber sie war eine überzeugte Patriotin und stolz auf ihre Erfolge, ebenso wie mein Vater. Ihre gemeinsame Zeit im Weißen Haus war die glücklichste ihres Lebens.

Angesichts der wichtigen Rolle, die Jacqueline Kennedy während und nach der Amtszeit von John F. Kennedy spielte, erschien es mir unstatthaft, den öffentlichen und wissenschaftlichen Diskussionen, die zum fünfzigsten Jubiläum der Kennedy-Administration unweigerlich einsetzen würden, ihre Sichtweise vorzuenthalten. Nach fünfzig Jahren sollten persönliche Gefühle in solch einer Angelegenheit eigentlich keine Rolle mehr spielen. Gleichzeitig ist nicht zu viel Zeit vergangen, um aus den beschriebenen Ereignissen nicht noch etwas lernen zu können. Wie schnell die Zeit vergeht, wurde mir erst jüngst besonders bewusst: Mein Onkel Teddy und meine Tante Eunice starben 2009, Ted Sorensen 2010 und mein Onkel Sarge im Januar 2011.

Bevor ich eine endgültige Entscheidung fällte, bat ich allerdings noch meine Kinder, die Abschriften zu lesen und mir zu sagen, was sie davon hielten. Ihre Reaktion unterschied sich eigentlich nicht von meiner eigenen. Einiges fanden sie altmodisch – anderes aber auch faszinierend. Sie freuten sich an den Anekdoten über ihren Großvater und am Scharfsinn und der Forschheit ihrer Großmutter. Sie wunderten sich über einige von Arthur Schlesingers Fragen zu persönlichen Rivalitäten und zu Einzelheiten, die heute bedeutungslos geworden sind, und wünschten sich stattdessen, er hätte mehr nach ihr selbst gefragt.

Aber sie gelangten zu derselben Schlussfolgerung wie ich: dass es keinen vernünftigen Grund gibt, die Veröffentlichung länger hinauszuschieben, da niemand besser für meine Mutter sprechen kann als – sie selbst.

New York, 2011

EINFÜHRUNG

MICHAEL BESCHLOSS

Nun ist es also endlich an ihr, zu sprechen. Unzählige Bücher sind über John Fitzgerald Kennedy geschrieben worden, doch wer sie liest, stellt fest, dass die Stimme einer entscheidenden Zeugin praktisch ganz fehlt. So formulierte die *New York Times* in ihrem Nachruf am Tag nach ihrem Tod, am 19. Mai 1994: »Ihr Schweigen über ihre Vergangenheit, besonders über die Kennedy-Jahre und die Ehe mit dem Präsidenten, hatte immer etwas Geheimnisvolles.« Sie hat nie ein Buch mit Erinnerungen, geschweige denn eine Autobiographie geschrieben.

Jacqueline Lee Bouvier wurde am 28. Juli 1929 in Southampton, im Staat New York, geboren, wo sowohl die väterliche als auch die mütterliche Linie ihrer Familie einen Sommersitz hatte. Ihr sonnengebräunter, französischstämmiger Vater, John Vernou Bouvier, war nach seinem Studium in Yale der Familientradition gemäß an die Wall Street gegangen. Seine Karriere erholte sich allerdings nach dem Börsenkrach von 1929 nicht mehr. Ihre Mutter, Janet Norton Lee, war die Tochter eines irischstämmigen Selfmademan, der es in New York zu einem erfolgreichen Bankier und Immobilienhändler brachte. In ihrer Kindheit zwischen Park Avenue und Long Island beschäftigte sich Jackie (sie bevorzugte eigentlich Jacqueline, aber Freunde und Verwandte gebrauchten nur selten den vollen Namen) mit Reiten, Zeichnen und Lesen – besonders Kunstgeschichte, Gedichte, französische Geschichte und Romane hatten es ihr angetan. Als sie zwölf war, ließen sich ihre Eltern scheiden, und ihre Mutter heiratete Hugh D. Auchincloss jr., einen der Standard-Oil-Erben, der Jackie und ihrer jüngeren Schwester Lee auf seinem malerischen Anwesen in McLean, im Staat Virginia, und in Newport, im Staat Rhode Island, ein Zuhause gab. Als Schülerin der Miss Porter's School in Farmington, in Connecticut, wo auch ihr Pferd Danseuse untergebracht war, galt Jackie als eigensinnig und ungezogen, aber hochintelligent.

Nach zwei Jahren am Vassar College, wo es ihr nicht gefiel, verbrachte sie ein Studienjahr an der Sorbonne und der Universität Grenoble. Hier blühte die junge Frau auf. Nach ihrer Rückkehr nach Merrywood, dem Haus ihres Stiefvaters am Potomac, machte sie 1951 ihren Abschluss an der George Washington University und gewann, unter 1200 Mitbewerberinnen, den Prix de Paris des *Vogue*-Magazins. Dafür hatte sie eine Ausgabe des Magazins entworfen und einen Essay über »Menschen, denen ich gern begegnet wäre« geschrieben (es waren Oscar Wilde, Charles Baudelaire und Sergej Diaghilew). Der Preis beinhaltete ein einjähriges Redaktionspraktikum bei der *Vogue* in New York und Paris. Das lehnte sie allerdings ab – zur Erleichterung ihrer Mutter, die das große Interesse ihrer Tochter für Frankreich als unguten Einfluss ihres Vaters, Jack Bouvier, wertete. Jackie trat stattdessen eine Stelle als Fotoreporterin beim *Washington Times-Herald* an. In dieser Eigenschaft lernte sie auch den Mann kennen, den sie später heiraten sollte.

Das erste Mal hatte sie Jack Kennedy 1948 getroffen, als sie in einem Zug von Washington, D.C., nach New York kurz mit einem, wie sie damals schrieb, zuvorkommenden »großen, hageren, jungen Kongressabgeordneten sprach, der sehr langes rötliches Haar hatte«. Die Begegnung hatte allerdings keine Folgen.

Im selben Jahr nahm Charles Bartlett, ein Freund der Familie, sie auf der Hochzeitsfeier seines Bruders auf Long Island bei der Hand, um sie »durch die Masse von Menschen« zu führen und sie Jack Kennedy vorzustellen, »aber bis ich sie hindurchmanövriert hatte, war er schon verschwunden«. Offiziell vorgestellt wurden Jack und Jackie einander dann schließlich im Frühjahr 1951 im Speisezimmer des Hauses von Bartlett und seiner Frau Martha in Georgetown. Nach einer, wie sie es beschrieb, »verkrampften Zeit des Hofmachens« heirateten die frankophile Ästhetin und der aufstrebende junge Senator aus Massachusetts am 12. September 1953 in Newport und begannen das gemeinsame Lebensjahrzehnt, von dem das vorliegende Buch handelt.

In den ersten Monaten nach der Ermordung von John F. Kennedy bat seine vierunddreißig Jahre alte Witwe die Fahrer des Secret Service, so zu fahren, dass sie den Präsidentensitz nie zu Gesicht bekam, zu schmerzlich waren ihre Erinnerungen an das Leben im Weißen Haus, das sie in diesem Buch »unsere glücklichsten Jahre« nennt. Sie war entschlossen, das Weiße Haus für den Rest ihres Lebens zu meiden, und das tat sie auch. (Mit nur einer Ausnahme: Als Aaron Shikler 1971 seine offiziellen Porträts des 35. Präsidenten und seiner Frau fertiggestellt hatte, kam sie mit ihren Kindern zu einem privaten Besuch ins Weiße Haus, um die Gemälde zu betrachten und mit Präsident Richard Nixon und seiner Familie zu speisen.) Ende 1963 fürchtete Mrs Kennedy zwar, dass sie »wieder zu weinen beginnen« würde, wenn sie gezwungen wäre, Auskunft zu geben über das Leben mit ihrem Mann, aber das Bedürfnis, Jack bei den Historikern ins rechte Licht zu rücken, war stärker. Weil JFK um die Chance gebracht worden war, sich selbst, so wie andere Präsidenten vor ihm, in Büchern, Artikeln und öffentlichen Aussagen zu rechtfertigen, fühlte sie sich verpflichtet, ihn in dieser Hinsicht so gut wie möglich zu vertreten. Um zu verhindern, dass er vergessen würde, plante sie schon wenige Tage nach den Schüssen in Dallas den Bau der Kennedy Library – sie sollte an der

Harvard entstehen, auf einem Grundstück am Charles River, das der Präsident nur einen Monat vor seinem Tod dafür ausgewählt hatte.

Anfang Dezember 1963, als die Witwe und ihre Kinder ihre Wohnung im Weißen Haus noch nicht verlassen hatten, wählte Arthur Schlesinger, der ehemalige Berater ihres Mannes, aus den zahllosen Kondolenzschreiben einige der bewegendsten aus und ließ sie der Witwe bringen. Schlesinger war Geschichtsprofessor an der Harvard-Universität gewesen, er trug meistens eine Fliege und war bekannt für »seinen scharfen Verstand und seinen schwungvollen Schritt«; er galt als einer der angesehensten Gelehrten des Landes; seine Bücher über die Präsidentschaften von Andrew Jackson und Franklin Roosevelt waren preisgekrönt; er war außerdem Redenschreiber für Adlai Stevenson während seiner beiden Präsidentschaftswahlkämpfe. Schlesinger hatte JFK als Kommilitonen an der Harvard kennengelernt. Seine Freundschaft mit Jackie datierte aus dem Präsidentschaftswahlkampf 1960. Ihr Mann hatte Schlesinger um seine taktischen Ratschläge gebeten, wollte sich aber lieber nicht in der Öffentlichkeit mit liberalen Akademikern umgeben. Also bat er Schlesinger, sie ihm über Jackie zukommen zu lassen. Kurz nach dem Mordanschlag arbeitete der Historiker bereits an den Recherchen für das Buch über die Amtszeit des 35. Präsidenten, von dem JFK und seine Berater immer gehofft hatten, dass er es eines Tages schreiben würde.

Jacqueline antwortete aus ihren Räumen im Weißen Haus handschriftlich auf Schlesingers Sendung: »Anbei Ihre Briefe zurück – ich habe mich sehr darüber gefreut – hatte aber noch keine Zeit, darin zu lesen.« Sie schrieb, jemand habe geäußert, er hoffe, dass der große Einfluss ihres Mannes auf die Jugend mit der Kennedy Library eine Fortsetzung finde: »Ich weiß nicht, wie das ohne ihn weitergehen soll – aber Ihnen fällt vielleicht etwas ein – es wäre jedenfalls schön, wenn man es wenigstens versuchen würde.« Sie schrieb Schlesinger, dass eine Rede, die er über ihren

Mann gehalten hatte, sie »sehr bewegt« habe: »Das waren meine eigenen Gedanken über Jack – auch wenn er die Erfüllung seiner Träume nicht mehr erleben durfte – er wollte unbedingt ein großer Präsident sein – ich glaube, er kann es noch schaffen – er hat ja all das ins Rollen gebracht – und genau das haben Sie zum Ausdruck gebracht. Daher verdient er es, groß genannt zu werden.« Sie drängte Schlesinger, bald über ihn zu schreiben, »solange alles noch frisch im Gedächtnis ist – solange Sie sich noch an seine genauen Worte erinnern«.

»Ich dachte nach Dallas viel über ein Oral-History-Projekt nach, und Robert Kennedy ebenso«, erinnerte sich Schlesinger später. An der Harvard hatte er sich schon früh für diese neue Forschungsmethode eingesetzt. Ihre Pioniere an der Columbia University und an anderen Orten befragten Persönlichkeiten der Zeitgeschichte, nahmen die Gespräche auf Band auf und archivierten die Abschriften, um zu verhindern, dass wichtige historische Zeugnisse verlorengingen, weil immer weniger Briefe und Tagebücher geschrieben wurden. Schlesinger wies Jacqueline »mit allem Nachdruck« darauf hin, dass John F. Kennedy – im Gegensatz zu den Präsidenten Truman und Eisenhower, die Tagebuch geführt und erstaunlich offene Briefe geschrieben hatten – viele seiner Amtsgeschäfte telefonisch oder im persönlichen Gespräch geführt habe, von denen keine Aufzeichnungen existierten.[1] Ohne ein systematisches Oral-History-Programm, das die Erinnerungen von Kennedys Mitstreitern einfing (seinen »New Frontiersmen«, wie er sie nannte), würden viele geschichtliche

---

1 Anfang 1963 hatte Schlesinger den Präsidenten gebeten, nach »größeren Ereignissen« ein Gedächtnisprotokoll auf Band zu sprechen. Aber Kennedy hatte das abgelehnt; er diktierte nur gelegentlich ein Memorandum für das Archiv. Erst 1982 erfuhr Schlesinger, dass Kennedy im Sommer 1962 unbemerkt begonnen hatte, mehrere hundert Stunden seiner Besprechungen und Telefongespräche im Weißen Haus auf Band aufzunehmen. Aber selbst dieser Bestand umfasste nur einen kleinen Bruchteil der dienstlichen Unterredungen des Präsidenten.

Fakten aus dieser Zeit verlorengehen. Im Januar 1964 nahmen Jacqueline und Robert F. Kennedy dieses Projekt in Angriff: Wissenschaftler und Mitglieder des Kennedy-Kreises sollten die Erinnerungen von »Tausenden« von Menschen aufzeichnen – von Verwandten, Freunden, Kabinettsmitgliedern, Angehörigen der politischen Szene in Massachusetts, ausländischen Staatsmännern und all jenen, die »mehr als nur vorübergehend« mit JFK zu tun gehabt hatten. Im Zentrum dieses Projekts sollten die Gespräche mit Jacqueline selbst stehen, die Schlesinger führen würde.

Schlesinger begab sich daher am Montag, den 2. März 1964 in die N Street Nr. 3017, zu Jacqueline Kennedys neuem Wohnsitz, und stieg die lange hölzerne Treppe hinauf, um das erste von sieben Gesprächen mit der ehemaligen First Lady zu führen. Mrs Kennedy hatte dieses 1794 erbaute Haus, das gegenüber dem ehemaligen Anwesen von Robert Todd Lincoln stand, unmittelbar nach dem Tod ihres Mannes gekauft und tat ihr Bestes, um der sechsjährigen Caroline und dem dreijährigen John ein normales Leben zu bieten. Sie sah es als ihre Pflicht und auch als ihre Rettung an. Den ganzen Tag (und manchmal auch nachts) hielten vor dem Eingang Touristenbusse, aus denen Menschen strömten, die mit Instamatic-Kameras durch die Fenster zu fotografieren versuchten, den Namen der Kinder riefen (sodass die Vorhänge im frisch gestrichenen weißen Wohnzimmer stets geschlossen bleiben mussten) und im Vorgarten ihren Müll zurückließen.

Schlesinger trat durch die Schiebetür ins Wohnzimmer, in dem auf Regalen Antiquitäten aus Rom, Ägypten und Griechenland standen, die Präsident Kennedy seiner Frau im Lauf der Jahre geschenkt hatte. Jackie saß meistens mit dem Rücken zu den Fenstern auf einem Samtsofa. Auf einem dreistöckigen Tisch neben ihr standen zwei gerahmte Fotografien:

Die eine zeigte den lächelnden JFK neben seinem Schreibtisch, wie er im Takt klatscht, während seine Kinder dazu tan-

ARTHUR M. SCHLESINGER JR.

PRÄSIDENT JOHN F. KENNEDY
MIT CAROLINE UND JOHN IM OVAL OFFICE

zen; auf der anderen war er im Wahlkampf in einer Menschenmenge zu sehen. Schlesinger platzierte sein Tonbandgerät neben einem silbernen Zigarettenspender auf einem niedrigen schwarzen Tisch im orientalischen Stil und setzte sich rechts von Mrs Kennedy auf einen blassgelben Stuhl, den er schon aus der Präsidentenwohnung im Weißen Haus kannte. Er bat sie, so zu sprechen, als ob sie sich an »einen Historiker des 21. Jahrhunderts« wende. Später erinnerte er sich: »Von Zeit zu Zeit bat sie mich, das Gerät abzuschalten, damit sie ihre Gedanken freiheraus formulieren konnte, und fragte mich dann: ›Kann ich das so auf Band sprechen?‹ ... Gewöhnlich entgegnete ich dann: ›Warum nicht? ... Sie können ja später immer noch die Abschrift korrigieren.‹« In dieser und den folgenden sechs Sitzungen sprach Jacqueline sich aus, anfangs mit zittriger Stimme, die mit der Zeit kräftiger wurde; auf dem Band hört man außerdem die

Geräusche beim Anzünden ihrer Zigaretten, das Klingeln von Eiswürfeln in Gläsern, Hundegebell im Hintergrund, Lastwagen, die die N Street entlangrumpeln, und Düsenflugzeuge am Himmel.

Wer Zweifel an Jacqueline Kennedys emotionaler Selbstdisziplin hat, führe sich vor Augen, dass sie sich in den Tagen ihrer größten Trauer zu diesen Gesprächen zwang. Dabei war Schlesinger in jenem Frühling 1964 nicht einmal der Einzige, der sie interviewte. Bereits im April ließ sie sich vier Stunden lang von William Manchester für sein autorisiertes Buch über das Attentat befragen. Um es Mrs Kennedy zu ersparen, diese Ereignisse zweimal erzählen zu müssen, stellte Schlesinger zu diesem Komplex keine Fragen. Allerdings musste sie sich dann im Juni, einen Tag nach dem letzten Gespräch mit Schlesinger und wieder im selben Raum, den Fragen von Mitgliedern der Warren-Kommission zur letzten Fahrt mit ihrem Mann stellen.

Fast ein halbes Jahrhundert nachdem sie stattgefunden haben, lassen die Interviews im vorliegenden Buch vieles aus der Geschichte der fünfziger und frühen sechziger Jahre, über die wir so genau Bescheid zu wissen glaubten, in neuem Licht erscheinen. Zwar erzählt die Oral History nie die ganze Geschichte, aber diese Niederschriften stellen eine völlig neue Insider-Sichtweise auf John F. Kennedys Leben als Senator, Kandidat und Präsident dar. Sie berichten von den Erlebnissen seiner Frau in diesen Jahren, von den vielen privaten Gesprächen, die sie mit JFK führte, über ihre Rolle hinter den Kulissen in seinem politischen Leben, in der Diplomatie und während internationaler Krisen, und über ihre sehr entschiedenen persönlichen Ansichten zu vielen Menschen, von denen sie beide ständig umgeben waren. Wer sich mit Kennedys Präsidentschaft auskennt, weiß, wie sehr Jackie den Horizont ihres Mannes erweiterte, mit ihren Französisch- und Spanischkenntnissen, ihrem Wissen über die Geschichte Europas und seiner Kolonien und ihrem großen Interesse für Kunst und Kultur. Bis heute wird allerdings vielfach angenommen, dass die

Politik ihr eher gleichgültig gewesen sei. Als Schlesinger ihr 1959 in Hyannis Port begegnete, hielt er sie – und damit war er nicht der Einzige – in politischer Hinsicht für »oberflächlich«, weil sie »ganz naiv« die simpelsten Fragen stellte. Das war nicht weiter ungewöhnlich, denn in Jacquelines Generation gehörte es sich für wohlerzogene junge Damen nicht, die Intellektuelle herauszukehren; außerdem hätte sie ihrem Mann politisch keinen Gefallen damit getan, ihre Meinungen außerhalb des engsten Freundeskreises allzu deutlich zu äußern. Wie diese Aufnahmen zeigen, wusste sie sehr viel mehr über John F. Kennedys Politik, als sie Außenstehenden gegenüber durchblicken ließ, und ihr Einfluss auf seine Amtsgeschäfte war beträchtlich.

Jacqueline Kennedy wäre die Letzte gewesen, die – in diesen Interviews oder bei späteren Gelegenheiten – behauptet hätte, eine Art graue Eminenz des Weißen Hauses gewesen zu sein. Sie schildert, dass sie es nicht als ihre Rolle betrachtete, ihren Ehemann mit Diskussionen über Arbeitsschutzmaßnahmen oder Völkerrecht zu belästigen, wie dies Eleanor Roosevelt mit ihrem Mann getan hatte, sondern vielmehr, ein »herzliches Klima« zu schaffen, mit netten Dinnergästen, gutem Essen und »fröhlichen Kindern«, damit ihr Mann wenigstens für kurze Momente dem enormen Druck entfliehen konnte, der in einer der gefährlichsten Phasen des Kalten Kriegs auf ihm lastete. Wie die Interviews zeigen, hatten beide, sowohl der Präsident als auch die First Lady, befürchtet, die Wähler könnten Jacqueline für »zu weiblich« halten. Zur Überraschung beider wurde sie aber gerade mit ihrer Schönheit und ihren Starqualitäten zu einem wichtigen politischen Pluspunkt des Präsidenten. Für ganze Heerscharen von Amerikanerinnen wurde Jackie zum Vorbild; sie imitierten ihren Gang, ihre Art, zu sprechen, sich zu kleiden und zu frisieren, und selbst ihre Wohnungseinrichtung. Es war kein Zufall, dass der Präsident sie im Herbst 1963 unbedingt auf seine Wahlkampftour nach Texas und Kalifornien mitnehmen wollte. Am letzten Morgen seines Lebens witzelte er bei einer Rede in Fort Worth:

»Was Lyndon und ich tragen, interessiert mal wieder niemanden!«[2]

Als First Lady war Mrs Kennedy keine Feministin, zumindest nicht im heutigen Sinn. Betty Friedans bahnbrechendes Buch *Der Weiblichkeitswahn oder Die Selbstbefreiung der Frau (The Feminine Mystique)* erschien zwar bereits 1963, aber die Frauenbewegung wurde erst ein Jahrzehnt später zu einer einflussreichen Kraft. Im vorliegenden Buch schlägt Mrs Kennedy noch vor, dass Frauen den Sinn ihres Lebens in ihren Ehemännern suchen sollten und dass die althergebrachte Form der Ehe »die beste« sei. Sie sagt, ihre Protokolldame im Weißen Haus sei »eine Art Feministin« und daher »ganz anders als ich«. Sie meint sogar, Frauen sollten sich aus der Politik lieber heraushalten, weil sie zu »emotional« seien (diese Ansicht änderte sie Anfang der siebziger Jahre allerdings). Trotz solcher Zitate kann niemand bestreiten, dass die First Lady ein sehr selbstbestimmtes Leben geführt hat. Sie ignorierte die Ratschläge, sich an ihren konventionelleren Vorgängerinnen zu orientieren, und machte von Anfang an klar, dass sie ihre Haupttätigkeit nicht im Besuch von Wohltätigkeitsveranstaltungen oder politischen Banketten sah, sondern in der Erziehung ihrer Kinder, denen sie in all dem Trubel der öffentlichen Aufmerksamkeit eine möglichst gute Mutter sein wollte. Öffentliche Aufgaben übernahm sie grundsätzlich nur aus eigener Initiative. Diesen Aspekt ihres Lebens streift Mrs Kennedy in den Interviews nur am Rande, denn Schlesingers eigentliches Thema war ja ihr Mann. Das ist schade, denn niemand unter den First Ladys des 20. Jahrhunderts – ausgenommen Eleanor Roosevelt – übte einen derartigen Einfluss auf die Amerikaner aus wie sie.

---

2 Die Faszination hat über die Jahrzehnte angehalten: Die erste Ausstellung der Garderobe von Jacqueline aus ihrer Zeit im Weißen Haus führte eine halbe Million Besucher ins Metropolitan Museum von New York.

Eines von Jacqueline Kennedys historischen Verdiensten war, dass sie auf die Bedeutung des Denkmalschutzes hinwies. In den fünfziger und sechziger Jahren rissen amerikanische Architekten historische Bauwerke und ganze Stadtviertel, die sie für marode hielten, rücksichtslos nieder, um Platz für Schnellstraßen, Bürohochhäuser, Stadien und Sozialbauwohnungen zu schaffen. Ohne Mrs Kennedys Eingreifen wären einige der bekanntesten Sehenswürdigkeiten von Washington, D.C., heute verschwunden – zum Beispiel der Lafayette Square gegenüber dem Weißen Haus, den der französische Künstler und Planer der Hauptstadt, Pierre L'Enfant, seinerzeit als »Park des Präsidenten« angelegt hatte. Abrisspläne existierten ebenfalls für fast die gesamte Bebauung an der Ost- und Westseite des Platzes, die aus dem 19. Jahrhundert stammte – darunter das Wohnhaus der Dolley Madison und das Gebäude aus dem Jahr 1861, in dem das erste Kunstmuseum der Hauptstadt gegründet worden war. Auf den Freiflächen sollten moderne Bürotürme aus weißem Marmor für die Bundesbehörden hochgezogen werden, die das Weiße Haus als Bauwerk in den Schatten stellen würden.

Bei einer Besichtigung des Platzes erinnerte sich Jacqueline, wie sie als Studentin in Frankreich vom französischen Denkmalschutz erfahren hatte. Sie wünschte sich, Repräsentantenhaus und Senat würden »ein Gesetz wie das für die Monuments historiques in Frankreich verabschieden«. (1966 tat der Kongress dies dann auch.) In einem Brief schrieb sie, sie könne nicht tatenlos zusehen, wie Amerikas Baudenkmäler »abgerissen und durch scheußliche Neubauten ersetzt werden. Allein der Gedanke regt mich furchtbar auf, und ich habe mich daher entschlossen, einen Brandbrief zu schreiben.« Ein namhafter amerikanischer Architekt monierte daraufhin, auf der Westseite des Platzes gebe es doch »praktisch nichts« Erhaltenswertes: »Ich hoffe, Jacqueline Kennedy macht sich endlich bewusst, dass sie im 20. Jahrhundert lebt.« Aber Mrs Kennedy setzte sich durch. »Stell Dir vor«, schrieb sie an einen ihrer Mitverschwörer. »Unsere kühnsten

Träume werden wahr … Die Häuser von Dolley Madison und Nellie Tayloe sind gerettet!!!« Wäre damals eine andere Frau als Jacqueline First Lady gewesen, die Aussicht aus den Nordfenstern des Regierungssitzes wäre heute wohl ziemlich trostlos.[3] Zu den Baudenkmälern der Hauptstadt, die sie unter ihren Schutz nahm, gehörte auch das monumentale Executive Office Building neben dem Weißen Haus mit seinen französischen Mansardendächern, das in den siebziger Jahren des 19. Jahrhunderts entstand und ursprünglich das Außen-, Kriegs- und Marineministerium beherbergt hatte.

Als der frisch vereidigte Präsident und seine Gattin im Januar 1961 die Pennsylvania Avenue entlangfuhren, wurde ihnen deutlich, dass die von L'Enfant angelegte Achse vom Kapitol zum Weißen Haus von der ehemaligen Prachtstraße zu einer Ansammlung von schäbigen Tätowierstudios und Andenkenläden verkommen war. Abends ging Jackie manchmal zusammen mit Jack – heimlich – »ein Stück zu Fuß« Richtung Capitol, wie sie später ihrem Schwager, Senator Edward Kennedy, schrieb: »Es deprimierte ihn, wie heruntergekommen das Viertel um den Sitz des Präsidenten war. Er wollte etwas unternehmen, damit die Bebauung an der Straße, die schließlich die Hauptschlagader der Regierung der Vereinigten Staaten darstellt, ihrer Bedeutung gerecht wurde … Sein Vorbild war Thomas Jefferson, mit dem er so viel gemeinsam hatte … Ich wollte dir nur deutlich machen, dass diese Sache Jack wirklich am Herzen lag.« Der Präsident richtete eine Kommission für die Sanierung der Pennsylvania Avenue ein; er und Jacqueline ließen sich über die Arbeit ständig auf dem

3 JFK bemerkte einmal ironisch: »Der Lafayette Square wird womöglich das einzige Monument sein, das wir hinterlassen.« Die Debatte um den Lafayette Square wurde für ihn zum Präzedenzfall, und im Oktober 1963 äußerte der Präsident bei der Einweihungsrede für die Robert Frost Library am Amherst College, er freue sich auf ein Amerika, »das die großen alten Häuser und Plätze und Parks unserer nationalen Vergangenheit bewahrt«.

Laufenden halten. Gegenüber Ted Kennedy erinnerte sie sich später, dass dies eines der letzten Projekte war, »über die Jack mit mir gesprochen hat«, bevor sie im November 1963 nach Texas flogen.

Ihre Neueinrichtung des Weißen Hauses mit historischer amerikanischer Möblierung, mit Gemälden, Skulpturen und anderen museumswürdigen Objekten ist berühmt geworden. Hundertsechzig Jahre lang hatte jede Präsidentenfamilie – seit Abigail und John Adams als erste Bewohner dort eingezogen waren – die öffentlichen Teile des Regierungssitzes nach Gutdünken umgestaltet. Als Jacqueline Kennedy sie zuerst in Augenschein nahm, war sie schrecklich enttäuscht. Mit den billigen Tapeten und den schlechten Drucken an den Wänden kam man sich vor, sagte sie, »wie in einem alten Statler-Hotel«; es gab fast keinen geschichtlichen Bezug. Sie entwickelte daher einen Plan (unter Einsatz »meiner Raubtierinstinkte«, wie sie im Scherz sagte), wie man reiche Sammler dazu bewegen konnte, historische amerikanische Einrichtungsgegenstände zu stiften, und wie die öffentlichen Räume unter historischen Gesichtspunkten umzugestalten wären. Sie gründete dafür eine White House Historical Association, die verhindern sollte, dass eine zukünftige Präsidentengattin das historische Ensemble wieder zerstörte, weil eine Verwandte »zufällig einen Gebrauchtwarenladen betreibt«. Im Februar 1962 wurde eine Führung Jacquelines durch die neugestalteten Räumlichkeiten im Fernsehen übertragen. Die Sendung sahen 56 Millionen Menschen. Viele von ihnen wurden auf diese Weise zum ersten Mal mit der großen kunsthandwerklichen Tradition ihres Landes bekannt gemacht. Auch andere Neuerungen, mit denen Mrs Kennedy die Art veränderte, »wie sich das Präsidentenamt der Welt präsentiert«, erwiesen sich als dauerhaft, etwa das Zeremoniell bei Staatsbanketten und anderen Empfängen. Sie verwandelte das asketische Oval Office in ein »neuenglisches Wohnzimmer«, mit Sofas und Sesseln, ließ den offenen Kamin wieder in Betrieb nehmen und den berühmten, aus dem Holz der

HMS Resolute gefertigten Schreibtisch hier aufstellen, der seitdem von den meisten Nachfolgern ihres Mannes verwendet worden ist. Ebenfalls in Jacquelines Auftrag entwickelte der berühmte Industriedesigner Raymond Loewy das himmelblau-weiße Design der Air-Force-One-Maschinen des Präsidenten und seines Stabs.

Auch die Rolle der First Lady definierte Mrs Kennedy neu. Seit ihrer Restaurierung des Weißen Hauses, einem Projekt, das sie völlig eigenständig plante und durchführte, fühlte sich jede Präsidentengattin verpflichtet, sich ebenfalls einem wichtigen öffentlichen Vorhaben zu widmen. Die damals einunddreißig Jahre alte Jackie meinte es sehr wohl ernst, als sie sagte, ihre Hauptaufgabe im Weißen Haus sei die der Ehefrau und Mutter, doch darüber hinaus konnte sie, wie sich Lady Bird Johnson später erinnerte, »richtig schuften, was oft übersehen wird«. Bei ihrem Arbeitsethos war es nur natürlich, dass sie das Restaurierungsprojekt in Angriff nahm, obwohl sie wusste, dass es ein harter Kampf werden würde. Bereits nach ihrem Collegeabschluss hatte sie eine Vollzeittätigkeit ausgeübt, was in ihren Kreisen damals ungewöhnlich war. 1975, als ihr zweiter Mann, Aristoteles Onassis, gestorben war und beide Kinder auf Internaten waren, nahm sie eine ganz normale Stelle als Verlagslektorin an, zuerst bei Viking Press, dann bei Doubleday, wo sie sich einen Ruf als versierte Lektorin und Herausgeberin von Kunstbänden, Sachbüchern und Romanen erwarb.

Jackies Bedürfnis, sich intellektuell weiterzuentwickeln, zeigte sich in den siebziger Jahren, als sie sich der Frauenbewegung anschloss. Einer Freundin sagte sie, ihr sei klar geworden, dass es falsch sei, nur für einen Ehemann leben zu wollen. Sie unterstützte verschiedene feministische Projekte, darunter Gloria Steinems Zeitschrift *Ms.* Obwohl sie keine Interviews mochte, ließ sie sich 1979 von *Ms.* für eine Titelgeschichte über Frauen in der Arbeitswelt befragen. Dort sagte sie unter anderem: »Es ist sehr traurig für viele Frauen meiner Generation, dass man von ihnen erwartete, ihre Arbeit aufzugeben, sobald sie eine Familie hatten.«

Anfang der sechziger Jahre lag all das jedoch in ferner Zukunft. Im Rückblick empfand Jacqueline Kennedy, dass ihre heute etwas in Vergessenheit geratenen Bemühungen um die Rettung des Felsentempels von Abu Simbel genauso wichtig waren wie die Restaurierung des Weißen Hauses. 1962 erfuhr sie, dass dieses wichtige altägyptische Monument bald in den Fluten des durch den Assuan-Staudamm entstandenen Sees versinken würde. Sie schrieb an JFK: »Das ist der wichtigste Tempel am Nil – 13. Jahrhundert v. Chr. Es ist, als würde man den Parthenon überfluten lassen ... Der Tempel von Abu Simbel ist einzigartig. Nichts kommt ihm gleich.« JFK warnte sie zwar, dass die Abgeordneten den Tempel als »ägpytischen Steinhaufen« abtun würden, aber der persönliche Appell der First Lady an den Kongress sicherte Ägypten tatsächlich die nötigen Mittel. Als Ägyptens Präsident Gamal Abdel Nasser als Dankesgeste einen der Kunstschätze seines Landes anbot, wünschte Jacqueline sich den Tempel von Dendur, ein relativ kleines Bauwerk, das ebenfalls überflutet zu werden drohte und das sie und ihr Mann in Washington, D. C., aufstellen lassen wollten, um »die Menschen daran zu erinnern, dass es das Gefühl der geistigen Verbundenheit ist, das Kriege verhindert«.

Die wichtigsten kulturellen Ereignisse, die in die Zeit von John F. Kennedys Präsidentschaft fallen, hätten wohl schwerlich stattgefunden, wenn er nicht Jacqueline Bouvier geheiratet hätte – etwa der Autritt von Pablo Casals und des American Ballet Theatre im East Room, die Ausstellung der *Mona Lisa* in Washington und New York, das Dinner für die neunundvierzig Nobelpreisträger, die Bemühungen um ein Nationaltheater (das heutige John F. Kennedy Center for the Performing Arts). Beide Kennedys waren sich darin einig, dass das Bild von der amerikanischen Nation ohne die Künste nicht vollständig wäre. Die Phase des Wohlstands zu Beginn der sechziger Jahre war der richtige Zeitpunkt für eine solche Aussage. Viele Amerikaner waren während des Wirtschaftsaufschwungs nach dem Krieg zu Geld gekommen; gleichzeitig verfügten sie über ein bis dahin ungekanntes Maß an Freizeit, für die sie ihr frei verfügbares Einkommen gern auszugeben bereit waren.

Jacqueline Kennedys Gespür für Symbole und Rituale und dafür, wie mit ihrer Hilfe Geschichte gemacht wird, trat nie deutlicher hervor als während des langen, albtraumartigen Wochenendes nach der Ermordung ihres Mannes. Als sie mit der Restaurierung des Weißen Hauses beschäftigt war, hatte sie von der Beerdigung Abraham Lincolns gelesen. Es war die bis dahin aufwendigste Totenfeier in der Geschichte des Landes, und die traumatisierte Witwe plante in kürzester Frist nach diesem Vorbild die Feierlichkeiten der nächsten drei Tage, die allen, die dabei gewesen sind, unvergesslich in Erinnerung bleiben sollten: Zunächst wurde der Präsident im East Room im Weißen Haus aufgebahrt und am nächsten Tag in der Rotunde des Kapitols; die ausländischen Staatsgäste wurden in die überraschend intime St.-Matthew-Kathedrale geladen, zu der sie sich zu Fuß begaben; JFKs geliebte Air Force One flog über dem Begräbniszug Salut; und am Grab wurde eine Ewige Flamme entzündet (wie Jacqueline sie als Studentin in Paris unter dem Triumphbogen gesehen hatte). Nach dem Attentat von Dallas half all dies den Amerikanern, über den Schock hinwegzukommen. Und auch später verzichtete Mrs Kennedy nicht auf solche öffentlichen Gesten: Als sie mit ihren Kindern zum letzten Mal das Weiße Haus verließ, achtete sie darauf, dass ihr Sohn John eine amerikanische Flagge in der Hand hielt.

Nach dem Abschluss ihrer Gespräche mit Arthur Schlesinger im Sommer 1964 erzählte sie einer Freundin, dass es »qualvoll« gewesen sei, die Vergangenheit noch einmal zu durchleben. Abgestoßen vom Touristenrummel um ihr Haus in Georgetown und geplagt von ständigen Erinnerungen an eine glücklichere Zeit, zog sie mit ihrer Familie aus der Hauptstadt in ein Apartment hoch über der Fifth Avenue in New York, wo sie »in einer neuen Stadt ein neues Leben« beginnen wollte. Aus ihren Schlafzimmerfenstern sah sie jetzt auf der anderen Straßenseite das Metropolitan Museum of Art, wo gerade der Tempel von Dendur aufgebaut wurde (obwohl sie sich für Washington ausgesprochen hatte). Bei Nacht störten sie die Flutlichter der Baustelle. In jenem Herbst schrieb sie zum ersten Jahrestag des Attentats über JFK in der Zeitschrift *Look*: »Jetzt ist er also schon eine Legende, obwohl er viel lieber ein Mensch geblieben wäre ... Zumindest bleibt ihm so alles Traurige erspart, das ihm sonst unweigerlich widerfahren wäre.« Fast wie eine Ermahnung an sich selbst fügte sie hinzu: »Er ist frei, wir aber müssen weiterleben.«

Mit diesen Worten äußerte sich Mrs Kennedy zum letzten Mal öffentlich über ihren Ehemann. Weder 1965, als Königin Elisabeth II. ihm eine Gedenkstätte in Runnymede widmete, noch 1979, als sie der Eröffnung der Kennedy Library beiwohnte, noch bei irgendeiner anderen Gelegenheit brach sie dies Schweigen.[4] Als sie sich mit ihren Kindern in New York niederließ, bestand sie darauf, keine öffentliche Persönlichkeit mehr zu sein. Die Gespräche im vorliegenden Buch betrachtete sie als ih-

---

4 Für den Flug nach Großbritannien zur Einweihung der Gedenkstätte bot Präsident Lyndon B. Johnson der Familie eine Maschine der Regierungsflotte an. Bei dem Gedanken an den Rückflug aus Dallas in der Air Force One schrieb Jacqueline an Johnson, sie wisse nicht, »ob ich mich dazu durchringen kann, je wieder in eins dieser Flugzeuge zu steigen«. Zu Ehren ihres Mannes wollte sie das Angebot allerdings akzeptieren: »Aber bitte schicken Sie nicht die Maschine von damals. Nehmen Sie stattdessen die 707, die innen wenigstens ganz anders aussieht.« 1968 ließ sie sich, bevor sie die Präsidentenmaschine bestieg, die Robert Kennedys Sarg von Los Angeles nach New York zurückbrachte, versichern, dass es sich nicht um die Air Force One von 1963 handelte. Ihre Kinder versuchten sie immer vor solchen Auslösern schmerzlicher Erinnerungen, vor denen sie sich den Rest ihres Lebens fürchtete, zu beschützen. Als John einmal ein Kinderbuch über seinen Vater las, rief er plötzlich: »Augen zu, Mami!«, und riss eine Fotografie heraus, auf der der Wagen des Präsidenten in Dallas zu sehen war, und erst dann zeigte er ihr das Buch.

ren wichtigsten Beitrag zur Historiographie der Kennedy-Jahre. Als sie im Frühling 1965 das Manuskript von Arthur Schlesingers Buch *Die tausend Tage Kennedys (A Thousand Days: John F. Kennedy in the White House)* vor Drucklegung las, war sie empört, dass Schlesinger mehrfach auf die unter Verschluss stehenden Gespräche mit ihr zurückgegriffen hatte, um die Beziehung des Präsidenten zu ihr und den Kindern zu schildern. Sie bat ihn brieflich, »bestimmte Dinge, die ich für zu persönlich halte«, zu entfernen. »Sein privates Leben mit mir geht niemanden etwas an – ich habe in diesen Räumen mit *ihm* gelebt und nicht mit den Lesern des ›Buchs des Monats‹, und ich möchte nicht, dass sie jetzt darin herumschnüffeln – womöglich bis ins Badezimmer – mit den Kindern in der Badewanne.« Schlesinger akzeptierte dies, und als *Die tausend Tage Kennedys* erschien, war ihre Freundschaft wiederhergestellt.

Obwohl sie auf ihrer Privatsphäre bestand, vergaß Jacqueline Kennedy nie ihre Verpflichtungen gegenüber der Nachwelt. Sie wusste, wenn diese Gespräche nach ihrem Tod veröffentlicht werden würden, würde sie praktisch das letzte Wort über ihre Ehe haben. Auch das war eine ihrer Neuerungen: Jacqueline Kennedy war die erste amerikanische Präsidentengattin, die sich über Tage und Wochen hinweg intensiv zu ihrem öffentlichen und privaten Leben befragen ließ. Jetzt, nach Jahrzehnten, in denen andere ihre Geschichte erzählt haben, können Sie hören, was sie zu sagen hat.

DAS ERSTE GESPRÄCH

MONTAG, 2. MÄRZ 1964

Jackie, wann, glauben Sie, hat der Präsident angefangen, ernsthaft auf die Präsidentschaft hinzuarbeiten? Seit wann hat er sich Ihrer Meinung nach als möglichen Präsidenten betrachtet?

Ich glaube, er hatte schon sehr lange darüber nachgedacht, schon lange bevor wir uns kennenlernten. Im ersten Jahr unserer Ehe habe ich einmal auf Cape Cod mit angehört, wie er sich mit seinem Vater unterhielt. Ich kam zufällig ins Zimmer, und sie redeten gerade über die Vizepräsidentschaft. Damals war er erst seit einem Jahr Senator.

Das war also 1953?

Ja. Ich fragte: »Habt ihr darüber gesprochen, wie man Vizepräsident wird?«, oder etwas in der Art, und er hat nur gelacht. Aber ich glaube, Jack wollte immer noch höher hinaus. Für ihn gab es kein Stillstehen. Nach der Kandidatur zum Vizepräsidenten strebte er dann ganz klar die Präsidentschaft an.[1] Aber wahrscheinlich war es um die Zeit, als er zuerst für den Senat kandidierte.

---

1 ADLAI EWING STEVENSON (1900–1965) war von 1949 bis 1953 Gouverneur von Illinois und 1952 und 1956 Präsidentschaftskandidat der Demokraten. Auf dem Wahlparteitag der Demokraten in Chicago 1956 brach Stevenson über-

Stimmt eigentlich die Geschichte, die man manchmal liest, dass der Mr Kennedy eigentlich gedacht, ja erwartet hatte, Joe würde der große Politiker in der Familie werden?[2]

Das ist die Art von Klatsch, die bei diesen ständigen Interviews dann herauskommt. Man ist es irgendwann leid, dauernd nach Anekdoten gefragt zu werden, und dann erzählte Mr Kennedy eben diese Sache, dass eigentlich Joe dran gewesen wäre. Woher soll ich wissen, ob das stimmt? Sehen Sie, ich habe Joe nie gekannt. Bestimmt wäre er in die Politik gegangen, und dann hätte Jack nicht ebenfalls in Massachusetts antreten können. Vielleicht hätte er sich ganz dem Schreiben gewidmet. Aber so simpel, wie die Geschichte klingt, war es einfach nicht. Als Joe starb, kam Mr Kennedy nicht an und verkündete: »Okay, jetzt setzen wir auf dich.« Es hat sich einfach so entwickelt.

Für mich klang die Geschichte auch ein bisschen zu glatt. Ich kannte Joe als Kommilitonen an der Harvard.

Soweit ich Joe einschätzen kann, glaube ich, dass er, verglichen mit Jack, weniger kreativ gewesen wäre. Ich denke, er hätte es zum Senator gebracht, aber nicht viel weiter. Ich weiß nicht, ob ich da ein Vorurteil habe, aber ich denke nicht, dass er auch nur im Entferntesten den politischen Weitblick hatte wie Jack.

---

raschend mit der Tradition, den Vizepräsidentschaftskandidaten zu bestimmen, und ließ die Delegierten darüber abstimmen. In der folgenden Kampfabstimmung unterlag JFK knapp Estes Kefauver, einem Senator aus Tennessee.

2 JOSEPH PATRICK KENNEDY (1888–1969), Vater von JFK, war Finanzier, Vorsitzender der US-Börsenaufsichtsbehörde, vor dem Zweiten Weltkrieg unter Präsident Franklin Roosevelt Botschafter im Vereinigten Königreich und Vater von neun Kindern. Jacquelines Kommentar bezieht sich auf die Behauptung von Kennedy senior gegenüber verschiedenen Reportern Ende der fünfziger Jahre, dass er ursprünglich seinen ersten Sohn, JOSEPH (1915–1944), als künftigen Präsidenten gesehen und erst nach dessen Tod im Zweiten Weltkrieg seine Erwartungen auf Jack gerichtet habe.

JOSEPH P. KENNEDY JR., JOSEPH P. KENNEDY SEN.
UND JOHN F. KENNEDY BEI IHRER ANKUNFT IM
ENGLISCHEN SOUTHAMPTON, JULI 1938

Ich kannte ihn ein bisschen, und er hatte ganz sicher nicht Jacks geistiges Vermögen und die intellektuellen Interessen. Er sah sehr gut aus, war charmant und hätte es in der Politik wohl weit bringen können, aber ich glaube nicht, dass er die Dinge so in Bewegung gesetzt hätte wie der Präsident. Er dachte also schon vor 1956 daran, Vizepräsident zu werden?

Ja, sie sprachen, glaube ich, schon im Oktober oder November 1953 auf Cape Cod davon. Aber trotzdem weiß ich genau, dass Jack in Chicago eigentlich gar nicht antreten wollte, als es um die Kandidatur für die Vizepräsidentschaft ging. Wissen Sie, als Stevenson die Kandidatur überraschend zur Abstimmung freistellte, musste alles sehr schnell gehen. Und das hat er sich für den Wahlkampf 1960 in Kalifornien gemerkt, weil damals einfach niemand vorbereitet war. Ich weiß noch, wie ich mit Bobby in diesem Büro war und er versucht hat, Leute zum Plakatemalen zu organisieren.[3] Ich meine, er hat sich nicht ernsthaft um die Kandidatur bemüht.

Das heißt, als er 1956 nach Chicago kam, hatte er nicht das Ziel …

Nein. Er wollte nicht antreten. Er glaubte, Stevenson würde dann unterliegen, und zwar weil er mit ihm als Katholiken angetreten wäre und ihn das Stimmen gekostet hätte. Aber als dann die Kandidatur zur Abstimmung freigegeben wurde, sagte irgendjemand zu ihm: »Geh du doch an den Start.« Das war am Abend der Wahl.

---

3 ROBERT »BOBBY« FRANCIS KENNEDY (1925–1968) war das fünfte der neun Kinder von Joseph und Rose Kennedy; er war Jurist und Berater im Senat, bevor er die Werbekampagne seines Bruders 1960 im Kampf um die Präsidentschaft leitete. Der designierte Präsident machte ihn darauf zum Justizminister. Er war darüber hinaus JFKs engster Berater und Krisenmanager in praktisch allen Belangen. Nach JFKs Ermordung wurde RFK Senator für New York. 1968 wollte er bei der Präsidentschaftswahl antreten, wurde aber während des Nominierungswahlkampfs am 4. Juni erschossen.

ROBERT F. KENNEDY WÄHREND JOHN F. KENNEDYS SENATSWAHLKAMPF, MASSACHUSETTS 1952

Er muss aber darüber nachgedacht haben, oder zumindest hat Ted Sorensen darüber nachgedacht, weil ich noch weiß, wie er damals im Sommer vor dem Parteitag zu mir gekommen ist, um mit mir darüber zu sprechen, und dass ich ihm gesagt habe, ich sei dafür und wisse das auch von anderen Leuten im Stevenson-Umfeld. Sie wissen bestimmt noch, dass Ted ein Memorandum über das Stimmverhalten der Katholiken vorbereiten ließ.[4]

Ach ja, stimmt. Ich wusste nicht mehr, dass er das bereits zu diesem Zeitpunkt getan hatte. Es wird für mich wohl nicht ganz leicht werden, hier einen einigermaßen kompetenten Eindruck zu machen, denn das Komische an Jack war, dass er nie groß über Ziele oder Pläne sprach. Alles war so schnelllebig, er sprach immer nur von dem, was gerade anlag. Zu Hause redete er darüber, woran er gerade dachte oder mit wem er zu tun hatte. Es heißt immer, er habe zu Hause nicht mit mir über Politik gesprochen, tatsächlich ging es nie um etwas anderes. Aber er schmiedete

---

4 THEODORE SORENSEN (1928–2010), Sohn des liberalen, dänischstämmigen Justizministers von Nebraska und dessen russisch-jüdischer Frau. Ted Sorensen stieß 1953 zu JFKs Stab und war als Redenschreiber mitverantwortlich für den typischen Vortragsstil des Senators mit seinen Stakkatosätzen, den klaren Gegenüberstellungen, der geschliffenen Rhetorik und den historischen Anspielungen. Im Weißen Haus diente Sorensen dem Präsidenten dann als Chefberater. Im Frühling 1956 ließ Kennedy ihn ein Memorandum darüber aufsetzen und in Umlauf bringen, wie viele Stimmen ein katholischer Vizepräsidentschaftskandidat den Demokraten bei der Wahl 1956 bringen könnte. (Seit der katastrophalen Niederlage von Al Smith 1928, der als einziger Katholik je für eine der beiden großen Parteien bei einem Präsidentschaftswahlkampf angetreten war, fürchteten viele, dass es für einen Kandidaten ein Negativpunkt sei, Katholik zu sein.) Aber Mrs Kennedy hat insofern recht, als JFK Stevenson nicht offen aufforderte, ihn als Kandidaten zu benennen. Als Stevenson die ungewöhnliche Entscheidung traf, über die Nominierung abstimmen zu lassen, und Kennedy sich daraufhin bewarb, war Joseph Kennedy, der gerade in Cap d'Antibes Ferien machte, wütend darüber, dass sein Sohn so unüberlegt handelte. JFK meinte später, er sei froh, damals verloren zu haben, denn nach der Niederlage Stevensons gegen Eisenhower hätten sonst wohl einige Demokraten mit dem Finger auf seinen katholischen Vizepräsidentschaftskandidaten gezeigt.

SENATOR JOHN F. KENNEDY AUF DEM WAHLPARTEITAG DER DEMOKRATEN, CHICAGO 1956

keine Pläne und erzählte einem, wie er sie umsetzen würde. Es ging alles immer so schnell – sodass man erst im Rückblick sieht, was wann geschehen ist.

So geht es im Leben ohnehin nicht. Ich glaube nicht, dass die Menschen sich erst Ziele setzen und sie dann Stück für Stück umsetzen. Vielmehr sind in ihnen schon Dinge organisch angelegt, die sich im Lauf ihres Lebens herauskristallisieren, die ihnen innewohnen und nicht bewusst angestrebt werden. Es gibt natürlich Menschen, die das versuchen. Das ist dann die sture Nixon-Methode.[5] *Aber*

5 RICHARD MILHOUS NIXON (1913–1994) saß von 1947 bis 1951 mit JFK im Repräsentantenhaus, wo beide sehr kollegial miteinander umgingen. Nixon

der Präsident lebte so intensiv von Tag zu Tag, dass die ganze Sache – sowohl von seinem Denken als auch von seinem Lebenslauf her – eher implizit in seiner Laufbahn angelegt als explizit von ihm geplant war. Als er 1956 beschloss, sich um die Vizepräsidentschaft zu bewerben, was glauben Sie – hat es ihn da angesichts der unerwarteten Gelegenheit einfach gepackt?

Ich bin zwar mit ihm nach Chicago zum Parteitag gefahren, aber weil ich schwanger war, wohnte ich bei Eunice,[6] und er zog mit Torb[7] in ein Hotel. Man bekam ihn tagsüber auf dem Parteitag zu sehen, und dann aßen wir gemeinsam zu Mittag, aber … ich kann Ihnen dieses Durcheinander gar nicht schildern – darüber sollten Sie mit Torb reden. Er war so erschöpft und arbeitete ununterbrochen. Und jeden Tag kam etwas anderes auf ihn zu. Also, ich glaube, es war der härteste Kampf seines Lebens, über den Sie mich bei Gelegenheit mal befragen sollten. Da ging es darum, die Delegation aus Massachusetts zu leiten, oder?

---

wurde 1952 als Senator für Kalifornien von Dwight Eisenhower als Vizepräsidentschaftskandidat benannt. Am 7. November 1960 verlor er die Wahl mit nur 112 827 Stimmen Rückstand gegen Kennedy.

6 EUNICE MARY KENNEDY SHRIVER (1921–2009) war JFKs Schwester. 1956 lebte sie mit ihrem Ehemann Sargent Shriver, dem Vorsitzenden des städtischen Bildungsausschusses, in Chicago. Vor ihrer Heirat hatte sie mit ihrem Bruder ein Haus in Georgetown (Washington, D.C.) geteilt. Die tiefreligiöse Mrs Shriver leistete bahnbrechende Arbeit bei der gesellschaftlichen Integration geistig Behinderter und drängte Jack stets, mehr in dieser Hinsicht zu tun. (Ihre Schwester ROSEMARY KENNEDY (1918–2005) lebte in einem Behindertenheim in Wisconsin.) JFK gründete daraufhin die erste Präsidialkommission für geistig Behinderte. Joseph Kennedy hat einmal gesagt, Eunice hätte Präsident werden können, wenn sie ein Mann gewesen wäre.

7 TORBERT MACDONALD (1917–1976) war ein langjähriger Freund Kennedys, Kapitän des Football-Teams von Harvard und einer von JFKs Zimmergenossen dort. Er war mit Phyllis Brooks verheiratet, einer B-Movie-Schauspielerin der dreißiger Jahre. Von 1954 bis zu seinem Tod vertrat er Malden, Massachusetts, für die Demokraten im Kongress.

Ja, gegen Bill Burke.

Ja, gegen »Onions« Burke.[8] Das war das einzige Mal in seinem Leben, dass ich ihn in einem politischen Konflikt wirklich nervös erlebt habe. Er konnte über nichts anderes mehr reden. Es ging in diesem Frühling nur darum, ebendiesen Kampf zu gewinnen. Das ging ihm ständig im Kopf herum. Danach war er dann schon eine Art Prominenter. Es gab wohl noch einige enttäuschende Besprechungen mit Stevenson, und dann kam dieser Abend. Ich weiß noch, wie ich die ganze Nacht im Hauptquartier zubrachte und Bobby angelaufen kam und meinte: »Wir wissen gar nichts. Was unternehmen wir wegen Nevada?« Und ich saß da in meiner Ecke und war irgendwie mit Briefe-Eintüten beschäftigt und sagte ganz schüchtern: »Ich habe einen Onkel in Nevada.« Nie-

8 Vorsitzender der Demokraten in Massachusetts war 1956 ein populistischer Konservativer namens WILLIAM »ONIONS« BURKE (1906–1975), Zwiebel- und Tabakfarmer und Barkeeper aus Hatfield, Massachusetts. Burke wollte auf dem Parteitag die Delegation des Staates dem Einfluss von Adlai Stevenson entziehen, indem er sie für JOHN MCCORMACK (1891–1980) aus Boston als Präsidentschaftskandidaten abstimmen ließ. McCormack war begeistert, aber für JFK war das ein Schlag ins Gesicht. So erklärte er später: »Ich hatte mich öffentlich hinter Stevenson gestellt, und ich wollte ihn nicht verraten.« Kennedy wollte das liberale Image der Partei in Massachusetts nicht gefährden und fürchtete, in seinem eigenen Heimatstaat als machtlos zu gelten, wenn Stevenson überlegte, ihn zum Vizepräsidentschaftskandidaten zu machen. Im Mai 1956 startete er eine Kampagne, um Burke abzusetzen und durch den ehemaligen Bürgermeister von Somerville, Pat Lynch, zu ersetzen. Sie kulminierte laut Sorensen in »einer ziemlich aufgeregten Debatte – mit Buhrufen, Schubsern, Beleidigungen und Rangeleien um den Vorsitz, die zu echten Handgreiflichkeiten auszuarten drohten.« Seit Kennedy 1946 zum ersten Mal ins Repräsentantenhaus gewählt worden war, hatte McCormack den jungen Heißsporn als Bedrohung seiner Machtposition gesehen, und nun wurde seine Befürchtung wahr. Burke wurde abgewählt, und JFK führte jetzt de facto die Partei in Massachusetts an. Die Konflikte zwischen Kennedy und McCormack spalteten die Demokraten dieses Staates noch bis 1962, als Edward Kennedy den Neffen des damaligen Parlamentsvorsitzenden McCormack, der ebenfalls Edward hieß, im Rennen um die Kandidatur für JFKs alten Senatssitz schlug.

mand hatte geahnt, dass ich politisch einflussreiche Verwandte habe, aber dieser Onkel war ein enger Freund von Pat McCarran.[9] Also gingen Bobby und ich in ein Hinterzimmer und riefen ihn an.

Wer war dieser Onkel?

Norman Biltz. Er ist schon ewig in der Politik von Nevada. Er ist der Mann von Esther, der Schwester meines Stiefvaters. Sie war vorher mit Ogden Nashs Bruder verheiratet. Nach ihm heiratete sie dann Norman Biltz und verbrachte den Rest ihres Lebens in Reno.[10]

Norman Biltz ist Demokrat?

Ja. Pat McCarran und all diese Leute waren … ich weiß nicht, ob ich ihn »zwielichtig« nennen soll, weil ich ihn sehr mag, aber wenn man es in Nevada zu etwas bringen will, sollte man ihn kennen. Und er meinte: »Das kriegen wir hin.« Nevada hatte ja nicht für Jack gestimmt, aber am nächsten Tag gingen alle Stimmen aus Nevada an ihn. *[Schlesinger lacht]* Also, wann er sich genau entschieden hat, weiß ich nicht, aber ich weiß, dass mir an diesem Tag klar wurde, dass er als Vizepräsident kandidieren würde – an diesem Abend. Und vorher … ich nehme an, Torb könnte Ihnen das sagen.

Ja, mit Torb reden wir noch. Kommen wir auf den Konflikt mit Burke zurück. In Wirklichkeit ging es natürlich gegen John McCormack.

---

9 PATRICK MCCARRAN (1876–1954) war von 1933 bis zu seinem Tod demokratischer Senator für Nevada. Er kämpfte unermüdlich gegen Kommunisten in der Regierung, bewunderte den spanischen Diktator Franco und hatte in seinem Heimatstaat weit mehr Einfluss, als sein Titel vermuten lässt.

10 NORMAN BILTZ (1902–1973) trug den Spitznamen »Herzog von Nevada«. Er war Republikaner, hatte aber viele Freunde unter den Demokraten und war einer der mächtigsten Unternehmer und Landbesitzer des Staates.

SENATOR KENNEDY MIT KENNY O'DONNELL, 1960

Ja, schon, aber auch das ist etwas, das Sie mir erzählen müssten. Ich kann Ihnen dann sagen, was mir daran bekannt vorkommt, weil …

Das Hauptproblem war die Kontrolle über die Parteileitung der Demokraten auf Bundesstaatsebene. Burke war seit Jahr und Tag Vorsitzender der Demokraten.

Und Lynch trat gegen ihn an.

Lynch war unser Mann.

Richtig.

Kenny und Larry[11] *waren auch in die Auseinandersetzungen verwickelt. Aber keiner von beiden war damals schon im Senatsstab.*

Das stimmt. Kenny hat mir gerade erst davon erzählt – vor ein paar Wochen. Jack war damals immer unterwegs, aber ich erinnere mich an die Gespräche jeden Abend. Ich weiß noch, damals bei Jeans Hochzeit – Jack hatte gerade in Massachusetts so viel zu tun – sie gab ein Abendessen am Abend vor ihrer Hochzeit.[12] Sogar da lief Jack die ganze Zeit herum und sprach mit seinem Vater, mit Bobby, mit Torb und so weiter. Es ging die ganze Zeit nur um diese Sache – er war wie besessen davon. Sie hat am 6. Mai geheiratet – um die Zeit zumindest – nein, es war der 19. Mai, und ich glaube, die Abstimmung oder was immer sollte ein paar Tage später stattfinden, und ich weiß noch, dass ich dachte – es war das einzige Mal überhaupt –, dass Jack ein bisschen kopflos war. Aber ich habe es auch wieder nicht ernsthaft gedacht. Doch man konnte sehen, dass er sich Sorgen machte. Eigentlich erwartete man an dem Abend, dass nette Trinksprüche und so auf Jean ausgesprochen wurden – wurden auch, und er hat ebenfalls eine sehr berührende Ansprache auf sie gehalten –, aber ansonsten hat er

---

11 KENNETH O'DONNELL (1924–1977), Sohn des Trainers der Football-Mannschaft Holy Cross, war an der Harvard Zimmergenosse und Mannschaftskamerad von Robert Kennedy und im Zweiten Weltkrieg als Bombenschütze in England gewesen. Seit JFKs Senatswahlkampf von 1952 war er ein wichtiges Mitglied der scherzhaft so genannten »irischen Mafia«, eines Kreises von Kennedy-Beratern, und dessen persönlicher Assistent im Weißen Haus. LAWRENCE O'BRIEN (1917–1990) aus Springfield, Massachusetts, arbeitete in JFKs Wahlkampfteams für den Senat und die Präsidentschaft mit und war dann sein Verbindungsmann zum Kongress.

12 JEAN ANN KENNEDY SMITH (*1928) war JFKs jüngste Schwester. Ihr Ehemann, STEPHEN EDWARD SMITH (1927–1990), verwaltete geschickt die Finanzen der Kennedys und diente allen drei Brüdern als politischer Ratgeber und Assistent hinter den Kulissen.

mit sämtlichen Dinnergästen nur über diese Auseinandersetzung gesprochen. Ich habe ihn nie wieder so erlebt – weder bei der ersten noch bei der zweiten Kuba-Geschichte[13] oder bei irgendeiner Wahl – ich meine die Präsidentschaftswahl, wo mir auffiel, wie ruhig er war, egal ob es jetzt gut ausgehen würde oder nicht. Aber damals, in diesem Frühling, ging es die ganze Zeit so. Und wie ich … Sie dürfen nicht schlecht von mir denken, weil ich mich an all diese politischen Dinge nicht mehr erinnere, weil unser gemeinsames Leben sich um ganz anderes drehte, aber ich weiß noch, dass er sich in dieser Zeit schreckliche Sorgen machte.

Ich hatte auch den Eindruck, dass es eine entscheidende Sache für ihn war. Es war sein erster großer Machtkampf in der Parteiorganisation. Kenny erklärte manchmal, wenn wir über Politiker sprachen: »Der und der war in der Burke-Sache auf unserer Seite«, und das hieß dann, das ist ein guter Mann. Oder: »Der war in der Burke-Sache gegen uns.« Und das haftete ihm dann noch Jahre später, während der Präsidentschaft, an.

Ich erinnere mich noch an all diese Leute. Es war wirklich faszinierend. Als ich aus den Flitterwochen zurückkam, wurde ich sofort in Boston bei den Demokraten eingeschrieben, und zwar von einem gewissen Patsy Mulkern, der den Spitznamen »China Doll« aus seiner Zeit als Preisboxer hatte. Er führte mich durch die Straßen und erklärte mir, was »Herzog spielen«[14] ist – wenn man den Leuten die Hand schüttelt und so. Dann gab es da einen, der zu »Onions« Burke gehörte und »Juicy« Grenara hieß. Na ja, diese Spitznamen fand ich irgendwie faszinierend – ich meine, auch mal diese Welt zu erleben – und danach gingen wir zum

13 Mit »first Cuba« und »second Cuba« wurden im Kennedy-Zirkel häufig die gescheiterte Invasion in der Schweinebucht 1961 und die Kubakrise 1962 bezeichnet.

14 Im Original: »duking« (A.d.Ü.).

Dinner ins Ritz. *[Jacqueline und Schlesinger lachen]* Und dann war man wieder woanders. Dauernd Koffer packen, umziehen, dann wieder für ein paar Tage nach New York. In den ersten vier Jahren unserer Ehe hatten wir ja kein eigenes Haus. Ich kann also gar nicht sagen …

Was war mit Georgetown oder Hickory Hill in McLean?

Nein, stimmt. Wir hatten drei Jahre lang Hickory Hill.[15] Aber wir haben uns kein Haus gekauft, sondern immer nur von Januar bis Juni eins gemietet und sind dann über den Sommer zu meiner Mutter nach Virginia gezogen, weil wir ja in den ersten vier Jahren keine Kinder hatten. Die Sommer haben wir also im Haus meiner Mutter verbracht und sind am Wochenende rauf nach Cape Cod geflogen, wenn Zeit war, und im Herbst haben wir uns dann bei seinem Vater einquartiert – wir haben wahrhaftig bei unseren Schwiegereltern gewohnt. Und dann waren wir wieder in seiner Wohnung in Boston oder für ein paar Tage in New York. Ein fürchterliches Nomadenleben eigentlich. Nach Weihnachten ging es dann immer für ein paar Tage nach Jamaika oder etwas in der Art. Was für eine Hetze – wir waren kaum je allein und immer unterwegs.

Wenn man in der Politik ist, ist man nie allein. Es ist ziemlich schlimm.

Später, als Teddy geheiratet und sich sofort ein Haus gekauft hat, sagte Jack dann: »Was war bloß los mit mir? Warum habe ich uns nicht früher ein Haus gekauft?« Und ich dachte, warum hab

---

15 Das Anwesen »Hickory Hill« in McLean, Virginia, gehörte während des Bürgerkriegs für kurze Zeit George McClellan, General der Unionsarmee. 1956 verkauften Jacqueline und ihr Mann es für 125 000 Dollar – für denselben Preis, den sie auch bezahlt hatten – an Robert und Ethel Kennedy. Besonders im Vergleich zu Georgetown bedeutete dieser Wohnsitz einen langen Anfahrtsweg zum Capitol Hill.

ich es nicht früher getan? Aber man war eben ständig unterwegs, und alles ging so schnell. Dann bekamen wir Hickory Hill, aber das war zu unpraktisch, weil es so weit draußen lag. Das war im Jahr nach Jacks Rückengeschichte.[16] Jedenfalls gaben wir einen Haufen Geld aus, um dieses Haus in Virginia zu kaufen, und ich dachte eigentlich, da könnten wir uns am Wochenende erholen – im Jahr nach seiner Rückenoperation, als er sich noch schonen musste. Darüber haben wir gesprochen, als wir es kauften. Das zeigt wieder, wie wenig er mir von seinen Plänen erzählt hat. Als wir das Haus nämlich hatten, war er doch wieder jedes Wochenende irgendwo auf Reisen, und während der Woche nützte es ihm auch nichts – es war ja noch viel weiter von seinem Büro entfernt. Und als ich dann das Baby verloren habe – ich hatte dort schon Kinderzimmer und alles eingerichtet –, da wollte ich nicht mehr dort wohnen. Also sind wir wieder umgezogen.[17] Wir mieteten ein Haus – nein, im Jahr darauf haben wir ein Haus in der P Street gemietet, bekamen Caroline und kauften dann 1957 unser Haus.[18] Genau, in Hickory Hill müssen wir … nein, wann sind wir da weggezogen? Seine Operation war '55. Ja, ich glaube, es dauerte noch zwei Jahre, bis wir unser Haus hatten.

---

16 JFKs schwere Rückenoperation 1954.

17 Am 23. August 1956 brachte Jacqueline eine totgeborene Tochter zur Welt. Ihr Mann wünschte sich eine große Familie, und dass Jacqueline nur sehr schwer schwanger wurde – ganz im Gegensatz zu den anderen Ehefrauen und Schwestern der Kennedys –, bedrückte sie sehr, beeinträchtigte ihre Ehe und führte dazu, dass sie an vielen Reisen während des Präsidentschaftswahlkampfs 1960 und später als First Lady nicht teilnahm. Die Totgeburt ihres ersten Kindes nach drei Jahren Ehe und der Tod des frühgeborenen Patrick Bouvier Kennedy nur zwei Tage nach seiner Geburt am 7. August 1963 traf beide dadurch umso schwerer.

18 Die Kennedys kauften das zweistöckige rote Backsteinhaus in der N Street Nr. 3307 in Georgetown in Washington, D.C., und wohnten dort bis zu ihrem Umzug ins Weiße Haus.

Das Haus in der N Street haben Sie '57 gekauft.

'57. Und ich glaube, wir haben Hickory Hill im Winter nach seiner Rückengeschichte bekommen, das war dann '55.

Es wurde gesagt, dass diese Operation und seine Rückenprobleme eine Art Wendepunkt gewesen seien. Ist da etwas dran?

Nein, ich glaube nicht, dass da etwas dran ist. Es ist eigentlich ganz einfach. Max Freedman[19] hat mich neulich gefragt: »Ab wann hat er Ihrer Meinung nach diesen Ehrgeiz entwickelt?« Das hat mich richtig geärgert. Er war schon immer so. Im Winter nach seiner Rückengeschichte, die wirklich schlimm für ihn war, begann er, um nicht durchzudrehen, dieses Buch zu schreiben. Er musste ja liegen, hatte chronische Schmerzen, wurde alle zwanzig Minuten oder so bewegt. Dann fing er gerade wieder an zu laufen, auf Krücken, und eine seiner Krücken brach, und er musste wieder Bettruhe halten. Das Buch war lange geplant. Es ging um Edmund Ross – er hatte mir schon ein Jahr zuvor davon erzählt. Ross war für ihn der klassische Fall von Zivilcourage.[20] Darüber hatte er schon lange einen Artikel schreiben wollen, und dann besorgte er sich immer mehr Material und sprach mit Leuten, sodass es für ein ganzes Buch reichte. Es war also kein Wendepunkt. Er stand diese Operation durch wie alles andere auch und schrieb dabei sein Buch.

Sein Rücken plagte ihn schon eine ganze Weile.

Ja, es war immer schlimmer geworden. Im Jahr vor unserer Hochzeit kam er, wenn er mich ausführte, jedes zweite Mal an

19 MAX FREEDMAN (1914–1980) war Korrespondent in Washington für den in Manchester erscheinenden *Guardian*.

20 EDMUND G. ROSS (1826–1907), republikanischer Senator für Kansas, wird in JFKs Buch *Profiles in Courage* (*Zivilcourage*) porträtiert, weil er 1868 im Amtsenthebungsverfahren gegen Präsident Andrew Johnson die entscheidende Gegenstimme abgab, obwohl ihn das seine Wiederwahl kostete.

Krücken. Als ich ihn zu seinen Wahlkampfterminen begleitet habe, vor unserer Hochzeit, ging er an Krücken. Er ging eigentlich meistens an Krücken. Als wir verheiratet waren, brauchte er sie dann kaum noch, außer wenn es wieder schlimmer wurde. Der Grund für die Schmerzen wurde erst später erkannt – die Operation wäre eigentlich gar nicht nötig gewesen. Er hatte schon seit dem College Rückenschmerzen, dann kam der Krieg, und er hatte eine überflüssige Bandscheibenoperation, dadurch wurden seine Muskeln schwächer, es kam zu Krämpfen, und daher kamen eigentlich seine Schmerzen – von den Muskeln. Er ging dann also immer an Krücken, aber das schwächte die Muskeln nur noch weiter. Erst nach der zweiten Rückenoperation hat dann sein Hausarzt, Doktor Ephraim Shorr, zu ihm gesagt: »Jetzt kann ich es Ihnen wohl verraten, ich wollte es Ihnen schon vorher sagen, aber ich dachte, es wäre unkollegial gegenüber Dr. Wilson gewesen.« Das war sein Rückenchirurg.[21] Es machte mich richtig wütend, wie die Ärzte einen leiden lassen und nichts sagen, um nicht die Gefühle eines berühmten Kollegen zu verletzen. Aber Dr. Shorr hat ihm eine Ärztin aus New York empfohlen, Dr. Travell, in der 16. Straße, die große Erfolge bei der Behandlung von Muskeln hatte. Jack ging zu ihr, und sie gab ihm Novocain gegen seine Krämpfe, und sie hat ihn wirklich wieder auf die Beine gebracht. Das veränderte sein ganzes Leben.[22] Nach dieser Operation und dem Jahr danach war sein Rücken schwächer denn je. Sie können mir glauben, das hat ihn wirklich entmutigt – dieses Jahr durch-

21 EPHRAIM SHORR (1896–1956) war Endokrinologe am New York Hospital. PHILIP WILSON (1886–1969) war Chefarzt am Hospital for Special Surgery in New York, wo die Operation durchgeführt wurde, und Harvard-Kommilitone von JFKs Vater.

22 JANET TRAVELL (1901–1997) wurde später JFKs Hausärztin im Weißen Haus und war damit die erste Frau, die dieses Amt bekleidete.

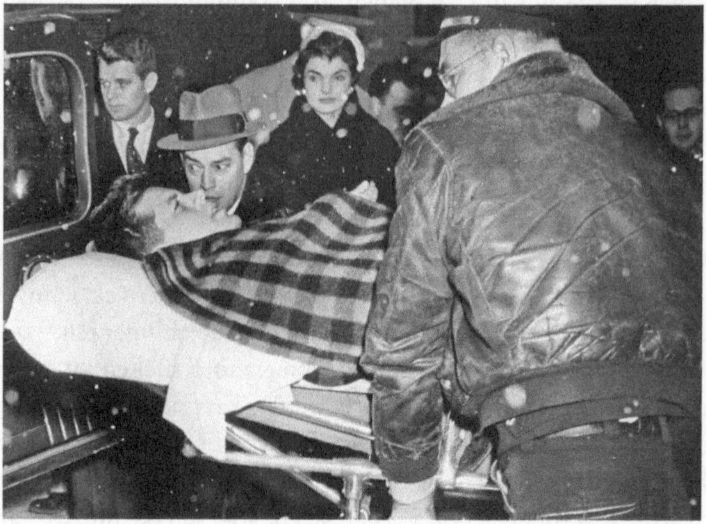

SENATOR KENNEDY AUF EINER TRAGE IN BEGLEITUNG VON ROBERT KENNEDY UND JACQUELINE KENNEDY, NEW YORK, DEZEMBER 1954

litten zu haben und festzustellen, dass es seinem Rücken nur noch schlechter ging.

Mit anderen Worten, die Operation 1955 war unnötig?[23]

23 JFKs doppelte Wirbelkörperverblockung (Spondylodese) im Hospital for Special Surgery in New York fand bereits am 21. Oktober 1954 statt. Dabei wurde unter anderem eine Metallplatte zur Stabilisierung der Lendenwirbelsäule eingesetzt. Im August hatten ihn Ärzte der Lahey Clinic gewarnt, dass es ohne diese Operation möglicherweise zu einer Lähmung der Beine kommen werde, der Eingriff aber bei ihm, weil er an der Addison-Krankheit litt, möglicherweise eine tödliche Infektion verursachen könnte. Tatsächlich trat die Infektion nach der Operation ein, und der Senator fiel ins Koma und erhielt bereits die Letzte Ölung. Im folgenden Februar fürchteten die Ärzte, die Metallplatte könnte sich

Er hatte die Operation nicht nötiger, als Sie oder ich in diesem Moment eine Operation nötig hätten. Das war geradezu kriminell. Aber all diese Knochenchirurgen sehen sich nur Röntgenbilder an – und Jack wurde fast verrückt vor Schmerzen. Sie haben es ihm sogar offen gesagt: »Wir können nicht sagen, ob es hilft oder nicht.« Ich weiß noch, wie sein Vater und er sich unterhielten und Jack sagte: »Egal, so kann es jedenfalls nicht weitergehen.« Es war eine Chance von vielleicht eins zu einer Million, aber er wollte es versuchen. Und wenn Dr. Travell nicht gewesen wäre – man kann ihren Beitrag damals gar nicht hoch genug einschätzen. Später wurde dann allerdings klar, dass er lieber Übungen hätte machen sollen, um seine Rückenmuskulatur wieder aufzubauen. Sie hat dagegen lange gezögert, das Novocain abzusetzen, obwohl es ihm nicht mehr half. Da waren wir schon im Weißen Haus. Aber ihre Behandlung davor hat sein Leben verändert.

Wann war das mit der Behandlung? '56?

Nein. Wann war das mit seinem Rücken?

1955.

Im Oktober – nein, es war im Oktober '54.

Die Operation fand im Winter '54/'55 statt.

---

infiziert haben, und rieten zu einem Ersatz durch eine Knochentransplantation an der Wirbelsäule. Jackie wollte eine zweite Meinung einholen, aber die Ärzte brachten sie davon ab. Auf die zweite Operation folgten für ihren Mann drei quälende Monate voller Schmerzen und Depressionen, während er auf Genesungsurlaub in Palm Beach war, und Jacqueline wünschte sich, gegenüber den Ärzten auf ihrem Willen bestanden zu haben. Nach JFKs erster Operation, als er in Lebensgefahr schwebte, hatte sie ihn nach ihr rufen hören, wurde aber daran gehindert, zu ihm zu kommen. Sie schwor sich, so etwas nie wieder zuzulassen. Als am 22. November 1963 eine Schwester im Parkland Hospital sie daran hindern wollte, den Raum zu betreten, in dem ihr Mann notoperiert wurde, sagte Jackie daher zu ihr: »Ich gehe jetzt hier rein«, und tat es auch, sodass sie an der Seite ihres Mannes war, als er starb.

Ja, und im Juni '55 ist er in den Senat zurückgekehrt. Sie muss also etwa im Juni '55 mit ihrer Behandlung begonnen haben. An diesem Tag hat er sich viel Mühe gegeben, aufzubleiben und normal herumzulaufen. Aber zu Hause – wir wohnten im Capitol Arms Hotel,[24] glaube ich, gleich beim Kapitol –, da hatte er ein Krankenhausbett stehen. Er lief im Senat herum, sah blendend aus in seinem grauen Anzug, sonnengebräunt, und dann kam er nach Hause und legte sich in ein Krankenhausbett.

O Gott. Ein Satz, den ich über ihn gelesen habe, in Bobbys Einführung zu Zivilcourage,[25] *hat mich regelrecht bestürzt. Dort heißt es: »Die Hälfte seines Lebens hat er unter Schmerzen gelitten.« Auch im Weißen Haus konnte man nämlich manchmal sehen, wie er plötzlich stehen blieb und irgendwo Halt suchte oder wie er nicht lange still stehen konnte. Aber so, wie ich ihn erlebt habe, ging er stoisch darüber hinweg. Hat er je davon gesprochen?*

Er mochte es nicht, wenn man ihn fragte, wie es ihm ging. Man sah ihm schon an, wenn es ihm nicht gutging. Ich habe mich dann um ihn gekümmert und ihn ins Bett gebracht oder so. Aber er war nie gereizt – er wollte nie darüber sprechen und hat sich bewusst bemüht, sich davon abzulenken, indem er Freunde zum Essen einlud oder um zu reden oder um mit ihnen ins Kino zu gehen – nur um nicht dazusitzen und die Schmerzen zu spüren.

Und natürlich konnte er keinen Sport mehr treiben …

Doch – das ist komisch, aber im Monat vor unserer Hochzeit sind wir beide in Newport geritten, ohne Sattel, auf zwei Zugpferden, ein Mal um den Golfplatz herum. Und in unseren Flitterwochen haben wir Golf gespielt. Manchmal konnte er länger nicht spielen,

---

24 Das Capitol Arms Hotel lag gegenüber vom Old (jetzt: Russell) Senate Office Building, in dem JFK sein Büro hatte.

25 Robert F. Kennedy schrieb das Vorwort für eine Gedenkausgabe des Buchs seines Bruders, die 1964 erschien.

SENATOR KENNEDY AUF GENESUNGSURLAUB
IN PALM BEACH, FLORIDA, 1957

aber er versuchte es immer wieder. Und außerdem spielte er in Georgetown Baseball mit den Senatoren. Und er hat immer Touch Football gespielt, aber er konnte nicht laufen – ich meine, er konnte schon laufen, aber er war nie der Läufer für die Touchdowns. Er spielte Pässe und fing und lief ein bisschen herum.[26]

Die Schmerzen kamen und gingen einfach so?

26 JFK spielte in einem Park in Georgetown mit Kollegen aus dem Senat Softball (eine Baseball-Variante; Touch Football ist eine Variante des American Football; A. d. Ü.).

Genau.

Wenn er erschöpft war, wurden sie schlimmer, nehme ich an. Oder war das nicht vorhersagbar?

Das war nicht vorhersagbar. Wenn man weiß, dass es Krämpfe sind, könnte man wohl annehmen, sie kommen mit der Erschöpfung. Irgendeine Kleinigkeit löste sie aus, wenn man sie am wenigsten erwartete. Er konnte reiten, und es machte ihm nichts, und dann fiel vielleicht eine Akte runter, und er bückte sich zu schnell, um sie aufzuheben, und schon waren sie wieder da. Und dennoch – ich habe mich nie als Frau eines Invaliden gefühlt, und den Eindruck möchte ich auch nicht vermitteln – nur weil es ihn so lange geplagt hat.

Das ist das Erstaunliche daran, wenn man diesen Satz von Bobby liest: Man würde das nie bei ihm vermuten. Ich habe ihn jahrelang erlebt, und er wirkte immer fröhlich und außerordentlich vital, und dann diese Schmerzen, die ihn plagten. Das war in gewisser Weise ein ungeheurer geistiger Sieg.

Ja, einmal habe ich ihn gefragt – das hat mich sehr berührt –, was er sich wünschen würde, wenn er einen Wunsch frei hätte, also, wenn er auf sein Leben zurückblickt, und er sagte: »Ich hätte mein Leben gern mehr genossen.« Ich fand das sehr berührend, weil er für mich bei unserer Hochzeit, da war er sechsunddreißig, eine so charismatische Gestalt war. Ich hatte mir immer vorgestellt, er habe in seinem Leben bereits zig Europa-Reisen gemacht, mit Mädchen und Tanz und allem. Das hatte er natürlich auch, aber was er wohl meinte, war, dass da die dauernden Schmerzen waren und dann die ewige Hetze – diese furchtbaren Wahlkampfjahre, immer mit Frank Morrissey[27] auf Achse, und

---

27 FRANCIS X. MORRISSEY (1911–2008) aus Charlestown, Massachusetts, war der Sohn eines Werftarbeiters, studierte an der Abendschule Jura, arbeitete in JFKs Wahlkampfteam für das Repräsentantenhaus und den Senat mit und wurde schließlich in Boston zum Richter berufen.

dann lebten sie von Milchshakes und Hotdogs. *[Fragt flüsternd, ob sie »den Magen« erwähnen solle]* Magenprobleme hatte er auch, die machten ihm manchmal sehr zu schaffen, es war also nicht nur sein Rücken. Aber das liegt in der Familie, es ist der Kennedy-Magen. Das kommt mit Sicherheit von der Belastung.

Und während des Wahlkampfs hatte er natürlich auch die Rückenprobleme.

Ja, natürlich. Wie gesagt, auf seinen Wahlkampfreisen ging er meistens an Krücken. Es sah so kläglich aus, wenn er auf seinen Krücken eine Flugzeug-Gangway hochhumpelte oder auf eine Bühne ging, er wirkte dann so verwundbar. Aber sobald er oben war und auf dem Podium stand, sah er einen an, und man wusste, dass er alles im Griff hatte.

Was hielt er von der irisch geprägten Politikszene in Massachusetts?[28] *Anscheinend fühlte er sich ziemlich wohl da.*

Er war begeistert, so wie er auch immer gern zuhörte, wenn Teddy Geschichten über Honey Fitz erzählte.[29] Er mochte die

28 Irisch geprägt: Schlesinger spricht von der »*Last Hurrah* world«. Der Roman *The Last Hurrah* von Edwin O'Connor (1956) beschrieb die alte, damals aussterbende irisch-amerikanische Politszene seiner Heimatstadt und wurde 1958 mit Spencer Tracy für das Kino verfilmt (A. d. Ü.).

29 JOHN FRANCIS FITZGERALD (1863–1950) war JFKs Großvater mütterlicherseits und Namenspate, vertrat Massachusetts kurzzeitig im Kongress, wurde dann zum ersten irisch-amerikanischen Bürgermeister von Boston gewählt und war bekannt dafür, dass er gerne »Sweet Adeline« sang. Als JFK 1946 ins Repräsentantenhaus gewählt wurde, tanzte »Honey Fitz« einen irischen Jig und prophezeite, dass sein Enkel eines Tages Präsident werden würde. Kennedy bewunderte den sozialen Aufstiegswillen der Generation seines Großvaters und liebte die Anekdoten, unterschied sich aber in seiner eigenen Mentalität so sehr von der seines Großvaters, dass ihn jemand aus seinem Heimatstaat einmal »den ersten irischen Brahmanen« nannte.

Anekdoten über seinen Großvater. Kenny, Dave[30] und die anderen haben zu mir gesagt, jetzt, wo alle Bücher über Jack schreiben wollen: »Warum schreiben Sorensen und Schlesinger über ihn? Die Leute, zu denen er gehörte, lesen das nicht. Warum schreibt niemand ein Buch für die Leute in den Dreideckern?«[31] *[Schlesinger lacht]* Sie glauben, Jack sei einer von ihnen. Das war er aber eigentlich nicht. Jetzt, wo er tot ist – wenn ich sehe, was für unterschiedliche Leute seinetwegen zu mir kommen – man bekommt den Eindruck, dass er ungeheuer vielen Menschen gehört hat, und jeder Einzelne dachte, er hätte ihn für sich allein, und er liebte jeden Einzelnen mit der grenzenlose Liebe, wie eine Mutter ihre Kinder liebt. Wenn man acht Kinder hat, heißt das ja nicht, dass man sie weniger liebt als zwei – dass die Liebe aufgeteilt würde. Er hat die Iren geliebt, er hat seine Familie geliebt, er hat Menschen wie Sie und Ken Galbraith geliebt.[32] Er liebte mich und meine Schwester und unsere Welt, die nichts mit Politik zu tun hatte und die für ihn Freude und Entspannung bedeutete. Er liebte uns alle. Und, wissen Sie, ich bin nicht eifersüchtig. Sein Leben bestand aus lauter verschiedenen Bereichen, und das Wunderbare daran ist, dass jeder einzelne Mensch in seinem Bereich bereit war, alles für ihn zu geben. Und wir alle liebten

---

30 DAVID POWERS (1912–1998) war ebenfalls Amerikaner irischer Abstammung aus Charlestown, der schon in JFKs erstem Wahlkampfteam fürs Repräsentantenhaus mitarbeitete; immer guter Dinge und die Ruhe selbst, stand er JFK bis zuletzt als Freund, Anekdotenerzähler, Reisegefährte und Mädchen für alles zur Seite.

31 Gemeint sind die dreigeschossigen Bostoner Wohnblocks (»three-deckers«), in denen meistens frisch eingewanderte Fabrikarbeiter mit ihren Familien lebten, besonders irisch-amerikanische wie Morrissey und Powers.

32 JOHN KENNETH GALBRAITH (1908–2006) stammte aus Ontario, lehrte Wirtschaftswissenschaften an der Harvard und war als linksliberaler Sozialkritiker bekannt; veröffentlichte Ende der fünfziger Jahre das Buch *The Affluent Society (Gesellschaft im Überfluss)*. 1960 unterstützte er JFK und wurde anschließend als Botschafter nach Indien entsandt.

PRÄSIDENT KENNEDY UND DAVE POWERS, 1961

einander, weil alle mich mochten – weil sie wussten, dass ich sie alle liebte. Und ich liebe Dave Powers, obwohl ich ihn vorher kaum gesehen habe. Jetzt erst erkennt man, wie genau Jack wusste, was er in jedem Bereich seines Lebens wollte. Er lud sich abends nie dieselben Leute ein, mit denen er tagsüber zusammenarbeitete. Im Weißen Haus habe ich ihm oft vorgeschlagen:

»Laden wir doch Ethel und Bobby mal wieder ein«, weil ich befürchtete, Ethel könnte sich zurückgesetzt fühlen. Aber er wollte Bobby nie einladen, und Bobby wollte auch gar nicht kommen, weil sie schon den ganzen Tag miteinander zu tun hatten. Abends kamen immer Leute, bei denen er sich entspannen konnte, zum Beispiel Charlie Bartlett[33] und die Bradlees.[34] Es war immer ziemlich vergnügliche Partys, die wir damals gaben.

Es waren die besten Partys, auf denen ich je war. Sie waren phantastisch. Tolle Frauen, tolle Stimmung. Alle waren auffallend gut gelaunt – alle waren fröhlich, schön und nett.

Es war so eine Mischung aus Kabinettsleuten und Freunden aus New York und jüngeren Leuten. Und ich gab mir viel Mühe mit diesen Partys, weil sie für mich eine Art Flucht waren, als wir dann dort im Weißen Haus saßen. Ich kann Ihnen gar nicht sagen, wie bedrückend es im Weißen Haus sein kann. Immer diese Anspannung. So konnte ich dem ein wenig entkommen, und immer wenn Jack sah, dass ich ein bisschen niedergeschlagen wirkte, schickte er mich weg – also, nicht wörtlich, aber er meinte dann: »Fahr doch mal wieder nach New York oder besuch deine Schwester in Italien.« Und dann schickte er mich nach Griechenland, eigentlich aus einem sehr traurigen Grund damals – er glaubte, ich könnte nach Patricks Tod depressiv wer-

---

33 CHARLES BARTLETT (*1921) war Washingtoner Kolumnist für die *Chattanooga Times*. Seine Artikel wurden später landesweit gedruckt. Er und seine Frau Martha waren es, die JFK 1951 Jacqueline vorstellten, sie waren mit dem Präsidenten eng befreundet. Bartlett war Katholik wie er und hatte im Zweiten Weltkrieg bei der Marineaufklärung gedient. Mrs Bartlett war die Patentante von John Kennedy jr.

34 BENJAMIN BRADLEE (*1921) leitete das Washingtoner Büro von *Newsweek*. Er und seine damalige Frau waren Nachbarn der Kennedys in Georgetown, freundeten sich mit ihnen an und verbrachten viel Zeit gemeinsam mit ihnen im Weißen Haus und anderswo.

DIE KENNEDYS MIT BEN UND TONY BRADLEE IM WESTLICHEN WOHNZIMMER DES WEISSEN HAUSES

den.[35] Aber ich konnte wenigstens rausgehen, mich in New York in ein Restaurant setzen, ganz normal die Straße entlangbummeln, mir Antiquitäten ansehen oder in ein Nachtlokal gehen, wenn man zum Beispiel erfuhr, dass irgendwo Twist getanzt wird oder etwas in der Art. Nicht dass ich mir viel aus Nachtlokalen mache – ein Mal im Jahr hätte mir gereicht –, aber Jack kam überhaupt nicht raus. Also fing ich an, diese Partys zu geben, damit er fröhliche Menschen um sich hatte, neue Leute kennenlernte oder um Musik zu hören und einfach einen schönen Abend zu haben. Und er fand die Abende großartig.

35 Zwei Monate nach dem Tod ihres frühgeborenen Sohns Patrick im August 1963 reisten Jacqueline und ihre Schwester Lee Radziwill mit Franklin Roosevelt jr. und dessen Frau als Gäste des griechischen Reeders Aristoteles Onassis in die Ägäis.

Er schwärmte davon. Er hat nur selten getanzt, aber er genoss die Abende.

Er ist immer von einem zum anderen gegangen, hat seine Zigarre gepafft.

Hat mit den jungen Frauen geplaudert – und ließ sich von Oleg den Twist zeigen. Oder von Steve oder wem auch immer.[36]

Ja, und dann ging er auch schon zum Nächsten. Er wollte niemanden verpassen.

Er hatte einen außerordentlich großen Bekanntenkreis, und er hatte eine besondere Begabung, das Vertrauen der Leute zu gewinnen – er konnte sich einfach in jeden Menschen hineinversetzen.

Das ist wahr. Als wir frisch verheiratet waren und auch später habe ich es immer als ungeheures Glück empfunden, dass Jack für all die Dinge aufgeschlossen war, die mich interessierten. Als ich anfing, mich für französische Möbel zu interessieren, beschäftigte er sich auch damit und war so stolz darauf, dass er bei Joe Alsop[37] Louis XVI und Louis XV unterscheiden konnte.

---

36 OLEG CASSINI (1913–2006) war ein New Yorker Modeschöpfer, von dem sich Jacqueline den größten Teil ihrer Garderobe für das Weiße Haus schneidern ließ und der auch zum gesellschaftlichen Zirkel der Kennedys gehörte. Sie schrieb ihm, sie wolle gekleidet sein, »als wäre Jack Präsident von Frankreich«, und fügte hinzu: »Planen Sie bitte jeweils ein, zum Abendessen zu bleiben, wenn Sie mit Entwürfen nach D. C. kommen.« »Steve« bezieht sich auf Stephen Smith.

37 JOSEPH ALSOP (1910–1989) war ein Washingtoner politischer Kolumnist, England-Freund, Cousin Roosevelts und berühmter Gastgeber in Georgetown. 1960 sprach er sich für JFK aus und nannte ihn »einen Stevenson mit Mumm«. Alsop und seine neue Ehefrau Susan Mary (eine Nachfahrin von Gründervater John Jay) pflegten in den Kennedy-Jahren ein breites Spektrum unterschiedlichster Gäste zu bewirten; ihr Haus war eines der wenigen Privathäuser, in denen der Präsident und die First Lady während der Amtszeit zu Gast waren, beginnend mit Kennedys Spontanbesuch spätabends nach seiner Vereidigung.

KIRCHLICHE TRAUUNG VON JOHN FITZGERALD KENNEDY UND JACQUELINE LEE BOUVIER, 12. SEPTEMBER 1953

Dann fing ich an, Graphiken zu sammeln, und dafür interessierte er sich auch. Und für Tiere, das heißt für Pferde. Und als ich so viel über das 18. Jahrhundert las, schnappte er sich eins meiner Bücher, las es und wusste plötzlich noch vor mir alles über die Mätressen von Ludwig XV. Alle diese Senatoren, mit denen wir essen gingen – im ersten Jahr waren es Senatoren und Botschafter –, redeten, wenn sie mit mir sprachen, nur über sich selbst. Und Jack hatte so viele Interessen – vielleicht, weil er als Sternzeichen Zwilling ist. Und einmal fragte ich ihn – das war in Newport im Monat vor unserer Hochzeit –, was er für seine beste und seine schlechteste Eigenschaft hielt. Für seine beste hielt er seine Wissbegier, und das ist bestimmt richtig. Für seine schlechteste hielt er Reizbarkeit, aber mir gegenüber war er nie gereizt. Er meinte wohl eher Ungeduld. Er hasste es, sich zu langweilen, und wenn jemand ihn anödete, schaute er in die Zeitung, aber im Alltag war er nie gereizt.

Auf jeden Fall nicht in dem Sinne, wie es jetzt im Weißen Haus üblich ist.[38] *Aber es stimmt, ich kenne niemanden – von South Boston über Harvard bis nach Palm Beach –, der sich in so vielen verschiedenen Umgebungen so souverän bewegt hat und – wie Sie sagen – mit den unterschiedlichsten Menschen ganz ungezwungen umgehen konnte.*

Und daraufhin interessierten sie sich auch alle auf einmal für Politik. Ich glaube, es hat vorher noch nie einen so vielseitig interessierten Präsidenten gegeben. Ich meine, er hat sich nicht wahllos für alles interessiert, aber neulich habe ich im Feuilleton der *Washington Post* gelesen, dass Alain Delon, dieser nette französische Filmstar, nach Washington gekommen ist. Der Theaterkritiker hat ihn interviewt, aber Delon sprach die ganze Zeit nur über Jack. Und immer so: »wir jungen Leute«. Also, ich meine, da ist

---

38 Anspielung auf Präsident Johnsons impulsives Temperament.

dieser junge sexy Schauspieler aus Frankreich, und Jacks Tod macht ihn so betroffen. Das kommt daher, dass Jack auch noch jung war und all das mochte – also, Eleganz, schöne Frauen, und das meine ich im besten Sinne des Wortes. Es war, als hätte er viel mit diesem jungen Mann gemeinsam gehabt, so wie er viel mit uns allen gemeinsam hatte. In Jack konnte jeder einen Teil seiner selbst wiederfinden. Vorher wurde Politik immer von unnahbaren alten Männern betrieben, die am Unabhängigkeitstag große Reden schwangen – und deswegen hat mich die Politik früher auch so gelangweilt.

Er war eine Stimme für die Jugend, für den Verstand und für den guten Geschmack, eine Stimme, die auf der ganzen Welt gehört wurde, und er besaß diese außergewöhnliche Mischung aus Idealismus und Realismus.

Das war es, was die Kennedys – na ja, eigentlich war es Jack –, was sie mich gelehrt haben: Alles wurde hinterfragt. Wenn man nicht in die Offensive ging, trieben sie einen den ganzen Abend lang in die Enge. Und diese Fragen, die er mir oder meiner Schwester stellte … Also fragte ich ihn auch einmal, wie er sich denn selbst definieren würde, und er meinte, »als Idealisten ohne Illusionen«.

Das ist perfekt.

Als mich dann jemand nach ihm gefragt hat, habe ich das zitiert. Später habe ich mitbekommen, dass es mir zugeschrieben wurde. Aber eigentlich stammt es von Jack.

In seiner Zeit als Senator, wen haben Sie da am häufigsten getroffen? Aus dem Senat, meine ich.

Na ja, in seinen Jahren im Senat war Jack an jedem Wochenende unterwegs, es ging also nur an drei oder vier Tagen pro Woche, und an zweien davon war er müde – aber getroffen haben wir uns mit – es waren so kleine Abendessen – wen haben wir eingeladen? Die Symingtons, die Smathers' und immer die Coopers, John Sherman Cooper und Lorraine – komisch eigentlich.[39]

Er ist der netteste Mann im Senat.

Ja, das kann gut sein.

Und was war mit Hubert?[40]

Nein, der war nie dabei – die Einzigen, an die ich mich als Dinnergäste im ersten Jahr in unserem Haus am Dent Place erinnere – Dent Place Nr. 3327, das wir von den Childs' gemietet hatten[41] –, das waren die Symingtons, die Smathers' und die Coopers. Sie waren die einzigen Senatoren, die mir einfallen – oh, und Mansfield[42] manchmal. Im Jahr davor, 1960, waren es wieder andere –

---

39 STUART SYMINGTON (1901–1988) war unter Truman Luftwaffenminister und von 1953 bis 1976 Senator für Missouri. Symington und seine Frau Evelyn wohnten vier Häuser von den Kennedys entfernt in der N Street. JOHN SHERMAN COOPER (1901–1991) war republikanischer Senator für Kentucky und war Symingtons Kommilitone in Yale gewesen. Bevor die beiden Paare geheiratet hatten, waren Jacqueline und Jack mehrfach mit dem immer sehr auf Etikette bedachten Cooper und seiner Frau Lorraine ausgegangen. John und Lorraine Cooper waren außerdem Gäste beim ersten Dinner, das die Kennedys nach ihren Flitterwochen zu Hause gaben. GEORGE SMATHERS (1913–2007) war von 1951 bis 1969 demokratischer Senator für Florida und galt als konservativ.

40 HUBERT HUMPHREY (1911–1978), liberaler Senator für Minnesota, trat in den Vorwahlen von Wisconsin und West Virginia 1960 gegen JFK an, gab aber auf, als er beide verlor. Während des Wahlkampfes in West Virginia beklagte er sich öffentlich über seine unterfinanzierte Kampagne, während die Kennedys seiner Ansicht nach mit Geld um sich warfen. Nach seinem Rückzug nahmen Humphrey und JFK ihre freundschaftlichen Beziehungen wieder auf.

41 Mr und Mrs Blair Childs; die Hausnummer war tatsächlich 3321.

42 MIKE MANSFIELD (1903–2001) wurde 1953 zum Senator für Montana gewählt und war von 1961 bis 1977 Mehrheitsführer der Demokraten im Senat. Der ruhige, zuverlässige Mansfield spielte Anfang der fünfziger Jahre mit JFK und anderen Senatoren regelmäßig Softball. Ein Grund, warum Kennedy froh war, Lyndon B. Johnson als Vizepräsidenten zu haben, war, dass damit nicht der aufbrau-

ich erinnere mich an McCarthy – Eugene McCarthy[43] und ein paar andere, aber die Namen weiß ich nicht mehr.

Wie steht's mit Johnson?[44]

Nein, nie.

Sie haben den Wahlparteitag in Chicago erwähnt – dass es eine Reihe unbefriedigender Gespräche mit Stevenson gab. Das Verhältnis zwischen Stevenson und Kennedy ist mir immer ein Rätsel gewesen. Ich fand es traurig, weil ich glaube, dass der Präsident Stevenson gemocht hätte, wenn er ihn nur einmal erlebt hätte, wie er wirklich war, denn er kann sehr nett sein. Aber irgendwie erstarrte Stevenson immer und war kurz angebunden, wenn er mit dem Präsidenten sprach.

Na ja, jetzt in der Rückschau sieht alles anders aus, aber ich habe immer gedacht, dass Stevenson Jack sehr oft im Stich gelassen hat. Jack hat wirklich hart für ihn gearbeitet und sich abgemüht, und Stevenson war auf diesem Parteitag wirklich nicht nett zu ihm. Ich weiß noch, dass Jack sich mit ihm besprach, bevor Stevenson dann die Abstimmung freigab. Vielleicht hatte Jack gehofft, Stevenson würde ihn als Vizepräsidenten aufstellen, ich

---

sende Johnson, sondern der loyale Mansfield die Fraktion im Senat leitete. Als Mansfield sich aus dem Senat verabschiedete, meinte er, er habe viele Präsidenten erlebt, aber Kennedy sei »der beste von allen« gewesen. Weil sein Spezialgebiet Asien war, entsandten ihn später zwei Präsidenten als Botschafter nach Japan.

43 EUGENE MCCARTHY (1916–2005) war von 1959 bis 1971 Senator für Minnesota. Er mochte JFK nicht und hielt sich für intellektuell überlegen. Auf dem Wahlparteitag 1960 hielt er eine leidenschaftliche Rede für den Kandidaten Stevenson. Kennedy vermutete, dass es ihm in Wirklichkeit darum ging, seinen, JFKs, Vormarsch zugunsten von Lyndon B. Johnson aufzuhalten.

44 LYNDON BAINES JOHNSON (1908–1973) war bereits Abgeordneter, Senator für Texas und Mehrheitsführer im Senat gewesen, als Kennedy ihn 1960 als Vizepräsidenten nominierte. Nach der Ermordung Kennedys wurde Johnson am 22. November 1963 der 36. Präsident der USA.

weiß es nicht. Außerdem glaube ich – ich weiß nicht, ob das auf Stevenson zutrifft – aber bei vielen Menschen habe ich gesehen, dass sie auf Jack neidisch waren.

Stevenson war meiner Meinung nach am Ende sogar sehr neidisch auf ihn. Er musste mit ansehen, wie der Präsident ihm nicht nur die Nominierung, sondern auch viele seiner Anhänger wegschnappte und wie dem Präsidenten alles gelang, was ihm misslungen war. Aber im Jahr 1956 war es vielleicht eher ein Generationenkonflikt, Stevenson war immerhin siebzehn Jahre älter.

Ich habe viele Leute erlebt, die Jacks Präsidentschaft mit Missgunst betrachtet haben. Von anderen habe ich nur gehört, zum Beispiel von Scotty Reston.[45] Jemand, der ihm nahestand, hat mir gesagt, er konnte es nicht ertragen, wenn jemand aufstieg, der jünger als er oder gleichaltrig war. Diese Reaktion löste Jack bei vielen aus – bei Dean Acheson[46] übrigens auch. Es gab auch den Neid der Gleichaltrigen, weil jemand in Jacks Alter, der seinem Schreibtischjob in der Bank nachgeht und am Abend im Bailey's Beach[47] an der Bar herumhängt, vielleicht das Gefühl hatte, er sei ein Niemand, wenn er sah, was Jack alles erreicht hatte. Er rief also viel Neid hervor, und diese Leute waren es dann, die schlecht von ihm sprachen. Und ich fand Stevensons Verhalten Jack gegenüber auf dem Parteitag 1960 unmöglich, als Jack ihn gebeten

---

45 JAMES »SCOTTY« RESTON (1909–1995) war Kolumnist der *New York Times* in Washington und hatte großen Einfluss auf die politische Meinung an der Ostküste.

46 DEAN ACHESON (1893–1971) war Außenminister unter Truman, in seiner Zeit eine einflussreiche politische Gestalt und kritisch gegenüber JFK eingestellt, den er – und so dachte Truman auch – für zu unerfahren hielt, um Präsident werden zu können.

47 Ein exklusiver Club in Newport, den Jacquelines Mutter und Stiefvater frequentierten und der für Jacqueline inzwischen für eine bornierte, konservative Sicht steht, die sie nicht mehr teilt.

hat – war das bei den Vorwahlen in Oregon? –, sich entweder für ihn auszusprechen oder sich zurückzuziehen.[48] Jack hatte ihn immer wieder um Dinge gebeten, und Stevenson war einfach … Oh, ich weiß wieder, was Stevenson ihm gesagt hat, nämlich, dass er das nicht könne, weil es illoyal gegenüber Lyndon B. Johnson wäre, oder etwas in der Art.

Das stimmt. Ich war einer der Vermittler. Ich habe in jenem Winter und Frühling mehrmals im Auftrag des Präsidenten mit Stevenson gesprochen, und Stevenson hat mir gesagt, er habe Lyndon B. Johnson 1959 versichert, er würde neutral bleiben und sich für gar keinen Kandidaten aussprechen, und er müsse jetzt sein Wort gegenüber Johnson halten.

Aber ich weiß noch, wie Jack eines Abends nach Hause kam und mir – nicht gehässig, aber mit diesem Lachen, das er dann immer hatte – erzählt hat, dass Stevenson ihm das mitgeteilt habe und dass er glaube, Stevenson spekuliere darauf, von Johnson als Vizepräsidentschaftskandidat nominiert zu werden. Und gleichzeitig erzählte er mir, was Johnson ihm am Tag davor über Stevenson gesagt hatte, etwas schrecklich Beleidigendes. Und Jack dachte: »Wie dumm ist dieser Mann eigentlich?« Aber Jack wusste da schon, glaube ich, dass er nominiert werden würde.

Meiner Meinung nach hoffte Stevenson, auch wenn er das weder sich selbst noch jemand anderem gegenüber zugab, auf ein Patt, das ihm die Präsidentschaftskandidatur einbringen würde. Ich bezweifle, dass er sich mit der Nominierung als Vizepräsidentschaftskandidat zufriedengegeben hätte. Aber das hat er nie zugegeben, und wir, die wir ihn '52 und '56 unterstützt hatten,

---

48 Stevenson hatte gehofft, auf dem Parteitag 1960 als Präsidentschaftskandidat aufgestellt zu werden, und sich geweigert zu erklären, er werde eine eventuelle Nominierung ablehnen.

fragten ihn, ob er kandidieren wolle. Er sagte, er wolle nicht kandidieren, und das entband mich meiner Ansicht nach von meiner Verpflichtung. Aber natürlich hatte er es schon zweimal bis zum Präsidentschaftskandidaten gebracht, deswegen hoffte er wohl jetzt auf ein drittes Mal.

Das war schon hart für ihn. Aber eigentlich hat er nie Jacks Format gehabt. Das sehe ich jetzt sehr deutlich.

Irgendjemand hat mal gesagt, Stevenson sei ein Grieche und Kennedy ein Römer.

Nein. Eher war Kennedy ein Grieche, und Stevenson war ein, nun ja …

Kennedy war ein Athener und Stevenson ein Thebaner.[49] *[Lacht]*

[Lacht] Ja, ich weiß nicht … Stevenson war schon in Ordnung. Ich meine, er war der erste Politiker, dem man wirklich zuhören konnte – er hat zum ersten Mal so etwas wie eine intellektuelle Debatte in die Politik gebracht.

---

49 Im Frühling 1964 las Jackie *The Greek Way*, ein Sachbuch der deutsch-amerikanischen Autorin Edith Hamilton, das sie sehr anregte. Im folgenden Frühling schrieb sie Schlesinger nach der Lektüre des Manuskripts von *A Thousand Days (Die tausend Tage Kennedys)*: »Vielleicht erinnern Sie sich, wie ich in unserem Gespräch bestritten habe, dass Adlai ein Grieche und JFK ein Römer gewesen sei. Einmal abgesehen von Adlai – ich weiß, was die amerikanische Politik im Jahr 1952 ihm zu verdanken hatte, aber er hatte auch viele Fehler und traurige Charakterschwächen, loben Sie ihn nur, so viel Sie wollen – aber bitte sagen Sie nicht, dass JFK ein Römer gewesen sei. Lyndon war ganz einwandfrei einer – ein klassischer Imperator – vielleicht ist [George] Romney [republikanischer Gouverneur von Michigan] auch einer. Machen Sie Jack doch zu einem Griechen und Adlai zum Ägypter – oder lassen Sie Adlai weg und sagen Sie einfach, Jack sei ein Grieche gewesen.« Nachdem sie diesen Brief an Schlesinger geschrieben hatte, zerriss Mrs Kennedy ihn und verfasste eine zweiten in einem sachlicheren Ton.

Er hat geholfen, den Weg zu bereiten und die Lage zu verändern, und der Präsident kam dann als eine Art krönender Abschluss.

Aber er konnte einfach nicht … also, darüber müssen wir nicht groß reden, über seine Entscheidungsschwäche oder wie er immer an seinen Papieren klebte oder wie er eine maschinengeschriebene Rede nahm und sie von Hand abschrieb, damit es so aussah, als schreibe er seine Reden selbst. Eigentlich bemitleidenswert. Traurig. Jack hat alles erreicht, wovon Stevenson geträumt hat, und das muss sehr schwer für ihn gewesen sein.[50]

Ein traurige Geschichte. Nach dem Parteitag von '56 war der Präsident ziemlich erleichtert, dass er damals nicht Vizepräsident geworden war. Das hat er später oft betont.

Das ist komisch. Ich weiß noch, wie ich mir die Wahl mit Michael Forrestal[51] zusammen angesehen habe. Ich hatte mir gerade unter den Tribünen eine Coca-Cola oder so geholt, und als ich zurückkam, ging plötzlich das Rennen los, und auf den Wandtafeln tauchten dauernd neue Zahlen auf. Ich stieß zufällig mit Michael Forrestal zusammen, und er nahm mich mit zu einem der Westinghouse-Ausstellungspavillons, und da haben wir uns das Ganze im Fernsehen angesehen. Und danach gingen wir in Jacks Zimmer im Stockade Inn oder wie das Hotel hieß.

---

50 Im fraglichen Zeitraum war es Stevenson gelungen, mit der First Lady einigermaßen normal umzugehen, was mit dem Präsidenten nie der Fall war. Diesem trug er es nach, ihn um das gebracht zu haben, was er als sein politisches Geburtsrecht betrachtete, angefangen bei der Präsidentschaft und dem Außenministerium. Zum Zeitpunkt des Gesprächs hatte Jacqueline allerdings die ablehnende Haltung ihres Mannes gegenüber Stevenson übernommen.

51 MICHAEL FORRESTAL (1928–1989) war ein Freund der Familie, Sohn des ersten Verteidigungsministers James Forrestal (für den JFK 1945 kurzzeitig gearbeitet hatte), Anwalt in New York; gehörte später zum Stab des Nationalen Sicherheitsrats unter Kennedy mit dem Spezialgebiet Südostasien.

Genau, Stockyard Inn.[52]

Er war schon ein bisschen niedergeschlagen – aber das war ganz normal nach einem Kampf. Und dann sind wir zurückgeflogen – ich weiß nicht mehr, ob noch am Nachmittag oder am nächsten Tag –, und dann war es vorbei. Er war nur noch erschöpft.

Wissen Sie noch, wer zu diesem Zeitpunkt auf dem Parteitag bei ihm war? Torb und Bobby und Ted Sorensen, nehme ich an.

Ich glaube, diese drei. Wer noch dabei war, können die ihnen sagen. Ich war in diesem Hinterzimmer, und da war noch jemand – ich weiß nicht mehr, wer.

Das war '56. Als er dann '58 wieder für den Senat kandidierte, war schon klar, dass er 1960 Präsidentschaftskandidat werden wollte.

Na ja, bevor es in die Vorwahlen ging, hat er nicht ein einziges Mal zu mir gesagt: »Ich möchte Präsident werden« – oder auch nicht werden. Es ging einfach alles seinen Gang. Aber natürlich war es das, was er vorhatte. Nach dem Parteitag ist er nach Europa geflogen, um bei seinem Vater in Südfrankreich ein paar Tage auszuspannen. Und ich hatte die Fehlgeburt, und er kam für einige Wochen nach Newport[53] zurück. Im Herbst wohnten wir in Hickory Hill, während wir nach einem anderen Haus suchten, aber er war immer unterwegs. Den ganzen Winter über war er unterwegs und hielt Reden, Reden, Reden. Ja, natürlich, da hatte er sich schon entschieden.

52 Das traditionelle Tagungshotel in Chicago lag gegenüber dem International Amphitheatre, in dem der Parteitag stattfand.

53 Jacquelines Mutter und Stiefvater verbrachten den Sommer auf der Hammersmith Farm in Newport. Die Kennedys nutzten dieses Anwesen, das in der Nähe eines Marinestützpunkts lag und ruhiger als Hyannis Port auf Cape Cod war, zuweilen als »Sommerresidenz«.

JOHN F. KENNEDY IM WAHLKAMPF FÜR SEINE WIEDERWAHL IN DEN SENAT MIT JACQUELINE KENNEDY UND EDWARD M. KENNEDY

Mir wurde das ganz plötzlich klar, als er sich so sehr bemühte, die Senatswahlen in Massachusetts '58 mit dem größtmöglichen Vorsprung zu gewinnen.[54] *Dass er den Sitz holen würde, war eigentlich klar, und er hätte sich durchaus nicht so in den Wahlkampf stürzen müssen, wie er es dann tat.*

54 JFK kandidierte 1958 erneut als Senator. Er wollte einen möglichst großen Vorsprung erzielen, der ihm als fliegender Start für die Präsidentschaftswahlen 1960 dienen sollte.

Ja, als er mit dem Schiff aus Europa zurückkam, gab ihm jemand eine Umfrage mit den Werten für Foster Furcolo.[55] Das schien das Ende zu sein. Jacks Umfragewerte waren damals ziemlich schlecht. Und dann kam diese enorme, irrsinnige Anstrengung. Das war für mich der härteste Wahlkampf überhaupt – die Senatswahlen damals.

Wegen der immer noch zunehmenden …

Ich meine, ich kann mich nicht erinnern, dass wir in all den Wochen auch nur eine einzige Nacht zu Hause verbracht haben. Zwei Monate waren es wohl. Ständig auf Achse.

Endlose Teegesellschaften.

Hauptsächlich endlose Autofahrten. Es war schrecklich. Ja genau, mit Professor Burns.[56] Und Jack erklärte ihm, mit wem man auf den Tribünen Shakehands machen würde. Es ging durch die Berkshire Hills, durch Springfield, ständig neue Hotels und so weiter.

---

55 FOSTER FURCOLO (1911–1995) war von 1957 bis 1961 demokratischer Gouverneur von Massachusetts. Kennedy hielt so wenig von ihm, dass er insgeheim plante, 1960 für seinen Gegenkandidaten, den republikanischen Senator Leverett Saltonstall, zu stimmen, falls Furcolo von den Demokraten als Kandidat aufgestellt würde (er verlor die Abstimmung). Kennedys Umfragewerte waren damals nicht besonders gut, weil er den Sankt-Lorenz-Seeweg unterstützte (der Massachusetts Arbeitsplätze kostete), sich für eine Arbeitsrechtsreform einsetzte (die die korrupten Gewerkschaftsführer gegen ihn aufbrachte) und weil es immer noch Vorbehalte gegen ihn aus der Zeit des Machtkampfs gegen »Onions« Burke gab. Hinzu kamen politische Auseinandersetzungen mit dem Italoamerikaner Furcolo, die, wie die Republikaner vergeblich hofften, diese Bevölkerungsgruppe vielleicht dazu veranlassen würden, für seinen wenig bekannten Gegenspieler Vincent Celeste zu stimmen.

56 JAMES MACGREGOR BURNS (*1918) war Politologe am Williams College, Biograph von Franklin D. Roosevelt und liberaler Aktivist bei den Demokraten. 1958 kandidierte er in West-Massachusetts erfolglos für das Repräsentantenhaus.

Mögen Sie Wahlkämpfe?

Eigentlich schon. Aber irgendwann kommt die Erschöpfung. Wissen Sie, ab dem fünften Tag ist man nur noch erschöpft. Aber ich finde es toll, wenn alles gut läuft – ich finde es toll, wenn für Jack alles gut läuft.

Es gibt nichts Aufregenderes, als in eine vollbesetzte Halle zu kommen, zu sehen, wie der Kandidat auftritt und wie alle in Jubel ausbrechen.

Ja, klar, das fand ich natürlich alles großartig, und zum Schluss wurde es auch immer besser.

DAS ZWEITE
GESPRÄCH

DIENSTAG, 3. MÄRZ 1964

Das letzte Mal sprachen wir zum Schluss über den Senat, in den der Präsident mit großer Mehrheit wiedergewählt wurde. Danach kam er landesweit erstmals als möglicher Präsidentschaftskandidat für 1960 ins Gespräch. Hat das ihn und Sie und Ihr Umfeld damals schon beschäftigt? War jetzt alles mehr oder weniger auf dieses Ziel ausgerichtet?

Meinen Sie, Präsident zu sein?

Ja.

Es wurde vorher nie laut ausgesprochen, aber nach der Wahlnacht in Boston,[1] von da an sprach er die ganze Zeit davon. All die Jahre, bevor er ins Weiße Haus zog, war er jedes Wochenende auf Reisen – es gab Einladungen aus dem ganzen Land – und das ging bis zu den Vorwahlen – und die waren wann, auch 1960?

1960.

Es schien ewig weiterzugehen.

---

1 JFK wurde 1958 mit 73 Prozent der Stimmen als Senator wiedergewählt.

BEI DER LEKTÜRE IN HYANNIS PORT, 1959

In den Zeiten, wo er so viel unterwegs war, im Wahlkampf von 1958 zum Beispiel, wie und wann kam er da noch zum Lesen?

Er las auf eine ganz seltsame Art. Ich meine, ich konnte nur lesen, wenn der Nachmittag verregnet war oder abends im Bett oder so.

Aber er las beim Gehen, er las bei Tisch, beim Essen, er las nach dem Abendessen, er las in der Badewanne, er las mit dem aufgestellten Buch auf dem Schreibtisch oder auf der Frisierkommode, wenn er sich die Krawatte band. Er las hier ein bisschen und da ein bisschen. Er öffnete ein Buch, das ich gerade las, und dann las er es durch. Er las wirklich die ganze Zeit, selbst wenn man eigentlich keine Zeit zum Lesen hat.

Er las in kleinen Portionen, und er erinnerte sich an die Stelle und nahm den Faden wieder auf?

Wenn ihn etwas interessierte, behielt er es. Vor allem, wenn er es in seinen Reden verwenden konnte. Ich saß neben ihm auf einem Podium, und plötzlich hörte ich einen Satz, den er mir vor zwei Wochen in Georgetown vorgelesen hatte, weil er ihn interessant fand.

Er hatte ein absolut großartiges Gedächtnis, was Zitate angeht. Ärgerlich war nur, dass er sich sehr genau an die Zitate erinnerte, aber nicht immer daran, woher er sie hatte.

Ich erinnere mich an den Winter, als er krank war. Sein Vater hatte viele Bücher zu Hause, *Die großen Reden der Welt* und so, die gab er ihm zu lesen. Ich bat dann seinen Vater, ihm die Bücher zu Weihnachten zu schenken, und das tat er natürlich gern. Doch Jack hatte alle schon durch. Und er las mir immer aus Edmund Burke vor: *An die Bürger von …* – wie heißt es doch gleich?

An die Bürger von Bristol.[2]

Genau. Und er hat all das wirklich gelesen. Aber das war natürlich in einem anderen Winter, in dem er wochenlang im Bett liegen musste.

---

2 In seiner *Speech to the Electors of Bristol* sagte der anglo-irische Staatsmann und Philosoph: »Ihr Abgeordneter schuldet Ihnen nicht nur seinen Fleiß, sondern auch sein kritisches Urteil, und er verrät Sie, statt Ihnen zu dienen, wenn er es Ihrer Meinung opfert.«

Hat er schon als Kind so viel gelesen, wissen Sie das?

Ja. Ich weiß, dass er die *Marlborough*-Biographie[3] las, als er vielleicht zehn oder elf war. In seinem ehemaligen Kinderzimmer auf Cape Cod standen diese Bücher nämlich auf einem kleinen Regal an seinem Bett, ganz alt, mit ausgebleichten Rücken. Und er war dauernd krank und musste das Bett hüten. Er hatte Scharlach. Und in einem bestimmten Jahr hatte er entweder Asthma oder Probleme mit dem Blut, eine Anämie oder so etwas – damals ging er nach Arizona.

Das war, als er Princeton verließ.[4]

Ja. Und es gab noch einen weiteren Sommer, wo er sehr viel gelesen hat. Er gab mir auch immer Bücher, als wir miteinander ausgingen, vor unserer Heirat. Ich weiß noch, das erste, das er mir gab, war *The Raven*, die Biographie über Sam Houston von Marquis James. Und dann gab er mir John Buchan, *Pilgrim's Way*, und noch etwas anderes von John Buchan.[5] Er las einfach immer, praktisch noch wenn er Auto fuhr.

---

3 Winston Churchills mehrere tausend Seiten starke Biographie seines bekanntesten Vorfahren, John Churchill, des ersten Herzogs von Marlborough (1650–1722). Im Jahr 1704, im Spanischen Erbfolgekrieg, schlugen Marlborough und seine Regimenter die Franzosen bei Höchstädt an der Donau und vereitelten damit den Feldzug Ludwigs XIV. gegen Österreich. Churchills Werk trägt recht romanhafte Züge.

4 JFK musste Princeton Weihnachten 1935, in seinem ersten Semester, verlassen, weil er wegen chronischer Unterleibsprobleme und Verdacht auf Leukämie ins Krankenhaus musste. Nach seiner Entlassung erholte er sich in Palm Beach, arbeitete im Sommer 1936 auf einer Ranch in Arizona und begann im Herbst an der Harvard University erneut mit dem Studium.

5 JOHN BUCHAN (1875–1940) war der erste Baron Tweedsmuir, ein hervorragender Autor sowohl von Romanen als auch von Sachbüchern; außerdem Generalgouverneur Kanadas von 1935 bis zu seinem Tod. Kennedy mochte seine Autobiographie *Pilgrim's Way* sehr, die er 1940 gleich nach ihrem Erscheinen gelesen hatte. Und er zitierte häufig Buchans Worte, dass die Politik »immer noch das beste und ehrenhafteste Abenteuer« sei.

Hat er auch Romane gelesen – mal abgesehen von Thrillern?

Ich bitte Sie, die einzigen Thriller, die er je las, waren drei Bücher von Fleming. Nein, ich habe ihn nie einen Roman lesen sehen.

Hat ihm Ian Fleming wirklich gefallen, oder war das eher was für die Presse?

Na ja, es war schon irgendwie für die Presse. Als sie ihn baten, seine zehn Lieblingsbücher zu nennen, machte er eine Liste und schrieb auch irgendeinen Roman rein. Fleming[6] mochte er – ich meine, wenn wir im Flugzeug waren oder in einem Hotelzimmer, und es lagen diese Bücher auf dem Nachttisch, dann las er auch mal so eins. Ein Buch gab er mir zu lesen, einen Zeitreiseroman, wo jemand ins 19. Jahrhundert zurückkehrt und ein Geheimnis aufdeckt.[7] Ein Taschenbuch, das er irgendwo in einem Flugzeug gefunden hatte. Die letzten zwei Bücher, die er mir diesen Herbst zu lesen empfahl und die er gerade las, waren *Der Untergang der Dynastien*[8] und …

Von Edmond Taylor.

---

6 IAN FLEMING (1908–1964) war Autor der Thriller um den britischen Geheimdienstagenten James Bond. Die Kennedys trafen Fleming bei einem Essen in Georgetown im Jahr 1960. Der Präsident schaute sich kurz vor seinem Tod im Kino des Weißen Hauses *From Russia With Love (Liebesgrüße aus Moskau)* an.

7 *Daughter of Time (Alibi für einen König)* von Josephine Tey (1951). In dem Buch untersucht ein Beamter von Scotland Yard, ob Richard III. die Prinzen im Tower töten ließ oder nicht.

8 Kennedy war sehr angetan von Barbara Tuchmans Buch *August 1914* über die Zeit vor dem Ersten Weltkrieg, deshalb besorgte er sich weitere Werke zu diesem Thema, u. a.: Edmond Taylor, *The Fall of Dynasties: The Collapse of the Old Order, 1905–1922.* Man kann sich leicht denken, dass ihn das Thema interessierte, nachdem er während der Kubakrise im Oktober zuvor einen Atomkrieg verhindert hatte.

… und *Patriotic Gore.*[9] Die sollte ich unbedingt lesen. Aber ich bin bisher einfach noch nicht dazu gekommen.

Besonders Patriotic Gore *ist ein großartiges Buch.*

Ich habe es immer noch nicht gelesen. Aber er las das alles im Weißen Haus, während ich dort zur Analphabetin wurde.

Es ist wirklich erstaunlich. Er war ständig von Akademikern umgeben, die angeblich die ganze Zeit Bücher lesen. Aber keiner von uns hatte eigentlich die Zeit dazu, und er fragte uns oft in leicht anklagendem Ton nach Büchern, die neu erschienen waren und die keiner von uns gelesen hatte.

Jeden Sonntag riss er drei Seiten aus dem Literaturteil der *Times* heraus, auf denen er angekreuzt hatte, was ich ihm besorgen sollte. Es wäre recht interessant, einmal meine Rechnungen vom Savile Book Shop durchzusehen. Dort habe ich alles bestellt, was ich für ihn besorgen sollte. Und an den Wochenenden las er die ganze Zeit.

Das wäre wirklich interessant. Sind die Rechnungen irgendwo?

Ich habe alle Rechnungen noch. Und der Savile Book Shop hat eine Liste. Wann er sonst noch las? Zum Beispiel blieb er in Camp David an Regentagen manchmal den ganzen Nachmittag im Bett. Und dann schaffte er zwei Bücher.

Er las sehr schnell.

Ja.

---

9 *Patriotic Gore,* das Buch über den Amerikanischen Bürgerkrieg von dem Literaturkritiker Edmund Wilson, den Kennedy einmal zu einem Essen ins Weiße Haus einlud.

Er hat tatsächlich mal einen Schnelllesekurs mitgemacht. Hat das was gebracht?[10]

Das war eher ein Spaß. Dazu gehörte so ein Tonbandgerät. Bobby brachte es mit. Das war drüben in Baltimore, und er hatte die ganze Ausrüstung besorgt – mit einer kleinen Karte, die man da reinsteckt, und die Zeile läuft dann darauf ab. Also, wir haben es einmal probiert. Wissen Sie, eigentlich soll man schneller werden, und man muss Fragen über drei Kühe beantworten: Wie viele Kühe stehen im Kohlbeet?, zum Beispiel. Ich glaube, wir haben es bei unserem Weihnachtsurlaub in Florida zweimal gemacht und dann aufgehört. Also, er hat nie einen ganzen Kurs gemacht.

Er las vor allem Geschichtliches und Biographien.

Ja.

Warum keine Romane? Was glauben Sie?

Ich glaube, er war immer auf der Suche – nach Beispielen aus der Geschichte, nach Zitaten. Oh, in Glen Ora las er Mao Tse-tung und hat aus ihm zitiert.[11]

---

10 Als Senator begleitete JFK seinen Bruder ein paarmal zu einem Schnelllesekurs in Baltimore, führte den Kurs aber nicht zu Ende. Nachdem er Präsident geworden war, wurde diese kleine Episode in Presseberichten überbewertet.

11 Die Schriften des chinesischen Kommunistenführers müssen für JFK im Frühjahr 1961 besonders interessant gewesen sein. Er überlegte nämlich (überaus weitsichtig), ob es möglich wäre, eine Annäherung an China anzustreben (kam jedoch zu dem pragmatischen Schluss, das Projekt erst in seiner zweiten Amtszeit in Angriff zu nehmen). Außerdem bereitete er sich damals gerade auf ein Treffen mit Nikita Chruschtschow, dem Parteichef der KPdSU, vor, der bis zu dem kurz zuvor erfolgten Bruch zwischen Moskau und Peking Maos wichtigster internationaler Verbündeter gewesen war. Tatsächlich zitierte Kennedy während seiner privaten Gespräche mit Chruschtschow im Juni 1961 Maos Aphorismus, die Macht komme aus den Gewehrläufen.

Über den Guerillakrieg?

Ja. Wir erfanden damals selbst so kleine Parabeln, wie: »Wenn ein Heer trinkt, nicht ist es durstig.« [!] Er machte sich einen großen Spaß daraus. Wie schon gesagt, er suchte immer irgendetwas, wenn er las. Er las nicht nur einfach zur Zerstreuung. Er wollte nicht eine einzige Sekunde verschwenden.

Ebenso Gedichte – die las er auch nicht. Las er Sachen, die Ihnen besonders gut gefielen?

Ja, allerdings. In einem Sommer las ich Moritz von Sachsen.[12] Ich weiß noch, dass General Taylor[13] auf der *Honey Fitz*[14] mitfuhr und ich ihn über Moritz' Schlachten ausfragte. Moritz war bei Höchstädt gewesen und so weiter, und ich erzählte Jack, was General Taylor mir über ihn erzählt hatte. Ich hatte das Buch halb durch, als Jack es mir wegnahm und es selbst durchlas. Immer wenn ich etwas Interessantes über ein Buch sagte, das ich gerade las, nahm Jack es mir weg und las es.

Was ist mit Theater?

Stücke lesen oder besuchen?

---

12 MORITZ VON SACHSEN (1696–1750) stammte aus Deutschland; er wurde französischer Generalfeldmarschall und siegte u.a. 1745 in der Schlacht von Fontenoy gegen die Engländer; sein einziges literarisches Werk sind die *Reveries ou Memoires sur l'Art de la Guerre (Die Kunst des Krieges)*, die 1757 postum erschienen.

13 MAXWELL TAYLOR (1901–1987) war im Zweiten Weltkrieg Kommandeur der 101. Luftlandedivision und der erste General der Alliierten, der während der Invasion in der Normandie an Land ging. Im Jahr 1959 trat er als Eisenhowers Generalstabschef des Heeres zurück, weil sich Eisenhower seiner Ansicht nach zu sehr auf Kernwaffen verließ – eine Kritik, die er in dem Buch *The Uncertain Trumpet* begründete. Kennedy war von Taylors Ansichten sehr angetan, er zitierte seine Argumente 1960 im Wahlkampf und beauftragte später den General mit der Untersuchung der fehlgeschlagenen Invasion in der Schweinebucht.

14 Eine der Jachten des Präsidenten, die JFK nach seinem Großvater neu benannt hatte.

Besuchen.

Wir hatten ja nie viel Zeit. Wenn wir in New York waren, gingen wir hin und wieder in ein Stück, aber er mochte ausschließlich leichte Unterhaltung. Er wollte sich einfach entspannen. Er ging lieber in eine Musikkomödie als in etwas Anspruchsvolles. Aber wir hörten Schallplatten – weil Sie von Gedichten sprachen. Also, manchmal las er gern Byron. Er nahm einfach, was gerade herumlag, und las es – auch Teile aus Shakespeare. Wir hatten eine Platte mit John Gielgud, die wir häufig spielten: »The Ages of Man«[15] oder so ähnlich. Und in einem bestimmten Herbst hatten wir eine, die wir auch dauernd hörten, was war das noch? Ich glaube, Richard Burton – ich weiß es nicht mehr. Jack hörte sich diese Platten manchmal am Abend an. Wie man sich eben abends im Bett Schallplatten anhört.

Er las meistens etwas über die britische Geschichte, weniger über die amerikanische Geschichte – britische und europäische Geschichte – das war mein Eindruck. Stimmt das?

Ja, aber auch viel über den Amerikanischen Bürgerkrieg, der hat ihn sehr interessiert. Aber insgesamt eher weniger über amerikanische Geschichte. Doch dann habe ich einen Kurs besucht, bei einem ausgezeichneten Mann, Dr. Jules Davids, für den ich später ein paar Recherchen gemacht habe.[16] Als ich ganz aufgeregt nach Hause kam und erzählte, was ich über die Entflechtung der Konzerne gelernt hatte, schien es Jack jedoch nicht groß zu inter-

---

15 Darauf liest Gielgud Auszüge aus Shakespeare (1958).

16 JULES DAVIDS (1920–1996), ein Professor für Diplomatic History (Internationale Geschichte) an der Georgetown University, der damals noch recht unbekannt war und wenig publiziert hatte. Er assistierte JFK bei fünf Kapiteln seines Buchs *Profiles in Courage (Zivilcourage)*. Seine Frau sagte später, dass das Honorar von 700 Dollar »damals eine Menge Geld für uns war«.

essieren. Ihn interessierte wirklich vor allem britische Geschichte. Er war eine Art Whig,[17] nicht wahr?

Allerdings. Lag es daran, dass er mit seinem Vater, dem Botschafter, in England gewesen war? Hatte ihn das angeregt, oder bestand das Interesse schon vorher? Denn das ist schon seltsam.

Nein, er war ja nur ganz kurze Zeit dort. Er musste seinen Abschluss in Harvard machen und war vielleicht nur einen Sommer in England und dann noch etwa ein Semester an der London School of Economics. Nein, das war ja schon in der Kindheit so. Ich sage immer *Marlborough*, aber wissen Sie, da gab es noch jede Menge andere Sachen. Ich habe die ganzen Bücher noch, ich müsste sie aus den Kisten holen und nachsehen. Seine Mutter kann Ihnen bestimmt viel darüber erzählen, zum Beispiel was er beim Lesen für Fragen stellte, als er sechs oder sieben war, wenn er irgend so ein Erwachsenenbuch las, das er gefunden hatte. Das war einfach seine Lektüre als Kind.

Den Marlborough *hat er mit zehn gelesen. Churchill hat ihm also immer etwas bedeutet.*

Ich glaube, *Marlborough* war mehr als nur Churchill für ihn. Er suchte seine Helden wohl eher in der Vergangenheit. Ich glaube nicht, dass er Churchill bewunderte. Andererseits *hat* er ihn natürlich bewundert und wollte sich auch mit ihm treffen. Wir sind ihm tatsächlich in einem Sommer in Südfrankreich begegnet, aber der Arme war damals schon ein bisschen hinüber, wissen

---

17 Die Partei der Whigs war vom 17. bis zum 19. Jahrhundert vor allem die Partei derjenigen britischen Aristokraten, die sich für die Rechte des Parlaments und gegen das Machtstreben der Krone einsetzten. Die im 19. Jahrhundert in den USA gegründete Whig-Partei wandte sich entsprechend gegen zu große Machtbefugnisse des Präsidenten. Als JFK 1959 von James MacGregor Burns zu seiner Haltung zur Macht des Präsidenten befragt wurde, betonte er: »Ich bin kein Whig!«

Sie. Aber Jack hat nie einen Zeitgenossen verehrt – seine Helden fand er eher in der Vergangenheit. Was hat er noch mal über die Präsidentschaft gesagt? »Es waren Menschen, die damals diese großen Dinge vollbracht haben, also können wir sie auch heute vollbringen.« Das sagte er, als sein Vater fragte: »Warum willst du für die Präsidentschaft kandidieren?« Ich sage nicht, dass er sich für genauso groß hielt wie Churchill, aber er wusste, dass er vieles erreichen konnte, und er sah gleichzeitig die Fehler der Menschen, die in seiner Zeit lebten, und ihre Schwächen. Er suchte in der Geschichte also wirklich nach Lehren aus der Vergangenheit, und deswegen las er all diese Biographien. Aber Sie haben recht, er bewunderte Churchill für seine Prosa.

Ich denke, das ist richtig. Ich meine, er bewunderte Churchill sicher auch als Staatsmann, aber es war Churchill, der Schriftsteller, der ihn wirklich interessierte und seine Neugier weckte.

Und ich weiß noch, dass er mir zwei Stellen vorlas, diese wunderbare Schilderung vom Hof König Karls II. – die reinste Harems-Prosa – und dann etwas über den Bürgerkrieg.[18] Er las sehr gern vor.

Interessierte ihn in der amerikanischen Vergangenheit jemand besonders? Hamilton, Jefferson, Jackson?

Na ja, Jefferson, glaube ich. Es gab da einen Brief von Jefferson, den er unbedingt kaufen wollte, der aber zu teuer war. Ich versuchte, ihn zu bekommen, weil ich ihn Jack letzte Weihnachten schenken wollte. Der Brief ist vor kurzem aufgetaucht, darin bittet Jefferson um vier weitere Gärtner für Monticello. Aber sie mussten auch Geige spielen können, damit sie am Abend Kammerkonzerte geben konnten. Dieser Brief wurde bei Parke-Ber-

18 Aus Churchills vierbändigem Werk *A History of the English-Speaking Peoples* (1956–1958) *(Geschichte der englischsprachigen Völker).*

net angeboten und hätte ungefähr sechstausend Dollar gekostet, deswegen hat Jack nicht mitgeboten. Sie kennen Webster.[19] Er las alles, was Webster und Jefferson geschrieben hatten. Aber ich glaube, es war Jefferson, für den er sich besonders interessierte.[20]

Was war mit Theodore Roosevelt, Wilson, Franklin D. Roosevelt?

Über Theodore Roosevelt hat er diesen Sommer oder Winter ein Buch gelesen.

Das von Noel Busch, das ihm Alice Longworth[21] gegeben hat?

Ja, und er sagte zu mir: »Hör mal, was für ein Einfaltspinsel Teddy Roosevelt war«, und dann las er mehrere Stellen vor, wo Roosevelt von seinen Taten erzählt. Immer irgendwie beiläufig: »Und dann marschierte ich den San Juan Hill hinauf und tötete fünf Eingeborene« – so, als könnte er nichts dafür. Ich glaube, Jack hat Theodore Roosevelt recht gut durchschaut. Aber er hat ihn auch bewundert. Und er las einfach alles, was über ihn herauskam.

Was hielt er von Franklin D. Roosevelt? Hat er ihn je kennengelernt?

---

19 DANIEL WEBSTER (1782–1852), Senator aus Massachusetts, dem in *Profiles in Courage* ein eigenes Kapitel gewidmet ist, weil er den sogenannten »Kompromiss von 1850« in der Sklavenfrage unterstützte.

20 Im Jahr 1970 schrieb Jacqueline über ihren Mann an Ted Kennedy: »Er war der einzige Präsident nach Jefferson, dem Gärten wichtig waren. (Im Herbst 1963 tauchte bei Parke-Bernet ein Brief von Jefferson auf. Er war ihm zu teuer, aber ich wollte ihn Jack zum Geburtstag schenken – Jefferson schreibt nach Frankreich und lässt sich vier Gärtner schicken; sie machten außerdem an den Abenden in Monticello Kammermusik.) Wie Jefferson war ihm auch Architektur wichtig, oder allgemein die Harmonie des Menschen mit seiner Umgebung.«

21 ALICE ROOSEVELT LONGWORTH (1884–1980), Theodore Roosevelts Tochter aus erster Ehe, eine schillernder Figur des Washingtoner Gesellschaftslebens; bei dem Buch handelt es sich um *The Story of Theodore Roosevelt and His Influence on Our Times* (1963).

Na ja, sie haben ihn alle getroffen. Ich weiß noch, wie Mrs Kennedy zu mir sagte, wie das war, als alle Kinder mit ins Kabinett kamen, und wie nett Präsident Roosevelt und Mrs Roosevelt zu ihnen waren. Alle Kennedy-Kinder hatten persönlichen Kontakt zu den Roosevelts.[22] Aber ich glaube nicht, dass Jack ihn für einen wirklich großen Mann hielt. Er hielt ihn eher für ... Scharlatan ist ein zu hartes Wort, aber ich glaube, er dachte oft, er sei eine Art Blender, ein recht geschickter Blender,[23] nicht wahr, weil er sehr vieles um des Effekts willen tat. Und Jack wurde schrecklich wütend – nicht wütend, aber es ärgerte ihn, wenn die Leute sagten, er solle Kamingespräche wie Roosevelt machen. Er erkundigte sich, wie viele Kamingespräche er überhaupt geführt hatte, und es waren sehr ...

---

22 In den dreißiger Jahren, als Joseph Kennedy unter FDR als Vorsitzender der Börsenaufsichtsbehörde und als Botschafter in London tätig war.

23 Mit seiner kritischen Haltung gegenüber FDR stand JFK in den sechziger Jahren recht allein da unter den Demokraten, die Roosevelt in der Regel als einen Hausheiligen ihrer Partei betrachteten. Es ist zurückzuführen zum einen auf Joseph Kennedys schmerzhaften Bruch mit FDR im Jahr 1941 wegen der amerikanischen Intervention in Europa, zum anderen auf Eleanor Roosevelt, FDRs Gattin, die JFK bis zum demokratischen Parteitag von 1960 feindlich gesinnt gewesen war; hinzukommt JFKs lebenslange Aversion gegen jede Form von Heldenverehrung. Wie viele andere war JFK der Ansicht, dass sich FDR gegenüber der sowjetischen Militärmacht in Europa nach dem Zweiten Weltkrieg zu nachgiebig verhalten hatte, mit dem Ergebnis, dass der Westen militärisch ins Hintertreffen geraten war, was sich als eines der größten Probleme von Kennedys Präsidentschaft erwies. Trotzdem war Kennedy durchaus bereit, Roosevelts große Leistungen, insbesondere auf dem Gebiet der Innenpolitik, anzuerkennen. In dem republikanischen Haus, in dem Jacqueline aufwuchs, pflegte ihr Vater scherzhaft die berühmte Karikatur von Peter Arno im *New Yorker* zu zitieren: »Kommt mit ins Trans-Lux, Roosevelt auszischen!« (In dem New Yorker Kino wurden Wochenschauen gezeigt, und das konservative Publikum war dazu übergegangen, mit Unmutsäußerungen zu reagieren, wenn Roosevelt auf der Leinwand erschien; A. d. Ü.)

Dreizehn oder vierzehn insgesamt. Ich habe ihm die Zahlen besorgt.[24]

Ja, er interessierte sich natürlich für Roosevelt. Aber er orientierte sich nicht an ihm.

Er orientierte sich nicht an ihm …

Oder an irgendjemandem sonst. Ich weiß noch, wie er mir erzählte, wo Wilson sich geirrt hatte oder was er für Fehler gemacht hatte, aber wissen Sie, alles mit Nachsicht. Er war nie arrogant. Er verschlang einfach nur alle Informationen über diese Leute, und dann verarbeitete er sie für sich, zog seinen Nutzen daraus.

Ich habe das immer sehr erstaunlich gefunden. Da gibt es diese drei Männer, die etwa zur gleichen Zeit lebten: Winston Churchill, Franklin D. Roosevelt und Joseph P. Kennedy. Die beiden Ersteren waren im landläufigen Sinn große Männer und der Dritte ein sehr erfolgreicher Mann, ein sehr talentierter Mann, aber im landläufigen Sinn kein großer Mann. Aber die Kinder von Churchill und Roosevelt sind alle irgendwie gescheitert, obwohl sie klug und begabt waren. Und die Kennedy-Kinder haben diese außerordentliche Disziplin.

Ich glaube, das ist wirklich vor allem Mr Kennedys Verdienst. Jack hat viel darüber gesprochen. Sein Vater hat sich sehr um sie gekümmert. Wenn etwas Wichtiges bei seinen Kindern anlag, schrieb er ihnen immer Briefe. Wenn es in der Schule ein Problem

---

24 Kennedy wurde kritisiert, weil er zu selten im Fernsehen zur Bevölkerung sprach, und man riet ihm, sich an den *Kamingesprächen* zu orientieren, die FDR im Radio gehalten hatte. Er bat Schlesinger, zu ermitteln, wie viele solcher *Kamingespräche* Roosevelt in den zwölf Jahren seiner Präsidentschaft genau gehalten hatte, um dem Eindruck entgegenzutreten, dass sie fast wöchentlich stattgefunden hätten. Kennedy gab etwa alle zwei Wochen eine Pressekonferenz.

BOTSCHAFTER KENNEDY MIT JOE, BOBBY UND JACK, 1938

gab, war er da. Wichtig war auch, wie er bei Tisch mit ihnen sprach. Wenn man ein berühmter Mann ist, kann man seine Kinder auch sehr leicht bevormunden. Aber er hat sie eher beschützt. Ich fand immer, die Löwin, die ihre Jungen beschützt, das war eigentlich er. Und Mrs Kennedy,[25] die Arme, rannte herum und versuchte mit diesem Energiebündel von Mann Schritt zu halten. Sie sorgte sich, ob er genug Platzdeckchen in Palm Beach hatte

25 ROSE ELIZABETH FITZGERALD KENNEDY (1890–1995), Mutter des Präsidenten, wurde von Jacqueline »Belle Mère« genannt; diese hatte damals ein freundliches, doch distanziertes Verhältnis zu ihrer Schwiegermutter, insbesondere im Vergleich zu Joseph Kennedy, dem sie sich vom ersten Moment an eng verbunden fühlte. Nach dem Tod des Präsidenten kamen Rose und Jacqueline sich schließlich näher.

oder ob sie ihm die aus Bronxville schicken sollte oder ob sie die aus London ordentlich verstaut hatte. Es war einfach alles zu viel für sie. Aber heute erzählt sie gern, wie sie um den Tisch saßen und sie den Kindern vom Plymouth Rock erzählte und ihnen so die amerikanische Geschichte nahebrachte. In Wirklichkeit aber sagte sie höchstens: »Kinder, stört euren Vater nicht!« Er machte alles für sie. Er bemühte sich sehr bewusst um die Familie, und ich glaube nicht, dass Franklin D. Roosevelt oder Winston Churchill das auch taten. Ach, und da war noch eine Sache, die mir Jack über Roosevelt sagte, nämlich dass seine Außenpolitik ein Fehler war. Dass er auf diesem Gebiet nicht gut war und Fehler machte. Ich weiß noch, dass ich ihn einmal fragte …

In Bezug auf die Sowjetunion, vermute ich.

Ich glaube, ja. Und wie Roosevelt die Männer, mit denen er zu tun hatte, unterschätzte oder falsch einschätzte oder ähnlich. Jack analysierte das perfekt, einfach durch genaues Hinsehen.

Er konnte immer diese Distanz zu den Dingen einnehmen, weil er zugleich die Fähigkeit besaß, sich in die Lage anderer Leute hineinzuversetzen und zu sehen, was ihre Probleme waren.

So habe ich ihn auch immer gesehen. Vielleicht sagten deshalb manche Leute, wie zum Beispiel Jim Burns, der ihn nie persönlich kennengelernt hat, dass Jack distanziert sei und er sich frage, ob er ein Herz habe.[26] Natürlich hatte er ein riesengroßes Herz,

---

26 Die letzte Seite von Burns' Buch *John Kennedy, A Political Profile* (1960) hatte weder JFK noch Mrs Kennedy gefallen. Burns hatte es in Zusammenarbeit mit Kennedy geschrieben und pries Talent und Energie des Senators, stellte aber sein emotionales Engagement für politische Ziele in Frage. (Im letzten Satz seines Buches schrieb er, dass Kennedy, wenn er die Präsidentschaft mit »Leidenschaft« ausüben wolle, »sich nicht nur mit dem Kopf, sondern auch mit dem Herzen engagieren muss«.) Jacqueline war darüber so aufgebracht, dass sie ihm eine scharfe Entgegnung schickte: »Ich finde, dass Sie ihn unterschätzen. Jeder kann sehen,

PRÄSIDENT KENNEDY UND
PRÄSIDENT CHARLES DE GAULLE, PARIS 1961

wenn ihm etwas wichtig war. Aber er hatte auch diese Distanz. Ich dachte immer, dass er ein guter Richter gewesen wäre. Er konnte sich jeden Fall vornehmen, auch wenn er mit ihm selbst oder mit mir zu tun hatte – jeder andere hätte sich dann von seinen Emotionen leiten lassen –, und konnte ihn von allen Seiten ruhig betrachten. Ich weiß noch, wie er einmal auf diese Art über

dass er die Intelligenz und den Elan und die Ausstrahlung besitzt, um in der Politik Erfolg zu haben. Ich sehe jede Woche, die ich mit ihm verheiratet bin, dass er die vielleicht wichtigsten Eigenschaften besitzt, die ein politischer Führer haben muss: ein unbeirrbares Selbstbewusstsein und Vertrauen in seine Fähigkeiten … Wenn Sie jemanden haben wie Jack, warum beschreiben Sie ihn dann als eine mickrige Stangenbohne, die sich tastend ihren Weg sucht, bis sie irgendwann oben anlangt und ganz erstaunt ins Sonnenlicht blinzelt?«

General de Gaulle sprach, als letztes Jahr alle so eine Wut auf de Gaulle hatten.[27]

Ja, das war wirklich außergewöhnlich. Es gibt Menschen, die so sehr mit anderen mitfühlen, dass sie selbst handlungsunfähig werden. Das war bei ihm nie der Fall. Er behielt immer die Zusammenhänge im Auge. Er verstand den politischen Druck, der andere dazu trieb, Dinge zu tun, die nicht gut waren, aber das hinderte ihn nie daran, klug darauf zu reagieren.

Ja, ich wünschte, ich hätte ihm eine Armbanduhr mit einem Tonbandgerät gegeben. Dann hätten Sie hören können, was er zu mir über de Gaulle sagte, was de Gaulles Ziele waren und warum er so verbittert war. Ich meine, seine Analyse dieses Mannes … De Gaulle war mein Held, als ich Jack heiratete, und er sank sehr in meiner Achtung, weil er meiner Ansicht nach unaufrichtig war. Und das war Jack nie. Frauen sind vermutlich schrecklich emotional und wollen nie wieder mit jemandem sprechen, der sich verächtlich über ihren Mann geäußert hat, aber Jack sagte immer: »Du musst stets einen Weg zur Versöhnung offenlassen. In der Politik ändert sich alles so schnell – deine Freunde sind in der nächsten Woche schon deine Feinde und umgekehrt.«

Warum war de Gaulle Ihr Held?

Er war nicht eigentlich mein Held, aber ich hatte Teile seiner Memoiren gern gelesen, und ich hatte Achtung vor diesem Mann, der sich in den Wäldern verschanzte und dann wieder zurückkam. Wie Sie wissen, bin ich recht frankophil, es war also mehr so allgemein …

---

27 CHARLES ANDRÉ JOSEPH MARIE DE GAULLE (1890–1970), der Führer der Freien Französischen Streitkräfte im Zweiten Weltkrieg, war von 1959 bis 1969 französischer Staatspräsident. Jacqueline taufte Mitte der fünfziger Jahre ihren französischen Pudel »de Gaulle«. Als leidenschaftliche Verehrerin der französischen Kultur war sie besonders verärgert, als de Gaulle im Lauf der Kennedy-Jahre auf Konfrontationskurs zu den USA ging.

Verstehe. Ich dachte auf der Beerdigung, dass er – trotz allem Unheil, das er angerichtet hat und vermutlich noch anrichten wird – doch eine ungeheuer anrührende und faszinierende Figur ist.

Ja, er hat zwei Seiten. Das ist es, was Jack immer gesagt hat. Niemand ist ganz weiß oder ganz schwarz, nicht wahr? Und de Gaulle hat tatsächlich erkannt, was Jack war, und ich glaube, er fühlte sich einfach schuldig – ich weiß es nicht. Er hat erkannt, wer Jack war, und deshalb kam er zu der Beerdigung. Ich finde, das war eine freundliche Geste. Er hätte das nicht tun müssen.

Er hatte einen Sinn für Geschichte. Das ist es, was de Gaulle mit Churchill und dem Präsidenten und ein paar anderen Leuten gemein hat, diesen Sinn für Geschichte, der eine Art Großmut erfordert. Obwohl de Gaulle hinterhältig sein kann, kann er auch sehr großmütig sein. Er sah den Präsidenten im großen Zusammenhang der Geschichte. Und das ist das Besondere an seinen Memoiren, dass sie ein Gefühl für diesen Zusammenhang vermitteln, für die Sachzwänge, die auf die Menschen wirken – ganz abgesehen von der großartigen Sprache.

Allerdings. Als Jack bekanntgab, dass er für die Präsidentschaft kandidieren würde, habe ich ihm den Anfang der Memoiren vorgelesen, wo de Gaulle schreibt, dass er »immer ein ganz bestimmtes Bild von Frankreich gehabt« habe. Und Jack verwendete diesen Satz, formulierte ihn für sich um. Sehen Sie sich die Rede an: »Ich habe eine bestimmte Vision von Amerika« oder so ähnlich.[28] Ein anderer Mensch, über den er mir viel erzählte, war Randolph Churchill, Winston Churchills Vater. »Goschen hatte ich ganz vergessen.« Ich erinnere mich, dass er das oft sagte, wenn jemand zurücktrat und sofort ersetzt wurde. Kennen Sie die Geschichte?

---

28 Als JFK am 2. Januar 1960 seine Kandidatur bekanntgab, sagte er: »Ich habe ein Bild von einem Amerika, das die noble und historische Rolle des Verteidigers der Freiheit in einer Zeit höchster Gefahr übernimmt …«

Nein, kenne ich nicht.

Ein Minister trat zurück, als Randolph Churchill in der Regierung war, weil er dachte, er sei ... War es nicht auch der Finanzminister, wie erst vor ein paar Jahren? Wegen irgendeiner Kleinigkeit mit dem Haushalt?

Er hatte Informationen herausgegeben ...

Nicht Thorneycroft. Egal, dieser Mensch trat jedenfalls zurück und wurde sofort ersetzt, und er hatte gedacht, er wäre unersetzlich und sie würden schon noch auf seine Forderungen eingehen. Aber sie ernannten sofort einen anderen Mann namens Goschen. Und der Mann, der zurückgetreten war – vielleicht war es sogar Randolph Churchill selbst –, sagte: »Oh, Goschen hatte ich ganz vergessen.« *[Schlesinger lacht]* Was beweist, dass jeder ersetzbar ist.[29]

Was hielt der Präsident 1959 von seinen Konkurrenten? Ich vermute, Hubert war schon angetreten und Lyndon und Stevenson warteten in den Kulissen.

Ich weiß nicht genau. Ich weiß, dass er Hubert vorher mochte, aber er sagte immer: Wenn es zu einem Kampf kommt, wird es so hart zugehen, dass man nicht vermeiden kann, dass man sich am Ende hasst. Es ging hart zu, aber hinterher versöhnte er sich wieder mit Hubert. Lyndon fand er irgendwie amüsant. Na ja, Lyndon biederte sich ziemlich an. Jack kam heim und erzählte mir

---

29 Lord Randolph Churchill war im Jahr 1886 Schatzkanzler und hielt sich in diesem Amt für unersetzlich; als er zurücktrat, war er verblüfft, als Lord Salisbury sofort George Goschen zu seinem Nachfolger ernannte. Dies veranlasste Churchill zu dem resignativen Ausspruch. Das neuere Beispiel, das JBK in den Sinn kommt, betrifft Peter Thorneycroft, der 1958 zusammen mit zwei weniger hohen Beamten als Schatzkanzler aus Protest gegen steigende öffentliche Ausgaben demonstrativ zurücktrat. Premierminister Harold Macmillan tat das Ereignis als »Sturm im Wasserglas« ab und ersetzte alle drei im Handumdrehen.

DIE DEMOKRATISCHEN KANDIDATEN FÜR 1960:
SENATOR LYNDON B. JOHNSON UND SENATOR
KENNEDY IN HYANNIS PORT

davon. Zum Beispiel, wie Lyndon – vor allen Reportern – im Senat verkündete, er sei fit für die Kandidatur, er könne – was weiß ich – Squash spielen und einmal in der Woche Geschlechtsverkehr haben. *[Beide lachen]* Lyndon wusste natürlich, wie der Hase läuft. Ich meine, Jack hat nie …

Er mochte Lyndon.

Er mochte ihn eigentlich nicht besonders, aber er kam gut mit ihm aus. Wenn man sie zusammen sah, schienen sie immer über politische Fragen uneins zu sein. Und ich dachte immer, dass Lyndon verärgert war oder wütend, aber Jack parierte seine Angriffe nur amüsiert, und er behielt immer die Oberhand. Dann schnaubte Lyndon verächtlich wie ein Elefant. Aber er war eigentlich nie … es war nichts Persönliches.

Ich glaube, er amüsierte sich tatsächlich in erster Linie über Johnson und betrachtete ihn als eine Art amerikanisches Phänomen, aber oft war er auch wirklich verärgert.

Lyndon war Mehrheitsführer, und er wurde dann auch wiedergewählt im Senat – das war ihm wichtiger als alles, dafür hat er alle Hebel in Bewegung gesetzt –, aber in den Vorwahlen, kam es eher darauf an, was man in Wisconsin erreichen konnte und mit wem man sich traf und ob Hubert nach West Virginia gehen würde oder nicht … Ich habe Ihnen beim letzten Mal erzählt, wie ich mich über Stevenson geärgert habe. Jack hat nie befürchtet, dass einer von ihnen vielleicht besser sei als er, aber er war auch nicht selbstgefällig. Ich meine, wenn er es nur schaffte, die Hürden zu überwinden, die ihm im Weg standen – sein Katholizismus, seine Jugend, sein Reichtum oder was auch immer –, dann war alles in Ordnung. Es ging also mehr darum, die Hürden zu überwinden als die Gegner.

Glauben Sie, eine dieser Hürden machte ihm mehr Sorgen als die anderen?

Ich glaube, dass er katholisch und so jung war, machte ihm am meisten zu schaffen.[30] Ich weiß noch, dass ich ihn zum Abschied

---

30 JFK hoffte, mit seinem Sieg im überwiegend protestantischen West Virginia habe sich das Problem seiner katholischen Konfession endgültig erledigt, aber es war nach wie vor virulent, sodass er sich im September 1960 sogar veranlasst sah, vor einer Gruppe protestantischer Geistlicher aufzutreten und noch einmal zu betonen, dass er entschieden für die Trennung von Kirche und Staat eintrete. Er sagte: »Ich bin nicht der katholische Präsidentschaftskandidat. Ich bin der Kandidat der Demokratischen Partei, der außerdem zufällig ein Katholik ist.« Kennedys Jugend war ein weiteres Hindernis: Mit dreiundvierzig sollte er der jüngste amerikanische Präsident der Geschichte werden.

nach New York begleitete, als er nach Kalifornien reiste, und dass er dort – war es in der Grand Central Station oder im Biltmore? – eine Rede hielt, in der er auf Trumans Vorwurf, dass er zu jung sei, einging.[31] Aber er tat es ohne jede Bitterkeit.

Und sehr effektvoll. Ende 1959 fand dann in Hyannis Port, vielleicht so um Thanksgiving herum, eine Art Treffen zur Strategieplanung statt.

Oh, daran kann ich mich gut erinnern. Alle waren zwei Tage lang bei Ethel und Bobby in Klausur – Kenny, Larry, Bobby –, und sie hockten zusammen und planten ihre Strategie. Aber wenn Jack von einem solchen Treffen heimkam, fragte ich ihn nicht: »Und? Was habt ihr geplant?« Er kam heim, und dann gab es Fischsuppe oder was er sich sonst zum Abendessen wünschte, oder wir hörten Schallplatten oder hatten Gäste, mit denen man lachen konnte. Ich meine, ich wäre eine schreckliche Ehefrau gewesen, wenn ich ihn nach einem solchen Treffen mit Fragen gelöchert hätte.

In gewisser Weise besteht der große Unterschied zwischen Kennedy und Johnson wohl darin, dass Politik nur ein Teil von Kennedys Leben war. Das Gleiche gilt auch für Roosevelt und Truman. Sowohl Kennedy als auch Roosevelt waren Vollblutpo-

31 Am 2. Juli 1960 hatte der frühere Präsident Truman in der Truman Library in Independence, in Missouri, den in den demokratischen Vorwahlen führenden Kennedy aufgefordert, das Rennen aufzugeben, weil er zu jung und unerfahren und weil der Nominierungsparteitag angeblich im Vorfeld manipuliert worden sei. Zwei Tage später reagierte der Kandidat im Hotel Roosevelt in New York darauf mit den Worten: Wenn »vierzehn Jahre Erfahrung« nicht ausreichten, hätten alle Präsidenten des 20. Jahrhunderts einschließlich Truman nie für das Amt kandidieren dürfen. (Die vierzehn Jahre bezogen sich auf Kennedys Zeit im Kongress – ohne den Militärdienst, den er an anderer Stelle mit einrechnete, als er von achtzehn Jahren im »Dienst für die Vereinigten Staaten« sprach.) Nachdem er diese Erklärung abgegeben hatte, flog er zum Parteitag der Demokraten nach Los Angeles.

litiker, aber Politik war trotzdem nur ein Teil ihres Lebens. Sie war etwas, das sie gerne taten, und sie war ein Werkzeug, um etwas anderes damit zu erreichen. Aber es gab noch viele andere Dinge im Leben. Für Truman und Johnson war die Politik das Einzige, was zählte.

Ja, und wenn man mit einem von ihnen redet – es dreht sich alles nur um Politik. Truman weiß einfach alles, wenn es um amerikanische Geschichte geht, man kann ihn fragen, was man will. Aber man bekommt nie etwas anderes von ihm zu hören. Aber Jack … Also, ich meine, eine Frau passt sich immer an, besonders wenn sie sehr jung heiratet und sozusagen noch ungeformt ist, dann versucht sie wirklich, die Frau zu werden, die ihr Mann sich ihrer Ansicht nach wünscht. Wenn Jack es also gewollt hätte … Der Mann meiner Schwester zum Beispiel bringt seine Probleme gern mit nach Hause. Es geht immer nur ums Geschäft, und Lee versteht das nicht.[32] Wenn Jack das gewollt hätte, zu Hause über Politik sprechen, dann hätte ich ihm Fragen gestellt. Doch er wollte nicht über die Dinge sprechen, die ihm Sorgen machten, sondern über andere Sachen in seinem Leben. Man musste natürlich immer die Zeitungen lesen und so. Er konnte ziemlich ärgerlich werden, wenn er sagte: »Hast du Scotty Reston heute gelesen?«, und man ihn nicht gelesen hatte. Dann achtete man besser darauf, dass man es am nächsten Tag getan hatte. Wenn ich nämlich fragte: »Was hat er denn geschrieben?«, sagte er: »Das solltest du besser selbst herausfinden.«

Mit seinem Stab ging er ähnlich um. Bei diesem Treffen in Hyannis Port war meiner Erinnerung nach das Entscheidende – und was die Lage komplett veränderte –, dass Ted Sorensen, der bis dahin sowohl für die Reden als auch für die politische Ausrich-

---

32 CAROLINE LEE BOUVIER CANFIELD RADZIWILL (*1933), Jacquelines jüngere Schwester.

tung verantwortlich gewesen war, durch Bobby und Kenny ersetzt wurde. Sie übernahmen praktisch die ganze Planung.

Ja, das stimmt, und ich weiß noch, dass deshalb eine Zeit lang eine ziemlich schlechte Stimmung herrschte, zumindest in Wisconsin, glaube ich. Ted war wütend auf Bobby. Ihm gefielen die neuen Aufgaben nicht, die man ihm gegeben hatte. Aber Jack konnte Bobby immer vertrauen. Und ich glaube, er plante seinen Wahlkampf auf diese Art. Ted konnte er nicht immer vertrauen …

Sie meinen, seinem Urteilsvermögen?

Nein, oder eigentlich doch. Ich meine diese Angelegenheit mit Jacks Buch, *Zivilcourage.* Jack verhielt sich damals wie eine Gentleman gegenüber Ted, denn Ted hatte sich in diesem Jahr wirklich ziemlich danebenbenommen. Ich meine, das ist nicht der Grund, warum er Bobby die Reden schreiben ließ, aber ich muss sagen, ich konnte Ted nach dieser Sache etwa zwei Jahre nicht mehr sehen.

Weil Ted überall so tat, als hätte er das Buch geschrieben?

Genau. Natürlich, der arme Junge, er fing gerade erst an, er war neu in Washington, aber er ging wirklich allen Ernstes herum und zeigte den Leuten Seiten von Jack, auf denen er Sachen durchgestrichen und andere dazugeschrieben hatte. Und dann, als Drew Pearson dies öffentlich behauptete, kam es zum Prozess, in dem Jack von Clark Clifford vertreten wurde, und zum Glück hatte er alle Notizblöcke aufgehoben, die er selbst vollgeschrieben hatte.[33] Ich denke, als Jack Clark bat, ihn zu verteidi-

---

33 DREW PEARSON (1897–1969) war der bekannteste Enthüllungsjournalist der damaligen Zeit mit einer von vielen Zeitungen abgedruckten Kolumne und einer wöchentlichen Fernsehsendung auf ABC. CLARK CLIFFORD (1906–1998) war ein Anwalt aus St. Louis und wichtiger Berater von Präsident Truman, bevor er in Washington ein florierendes Anwaltsbüro aufmachte und

TED SORENSEN UND SENATOR KENNEDY

gen, hatte er wohl eher den Eindruck, dass das Buch eigentlich von Ted sei. Er fragte aber nicht direkt. Doch dann zeigte Jack ihm die Notizblöcke, und Clark war ganz erstaunt und sagte: »Da besitzen Sie einen echten Schatz. Schließen Sie das gut weg. Und zwar alles.« Und ich habe gesehen, wie Jack das Buch

sich überdies einen Ruf als einer von Trumans »Wise Men« erwarb. JFK war in den fünfziger Jahren einer seiner Mandanten. Im Jahr 1957 behauptete Pearson auf ABC, dass *Profiles of Courage* in Wirklichkeit von Ted Sorensen geschrieben worden sei, doch JFK zwang ihn mit Cliffords Hilfe, die Behauptung zu widerrufen. Während des Wahlkampfs im Jahr 1960 bat Kennedy Clifford, den möglichen Wechsel ins Weiße Haus logistisch-technisch vorzubereiten. Während Kennedys gesamter Präsidentschaft wirkte Clifford in verschiedenen privaten und politischen Angelegenheiten als Berater beider Kennedys.

schrieb. Ted schickte ihm zum Beispiel fünfzig Bücher über Lucius Lamar und all die anderen, und Jack arbeitete sie durch. Und über Thaddeus Stevens und die ganzen Leute. Die Bücher wurden ständig mit der Post hin und her geschickt. Nicht wahr, ich habe gesehen, wie Jack das Buch schrieb. Es gefiel mir jedenfalls nicht, wie Ted sich damals benahm. Aber in seinem Leben drehte sich alles immer nur um ihn selbst. Erst als er ins Weiße Haus kam, interessierte er sich zum ersten Mal wirklich für einen anderen Menschen, und das war Jack. Deshalb war er im Weißen Haus in Ordnung.

Erst dann? Er wirkte immer so unglaublich ergeben, fast unterwürfig.

Also, wie war das … *Zivilcourage* war '55, '56. Na ja, ich würde sagen, das ganze Jahr '56 und Anfang '57. Sie wissen, wie schnell Jack den Leuten vergeben konnte, aber ich habe Ted Sorensen nie vergeben. Ich habe ihn etwa ein Jahr lang sehr genau beobachtet. Und dann gab ihm Jack das ganze Geld für *Zivilcourage*, weil er fand, dass Ted so hart dafür gearbeitet hatte – was wirklich nett war, finden Sie nicht? Und er hat ja auch viel daran gearbeitet, oft bis spät in die Nacht hinein. Er arbeitete anscheinend recht langsam, und er musste offenbar bis zwei oder drei Uhr morgens aufbleiben, um etwas zustande zu kriegen. Aber finden Sie es nicht auch großzügig, dass Jack Ted das Geld für das Buch gab, während alle sagten, dass Ted es geschrieben habe – es waren mehr als hunderttausend Dollar …[34]

---

34 Schlesinger war damals nicht abgeneigt, Jacqueline Kennedy zu negativen Aussagen über Sorensen zu ermuntern. Als er die vorliegenden Interviews führte, konkurrierten er und Sorensen auf dem Buchmarkt gerade mit ihren jeweiligen Büchern über Kennedy, was ihre Beziehung eine Zeit lang belastete. In seiner Autobiographie aus dem Jahr 2007, *Counselor: A Life at the Edge of History,* schreibt Sorensen, Pearsons Behauptung, »dass ich privat damit prahlte oder indirekt andeutete, ich hätte das Buch geschrieben«, sei »eine Behauptung, die, wie ich zu meinem Bedauern zugeben muss, wenigstens teilweise richtig ist«. Er be-

Bekam Ted alle Tantiemen für Zivilcourage?

Ja. Damals, als das Buch publiziert wurde, hatte Jack natürlich angenommen …

Das ist unglaublich!

… also, dass es nur ein kleiner Titel wäre, von dem vielleicht fünfundzwanzigtausend Exemplare verkauft würden oder so. Aber dann schossen die Verkaufszahlen in die Höhe, und es wurde ein Bestseller. Ted bekam jeden Penny für das Buch, bis die Gedenkausgabe mit Bobbys Vorwort herauskam. Von da an ging das Geld an die Bibliothek.

Das ist verrückt – ich hätte nie gedacht … Ted muss mehrere hunderttausend Dollar verdient haben.

Ich weiß, dass es mindestens hunderttausend waren. Aber wissen Sie, Jack wollte ihm außer seinem Honorar noch etwas zusätzlich geben, denn er war jung und hatte nur gerade genug zum Leben und hatte wirklich hart für ihn gearbeitet. Aber Jack war wirklich ein Gentleman. Ich finde, es war nett, dass er das getan hat.

Bobby war zu dieser Zeit ebenfalls in Washington, aber ausschließlich für den Präsidenten hat er erst ab 1959 gearbeitet.

---

tont aber, dass »*Zivilcourage* genau wie die Reden JFKs in Zusammenarbeit entstand, was nicht besonders ungewöhnlich war, da wir bei der Zusammenarbeit zu dem Buch die gleichen Methoden anwandten wie bei den Reden«. Weiter schreibt Sorensen, er und Kennedy hätten sich darauf geeinigt, dass er für jedes veröffentlichte Werk, an dem er mitwirke, mindestens die Hälfte des Honorars und der Tantiemen bekommen sollte. Und er fügt hinzu: Als *Zivilcourage* ein Bestseller wurde und »weit mehr, als wir beide je erwartet hätten« an Tantiemen abwarf, habe ihm JFK »unerwartet eine auf mehrere Jahre zu verteilende Summe gegeben, die ich als überaus großzügig empfand«. Sie machte auch 1961 noch mehr als die Hälfte der Einnahmen aus dem Buch aus. Trotz JBKs negativer Äußerungen über Sorensen in diesem Interview versöhnten sich die beiden bald wieder und erneuerten später in New York ihre Freundschaft.

Wenn wir in Washington waren, trafen wir uns immer mit Bobby. Erst im Weißen Haus sahen wir sie dann nicht mehr an den Abenden. Aber vorher, wenn wir ausgingen, immer. Bevor wir heirateten, wohnten wir die ganze Zeit in Georgetown und aßen ein- oder zweimal pro Woche mit ihnen zu Abend. Sie sprachen über den McClellan-Ausschuss und den McCarthy-Ausschuss – all die Ausschüsse, in denen Bobby saß.[35] Aber ich glaube, dann kandidierte Bobby für den Senat, oder?

Ja, genau.

'52?

Ja, '52, und Teddy, glaube ich, '53.[36]

Bobby und Jack waren schon immer … na ja, jeder interessierte sich sehr dafür, was der andere machte. Aber ich glaube, nach diesem Treffen an Thanksgiving brach Bobby einfach alle Brücken hinter sich ab und arbeitete voll und ganz für Jack. Ich weiß nicht, womit Bobby 1958 beschäftigt war, dass er den Wahlkampf nicht leiten konnte. Sind Sie sicher, dass er ihn nicht leitete?

---

35 Robert F. Kennedy hatte als juristischer Berater in Joseph McCarthys Senatsunterausschuss gearbeitet, bevor er schließlich aus Protest gegen die Exzesse des Senators zurücktrat. Von 1957 bis 1959 arbeitete er als Chefberater für Senator McClellans Ausschuss über Korruption bei den Gewerkschaften, ein Amt, in dem er Jimmy Hoffa, den Chef der Transportarbeitergewerkschaft, hartnäckig verfolgte.

36 EDWARD MOORE KENNEDY (1932–2009) war das neunte Kind der Familie. Nach Teddys Geburt fragte Jack seine Eltern: »Darf ich der Pate des Babys sein?« Sie waren einverstanden. Ted Kennedy war der offizielle Wahlkampfleiter, als JFK für seine zweite Amtszeit im Senat kandidierte, aber er studierte damals noch an der juristischen Fakultät der University of Virginia und arbeitete nicht Vollzeit für seinen Bruder. Im Jahr 1962 gewann er den alten Senatssitz von JFK, den er bis zu seinem Tod innehatte.

Soweit ich weiß, war Teddy nominell der Wahlkampfleiter. Die Anhörungen über die Gewerkschaften liefen damals noch, glaube ich.

Ja, ich erinnere mich, das ist eine wichtige Sache in Jacks Leben, aber ich weiß nicht mehr, in welchem Jahr das war. Aber ich erinnere mich noch, dass Arthur Goldberg[37] jeden Morgen zum Frühstück kam. Oder George Meany[38] und diese ganzen Leute. Das war 1957, als wir gerade in unser Haus eingezogen waren. Ich hatte diese knarrenden alten Esszimmerstühle gekauft, und bei einer der ersten Frühstückseinladungen krachten Jack und George Meany und noch ein dritter Mann alle auf den Boden. Aber das ganze Jahr über trafen wir Leute wegen des Arbeitsgesetzes. Jack und Seymour Harris[39] waren in diesem Frühjahr ...

Es ging vor allem um Arbeitspolitik und kaum um Außenpolitik zu dieser Zeit.

Nun, es ging darum, das Arbeitsgesetz durchzubringen. Ging es nicht gegen das Landrum-Griffin-Gesetz?[40]

Das Landrum-Griffin-Gesetz galt als eine Art Alternative und wurde schließlich verabschiedet, als Eisenhower sich dafür einsetzte.

---

37 ARTHUR GOLDBERG (1908–1980) aus Chicago, Sohn jüdischer Immigranten aus Polen und der Ukraine, war Chefjustiziar der Gewerkschaften AFL-CIO und United Steelworkers, bevor ihn JFK zum Arbeitsminister und dann, im September 1962, zum Richter am Obersten Gerichtshof ernannte.

38 GEORGE MEANY (1894–1980), ein früherer Klempner aus der Bronx, Chef des Gewerkschaftsverbands AFL-CIO.

39 SEYMOUR HARRIS (1897–1974) war ein Wirtschaftswissenschaftler von der Harvard University.

40 Das Landrum-Griffin-Gesetz von 1959 diente dazu, den Machtmissbrauch skrupelloser Gewerkschaftsführer zu unterbinden, den die Kennedy-Brüder bei ihren Anhörungen aufgedeckt hatten. JFK war darum bemüht, dass das Gesetz nicht auch die reguläre Arbeit der Gewerkschaften einschränkte.

Wie auch immer, Jack hatte jedenfalls das ganze Frühjahr damit zu tun.

Frühjahr 1959, glaube ich. Aber gleichzeitig war er auch noch mit anderen Dingen beschäftigt, mit der Rede zu Algerien zum Beispiel.[41]

Richtig. Gottogott! Ich musste verheiratet sein, um ihm dabei helfen zu können. Weil in diesem Sommer ... es war der Sommer, in dem wir geheiratet haben, und er gab mir all diese französischen Bücher und bat mich, sie zu übersetzen. Ich arbeitete für den *Times-Herald*[42] und lebte allein im Haus meiner Mutter in Virginia. Und ich arbeitete die Nächte durch, bei der Hitze, und übersetzte fast die ganzen Bücher, weil ich nicht wusste, was wichtig war und was nicht.

Was für Bücher?

Lauter französische Bücher über Algerien. Nein, nein! Es ging um Indochina. Tut mir leid, Indochina.[43] Und das war noch vor unserer Heirat.

---

41 Im Jahr 1957 führten die Franzosen Krieg gegen algerische Aufständische, die ihr Land von der Herrschaft des »Mutterlandes« Frankreich befreien wollten. JFK hielt eine umstrittene Rede, in der er die französische Herrschaft über Algerien kritisierte und die damals kühne (und weitsichtige) Meinung vertrat, dass es im amerikanischen Interesse liege, für die antikolonialen Bewegungen Partei zu ergreifen, weil dies moralisch richtig sei und den USA helfen werde, die neuen unabhängigen Länder, in denen solche Bewegungen Erfolg hätten, an sich zu binden.

42 JBK war von 1951 bis 1953 als »recherchierende Fotografin« für den *Washington Times-Herald* tätig, dessen Chefredakteur Frank Waldrop einmal sagte, sie könne »um Ecken sehen«. Sie berichtete für den *Times-Herald* etwa über die Krönung von Elisabeth II.

43 Im Jahr 1954 zogen sich die Franzosen nach einer schmachvollen Niederlage bei Dien Bien Phu aus Vietnam zurück. Die Vereinigten Staaten gerieten daraufhin unter Druck, an Frankreichs Stelle zu treten und den Kampf weiterzuführen, damit der nordvietnamesische Führer Ho Chi Minh nicht die Macht über-

Das war ’51, ’52.

Ja, ich übersetzte alles über Admiral d’Argenlieu und Ho Chi Minh und die Ammoniter und die Mennoniten.[44] Ich glaube, es waren etwa zehn Bücher.

Zehn ganze Bücher?

Nein, ich habe Auszüge übersetzt, aber …

Sie schrieben Zusammenfassungen. Konnte er nicht Französisch?

Doch, er konnte Französisch, aber nicht gut genug, um sich bei schwierigen Sachverhalten wirklich sicher zu sein. Und wir trafen uns damals mit einer Menge Franzosen, und sie gaben ihm dann irgendein Buch … Und das Gleiche habe ich später für die Algerien-Rede gemacht. Ja, und die Sache mit dem Sankt-Lorenz-Seeweg, daran kann ich mich auch noch gut erinnern. All das war wirklich sehr mutig.[45]

Das galt besonders für die Algerien-Rede, weil all die Leute vom Rat für auswärtige Beziehungen darüber empört waren. Ich war zufällig in Paris, als die Rede herauskam, und ein alter Freund von mir, Jean-Jacques Servan-Schreiber vom L’Express, *war absolut begeistert von der Rede. Er brachte den ganzen Text heraus*

---

nahm. JFK war skeptisch, was eine amerikanische Intervention betraf, und wollte mehr über Indochina erfahren. Jacqueline übersetzte für ihn Auszüge aus Büchern über Geschichte und Politik der französischen Kolonien in Nordafrika, im Nahen Osten und in Südostasien und über verwandte Themen.

44 George d’Argenlieu war 1945 bis 1947 französischer Generalgouverneur und Hochkommissar in Indochina. Die Ammoniten sind die halbnomadischen Nachfahren von Lot in der Bibel. Schweizerische Mennoniten emigrierten im 19. Jahrhundert nach Algerien.

45 Als JFK für die Wasserstraße stimmte, die den amerikanischen Handel auf Kosten von Arbeitsplätzen in Massachusetts erweiterte, brachte er viele seiner Wähler gegen sich auf. Sie beschwerten sich, dass er sich mehr für den Rest des Landes interessiere als für seinen eigenen Staat.

und behauptete, sie seien weltweit das erste Nachrichtenmagazin gewesen, das den Präsidenten aufs Cover brachte. Und ich weiß noch, dass ich JFK von Paris aus schrieb: »Achten Sie nicht auf die Kommentare in der New York Times, *in denen es heißt, Ihre Ansichten seien gefährlich. Sie haben absolut recht. Die Leute in Frankreich, denen die Sache wichtig ist, haben die Rede begrüßt.«*

Ja, und ich erinnere mich noch gut, wie er nach Polen ging. Er nahm mich nicht mit, weil er dachte, es würde sich nicht schicken, mit seiner Frau zu reisen. Aber Sie wissen ja, er interessierte sich immer besonders für Außenpolitik. Und dann erinnere ich mich noch an die Mindestlohndebatte, wann immer das war.[46] Nicht wahr, all diese Sachen, die ihm wichtig waren ... Aber nur als Beispiel dafür, dass er ein Herz hatte: Ich weiß noch, wie es ihn aufgeregt hat, als wir einmal mit meiner Mutter und meinem Stiefvater zu Abend aßen, und mein Stiefvater sitzt da, mit einem Toast in der Hand, dick mit Gänseleberpastete bestrichen, und beschwert sich, dass der Mindestlohn einen Dollar fünfundzwanzig betragen soll. Und Jack sagte zu mir, als wir nach Hause gingen: »Ist dir klar, dass Waschfrauen im Süden sechzig Cent pro Stunde bekommen?« Oder sechzig Cent pro Tag, oder was immer es war. Und er war ganz entsetzt, als er sich mit Präsident Eisenhower traf, ich glaube, in Camp David, vor seiner Amtseinführung – sie sprachen über die kubanischen Flüchtlinge, und Eisenhower sagte: »Es wäre natürlich schön, wenn man sie aus Miami herschaffen und für zwanzig Dollar im Monat als Dienstboten anstellen könnte, aber wenn man das versucht, wird garan-

46 Während der ersten Debatte über das Thema im September 1960 musste JFK sich von Nixon den Vorwurf gefallen lassen, er sei »zu extrem«. Im Mai 1961 unterzeichnete JFK dann das Gesetz zur Anhebung des Mindeststundenlohns von 1 Dollar auf 1,25 Dollar.

tiert irgendjemand Theater machen.«[47] Jack war so empört darüber, dass diese Reichen keinen Gedanken daran verschwendeten, wie man von zwanzig Dollar im Monat leben soll, sondern die Leute einfach wie Sklaven behandelten. Die Leute taten ihm leid. Und er sagte es auch. Diese abscheuliche republikanische Art von … Ach ja, und ein anderes Mal, als Geld für das Kulturzentrum in Washington aufgetrieben werden sollte[48] und ein republikanischer Freund meines Stiefvaters sagte: »Warum lässt man die Arbeiter das nicht bezahlen? Wenn man von allen Löhnen einen Dollar pro Woche abzieht, hat man das Geld in kürzester Zeit zusammen.« Ihm wurde wirklich schlecht von diesem Satz, und er sagte: »Haben Sie eine Vorstellung, was ein Dollar weniger Lohn für diese Leute bedeuten würde?« All das zeigt doch, dass er ein Herz hatte. Er war nämlich wirklich schockiert über diese Dinge.

Oh, meiner Ansicht nach hatte er ganz bestimmt ein Herz, er trug es nur nicht zur Schau. Die Leute waren einfach eine ganz bestimmte sentimentale Ausdrucksweise gewohnt, wenn es um diese Dinge ging. Er war sehr wohl betroffen, aber gleichzeitig blieb er doch sehr nüchtern. Hat der Präsident die Vorwahlen von 1960 genossen, wenn man einmal von der Tatsache absieht, dass es eine Menge Arbeit war und anstrengend? Hat ihm der Wahlkampf gefallen?

Sie machen sich keine Vorstellung, wie anstrengend die Vorwahlen waren. Er sagte oft, wenn wir zwischen Wisconsin und West Virginia nicht für vier Tage nach Jamaika geflogen wären, wäre er nicht Präsident geworden. Er arbeitete bis zum Umfallen, und

47 Tatsächlich fand das Gespräch mit Eisenhower im April 1961 statt, nach der gescheiterten Invasion in der Schweinebucht.

48 JBK bezieht sich auf das Projekt, ein nationales Kulturzentrum in Washington zu bauen. Es wurde später in John F. Kennedy Center for the Performing Arts umbenannt und 1971 schließlich eröffnet.

dann noch ein Auftritt und noch einer, und wenn man so erschöpft ist, kann man den Wahlkampf nicht mehr genießen. Manchmal, als wir schon im Weißen Haus waren und wenn er eine lange Reise gemacht hatte – so eine Art Wahlkampfreise –, kam er nach Hause und sagte: »O Gott, ich weiß gar nicht, wie ich das früher geschafft habe.« Ich denke, wenn man über einen langen Zeitraum so erschöpft ist – einmal verlor er sogar seine Stimme – also, ich glaube nicht, dass irgendwer an solch einer Strapaze Spaß hat. In Wisconsin gingen wir in einen Zehn-Cent-Laden oder so etwas Ähnliches, mit drei Leuten drin. Sie zogen sich an die Wand zurück. Sie wollten einem nicht die Hand schütteln. Man musste auf sie zugehen und ihre Hand packen und sie schütteln. Oder kleine Veranstaltungen in einer Stadt, wo man eine Kapelle und auch sonst alles organisiert hat, und dann kommt niemand. Also, die Vorwahlen waren wirklich hart. Wisconsin war am schlimmsten.

Schlimmer als West Virginia?

West Virginia hat mich sehr überrascht. Ich hatte befürchtet, alle würden uns anstarren, so nach dem Motto …

Seht mal, die »Papisten«?

Ja, und diese Pamphlete, die sie da verteilten, über Nonnen und Priester und so. Aber die Leute waren sehr freundlich. Da war eine Mutter mit drei schwarz verfärbten Zähnen, die auf einer morschen Veranda ein Baby stillte, aber sie lächelte und sagte: »Wollen Sie nicht hereinkommen?« In Wisconsin dagegen starrten uns die Leute an, als ob wir Tiere wären. Jack sagte: »Das vielgerühmte Landleben« – nicht wahr – »es wird überschätzt.« Die Leute sind den ganzen Winter allein, es ist kalt, man ist nur von Tieren umgeben … Die Menschen sind so etwas von misstrauisch! Vielleicht ist es auch die nordische Mentalität, ich weiß es nicht. Aber misstrauisch sind die Leute dort! Puh!

Meinen Sie, es kam daher, dass er katholisch war und außerdem von der Ostküste kam, oder waren sie bei allen gleich misstrauisch, auch bei Hubert oder sonst jemandem?

Ich glaube, in Wisconsin misstrauen sie jedem, der ein bisschen gesellig wirkt. Ich glaube, es gefällt ihnen nicht, wenn jemand zu ihnen hochkommt oder eine Kapelle spielt oder irgendetwas in der Art. In West Virginia dagegen sind sie umgänglich, obwohl sie so arm sind. In West Virginia habe ich keinen einzigen Menschen getroffen, den ich nicht gemocht hätte, außer einem komischen Typen, der überall, wo wir sprachen, mit seinen Flugblättern herumlief. Aber in Wisconsin bin ich keiner einzigen Person begegnet, die ich mochte.

Wenn er erschöpft war, hat er sich dann schnell wieder erholt?

O ja. Wir fielen in irgendein Hotelbett und standen um sechs Uhr wieder auf. Er war wirklich schnell wieder fit. Manchmal blieb er einen Tag zu Hause und schlief den ganzen Tag durch. Ich machte dann tagsüber seine ganze Wäsche und so, und abends packte ich, und weg war er – oder weg waren wir. Und er konnte überall schlafen. Er konnte im Flugzeug schlafen, wie ein Soldat. Es ist für viele Leute ein echtes Problem, wenn sie nicht schlafen können.

Clem Norton[49] *– ich weiß nicht, ob Sie ihn kennen – sagte, Teddy ist der leutselige Typ und der Präsident nicht.*

Stimmt, leutselig war er nicht. Das heißt, am Ende hatte er diesen unglaublichen Auftritt.[50] Aber Teddy würde besser ins 19. Jahr-

49 CLEM NORTON (1894–1979), ein alter Freund von JFKs Großvater Fitzgerald.

50 Auf seiner Europa-Reise im Juni 1963 besichtigte JFK auch die Berliner Mauer und hielt danach auf dem heutigen John-F.-Kennedy-Platz eine bewegende Rede, in der er den West-Berlinern versicherte, dass er sie in ihrem Wider-

JOHN F. UND JACQUELINE KENNEDY
IM WAHLKAMPF BEI DER VORWAHL
IN WISCONSIN, 1960

hundert passen. Er kann auf die Straße gehen und den Leuten Anekdoten erzählen. Er ist mehr wie Clem Norton oder wie Honey Fitz. Aber Jack hat nie, also wirklich niemals Sachen gesagt wie: »Hi, Kumpel«, und er hat auch nicht mit verschwitzten Händen wildfremde Leute getätschelt oder etwas in der Art. Das wäre ihm peinlich gewesen.

---

stand gegen die sowjetische Bedrohung unterstützen werde. Als er die Worte sprach: »Ich bin ein Berliner«, brach ein solch stürmischer Jubel los, dass er hinterher scherzte, er könne allen späteren Präsidenten nur raten, wenn sie mal Zuspruch bräuchten: »Geht nach Deutschland!«

BEI DER VORWAHL IN NEW HAMPSHIRE

Aber er hat den Wahlkampf nicht gehasst. Er hat ihn eher genossen, oder nicht?

Ja, er hat ihn genossen. Aber ich meine, wenn man ihn gebeten hätte, die drei Dinge zu nennen, die er an einem Tag am liebsten tun würde, dann wäre Wahlkampfführen vermutlich nicht dabei gewesen.[51] Aber wenn er richtig drin war und wenn es gut lief, dann gefiel es ihm sehr, und das spürte man. Und mit der Zeit wurde er auch immer besser. Und er liebte die Leute, wenn sie sich wirklich freuten, ihn zu sehen. Die älteren Damen oder die Kinder.

51 Robert Kennedy war schockiert, als Lyndon B. Johnson ihm 1964 gestand, dass es für ihn nichts Schöneres gebe als Wahlkampf.

Ich hatte immer das Gefühl, dass er erfrischt zurückkam, wenn er als Präsident eine Reise machte und mit Menschenmengen in Kontakt kam. Hatten Sie nicht auch das Gefühl, dass er dann mit neuer Energie und Zuversicht erfüllt war?

Ja, es tat ihm sehr gut. Und er sagte, dass es gut sei, aus Washington rauszukommen, wo sich alles nur um eine kleine Gruppe von Schreiberlingen dreht – kleine Korrespondenten, die das Zeug von anderen kleinen Korrespondenten durchkauen. Es war gut für ihn, da wegzukommen und zu erfahren, dass er geliebt wurde. Er war dann wirklich großartig. Vor allem, als er im Juni nach Europa reiste.

DAS DRITTE GESPRÄCH

MITTWOCH, 4. MÄRZ 1964

Beim letzten Mal haben wir begonnen, über den Parteitag von 1960 und die Monate davor zu sprechen und darüber, wie der Präsident seine Gegner einschätzte und welche Probleme er sah. Ich habe mich immer über die Diskussionen gewundert, die ich mit Liberalen, Akademikern und so weiter über ihn führen musste. Heute kann man sich das kaum mehr vorstellen, weil kein Präsident seit Jefferson mehr für die Intellektuellen getan hat als er. Ich glaube, einer der Gründe dafür war sein Verhalten in der McCarthy-Affäre. Sie kannten McCarthy persönlich?[1]

---

1 Als JFK 1953 in den Senat einzog, ging sein republikanischer Kollege Joseph McCarthy gerade mit Hilfe des Senatsunterausschusses zur »Überprüfung der Staatstreue von Angestellten des Außenministeriums« gegen vermeintliche Kommunisten in der Regierung vor und zerstörte auf diese Weise das Leben von nicht wenigen unbescholtenen Bürgerinnen und Bürgern. Kennedy wollte es sich mit den vielen Wählern in Massachusetts (vor allem irischer Herkunft), die McCarthy bewunderten, nicht verderben, was ihm den Vorwurf der liberalen Demokraten einbrachte, dass er sich von dem Demagogen aus Wisconsin nicht öffentlich distanziert habe. Im Dezember 1954, als der Senat McCarthy das Misstrauen aussprach, genas JFK gerade von seiner beinah tödlich verlaufenen Rückenoperation und konnte daher – als einziges demokratisches Senatsmitglied – an der Abstimmung nicht teilnehmen.

Nein. Ich bin nur einmal zu einem seiner Verhöre gegangen. Aber war Jack nicht krank, als der Senat über McCarthy beriet?

Ja, das stimmt.

Und es war natürlich allgemein bekannt, dass sein Vater mit McCarthy befreundet gewesen war. War McCarthy nicht sogar einmal auf Cape Cod?

Anscheinend ein oder zwei Mal.

Allerdings nicht, wenn wir da waren.

Er war also kein enger Freund der Familie?

Nein, nie! Ich bin nur ein Mal aus purer Neugier hingegangen, um eines dieser Verhöre zu erleben. Der Mann war wirklich furchteinflößend. Also, ich denke, die Liberalen haben so geredet, weil Jack der Sohn seines Vaters war, nicht?

Ich denke, das war einer der Gründe. Ein anderer war, dass er McCarthy nicht offen kritisiert hat, was allerdings nur sehr wenige Mitglieder des Senats taten – Hubert Humphrey, Paul Douglas[2] und einige andere. Was, glauben Sie, hielt er von McCarthy?

Ich denke, er fand das alles ganz furchtbar. Wie McCarthy über die Menschen herfiel und überhaupt sein ganzes Verhalten. Jack hat sich dann im Krankenhaus nach seiner Operation – oder war es kurz vorher? – öffentlich geäußert, und er hätte für das Misstrauensvotum gestimmt, konnte aber an der Abstimmung nicht teilnehmen. War es nicht so?

Ja. Er hatte eine Rede vorbereitet, die er halten wollte, bevor er ins Krankenhaus ging, aber er hat diese Rede, der man entnehmen kann, dass er für das Misstrauensvotum war, nicht gehalten. Ich glaube, dass es ihm gesundheitlich ziemlich schlechtging, als es

---

2 PAUL DOUGLAS (1892–1976), liberaler demokratischer Senator aus Illinois.

zur Abstimmung kam, und dass es von ihm damals keine Stellungnahme gab.

Was er von McCarthy hielt – also, wissen Sie, wenn man den armen McCarthy ... also, wenn man den Mann damals so sah, dann wusste man, dass er am Ende war. Ich erinnere mich, wie ich einmal mit dem Fahrstuhl fuhr, und er kam herein und stieg dann wieder aus. Der Mann war einfach am Ende. Er roch nach Alkohol, und seine Augen sahen furchtbar aus. Ich glaube, dass Jack von McCarthy hielt, was alle von ihm hielten. Aber, um es noch einmal zu sagen, er gehörte nie zu denen, die sich an Treibjagden auf irgendjemanden beteiligen. Und dann hatte er natürlich auch das politische Problem in Massachusetts, nicht wahr?

Ja.

Seine Wähler in Boston – wenn die von irgendeinem McSoundso hören, sind sie sofort Feuer und Flamme. Aber ich glaube, er ist damit ganz gut fertiggeworden.

Viele von ihnen glaubten womöglich, dass McCarthy Demokrat sei. Können Sie sich an den alten John Fox erinnern? Ich meine nicht den guten John Fox, nicht den Richter Fox, sondern ...

Den Zeitungsverleger?

Ja, dem die Boston Post *gehörte.*[3] *Der nahm einmal Kommunisten an der Harvard aufs Korn, vor allem mich.* [Jacqueline lacht] *Aber Jack war gerade in der Stadt, suchte Fox auf und erklärte ihm, dass ich wohl eher kein Kommunist sei und besser nicht als*

---

3 JOHN FOX (1906–1985) kaufte die *Boston Post* 1952 für 6 Millionen Dollar (eine halbe Million hatte ihm Joseph Kennedy geliehen, wofür Fox sich erkenntlich zeigte, indem er von seiner Unterstützung für Henry Cabot Lodge als Senator zugunsten von JFK abrückte). Fox machte die Zeitung zu einem Revolverblatt auf McCarthy-Linie, das im Frühjahr 1956 vehement für »Onions« Burke Partei ergriff. Doch die Zeitung ging noch im selben Jahr pleite. Fox starb mittellos.

solcher angegriffen werden sollte. Später hat er mir davon erzählt und gesagt, seine Intervention habe wahrscheinlich zur Folge gehabt, dass Fox ihn *für einen Kommunisten hielt!*

Aber dann stellte sich doch Bobby gegen McCarthy – oder war das später? Wann war Bobbys Krach mit Roy Cohn?[4]

Ja, das war zu dieser Zeit.

Hat Bobby damals für McCarthy gearbeitet?

Bobby war als juristischer Berater für die Demokraten im Unterausschuss. Gemeinsam mit Roy Cohn hat er dort für McCarthy gearbeitet, bis er irgendwann Cohns Art nicht mehr ertragen konnte. Da hat er sich dann der Gegenseite angeschlossen, Symington und Jackson.[5] *Aber wie es scheint, war McCarthy wenigstens eine Zeit lang mit Jacks Vater befreundet.*

Aber nicht eng. Wie gesagt, Mr Kennedy war immer sehr loyal. Und die Iren allgemein – sie scheinen unter einer Art Verfolgungswahn zu leiden, nicht wahr? Mir fällt zum Beispiel immer wieder auf, dass Mrs Kennedy noch heute fragt: »Ist der oder der Katholik?« Oder: »Sind es Iren?« Ich glaube, das kommt daher, dass sie früher so schikaniert worden sind.

Mrs Kennedy weiß noch, wie es war, in Boston als Katholik aufzuwachsen.

Ja, aber noch heute, wenn man sagt, dass der oder die zum Essen kommt, dann fragt sie: »Ist er katholisch?«, oder: »Ist sie katho-

---

4 Robert Kennedy arbeitete seit Januar 1953 als juristischer Berater für McCarthys Unterausschuss und war McCarthys aggressivem und skrupellosem Chefberater Roy Cohn unterstellt. Die Meinungsverschiedenheiten zwischen den beiden Männern führten einmal fast zu Handgreiflichkeiten. Doch als der Sommer kam, war Robert auf die Seite der demokratischen Mitglieder des Unterausschusses gewechselt, und wenig später beendete er seine Mitarbeit ganz.

5 HENRY »SCOOP« JACKSON (1912–1983), demokratischer Senator aus Washington. JFK zog ihn 1960 als Vizepräsidenten in Erwägung.

lisch?« – als ob das die Person sympathischer machen würde. Das ist einfach ein Fall von Überängstlichkeit. Ich bin sicher, dass Mr Kennedy ziemlich konservativ war, und es kann sein, dass er Joe McCarthy – bevor die schlimmen Sachen begannen – mochte, einfach weil er irischer Abstammung war, weil er katholisch war und weil auch alle anderen von ihm eingenommen waren. Das war aber keine echte Freundschaft. Denn zu Hause wurde nie über McCarthy gesprochen. Und Mr Kennedy hat Jack mit Sicherheit nicht nahegelegt, für oder gegen ihn zu sein. Für Jack war es eine schwierige Situation, dass er ihm das Misstrauen aussprechen musste. Die Bostoner mochten das gar nicht.

In dieser Hinsicht war es in der Tat schwierig für ihn. Aber was war mit den Nixons? Haben Sie sie in der Zeit, als Jack Senator war, kennengelernt?

Nein. Oder doch. Ich habe *Mrs* Nixon immer beim Mullbindenrollen[6] getroffen. Die Frauen der Senatoren mussten jeden Dienstag erscheinen und Mullbinden aufrollen. Die Frau des Vizepräsidenten ist die Schirmherrin und muss bei diesen Treffen eine weiße Schwesternuniform tragen. Da bin ich Mrs Nixon begegnet, aber nur da.

Ich vermute, das konnte sie hervorragend – Mullbinden aufrollen … Aber wir sind im Jahr 1960, und die Vorwahlen stehen an. Wie Sie sich erinnern, waren die Vorwahlen in Wisconsin die schwersten. Hatten Sie den Eindruck, dass sich der Präsident zu irgendeinem Zeitpunkt Sorgen um den Ausgang machte, oder war er dafür zu sehr ins Tagesgeschäft eingespannt?

---

6 Eine ehrenamtliche Tätigkeit, die über den praktischen Nutzen hinaus dem symbolischen Zweck diente, amerikanischen Zivilisten, vor allem Frauen, die Möglichkeit zu geben, ihre Verbundenheit mit den Soldaten ihrer Armee zum Ausdruck zu bringen. (A. d. Ü.)

Wahlkampf ist einfach harte Arbeit. Man hat kaum Zeit, über den Ausgang nachzudenken – obwohl Jack sich Meinungsumfragen aus diesem oder jenem Wahlkreis ansah. Aber ich erinnere mich an den Abend, den wir im Hotel Pfister in Milwaukee verbrachten. Furchtbar! Es war so verrückt. Wir saßen da wie auf Kohlen – und dann lief alles auf ein Patt hinaus. Es war so furchtbar, weil jeder alles gegeben hatte und wir nur noch erschöpft waren. Man sah, dass es umsonst gewesen war und dass man wieder von vorn beginnen musste. Ich erinnere mich auch an Miles McMillin, diesen schrecklichen Menschen, der für die Tageszeitung in Madison schrieb und der verheiratet ist mit einer Rockefeller, die vorher mit Proxmire verheiratet war.[7] Er hat diese anonymen Leserbriefe geschrieben, in denen Jack die übelsten Dinge nachgesagt wurden. Ein furchtbarer Kerl. Auch so ein fanatischer Liberaler.[8] Er spazierte an jenem Abend durch den Raum, in dem wir alle saßen und die Wahlergebnisse addierten, und dann bin ich ganz gemein gewesen: Ich bin zweimal an ihm vorbeigegangen, ohne zu grüßen. Ich habe ihm die kalte Schulter gezeigt! *[Lacht]* Ich war so wütend auf ihn. Aber Jack war ganz höflich.

West Virginia, haben Sie gesagt, war angenehmer.

---

7 MILES MCMILLIN (1923–1982), Reporter und späterer Verleger der in Madison erscheinenden *Capital Times*. Seine Frau ELSIE ROCKEFELLER MCMILLIN (1924–1982) war mit William Proxmire, dem neuen Senator des Bundesstaats, verheiratet gewesen. JFK hielt McMillin für antikatholisch eingestellt.

8 Mrs Kennedy war 1964 noch der Ansicht, die Liberalen hätten dem Präsidenten das Leben unnötig schwergemacht (was auch der Präsident selbst zuweilen so sah). Angehörige der Gruppierung, die JFK als »Berufsliberale« bezeichnete, hatten ihm seit 1946, als er sich zum ersten Mal um einen Sitz im Repräsentantenhaus bewarb, wegen seines konservativen Vaters misstraut. Als er dann Präsident war, warfen sie ihm vor, ein militanter Kalter Krieger zu sein, der sich zu sehr von konservativen demokratischen Ausschussvorsitzenden aus den Südstaaten einschüchtern lasse und die liberale Agenda in Sachen Bürgerrechte, Bildung, Arbeit, Gesundheit, Armutsbekämpfung etc. nicht entschieden genug vorantreibe.

Nun, die Leute waren einfach sympathischer. Wir sind wieder durch die Straßen gegangen, aber zum ersten Mal auf getrennten Wegen. Ich habe also mit irgendjemand anderem eine Runde gemacht, durch kleine Läden und Lokale, in diesen kleinen Bergarbeiterstädten. Und die Leute waren alle so nett zu mir. Nicht wahr, winzige Städte. Es waren nie mehr als zehn, zwanzig Leute.

Haben Sie auch Reden gehalten?

Nein, ich habe nur hallo gesagt und mich mit den Leuten unterhalten, ihnen gesagt, wer ich bin und wer mich begleitet. Wer war das noch? Bin ich mit Franklin losgezogen?[9] Er war in Jacks Wahlkampf meistens dabei. Abends haben wir dann immer an einer großen Kundgebung teilgenommen, und Franklin hat eine Rede gehalten. Aber nach der Hälfte des Wahlkampfs wurde ich mit John schwanger, sodass ich von da an meistens zu Hause war. Ich habe nur ungefähr die erste Hälfte des Wahlkampfs mitgemacht.

War Franklin vorher schon ein enger Freund, oder wurde er das erst in West Virginia?

Nein, er war schon im Kongress mit Jack befreundet. Sie hatten zwar beide viel zu tun und haben sich nicht oft gesehen, aber sie hatten immer viel füreinander übrig. Und dann haben wir uns, glaube ich, ein paarmal mit ihm und seiner Frau getroffen, als wir verheiratet waren. Ja, wir haben Franklin ab und zu gesehen. Er

---

9 FRANKLIN ROOSEVELT JR. (1914–1988) war von 1949 bis 1955 gemeinsam mit JFK im Kongress. Kennedy war für seine Unterstützung im Wahljahr 1960 vor allem deshalb dankbar, weil sie Eleanor Roosevelt, seiner Mutter, die für Adlai Stevenson als Präsidentschaftskandidaten eintrat, den Wind aus den Segeln nahm. Nach seiner Wahl zum Präsidenten wollte JFK Roosevelt den Posten des Marineministers geben, den Roosevelts Vater unter Wilson innegehabt hatte. Aber der neue Verteidigungsminister McNamara lehnte dies ab. Daraufhin ernannte JFK Stevenson 1963 zum Unterstaatssekretär im Wirtschaftsministerim.

SENATOR KENNEDY IM GESPRÄCH MIT BERGLEUTEN WÄHREND DER VORWAHLEN IN WEST VIRGINIA

war also schon vorher unser Freund. Und es gab immer etwas zu lachen mit ihm. Ich fand ihn amüsant, und er und Jack hatten viel Spaß miteinander. Doch jetzt erinnere ich mich, dass ich schon in Wisconsin mit ihm losgezogen bin. Wir sind durch einen von Farbigen bewohnten Stadtteil und durch Supermärkte gegangen, wo uns niemand beachtete … Also, er war auch in Wisconsin dabei. Aber in West Virginia hat er uns am meisten geholfen, und von da an waren wir sehr eng mit ihm befreundet.

Auch in West Virginia ging es dann bald härter zu. Aber richtig unangenehm wurde es, glaube ich, in Wisconsin, wegen Hubert.

Ja. Und zwar, weil … wie sagte er noch? Jack sagte das immer: In einem Kampf geht es *immer* hart zur Sache. Humphreys Leute sagten: Die Kennedys kaufen die Wahl. Und unsere Leute sagten: Humphrey hat keinen Kriegsdienst geleistet – und so weiter.[10] Aber Jack hat dergleichen nie gesagt. Er hat nur immer versucht zu beweisen, dass er als Katholik keine Gefahr war.

Was ihm auch gelungen ist, und zwar in absolut überzeugender Weise. Wenn ich mich richtig erinnere, hat er in West Virginia dreimal so viele Stimmen bekommen wie Humphrey. So in etwa.

Oh, soll ich Ihnen etwas Interessantes erzählen über den Abend, als wir dort gewonnen haben? Ich glaube, wir haben uns vor diesem Abend einfach nur gefürchtet. Wir wollten nicht noch einmal so einen Abend erleben wie im Hotel Pfister. Daher kam Jack zurück nach Washington, wir haben gegessen – die Bradlees waren zu Gast – und sind dann zusammen ins Kino gegangen.

Wissen Sie noch, welchen Film Sie gesehen haben?

---

10 Als Roosevelt in West Virginia Wahlkampf für JFK machte, sagte er zu Reportern: »Hubert Humphrey ist ein guter Demokrat, aber ich weiß nicht, was er im Zweiten Weltkrieg getrieben hat.« Humphrey hatte sich als Freiwilliger für den Kriegsdienst gemeldet, war aber wegen eines Leistenbruchs nicht genommen worden.

Wir wollten uns eigentlich einen Film im Trans-Lux ansehen, aber er war schon fast zu Ende, als wir ankamen, und deswegen haben wir uns für einen merkwürdigen Film in einem Kino auf der New York Avenue entschieden – das war der einzige, in den wir noch reinkamen. Eine grauenvolle Geschichte über einen Mord in Kalifornien – ziemlich abartig.[11] Und dann sind wir nach Hause gekommen, ganz bedrückt von diesem schrecklichen Film, und warteten darauf, dass das Telefon klingelte. Ich war gerade in der Speisekammer, um Eiswürfel zu holen, als ich plötzlich wilden Jubel hörte. Sie hatten angerufen und mitgeteilt, dass es in West Virginia phantastisch gelaufen war. Also haben wir das nächste Flugzeug genommen und sind hingeflogen. Um Mitternacht waren wir da. Aber vorher war Jack so nervös gewesen, dass er auf keinen Fall dort bleiben wollte. Deswegen hatten wir diesen seltsamen Abend verbracht – bloß keine Nachrichten hören, bloß nicht erreichbar sein, für niemanden!

War das die einzige Wahl, bei der er so etwas gemacht hat? Sonst war er doch wohl immer vor Ort?

Ja, sonst waren wir immer vor Ort, natürlich.

Es stand ja auch Spitz auf Knopf. Aber danach schien es glattzulaufen?

Ich glaube, dass Jack das so sah. Denn danach ging es nur noch darum, die Runde zu machen und mit den Leuten zu sprechen und weitere Reden zu halten. In welchem Monat war das?

---

11 Der Film hieß *Private Property.* Das Budget von Regisseur Leslie Stevens war so »low«, dass er den Film in seinem Haus in Hollywood Hills drehte, mit seiner Frau Kate Manx in der Hauptrolle. Der Streifen handelt von einer Hausfrau, die sich mit zwei Herumtreibern einlässt, vergewaltigt und ermordet wird. Nach Bradlees Erinnerung nahm JFK (zu Recht) an, dass *Private Property* auf dem Index der katholischen Kirche stehe, und witzelte, dass es ihm bei einigen Katholikenhassern unter den Wählern von West Virginia genützt hätte, wenn sie gewusst hätten, dass er sich den Film ansah.

Das war im Mai, und im Juni äußerte dann Präsident Truman den schrecklichen Vorwurf der Wahlmanipulation. Erinnern Sie sich daran?

O ja.

Sie kannten ihn: Hat ihn das sehr geärgert?

Nun, es war sehr lästig – aber nur wie eine Fliege, die man mit der Fliegenklatsche erledigt, mehr nicht. Ich erinnere mich, dass er darauf geantwortet hat, kurz bevor er zum Parteitag abreiste. Aber was hat er im Juni und Juli gemacht? Da war ja auch noch die Sitzungsperiode des Senats.

Das war nach dem Parteitag.

War das danach? Ich glaube, im Juni und Juli war er meistens in Washington, oder? Dauerte da die Sitzungsperiode des Senats nicht noch an?

Ja, der Parteitag war im Juli. Er war vorgezogen worden, weil die Demokraten nicht an der Macht waren. Danach kam Jack zurück, und die zusätzliche Sitzungsperiode begann im August.

Und immer, wenn er für ein Wochenende – oder auch nur für einen Tag – nach Cape Cod kam … Sie hätten sehen sollen, was dann in unserem kleinen Häuschen los war! Einmal kamen morgens um elf fünfzig Leute aus Litauen, die kleine Püppchen mitbrachten, für Caroline, und einmal kam Tom Mboya,[12] und Gou-

---

12 TOM MBOYA (1930–1969) war ein junger Unabhängigkeitspolitiker aus Kenia. Am 26. Juli 1960 war er in Hyannis Port und unterbreitete JFK (der dem Senatsunterausschuss für Afrika vorsaß) den Vorschlag, dass die Stiftung der Familie Kennedy sein *Airlift Africa*-Projekt unterstützen solle, das jungen Leuten aus Kenia das Studium an amerikanischen Universitäten ermöglichte. Einer der jungen Kenianer, die auf diese Weise in Amerika studierten, war Barack Obama sen., ein Freund und Unterstützer Mboyas, der 1959 nach Amerika gekommen war.

verneur Stevenson kam, und Norman Mailer – es war ein einziges Kommen und Gehen. Und die ganzen Leute auf der Straße! Als der Parteitag war, habe ich versucht, einen Lattenzaun aufzustellen, aber er ist nur halb fertig geworden. Lee und Stas[13] waren bei uns, und jeder konnte es sehen, wenn sie in die Badewanne stiegen, weil ihr Zimmer zur Straße ging. Es war ziemlich eng bei uns in diesem Sommer.

Noch einmal zum Parteitag: Waren Sie oder der Präsident jemals beunruhigt über den Verlauf des Parteitags? Wegen Johnsons Auftritten oder den Werbertrupps von Stevenson und dergleichen?

Nun ja, ich war zu Hause auf Cape Cod mit meiner Mutter, meinem Stiefvater und Janet. Ich war die Einzige aus unserem Lager, die nicht dabei war – weil ich mit John schwanger war.[14] Aber ich las die Zeitungen und war furchtbar unruhig, obwohl Jack mich jeden Tag anrief, meistens schrecklich spät abends, und sagte, dass alles in Ordnung sei und ich mir keine Sorgen machen solle und so weiter. Ich vermute, dass er sich Sorgen machte, ich könnte mir Sorgen machen, weil das für das Baby nicht gut wäre. Trotzdem war ich furchtbar unruhig, als ich das alles aus der Ferne verfolgte. Aber ich glaube, dass sie sich auf dem Parteitag nicht sonderlich Sorgen machten, denn Bobby sagte mir, er habe in dem Augenblick, als er auf dem Parteitag erschien, gewusst, dass Jack nominiert werden würde.

---

13 STANISLAS ALBERT RADZIWILL (1914–1976), der im Londoner Exil lebende polnische Fürst und Immobilieninvestor und zweite Ehemann von Jacquelines Schwester Lee; er warb 1960 unter polnischstämmigen Wählern für JFK und war Pate von John junior.

14 Mrs Kennedy hatte eine komplizierte Schwangerschaft, von der die Öffentlichkeit damals aber nichts erfuhr. Die Ärzte hatten ihr äußerste Ruhe bis zur erwarteten Niederkunft im Dezember verordnet. Mit »Janet« ist ihre Halbschwester Janet Auchincloss gemeint.

JACQUELINE BEI EINEM INTERVIEW IN HYANNIS PORT, 1960

Der Präsident hat Sie also jeden Tag angerufen. Bobby auch?

Nein, nein, Bobby hat mir das später erzählt. Er hat mich nicht angerufen.

Die Winkelzüge von Stevenson haben Sie also gar nicht mitbekommen?[15]

Ich habe das nur im Fernsehen gesehen.

Dann haben Sie sicher auch das Streitgespräch zwischen dem Präsidenten und Lyndon und so weiter gesehen. Aber Sie haben nicht

15 Stevenson trat bis zuletzt nicht offiziell als Kandidat auf, ermutigte aber eine kleine, lautstarke Sympathisantengruppe, für ihn zu werben.

mitbekommen, dass Lyndons Leute mit der angeblichen Addison-Krankheit des Präsidenten hausieren gingen?[16]

Doch, daran erinnere ich mich, weil Lyndon Johnson uns nach dem Parteitag auf Cape Cod besucht hat. Wir haben ihm und Lady Bird sogar unser Schlafzimmer überlassen, weil unser Haus so klein war. Wir selbst haben in einem Einzelbett im kleinen Gästezimmer geschlafen. Und am nächsten Tag haben wir uns alle in das Haus von Mr Kennedy begeben, weil dort die Pressekonferenz stattfand. Und Lyndon setzte sich auf den Stuhl von Mr Kennedy, und ich dachte: »Weißt du eigentlich, auf wessen Stuhl du da sitzt – nach all dem, was du über diesen Mann gesagt hast?«[17] Immer wenn Lyndon an diesem Abend etwas sagte, zog Lady Bird ein kleines Notizbuch hervor – ich hatte noch nie einen Ehemann und eine Ehefrau gesehen, die so … Sie kam mir vor wie ein abgerichteter Jagdhund. Wenn er etwa sagte – was weiß ich, etwas völlig Belangloses: »Lebt Ihre Schwester in London?« –, dann schrieb Lady Bird Lees Namen und »London« in das Notizbuch. Einfach alles. Ich meine, sie notierte jeden Namen, jede Telefonnummer – tz! Wirklich eine seltsame Arbeitsweise.[18]

---

16 Vor dem Parteitag in Los Angeles hatten die Anhänger von Lyndon B. Johnson den angeblich schlechten Gesundheitszustand von Senator Kennedy thematisiert.

17 LBJ war mit Kennedy sen. vorher freundschaftlich verbunden gewesen. Mr Kennedy hatte ihn sogar gedrängt, sich 1956 um die Präsidentschaft zu bewerben (mit Jack als Vizepräsidentschaftskandidaten). In Los Angeles hatte LBJ Mr Kennedy indes scharf kritisiert, weil dieser sich vor dem Zweiten Weltkrieg skeptisch geäußert hatte, was die Siegeschancen Großbritanniens gegen Nazideutschland betraf. Johnson hatte betont: »*Ich* habe nie an Hitler geglaubt.«

18 Am Rande des Interviews erzählte Jacqueline Schlesinger, sie habe Lady Bird bei diesem Besuch gefragt, was sie nach dem Parteitag gemacht habe. Aber statt zu sagen, sie habe »sich ein bisschen ausgeruht nach dem ganzen Zirkus« oder dergleichen, habe Mrs Johnson geantwortet, sie habe all denen, die in Los Angeles so freundlich zu ihrem Mann gewesen seien, Dankesbriefe geschickt.

Sie waren ein eingespieltes Team.

Aber wirklich. Sie hatte immer diese drei grünen Notizbücher mit allen möglichen Eintragungen dabei.

Ein Punkt, über den wir beim letzten Mal schon gesprochen haben, aber als das Band nicht lief – das Problem, dass Lyndon Vizepräsidentschaftskandidat werden sollte.

Ja, ich glaube, alle waren enttäuscht, weil sie Lyndon Johnson von allen, die in Frage kamen, am wenigsten mochten. Und ich muss sagen, dass Symington sich da sehr anständig benommen hat, finden Sie nicht?[19]

Ja.

Niemand hat geglaubt, dass er ein großer Staatsmann ist, aber er hat sich in dieser Situation wirklich wie ein Ehrenmann verhalten. Und ich weiß, dass es Jack leidtat. Ich habe Symington sogar einen Brief geschrieben, den ich ihn zu verbrennen bat. *[Lacht]* Er schrieb mir zurück, er habe ihn verbrannt. Ich hatte ihm geschrieben, dass ich wünschte, er wäre Kandidat für die Vizepräsidentschaft geworden. Aber ich weiß, dass Jack sich so entscheiden musste – er musste Lyndon zum Vizepräsidenten machen, um ihn als Mehrheitsführer auszuschalten. Der Mann hatte ein

19 Kennedy hatte Clark Clifford, einem aus Missouri stammenden engen Freund Symingtons, am Tag seiner Nominierung gesagt, dass er Symington (der einen eigenen, etwas halbherzigen Wahlkampf um die Nominierung geführt hatte in der Hoffnung, bei einem Patt auf dem Parteitag der lachende Dritte zu sein) zu seinem »running mate«, seinem Kandidaten für die Vizepräsidentschaft, machen wolle. Daraufhin hatte Symington bereits angefangen, eine Dankesrede zu schreiben. Am nächsten Tag teilte JFK Clifford mit, er habe sich in der vergangenen Nacht belehren lassen müssen, dass er ohne Lyndon nicht gewinnen könne, und müsse daher »ein Angebot zurückziehen, das er nach bestem Wissen und Gewissen gemacht« habe. Jacqueline schrieb Eve Symington, es wäre »so toll gewesen, wenn Sie und Stu es geworden wären«.

solches Ego und so eine Wut im Bauch, er hätte Jack mit allen Mitteln boykottiert. Ich weiß, dass er dafür gesorgt hat, dass die Sitzungsperiode nicht vor dem Parteitag zu Ende ging.[20]

Ich glaube, er hatte sie vor dem Parteitag einberufen.

Ja, so war's, und deshalb konnte Jack Washington nicht verlassen und Wahlkampf machen und so weiter. Ich denke, Lyndon hat vor dem Parteitag alles Mögliche unternommen, um ihm das Leben schwer zu machen.

Ich erinnere mich, dass die Sitzungsperiode vor *dem Parteitag einberufen wurde, aber für die Zeit* danach.

Ja, genau, und wenn man ihn sich dann als Mehrheitsführer im Senat vorstellt, mit diesem Ego – um die Präsidentschaft gebracht und verbittert … Also, niemand war darüber glücklich. Aber alle waren verwundert, dass er Jacks Angebot annahm. Andere Leute können Ihnen erzählen, wie Jack ihn in seinem Zimmer aufgesucht hat und so … *[Flüstert]* War er nicht betrunken?

Phil Graham war ein sehr guter Vermittler. Er hat mir an dem Freitag, an dem ich mit ihm essen war, ausführlich von seiner Rolle als Königsmacher-Mittelsmann erzählt – ich habe mir das irgendwo notiert. Ich glaube, Joe Alsop ist ebenfalls der Meinung,

---

20 Jacqueline hatte Johnson immer gemocht, und er hatte gespürt, dass sie freundlicher zu ihm war als alle anderen in der Kennedy-Entourage, aber diese Passage lässt auf eine gewisse Enttäuschung über den neuen Präsidenten schließen. LBJ hatte sich zwei Tage vor Weihnachten 1963 eine seiner typischen Geschmacklosigkeiten geleistet, als er Mrs Kennedy anrief, um ihr einen schönen Urlaub zu wünschen (»Wie geht's meiner Kleinen?«). Er erwähnte nicht, dass er Reporter mithören ließ, um mit seiner freundschaftlichen Beziehung zu der berühmten Witwe anzugeben. Robert Kennedy, der Johnson hasste, hatte ihr darüber hinaus erzählt, dass Johnson JFKs persönliche Sekretärin bereits am Morgen nach dem Mord aufgefordert hatte, ihr Büro im Westflügel des Weißen Hauses zu räumen, »damit meine Mädchen da reinkönnen«.

dass Graham dafür verantwortlich war, dass Lyndon das Angebot für die Kandidatur annahm.[21]

Ich weiß es nicht. Wahrscheinlich könnte Bobby Ihnen das alles genau sagen.

Bobby war dagegen.

Ja, aber er weiß, wie die Sache gelaufen ist. Ich weiß nur, dass Lyndon um acht Uhr morgens oder so angerufen wurde und dass Lady Bird ans Telefon ging, weil Lyndon noch schlief. Später ist Jack dann runtergegangen. Lyndon hatte erst gesagt, er würde zu ihm raufkommen, aber Jack hatte gesagt, nein, er würde in sein Apartment gehen. Und Lyndon hat dann das Angebot sofort angenommen. Aber ich weiß nicht, was vorher gelaufen war, jedenfalls waren alle ziemlich überrascht. Ich weiß also nicht, wer da was vermittelt hat oder nicht.

Phil hat mir gesagt, er und Joe hätten an dem Dienstag auf Senator Kennedy gewartet und ihm gesagt, dass er Johnson zum Kandidaten für die Vizepräsidentschaft machen müsse, worauf der Präsident zunächst nichts erwidert habe. Später habe der Präsident ihn aber angerufen und gesagt: »Ich mache es mit Lyndon.«

---

21 PHIL GRAHAM (1915–1963), Verleger der *Washington Post* und enger Vertrauter Johnsons, gefiel sich, wie viele Zeitungsverleger der damaligen Zeit, darin, hinter den Kulissen mit an den Strippen der großen Politik zu ziehen. In den postum veröffentlichten privaten Notizen Grahams findet man über eine Einflussnahme auf Johnson in der Frage der Vizepräsidentschaft allerdings nichts. Dasselbe gilt für Alsops Memoiren. RFK, der den Texaner schon 1960 nicht mochte, beharrte später darauf, dass sein Bruder das Angebot der Vizepräsidentschaft nur pro forma gemacht und Johnson dann überraschend »zugegriffen« habe. Graham, Alsop und andere haben dagegen versichert, dass JFK schon vor seiner Nominierung vorgehabt habe, Johnson ein ernstgemeintes Angebot zu machen, um dadurch wichtige Südstaaten auf seine Seite zu bringen und so die Wahlen zu gewinnen. Wie viel Kennedy wirklich daran lag, mit Johnson als Vizepräsidentschaftskandidaten ins Rennen zu gehen, wird wohl nie eindeutig geklärt werden können.

Daraufhin habe der Präsident Lyndon direkt angerufen. Lyndon habe aber noch geschlafen, und in der Folge gingen dann die Gespräche los.

Verstehe.

Sprach der Präsident, bevor er zum Nominierungsparteitag nach Los Angeles flog, über die Vizepräsidentschaft?

Nein, überhaupt nicht. Er war auf Cape Cod, und ich bin dann mit ihm nach New York geflogen, und wir haben … haben wir in diesem Hotel am Idlewild-Flughafen[22] übernachtet? Egal. Ich habe mich dann von ihm verabschiedet und bin wieder zurück nach Cape Cod geflogen. Ich glaube, wir haben in New York übernachtet, weil irgendwann die Sache mit Truman kam. Er hat wirklich nicht darüber nachgedacht. Es ging ihm erst einmal darum, selbst nominiert zu werden. Alles andere geschah offenbar in diesen vier oder fünf Tagen in Los Angeles.

War er jemals bei irgendeiner Person nachtragend?

Nie! Und ich habe dann immer zu ihm gesagt … Also, es ist schon verrückt in der Politik – es wird so viel über andere geredet, und dann höre ich, wie Jack über jemanden positiv spricht, und ich sage zu ihm: »Was? Du redest nett über X? Nach dem, was er sich vor drei Wochen geleistet hat! Ich hasse ihn.« Und wenn ich ihn auf der Straße gesehen habe, habe ich ihn demonstrativ angestarrt und habe die Straßenseite gewechselt, aber Jack sagte: »Ich bitte dich, das war vor drei Wochen. Inzwischen hat er dies oder jenes getan.« In der Politik verändern sich die Dinge so schnell, und Jack hat nie – das hat er oft gesagt – er hat nie etwas so persönlich genommen, dass es keine Möglichkeit zur Versöhnung mehr gegeben hätte. Wie hat er immer gesagt? »In der

22 Der heutige John F. Kennedy International Airport in New York.

Politik gibt es kein Freunde oder Feinde, sondern nur Kollegen.« Es ging noch irgendwie anders …

Interessen. Palmerston hat immer gesagt, es gibt keine dauerhaften Freundschaften oder Bündnisse, sondern nur dauerhafte Interessen. Irgendwie so.

Ja. Aber er hat nie … Also, ich habe immer furchtbar emotional reagiert, auf jeden Politiker oder Zeitungsmenschen, der ungerecht war, aber er hat das immer ganz objektiv betrachtet, als hätte er es mit Figuren auf einem Schachbrett zu tun – was natürlich richtig ist. Ich meine, wie soll man … wenn er sich über diese Leute erst wer weiß wie aufregt, und hinterher muss er mit ihnen wieder zusammenarbeiten. Nein, er hatte schon recht, nur so kann man erfolgreich sein – weshalb ich meine, dass Frauen nicht in die Politik gehören. Wir sind einfach nicht dafür geeignet.

In dieser Hinsicht war er ein großer Realist. Ich erinnere mich, als Lyndon in Los Angeles Mr Kennedy attackierte, da hatten alle das Gefühl, dass er damit erledigt wäre, was wohl auch mit gewissen Vorstellungen von einem irischen Ehrencodex oder so zusammenhing. Die Leute hatten vielleicht einfach zu viele John-Ford-Filme[23] *gesehen.*

Und John Connally lief überall herum und erzählte, dass Jack an der Addison-Krankheit leide. Einen Tag bevor Jack in Texas starb, sagte ich noch zu ihm: »Ich kann Gouverneur Connally nicht ausstehen. Ich ertrage diese überhebliche Art nicht.« Er war so selbstgefällig und erzählte Jack die ganze Zeit, als wir zusammen im Auto saßen, wie groß sein Vorsprung vor ihm in den Umfragen in Texas sei. Schließlich fragte ich Jack: »Was will er dir denn damit sagen? Das ist doch einfach nur unverschämt.«

---

23 John Ford drehte Filme wie *The Informer* (1935) *(Der Verräter)*, der von einem irischen Rebellen handelt, der einen Kameraden verrät.

Aber Jack antwortete: »Er hat sich mit einer Reihe von Geschäftsleuten hier wieder vertragen und eine Menge Unterstützung bekommen, die er vorher nicht hatte. Das will er mir damit sagen.«[24] Das war einfach Jacks Art. Wenn ich sagte, dass ich Connally hasse, dann sagte er nur: »Ja-jaaa …« und streichelte mir den Rücken – als würden wir ins Bett gehen. Dann meinte er: »Sag so etwas nicht. Wenn du anfängst, zu sagen und zu denken, dass du jemanden hasst, dann benimmst du dich am nächsten Tag auch so. Wir sind nach Texas gekommen, um hier etwas in Ordnung zu bringen, aber wenn du so denkst, erreichen wir gar nichts.« Nellie Connally weigerte sich, mit Yarborough zu fahren – alle weigerten sich, mit Yarborough zu fahren. Es gab übrigens zwei Yarboroughs – keine Ahnung.[25] Jeder hasste jeden. Aber Jack sagte nur: »Denk nicht so von den Leuten.« Und er sagte das sehr lieb.

Genauso verhielt er sich auch mit den Stevenson-Leuten. Wenn man bedenkt, dass die wichtigsten Männer in Stevensons Nomi-

---

24 JOHN CONNALLY (1917–1993), texanischer Rechtsanwalt und enger Freund von Lyndon B. Johnson. Connally hatte 1960 auf einer Pressekonferenz vor dem Wahlgang in Los Angeles ein ärztliches Gutachten darüber gefordert, ob Kennedy für das Präsidentenamt gesund genug sei. Trotzdem hatte JFK ihn zum Marineminister ernannt. 1962 zum Gouverneur seines Bundesstaats gewählt, machten Connally und seine Frau Nellie am 21. und 22. November 1963 mit den Kennedys eine Tour durch vier Städte in Texas. Beim Autokorso in Dallas berichtete Connally dem Präsidenten stolz von einer demnächst veröffentlichten Umfrage, aus der hervorgehe, dass er JFK 1964 in Texas den Rang ablaufen würde, worauf Kennedy erwiderte: »Das wundert mich nicht.« Es waren die letzten Worte, die die beiden wechselten.

25 Die Texas-Reise vom November 1963 hatte unter anderem den Zweck, eine innerparteiliche Fehde in diesem Bundesstaat zu beenden, in der sich Johnson und Connally auf der einen Seite und ihr politischer Erzfeind, der texanische Senator Ralph Yarborough, auf der anderen gegenüberstanden. Connally weigerte sich, zusammen mit Yarborough im Autokorso des Präsidenten zu fahren, Yarborough seinerseits war nicht bereit, zusammen mit Johnson zu fahren.

nierungswahlkampf in Los Angeles George Ball, Bill Wirtz und Tom Finletter waren und sie alle sofort ...[26]

O ja. Ich glaube, es ist gut, wenn man schnell vergeben kann. Jack mochte das an mir, als wir verheiratet waren: dass immer ich diejenige war, wenn nur die kleinste Wolke am Himmel erschien – dass ich mich dann beeilte zu fragen: »Bist du mir böse, Liebling? Habe ich etwas Falsches gesagt? Oh, entschuldige.« Er mochte das, weil es für Männer, glaube ich, schwer ist, den ersten Schritt zu tun, in der Familie, in einem intimen Kreis. Aber genau so machte er es. Außerhalb der Ehe konnte ich das nie, er schon.

War er jemals deprimiert? Oder war seine Stimmung wirklich immer so ausgeglichen?

Er war unglaublich ausgeglichen, außer wenn er längere Zeit Schmerzen hatte – zum Beispiel seine Rückenschmerzen – und wenn die drei, vier üblichen Dinge nicht halfen, also vier Tage an Krücken gehen, zwei Tage im Bett liegen, heiße Packungen und so – wenn die Schmerzen einfach nicht verschwinden wollten und er nichts dagegen machen konnte, dann war er sehr niedergeschlagen. Aber nur dann. Und wenn etwas zu erledigen war, dann stand er auf und erledigte es. Und irgendwann wurde es dann wieder besser. Wenn ich Jack so sah, in den ersten Jahren unserer Ehe, mit diesen Schmerzen, das hat mich immer sehr heruntergezogen. Aber später dann – ab wann war das? Ich glaube, nach der McCarthy-Geschichte im Senat, ab da schien es für ihn nicht mehr so ein großes Problem zu sein.

1960, während des Wahlkampfs, hatte er keine größeren Probleme mit dem Rücken?

---

26 WILLARD WIRTZ (1912–2010) war zunächst Kennedys Unterstaatssekretär im Arbeitsministerium, bevor er 1962 an die Spitze des Ministeriums rückte; GEORGE BALL (1909–1994) war Kennedys Unterstaatssekretär für Wirtschaftsfragen im Außenministerium, THOMAS FINLETTER (1893–1980) sein Botschafter bei der NATO. Alle drei waren eingefleischte Stevensonianer.

Nein, er war ja eigentlich ein sehr gesunder Mensch. Ich glaube, einer der Gründe für seine Probleme vorher war, dass er so viel gearbeitet hat, zu viel. Nachdem er ins Weiße Haus eingezogen war, machte er jeden Tag seinen Mittagsschlaf – fünfundvierzig Minuten, mehr nicht. Ich meine, wer konnte etwas dagegen haben, wenn er für eine Dreiviertelstunde in den Pyjama schlüpfte. Er legte sich aufs Ohr und war im nächsten Moment eingeschlafen, und nach fünfundvierzig Minuten wachte er wieder auf. Ich könnte das nicht – ich würde fünfundvierzig Minuten brauchen, um einzuschlafen. Und es tat ihm so gut. Sein Rücken und sein Magen und alles plagte ihn nicht mehr. Er hatte sich einfach immer zu viel zugemutet. Jedenfalls war er nie so gesund und so guter Dinge wie in den Jahren im Weißen Haus.

Hatte er jemals Schlafprobleme?

Nein.

Hat er nie Schlaftabletten genommen?

In Wahlkämpfen hat er manchmal eine Tablette genommen, aber immer nur eine. Wenn er erst spät ins Bett kam und früh wieder rausmusste und wenn er in einem besonders schäbigen Hotelzimmer gelandet war. Ich weiß noch, einmal lag eine Whiskeyflasche unter dem Bett, weil vorher die American Legion[27] ein Treffen in diesem Hotel gehabt hatte. Überall unter den Betten Whiskeyflaschen. Aber er nahm die Tablette nur, um sicherzugehen, dass er einschlafen und am nächsten Tag ausgeschlafen sein würde. Nur eine einzige Tablette in solchen Fällen, aber sonst nicht. Wir brauchten unseren Schlaf. Gottogott – man hatte nur vier Stunden. Ich weiß noch, ich habe immer versucht, ohne Tablette einzuschlafen, aber dann habe ich mich im Bett nur herumgewälzt. Deshalb habe ich manchmal eine von seinen genommen.

27 Veteranenorganisation der U.S. Army (A.d.Ü.).

Sie waren 1960 den ganzen Sommer über, also auch während der außerordentlichen Sitzungsperiode, in Hyannis Port?

Genau.

Und dann natürlich auch den ganzen Herbst.

Warten Sie, im Frühjahr hatte ich eine Menge in Georgetown zu tun, und danach war ich zu dieser Konfettiparade in New York. Das erste Fernsehduell habe ich in meinem Haus in Hyannis Port gesehen, zusammen mit Leuten aus Boston. Für das zweite, oder welches es war – das in New York –, da bin ich hingeflogen. Und für das dritte oder vierte war ich in Washington.

Erinnern Sie sich, was er dachte, als die Idee der Fernsehduelle aufkam?

Ich erinnere mich an das Duell in New York, bei dem ich dabei war – wie er da stapelweise Informationsmaterial durcharbeiten musste und wirklich viel zu tun hatte, aber dann saß er mit etwa fünf Leuten zwei oder drei Stunden lang in diesem Raum und ließ sich die unangenehmsten Fragen stellen, die man sich vorstellen kann. Er bereitete sich richtig vor – wie für eine Prüfung. Aber er war ziemlich siegesgewiss – na ja, nicht siegesgewiss, aber er jammerte nicht herum oder machte sich groß Gedanken. Und dann, als er mich sofort anrief, nach dem Duell in Washington – das war wohl das zweite in Washington, weil er am Telefon sagte, es sei bitterkalt, und weil Nixon beim ersten geschwitzt hatte, wenn ich mich recht erinnere –, da lachte er bloß. Also, er war ziemlich optimistisch.

Was haben Sie während des ersten Duells gedacht?

Ich habe gedacht, was alle dachten. Ich konnte es kaum glauben. Es war so offensichtlich. Es war so klar. Danach war wirklich alles anders. Jack hat mir immer gesagt, der Wendepunkt seiner Kampagne von '52 – das war, bevor wir verheiratet waren – der

SENATOR KENNEDY WÄHREND DES ERSTEN FERNSEHDUELLS MIT VIZEPRÄSIDENT RICHARD NIXON, 26. SEPTEMBER 1960

Wendepunkt war sein Auftritt bei *Meet the Press*, zusammen mit Lodge.[28] Er sagte, das war das Hindernis, das er überwinden musste, danach sei alles wie von selbst gegangen. Also, dieses erste Duell – ich habe das immer so gesehen – ich war so froh, dass es so offensichtlich war. Es war so eindeutig, dass er gewonnen hatte und dass die Leute auf der Straße und überall es genauso sahen.

Gab es vorher Gespräche darüber? Ich meine, der Präsident sah in den Duellen offenkundig eine große Chance, aber er glaubte zunächst nicht, dass Nixon mitmachen würde. Erinnern Sie sich daran?

Nicht genau. Ich erinnere mich, dass im Frühjahr ab und zu über die Duelle gesprochen wurde. Aber ich weiß nicht, warum sich Nixon dann doch entschlossen hat …

Er hat sich völlig verrechnet. Ich glaube, er hat mitgemacht, weil er am Whittier College ein glänzender Redner gewesen war. Er dachte wohl, er könnte mit seiner Erfahrung leicht gegen diesen jungen Burschen antreten.

Aber ich erinnere mich an die abendlichen Besprechungen, welches Duell … War nicht eins für Außen- und eins für Innenpolitik vorgesehen? Ich erinnere mich an die Abende, an denen eine Menge Leute zusammenkamen und alles genau besprachen und

---

28 HENRY CABOT LODGE JR. (1902–1985), republikanischer Senator aus Massachusetts und Enkel des gleichnamigen Senators, der nach dem Ersten Weltkrieg Woodrow Wilsons Idee von einer Mitgliedschaft Amerikas im Völkerbund zunichtemachte. Zusammen mit dem angesehenen Lodge auftreten zu dürfen bedeutete für JFKs Popularität einen enormen Schub; das Gleiche galt später für die TV-Duelle mit dem Vizepräsidenten der Vereinigten Staaten, Richard Nixon. Nachdem er gegen Kennedy verloren hatte, wurde Lodge Eisenhowers Botschafter bei den Vereinten Nationen und 1960 Richard Nixons Kandidat für die Vizepräsidentschaft.

schließlich entschieden, wie die Duelle ablaufen sollten. Aber ich erinnere mich nicht, was dem vorangegangen war.

Ich weiß, dass Sie wegen Ihrer Schwangerschaft nicht die ganze Zeit im Wahlkampf dabei waren. Aber haben Sie mitbekommen, auf wen der Präsident im Wahlkampf besonders vertraute?

Vor allem auf sich selbst. Immer wenn er zu Hause war, hörte ich, wie er telefonierte und irgendwelchen Leuten sagte, was sie tun sollten. Ich schätze, dass er ansonsten vor allem auf Bobby hörte.

Er hat sich immer mit Bobby ausgetauscht. Nicht dass er Bobbys Rat immer befolgt hätte – in der Sache mit Lyndon Johnson hat er es nicht getan –, aber ich glaube, er wollte immer sehen, wie Bobby reagierte.

Auch sein Vater war immer … nicht wahr, ich war so froh, dass Mr Kennedy die Möglichkeit bekam, sich am Wahlkampf zu beteiligen. Aber ins Pavillon[29] oder so, da nahm er Billy Green mit. Kann aber sein, dass das vorher war.[30] Jedenfalls hat er auch mit seinem Vater gesprochen, aber mehr um zu erfahren, was er so unter seinesgleichen hörte. Nun ja, all diese alten Männer …

Und John Bailey, hat der eine wichtige Rolle gespielt?[31]

O ja, John Bailey. Ich weiß nicht genau …

Er war Vorsitzender des Nationalen Parteikomitees.

---

29 Das Restaurant Le Pavillon in New York, dessen Miteigentümer Joseph Kennedy war.

30 WILLIAM J. GREEN JR. (1910–1953), Kongressabgeordneter aus Philadelphia und Vorsitzender der dortigen Demokraten. Jaquelines Darstellung dessen, was Joseph Kennedy für den Wahlkampf seines Sohnes getan hat, ist minimalistisch.

31 JOHN BAILEY (1904–1975), Chef der Demokraten aus Connecticut, der Kennedy schon früh unterstützte und vom Präsidenten zum Vorsitzenden des Democratic National Committee (des nationalen Organisationsgremiums der Partei) ernannt wurde.

Ja. Wir mochten John Bailey immer sehr. Als wir verheiratet waren, haben wir ihn immer zuerst besucht, wenn Jack in Connecticut eine Rede halten musste. Aber ich glaube nicht, dass er John Bailey um Rat gefragt hat.

Nach allem, was ich beobachten konnte, hat er seine Auftritte ganz nach eigenen Vorstellungen gestaltet.

Ja. Aber er sagte immer – und Bobby sagte es und alle anderen auch: »Niemand darf sich über den Kandidaten ärgern.« Deswegen war Bobby immer so eine Art Puffer. Wenn es irgendwo Probleme gab – in irgendeinem Bundesstaat hatte jemand eine Wut auf Ted Sorensen, oder es gab plötzlich zwei Vorsitzende, und man musste sich für einen entscheiden – all diese Dinge übernahm Bobby, damit die Leute sich nicht über Jack ärgerten. Es war ein Glück, dass Bobby das getan hat. Aber das ist der Grund, dass er diesen Ruf bekam – dass er skrupellos sei. Er musste damals so hart durchgreifen – für Jack. Er hat auch einmal zu mir gesagt: Es ist so wichtig, dass du jemanden hast, der diese Konflikte für dich löst, jemanden, über den sich die Leute ärgern, damit sie sich nicht über dich ärgern. So, wie Frank Morrissey mir immer gesagt hat, dass der Kandidat nie den Raum von sich aus verlässt, sondern Frank musste ihn erst dazu auffordern. Wobei Jack dann immer protestierte: »Nein, Frank, ich möchte noch nicht gehen.« *[Schlesinger lacht]* Aber solche Leute braucht man, die einen auf diese Weise beschützen.

Erzählen Sie mir oder uns vom Tag vor der Wahl.

Wir waren alle auf Cape Cod. Ach, nein …

Sie waren nach Boston geflogen.

Ja, wir sind in Boston aufgewacht, also hatten wir da übernachtet.

Im Boston Garden fand am Vorabend eine große Kundgebung statt. Ich glaube, Sie waren dabei.

Nein, war ich nicht. Ich wollte nach Cape Cod. Ich muss sehr früh aufgestanden sein und bin dann zu unserem Apartment in der Bowdoin Street[32] gefahren, und von dort aus sind wir zum Wahllokal gegangen. Dann sind wir mit der *Caroline*[33] nach Cape Cod geflogen, und am nächsten Morgen begann der lange Tag. Ich erinnere mich, dass es zu Mittag Fischsuppe gab. Man konnte noch draußen sitzen. Es ist lustig – da wir gerade vom langen Tag sprechen. Denn wer kommt da plötzlich aus der Garage gehuscht? – wie so ein Diener auf der Bühne – Cornelius Ryan, der den Roman *Der längste Tag* geschrieben hat.[34] Wir haben ihn gefragt: »Suchen Sie etwas?« Wir kannten ihn ja nicht – bis er sich vorstellte. Jack hat dann angefangen, ihn über seinen Roman auszufragen. Er wollte alles Mögliche wissen. Sie sollten Ryan danach fragen. Ich glaube, Jack ist durch Pierre[35] auf das Buch aufmerksam geworden. Später ist Jack dann spazieren gegangen, hat seinen Vater besucht und Bobby.

Wie war das Wetter an diesem Tag?

Es war ein kalter Herbsttag. Keine Wolke am Himmel. Am Nachmittag haben wir auf der Veranda in der Sonne gelegen, in Decken gehüllt. Und dann ist Jack zu Bobby gegangen – Bobbys Haus war ja zur Kommandozentrale geworden, mit Radios, Telefonen, Tafeln, Mitarbeitern. Aber Jack hat sich davon ferngehalten. Und dann haben wir zu Mittag gegessen.

---

32 JFK hatte dieses bescheidene Apartment 1946 als Wohnung gemietet und von hier aus seinen ersten Wahlkampf für den Senat geführt. Er und Jackie waren 1960 nach wie vor in diesem Bezirk als wahlberechtigt gemeldet.

33 Convair-Maschine, die der Kennedy-Clan 1960 eigens für JFKs Wahlkampf gekauft hatte.

34 CORNELIUS RYAN (1920–1974), Journalist und Schrifsteller; sein Roman *The Longest Day: June 6, 1944* erschien 1959 und wurde von Darryl F. Zanuck verfilmt.

35 JFKs Pressesprecher Pierre Salinger.

Was für einen Eindruck hat er gemacht?

Er war unruhig und gleichzeitig schweigsam. Er ist rübergegangen und hat versucht, einen Mittagsschlaf zu machen.

Er hat nicht mehr über den Ausgang spekuliert?

Nein, zumindest hat er darüber nicht gesprochen. Ich meine … zu Mittag gab es sein Lieblingsgericht, Fischsuppe, und dann hat er sich mit Cornelius Ryan über seinen Roman unterhalten. Ryan war ganz baff. Dann haben wir einen kleinen Spaziergang gemacht, weil wir wussten, dass es erst am Abend richtig ernst werden würde. Und dann … ich habe vergessen, wo wir zu Abend gegessen haben, aber danach haben wir die Berichterstattung bei uns zu Hause verfolgt. Ich weiß noch, wie die Ergebnisse aus Connecticut kamen. Ich habe zu Jack gesagt: »Jetzt bist du Präsident!« Und er sagte, so ganz leise: »Nein, nein.« Ich habe mir das bis halb zwölf oder zwölf angesehen, bis klar war, dass das noch die ganze Nacht dauern würde. Er hat mich dann ins Bett geschickt. Er war wirklich lieb – er kam rauf und gab mir einen Gutenachtkuss, und dann kamen die Kennedy-Mädchen, und wir haben uns alle umarmt … Sie wollten die ganze Nacht aufbleiben. Jack hat im Nebenzimmer geschlafen. Als ich dann morgens aufwachte, bin ich schnell in sein Zimmer, um zu sehen … ich wollte hören, ob er schon was wusste, aber es war noch nichts entschieden.

Er war also doch ins Bett gegangen.

Ja, er war um vier oder so ins Bett gegangen, und jetzt war es Viertel nach acht oder halb neun.

Schlief er noch, als Sie kamen?

Ja. *[Lacht]*

Sie haben ihn geweckt?

DER DESIGNIERTE PRÄSIDENT JOHN F. KENNEDY (MIT TOCHTER CAROLINE AUF DEM ARM) UND DIE KÜNFTIGE FIRST LADY IN HYANNIS PORT, 1960, AM MORGEN NACH DER WAHL

Ich habe ihn aus dem Bett geholt. Aber es war noch nichts entschieden, also hatte ich ihn umsonst geweckt. Wir sind dann aufgestanden und im Regenmantel an die frische Luft gegangen – Sie haben sicher die Fotos gesehen. Dann kamen die Leute von der Presse, und ich glaube, es war zwölf oder eins, als die Nachricht endlich kam.

Nixon hatte die Niederlage eingestanden.

Und dann musste ich mich in Ethels Haus der Presse stellen – all diese Frauen, die fragten: »Wie sehen Sie Ihre Rolle als First Lady?« Diese schrecklichen Frauen. Dann haben wir im großen Haus Fotos machen lassen. Und danach sind wir alle in die Armory-Festhalle gefahren. Nur Mr Kennedy wollte nicht mitkommen. Er war so reizend in der Zeit, er wollte immer im Hintergrund bleiben. Ich weiß noch, dass ich ihn einfach am Arm genommen und zu ihm gesagt habe: »Sie müssen mitkommen.« Und dann sind wir alle zur Festhalle gefahren.

[John Kennedy junior kommt ins Zimmer.]

John, kannst du da reinsprechen? Halt es ein bisschen weiter weg – ja, so. John, du bist heute am Flughafen gewesen.

JOHN: Ja.

War's schön?

JOHN: Ja.

John, wo ist dein Vater?

JOHN: Im Himmel.

Er ist im Himmel?

JOHN: Ja.

Erinnerst du dich an ihn?

JOHN: Ja.

Woran erinnerst du dich?

JOHN: *[schelmisch]* An nichts!

Du erinnerst dich an nichts? Weißt du noch, wie du immer in sein Büro gelaufen bist?

JOHN: Ja!

Und wie er mit dir gespielt hat?

JOHN: Ja! Nimmst du John auf?

Okay, ich nehme dich auf.

[John verlässt das Zimmer.]

Erinnern Sie sich an den Moment, als der Präsident wusste, dass er Präsident werden würde? Hat er dazu etwas gesagt, oder hat er es wortlos zur Kenntnis genommen?

Ich glaube, wir waren alle draußen, als irgendjemand rief: »Nixon hat seine Niederlage eingestanden!« Ich glaube, zu diesem Zeitpunkt wussten wir aufgrund der Wählerstimmen schon, dass es entschieden war. Wir mussten nur noch darauf warten, dass Nixon seine Niederlage eingestand, oder?

Ja.

Und als er das dann tat – nun, da haben wir uns natürlich umarmt.

Würden Sie sagen, dass der Präsident ein religiöser Mensch war?

O ja. In der Zeit unserer Ehe ging er jeden Sonntag in die Kirche und so weiter, aber ich habe manchmal gedacht … Also, ich habe oft darüber nachgedacht, ob das aufrichtig war oder nicht – jedenfalls, ganz sicher war er sich mit seinem Glauben wohl nicht. Aber wenn es die Religion nun einmal gab, dann wollte er sie auch auf seiner Seite haben.

PRÄSIDENT KENNEDY MIT SOHN JOHN IM SÄULENGANG
DES WESTFLÜGELS

Das ist die Pascal'sche Wette.[36]

Aber ich erinnere mich auch, dass er mir gegenüber mal einen Satz von Somerset Maugham zitierte: »Leiden adelt nicht, Leiden verbittert.« Daher weiß ich nicht, ob er nicht manchmal mit Gott gehadert hat – ich weiß es nicht – und gedacht hat: »Warum muss ich das alles durchmachen?« Aber gesagt hat er das nie. Ich glaube, man kann nicht aufwachsen, wie er aufgewachsen ist, ohne sich so seine Gedanken zu machen.

Er hat offenkundig eine gewisse religiöse Lebensweise und den Glauben an einen Gott akzeptieren können, und er wollte, dass seine Kinder zu guten Katholiken erzogen werden, die den Sonntag heiligen.

Ich weiß jedenfalls, dass er kein Atheist oder Agnostiker oder irgendetwas in der Art war. Nein, er glaubte an Gott, aber er … Wir alle fangen ja erst an, über diese Dinge nachzudenken, wenn uns ein Unglück widerfährt. Und ich denke, Gott ist ungerecht gewesen. Ich denke, Jack hat das auch so gesehen. Er hat seine Gebete gesprochen, natürlich …

Er hat abends immer gebetet?

Ja, aber ganz schnell, das war nur so ein Ritual. Er kam ins Schlafzimmer, kniete sich auf die Bettkante, also aufs Bett, und sprach sein Gebet. Das dauerte ungefähr drei Sekunden, dann bekreuzigte er sich. Also, ich kann mich nicht erinnern, dass er das auch noch im Weißen Haus gemacht hat, aber … Nicht wahr, es war so ein Ritual aus der Kindheit, wie Zähneputzen. Eine Gewohnheit. Aber ich fand es nett. Ich sah ihm gern dabei zu.

---

36 Der Philosoph BLAISE PASCAL (1623–1662) vertrat die Auffassung, dass die Vernunft die Existenz Gottes zwar nicht beweisen könne, dass man sich aber trotzdem so verhalten solle, als ob es ihn gebe, weil man durch eine gottesfürchtige Lebensweise nichts zu verlieren, aber vielleicht alles zu gewinnen habe.

Hatte er Freunde unter den Geistlichen?

Freunde nicht gerade. Ich weiß, dass er sich mit Bischof Hannan traf, aber ich denke, da ging es mehr um Politik und irdische Dinge. Von Bischof Hannan hat er immer am meisten gehalten. Und dann war da noch Pater Cavanaugh, ein enger Freund seines Vaters und ein sehr liberal denkender Priester.[37] Den mochte er auch.

Wie war es mit Bischof Wright in Worcester?

Oh, den mochte er sehr. Und natürlich Kardinal Spellman.[38]

Wirklich? Das wusste ich nicht.

Am Anfang, als wir geheiratet haben, hatten die beiden eine heftige Auseinandersetzung. Aber als er Präsident war, mochte er ihn.

Wirklich?

Kardinal Spellman hat … Er war erst so für Jack, und dann hat er all diese Reden gehalten über – er hat sich wirklich geändert,

---

37 PHILIP HANNAN (*1913), Weihbischof von Washington; war im Zweiten Weltkrieg als Militärseelsorger mit dem Fallschirm über den Ardennen abgesprungen und an der Befreiung eines Konzentrationslagers beteiligt gewesen. JFK traf sich während seiner Präsidentschaft privat mit ihm zu Gesprächen über Religion und Politik. Hannan leitete den Gottesdienst bei der Beerdigung von JFK. JOHN CAVANAUGH (1899–1979) war Priester und von 1946 bis 1952 Präsident der University of Notre Dame, Indiana.

38 FRANCIS KARDINAL SPELLMAN (1889–1967), von 1939 bis zu seinem Tod Erzbischof von New York, vollzog zwar die Trauungen von Robert und Edward Kennedy, unterstützte 1960 aber Richard Nixon, weil JFK so demonstrativ an der Trennung von Staat und Kirche festhielt und sich gegen die Vergabe staatlicher Gelder an kirchliche Schulen und gegen die Ernennung eines amerikanischen Botschafters beim Vatikan aussprach. Spellman hatte 1945 das »Alfred E. Smith Memorial Foundation Dinner« ins Leben gerufen, eine Benefizveranstaltung zugunsten katholischer Wohlfahrtseinrichtungen, bei der in Präsidentschaftswahljahren humorige Reden der beiden Kandidaten auf dem Programm stehen. So war es auch 1960.

nachdem er so ein konservativer Kirchenmann gewesen war. Kenny O'Donnell hat mir erzählt, Kardinal Cushing[39] habe früher ständig Dinge gesagt wie »Ein Junge, der nicht auf ein katholisches College geht …« und so. Und dabei hat er mit dem Finger auf Kenny gezeigt, weil Kenny nach Harvard gegangen war. Aber dann hat er sich geändert, und als all diese …

Ach, Sie meinen Cushing – ich dachte, Sie hätten von Spellman gesprochen.

Habe ich Spellman gesagt?

Ja.

Du meine Güte!

Darum war ich so überrascht.

[Lacht] Nein, ich meinte Cushing. Wie komme ich denn auf Spellman? Nein, nein.

Cushing hat sich in der Tat geändert. Absolut.

Ja, und Cushing hat dann wirklich sehr gute Sachen gesagt. Nein, Kardinal Spellman mochte er nicht.

Den Eindruck hatte ich auch, denn ich erinnere mich genau, wie er über Kardinal Spellman gesprochen hat. Aber Cushing war sehr loyal. Hat allerdings ein bisschen viel Temperament, oder?

Ja, er ist wirklich komisch – so altmodisch irisch – mit seiner Reibeisenstimme. Also, ich glaube, Jack mochte Cushing sehr und Cushing ihn.

---

39 RICHARD KARDINAL CUSHING (1895–1970), von 1944 bis zu seinem Tod Erzbischof von Boston. Der Sohn eines irischen Hufschmieds hatte ursprünglich Politiker werden wollen. Cushing war ein enger Freund der Familie Kennedy. Er hatte JFK und Jackie getraut und an den Gottesdiensten sowohl bei JFKs Amtseinführung als auch bei seiner Beerdigung mitgewirkt und war der Witwe auch in späteren Jahren ein wichtiger Beistand.

Aber das kam erst später, nicht wahr? Denn, wie Sie schon sagten, am Anfang war Cushing nicht so. Erinnern Sie sich an Monsignor Lally vom Bostoner Pilot?

An den erinnere ich mich nicht, nicht einmal an den Namen.

Und was war mit Spellman?

Also, Mr Kennedy ... Was hatte er noch mal gegen Spellman? Hatte er nicht Nixon zu dem Empfang bei Al Smith eingeladen? Es war so offensichtlich, dass er gegen Jack war. Wie hätte man ihn mögen sollen? Und dann seine scheinheilige Art! Dabei hat er eindeutig alles unternommen, um Jack zu schaden. Kam es da nicht zu der Sache mit den Bischöfen aus Puerto Rico?[40]

Ja.

Aber Cushing hat dann darauf geantwortet, und er hat ein paar sehr gute Sachen gesagt. Aber es gab so viele Katholiken, die rechts standen, noch jenseits von Goldwater. Und Spellman gehörte zu ihnen. Aber jetzt, seit sich die Kirche neu orientiert,[41] steht er auf verlorenem Posten. Geschieht ihm recht.

Es ist schade, dass der Präsident und Papst Johannes sich nie begegnet sind.

Ich weiß.

Wie war es mit der Beichte?

---

40 Im Oktober 1960 erklärten drei katholische Bischöfe in Puerto Rico es für Sünde, einen Kandidaten zu wählen, der von der Kirche abgelehnt wurde – Munition für diejenigen JFK-Kritiker, die der Überzeugung waren, dass ein Katholik nicht Präsident werden dürfe. Kardinal Spellman schloss sich dem Edikt der Bischöfe kurz vor der Wahl demonstrativ an. Kardinal Cushing trat ihm entgegen.

41 Spellman gehörte zu den Verlierern der Reformen, die Papst Johannes XXIII. 1962 auf dem Zweiten Vatikanischen Konzil angestoßen hatte.

Also, wenn Jack an Weihnachten und Ostern zur Beichte ging, waren da immer lange Schlangen. Er ließ dann einen Mann vom Secret Service für ihn anstehen. Es dauerte ungefähr eine Stunde, bis er an der Reihe war. Dann ging Jack nach vorn und tauschte mit ihm die Plätze. Niemand bekam mit, wer er war. Auch der Priester wusste es nicht. So hat Jack es an Weihnachten und Ostern in Florida gemacht, in einer kleinen Kirche in West Palm Beach – nicht in der Kirche, in die wir jeden Sonntag gingen. Er ging also zur Beichte wie andere Menschen auch.

Erstaunlich, dass er so einfach …

Er hat mir mal im Scherz erzählt, wie die Priester damals die Kinder vor dem Kommunionsfrühstück zur Beichte geschickt haben und dass er als seine Sünden dann immer angab: »Ich habe mein Mittagsgebet vergessen« und »Ich habe am Donnerstag die Messe verpasst« – bei einigen Leuten will man einfach nicht, dass sie vor allen Anwesenden beichten müssen. Und er erzählte das so lustig. Aber es war ihm wichtig, er ging regelmäßig hin. Trotzdem – war es aufrichtig oder nur Gewohnheit? Also, ich wäre *nicht* oft gegangen.

Ich habe immer den Eindruck gehabt, dass Bobby religiöser war als der Präsident.

O ja. Viel religiöser. Ich meine, er geht auch zu Gottesdiensten am Herz-Jesu-Freitag und so – und Ethel auch.

DAS VIERTE
GESPRÄCH

MONTAG, 23. MÄRZ 1964

Beim letzten Mal waren wir, glaube ich, bis zum Wahltag gekommen. Sie blieben ein paar Tage in Hyannis Port, wenn ich mich recht erinnere. Ich weiß noch, dass Marian und ich am Freitag nach der Wahl zum Mittagessen vorbeikamen.

Ja richtig, ich wusste gar nicht mehr, dass das nach der Wahl war.

Und dann flogen Sie am selben Nachmittag weiter nach Palm Beach.

Ich glaube, Jack flog nach Palm Beach und ich zurück nach Washington, denn es konnte jederzeit mit John so weit sein.

Stimmt.

Er muss also für ein paar Tage nach Florida geflogen sein, um sich zu erholen, dann kam er wieder nach Washington. Und als er an Thanksgiving zurückkam – es ging ja immer hin und her – aber an Thanksgiving war er wieder da, und wir sind alle aufs Land gefahren, in die Gegend um Middleburg,[1] um dort nach einem

1 Middleburg galt als »Pferde- und Jagdhauptstadt« von Virginia. Die Kennedys hielten dort nach einem Wochenenddomizil Ausschau, das Jacqueline die Möglichkeit bot, nicht nur zu reiten, sondern auch der Fuchsjagd nachzugehen.

Haus zu suchen, das wir mieten könnten. Jack fuhr abends wieder zurück, und in dieser Nacht kam dann John auf die Welt.

An welchem Tag genau?

Am 25. November – das war Thanksgiving. Jack kam dann noch in der Nacht zurück – er ließ einfach das Flugzeug wenden – und dann blieb er die ganze Zeit in unserem Haus in Georgetown, wo er sogar die Kabinettsbildung vornahm. Und dreimal am Tag kam er zu mir ins Krankenhaus gelaufen.[2]

Woran erinnern Sie sich im Zusammenhang mit der Kabinettsbildung?

Das ist schwierig, weil ich ja die ganze Zeit im Krankenhaus war. Ich hab die Leute bloß auf Fotos gesehen, wie sie im Schnee vor unserem Haus stehen, und er kam zu mir und hat mir von ihnen erzählt – von McNamara[3] und so. Ich kann mich noch erinnern, dass wir am 20. Dezember nach Florida flogen und Dean

---

2 Die Kennedys hatten geplant, dass Jacqueline Mitte Dezember ins New York Hospital gehen würde, wie schon bei Caroline. Am 24. November 1960 jedoch erhielt der designierte Präsident auf dem Flug nach Palm Beach per Funk die Nachricht, dass die Wehen vorzeitig eingesetzt hatten und sie deshalb mit dem Krankenwagen ins Georgetown University Hospital gebracht worden war. John F. Kennedy junior kam nach Mitternacht per Kaiserschnitt zur Welt.

3 ROBERT MCNAMARA (1916–2009) stammte aus San Francisco; er studierte Wirtschaft und Philosophie und lehrte als Dozent an der Harvard Business School; im Zweiten Weltkrieg war er als Statistiker an der Bombardierung Japans beteiligt. Nach dem Krieg machte er Karriere bei der Ford Motor Company, deren Präsident er 1960 wurde – zwei Tage nach JFKs Wahlsieg. Weil JFK mindestens einen Republikaner und Vertreter des Großkapitals in seinem Kabinett haben wollte, traf man sich zu Gesprächen in Georgetown, wo Kennedy ihm das Finanz- oder das Verteidigungsministerium anbot. McNamara entschied sich für Letzteres, unter der Voraussetzung, dass er seine Leute selbst ernennen könne. Kennedy, beeindruckt von so viel Forschheit, war einverstanden. Später war McNamara maßgeblich für den Vietnam-Einsatz unter Präsident Johnson verantwortlich, bis er 1968 zurücktrat.

Rusk[4] am ersten Abend kam. Wir haben zusammen zu Abend gegessen – nur Jack und ich und er. Entweder wollte Jack ihn noch überreden … oder hatte Dean Rusk schon zugestimmt, und sie unterhielten sich nur?

Der Präsident war sich lange unsicher, ob er lieber Rusk oder Bill Fulbright nominieren solle.

Das stimmt. Ich erinnere mich. Dann diese Pressekonferenz in Florida, wo Caroline in den Hochhackigen auftrat. Da war Senator Fulbright[5] dabei, vermutlich um ihm zu sagen, dass es nichts würde, oder?

Ich glaube, Bobby war gegen Fulbright, weil er ihn für Afrika für ungeeignet hielt, nicht wahr, aufgrund seiner Ansichten zur Rassentrennung.

---

4 DEAN RUSK (1909–1994), aus einfachen Verhältnissen im Cherokee County, in Georgia, stammend, studierte Jura; er arbeitete zunächst im Kriegsministerum und dann im Außenministerium; unter Truman wurde er zum assistierenden Staatssekretär für fernöstliche Angelegenheiten; von 1950 bis 1961 war er Präsident der Rockefeller-Stiftung. Da ihm für das Außenministerium keine große Auswahl zur Verfügung stand, griff Kennedy auf den sanftmütigen, aber beharrlichen Rusk zurück, der ihm bis dahin nicht persönlich bekannt war, und tröstete sich mit dem Gedanken, dass er ohnehin vorhatte, sein eigener Außenminister zu sein.

5 J. WILLIAM FULBRIGHT (1905–1995) war von 1945 bis 1975 demokratischer Senator in Arkansas. Als Mitglied des Senatsausschusses für Auswärtige Angelegenheiten, dem Fulbright vorstand, hatte JFK ihn als unabhängigen Kopf kennen und schätzen gelernt. Gleichzeitig war ihm aber auch klar, dass Fulbright als Außenminister ungeeignet war, da er der Bürgerrechtsbewegung kritisch gegenüberstand und ein Förderer der arabischen Staaten war. Das hätte ihm Schwierigkeiten in afrikanischen Ländern ebenso wie in Israel bereitet, ganz abgesehen davon, dass er die afroamerikanischen und jüdischen Wähler im eigenen Lande brüskiert hätte. – »Caroline in den Hochhackigen«: Als sich der designierte Präsident und Fulbright den Journalisten hinter dem Haus der Kennedys in Palm Beach präsentierte, betrat plötzlich die dreijährige Caroline in den hochhackigen Schuhen ihrer Mutter die Szene.

21. JANUAR 1961: DAS KABINETT WIRD VOM OBERSTEN RICHTER EARL WARREN VEREIDIGT

Wie meinen Sie das? Meinen Sie, er hätte lieber Fulbright nehmen sollen?

Ich persönlich meine, ja.

Ich auch.

Welchen Eindruck hatten Sie von Rusk? Der Präsident kannte ihn ja nicht.

Nein. Nun ja, er war sehr ruhig – und sie unterhielten sich, nicht wahr. Ich bin nur noch zum Essen geblieben und dann gleich wieder ins Bett gegangen. Ich erinnere mich wirklich nur schlecht an diese Zeit, weil ich noch geschwächt war, und wir hatten nur das kleine Schlafzimmer hinten im Haus, und wenn alle Kennedys zu Hause waren, ging es dort zu wie im Taubenschlag. Ich lag also die meiste Zeit im Bett. Dean Rusk – nun, am Anfang dachte ich … Also, er wirkte wie ein sehr feinfühliger Mensch. So habe ich ihn immer eingeschätzt, ich weiß auch nicht, warum. Wenn man ihn trifft, ist man wirklich angenehm überrascht, wenn man vorher immer nur Schlechtes über ihn gehört hat.

Sehr richtig, er wirkt intelligent und ist wirklich gut, wenn es darum geht, Situationen zu analysieren. Weniger gut ist er, wenn es darum geht, die Initiative zu ergreifen.

Er scheut sich vor jeder Entscheidung. Ich glaube, dass der Außenminister wirklich eine starke Persönlichkeit sein muss. Ich weiß nicht, ob wir darüber schon gesprochen haben – wie es Jack fast verrückt gemacht hat im Weißen Haus, als er einmal eine ganz schlichte Auskunft brauchte, irgendetwas über die Russen. Ich glaube, das war nach Wien.[6] Es dauerte sechs Wochen, bis sie

---

6 Ende Mai 1961 fuhren die Kennedys nach Wien, wo sich der Präsident zwei Tage lang mit dem sowjetischen Partei- und Regierungschef NIKITA SERGEJEWITSCH CHRUSCHTSCHOW (1894–1971) traf. Die beiden Männer hatten sich zuvor einmal kurz im September 1959 in Washington getroffen, als JFK noch Senator war und Chruschtschow auf dem Weg nach Camp David, um sich mit Präsident Eisenhower zu treffen. Nun, da Kennedy Präsident war, galt es, sich erst einmal zu taxieren. Kennedy hatte gehofft, hinter verschlossenen Türen leichter Vertrauen zu schaffen für ihr Gespräch über die Krisenherde der Welt – Berlin, Kuba, Südostasien. Chruschtschow, der unter Stalin politisch Karriere gemacht hatte, interpretierte diese Andeutung von Privatheit als politische Schwäche. Ihm war klar, dass das atomare Waffenarsenal der Sowjetunion dem der Vereinigten Staaten unterlegen war; die militärische Schwäche versuchte er wettzumachen, indem er dem neuen amerikanischen Präsidenten um so selbstbewusster entgegentrat. Er sagte: »Wenn Sie Krieg wollen, dann ist das Ihr Problem.« Kennedy verließ Wien aufgewühlt; er sagte: »Das Schlimmste, was ich je erlebt habe.« Seinen Mitarbeitern gegenüber äußerte Chruschtschow, dass »Kennedy zu intelligent und zu schwach« sei. Seine Unterschätzung des Präsidenten in Wien war mit ein Grund dafür, dass er es im Jahr darauf wagte, nuklearbestückte Mittelstreckenraketen nach Kuba einzuschleusen.

schließlich die gewünschte Informationen hatten, oder es gab erst zig Entwürfe, und er sagte immer: »Bundy[7] und ich schaffen an einem Tag im Weißen Haus mehr als die in sechs Monaten.« Diese Apathie und die Angst, irgendeine falsche Entscheidung zu treffen, an der so viele Leute im Außenministerium leiden, an der litt auch Dean Rusk. Am Ende war man jedenfalls nicht besonders zufrieden mit ihm. Jack verhielt sich immer loyal. Er hatte einfach ein schrecklich schlechtes Gewissen; aber er überlegte wirklich – habe ich Ihnen das noch nicht erzählt? Er überlegte die ganze Zeit, wie er ihn irgendwie loswerden könnte, ohne ihn zu verletzen.

Wir sprachen darüber, aber wir haben es noch nicht aufgenommen. Erzählen Sie bitte weiter.

Und er hat immer überlegt, wen er stattdessen nehmen könnte. In Gedanken ist er alle durchgegangen. McNamara – aber wohl nicht ernsthaft. Bundy? Es musste auf jeden Fall eine starke Persönlichkeit sein. Doch dann hatte er wieder Mitleid mit Dean Rusk, und ich sagte: »Kann er nicht wieder zur Rockefeller-Stiftung zurück?« Und Jack sagte: »Nein, da hat er alle Brücken abgebrochen.« Er war so rücksichtsvoll. Er wollte den Mann nicht verletzten, doch er wusste auch, dass etwas getan werden musste. Und jetzt liest man ständig in der Zeitung, wie glänzend sich Lyndon mit Dean Rusk versteht. Ich habe keine Ahnung, ob das wahr ist oder nicht.

---

7 MCGEORGE BUNDY (1919–1996), ein Republikaner unter Eisenhower, war Sohn einer wohlhabenden Bostonerin und eines Diplomaten aus Grand Rapids, Michigan, und galt als »klügster Kopf von Yale«. JFK ernannte ihm zum Nationalen Sicherheitsberater, ein Posten, der bislang vor allem ein Verwaltungsjob war. Nach der gescheiterten Invasion in der Schweinebucht konnte Bundy den Präsidenten davon überzeugen, die Machtbefugnisse des Sicherheitsberaters auszuweiten und damit die Einflussnahme des Kabinetts zu reduzieren – eine Neudefinition des Amts, die bis heute Bestand hat. So stark war im Übrigen Bundys Wertschätzung des Präsidenten, dass er das Parteibuch wechselte und Demokrat wurde.

Ich glaube, Johnson wird auch seine Sorgen mit ihm haben. Das Problem ist, dass der Kontrast so überdeutlich ist – zwischen Rusk und McNamara. McNamara ist in der Lage, ein Ministerium zu leiten, er kann einem gezielt Ratschläge erteilen, und er nennt die Dinge beim Namen. Er hat Ideen und erledigt seine Arbeit. Ich denke, der Präsident dachte oft: Hätte er nur etwas mehr von McNamara.

Ach, und Jack wollte noch so vieles in dieser Art ändern. Ich muss gerade daran denken. Er wollte zum Beispiel unbedingt J. Edgar Hoover loswerden. Er ist ja gerade wieder im Amt bestätigt worden.[8] Beim nächsten Gespräch bringe ich die Liste mit, die ich neulich Abend gemacht habe – so fünf, sechs wichtige Dinge, die er ändern wollte.

Sehr schön.

Nicht wahr, es ging am Anfang so vieles drunter und drüber.

McNamara zum Beispiel war ein Quereinsteiger. Kannte der Präsident ihn überhaupt schon vorher?

Nein, und er erzählte mir, wie McNamara zu ihm nach Georgetown kam, und das Erste, was er fragte, war: »Haben Sie *Zivilcourage* wirklich selbst geschrieben?« Und Jack sagte, ja. Und das war der Grund, warum ich mich über Ted Sorensen so geär-

8 J. EDGAR HOOVER (1895–1972) war Begründer des Federal Bureau of Investigation, FBI, das er von 1935 bis zu seinem Tod leitete. Er war nicht nur unermüdlich in der Bekämpfung von Kriminalität, sondern auch in der Verfolgung von echten oder vermeintlichen Kommunisten und der Anhänger der Bürgerrechtsbewegung. Er legte außerdem Dossiers an mit potenziell brisanten Informationen seiner Widersacher und genoss im Lauf der Jahre eine fast unbegrenzte Machtfülle. 1960 schien es dem frischgewählten Präsidenten unmöglich, Hoover zu entlassen. Immerhin konnte er erwirken, dass Hoover ihm direkt, das heißt via den Justizminister (Robert Kennedy), Bericht erstattete. JFK hoffte auf einen hohen Wahlsieg 1964, der es ihm erlauben würde, den FBI-Direktor endlich loszuwerden. Präsident Lyndon B. Johnson dagegen bestimmte, dass Hoover im Amt bleiben könne – auf Lebenszeit.

gert habe – dieser Verdacht haftet Jack jetzt immer an. Aber McNamara war voller Hochachtung für Jack, sodass er gesagt hat, also gut, ich mach's.

Ursprünglich wurde ihm, glaube ich, das Finanzministerium angeboten.

Tatsächlich? Ich weiß, dass Lovett die Wahl hatte zwischen Außen-, Verteidigungs- und Finanzministerium, aber er hat keins davon genommen, aus gesundheitlichen Gründen, und Jack sagte: »Muss ziemlich schmeichelhaft sein, zwischen drei Ministerien auswählen zu können, auch wenn die Gesundheit dann nicht mitspielt.«[9] Und dann dieser Ärger mit Adlai Stevenson, der das Außenministerium haben wollte und dem Jack mitteilen musste, dass er nur die Vereinten Nationen für ihn habe. Also, das war ziemlich ... ich kann mich noch daran erinnern, wie Jack davon erzählte.

Hat all das den Präsidenten belastet – oder hat es ihm eher Vergnügen bereitet?

Es war unangenehm. Ich meine, er tat so etwas nicht gern, aber er konnte ihm das Außenministerium nicht geben. Ich weiß noch, dass wir sehr früh darüber sprachen, also, dass er Botschafter bei den Vereinten Nationen werden soll und nicht Außenminister. Aber so etwas ist immer unangenehm, und ich erinnere mich, dass die Pressekonferenz unten vor der Tür ziemlich vage verlief, oder Stevenson sagte, er habe nichts dazu zu sagen, oder irgendetwas in der Art. Sie können den genauen Wortlaut herausfinden.[10]

---

9 ROBERT LOVETT (1895–1986) war ein Investmentbanker an der Wall Street und letzter Verteidigungsminister unter Truman. JFK war sehr daran gelegen, durch die Übernahme eines bekannten Gesichts Kontinuität zu signalisieren, doch Lovett musste passen.

10 Stevenson hatte JFK in Georgetown aufgesucht, um über seine Zukunft zu sprechen, und musste zu seiner Überraschung erfahren, dass der designierte Prä-

Warum, glauben Sie, hat er sich gegen Stevenson als Außenminister entschieden?

Na ja, warum hätte er ihm den Posten geben sollen? Stevenson hat nie auch nur einen Finger für ihn krumm gemacht. Aber es war nicht bloß aus Bitterkeit. Sehen Sie sich die Leute an, die Jack genommen hat, obwohl sie gegen ihn waren oder für jemand anders. Jack hielt diesen Mann einfach für einen geborenen Zauderer. Er mochte ihn nicht, und ich kann mir nicht vorstellen, dass er es lange ausgehalten hätte, wenn er als Außenminister jeden Tag bei ihm aufgetaucht wäre, um sich über irgendetwas zu beschweren. Das wäre bestimmt nicht gutgegangen. Ich glaube auch nicht, dass Stevenson so geeignet gewesen wäre wie Fulbright. Er wäre vielleicht nicht schlechter gewesen als Dean Rusk. Oder vielleicht doch.

Ich glaube, dass er Leute suchte, die auch vor dem Senat überzeugend auftreten konnten, und deswegen dürfte ihm Fulbright zugesagt haben, weil der Senat ihn kannte und ihm wohl auch vertrauen würde.

Ganz genau. Armer Fulbright! Wenn er bloß ernannt worden wäre, dann wäre Lyndon jetzt vielleicht auch besser auf ihn zu sprechen. Und Fulbright – er hat so oft recht behalten. Er war praktisch der Einzige, der mit Jack einer Meinung war in der Frage der Kuba-Invasion – oder wer war sonst noch dagegen?[11]

---

sident ihm nicht den Posten des Außenministers, sondern den des UN-Botschafters anbot, woraufhin beide vor die Tür traten, um den frierenden Reportern Rede und Antwort zu stehen. Stevenson erklärte, er müsse über das Angebot nachdenken. Seine Zurückhaltung war verständlich, aber Kennedy empfand sie – so in der Öffentlichkeit geäußert – als Brüskierung. Freunde rieten Stevenson allerdings, den Posten anzunehmen, da er sonst Gefahr lief, in Vergessenheit zu geraten. Er willigte daher ein.

11 Im April 1961 stimmte JFK der modifizierten Fassung eines Geheimplans zu, der noch von Eisenhower stammte und der vorsah, dass Exilkubaner mit Hilfe der CIA in Kuba einmarschierten, um die Regierung von Fidel Castro zu stürzen.

Das stimmt. Er war der Einzige, der sich in einer der Sitzungen offen dagegen aussprach.

Doch anscheinend hat er dann bei den späteren Sitzungen nicht mehr widersprochen, am Ende war er jedenfalls dafür. Trotzdem – ich halte viel von Fulbright.

Wann erschien Dillon[12] *auf der Bildfläche?*

Irgendwann um diese Zeit – aber wie gesagt, ich war im Krankenhaus.

Sie kannten die Dillons in Washington.

O ja.

Aber Sie waren nicht eng befreundet.

Nicht eng, aber wir kannten sie, wie man sich eben so kennt. Ich meine, wir waren ein paarmal bei ihnen zum Dinner, und ich kannte Phyllis Dillon. Es waren eher Bekannte als Freunde. Aber als wir im Weißen Haus waren, waren sie von allen im Kabinett unsere besten Freunde. Sie waren die Einzigen, mit denen wir uns auch abends trafen – die Dillons und die McNamaras. Aber die Dillons waren die Einzigen, mit denen wir gemeinsam zu Abend aßen, wenn wir allein waren. Die McNamaras kamen mehr zu den Partys – wenn Tanz war und so.

War es schwer, Bobby fürs Kabinett zu gewinnen?

Oh, es war schrecklich. Höchstwahrscheinlich ist es allein Mr Kennedy zu verdanken. Bobby hat es mir erzählt, nach dem

---

Die Landung in der kubanischen Schweinebucht misslang und bescherte dem Präsidenten ein Riesendebakel nach nicht einmal drei Monaten Amtzeit. JFK übernahm die volle Verantwortung.

12 C. DOUGLAS DILLON (1909–2003), Sohn eines republikanischen Investmentbankers; er war unter Eisenhower französischer Botschafter sowie Unterstaatssekretär im Außenministerium, bevor JFK ihn zum Finanzminister ernannte.

November, kurz bevor wir das Weiße Haus verlassen haben. Er sagte, er selbst war der Meinung, dass es nicht gut sei für Jack. Und Jack war ja klar, dass es Probleme geben würde. Das mochte er Bobby aber nicht sagen. Bobby fiel damals in ein schreckliches Loch, fast so wie jetzt nach Jacks Tod. Er wusste nicht, was er tun sollte, ob er weggehen und etwas ganz anderes machen sollte. Also, eigentlich wollte er nicht ins Kabinett. Doch mal sagte er ja, dann nein oder dass er sich noch nicht entschieden habe – und irgendwann rief ihn Jack dann zu sich und sagte: »Du musst es tun!« Und damit war die Sache entschieden. Aber da sehen Sie, wie Bobby wirklich ist. Er hat alles darangesetzt, um da rauszukommen, während Eunice Jack die ganze Zeit in den Ohren lag, er solle doch Sargent zum Leiter von Gesundheit, Bildung und Wohlfahrt machen, weil sie nun einmal unbedingt die Gattin eines Ministers sein wollte.[13] Nicht wahr, daran sieht man wieder, dass einige Leute immer nur an sich denken. Bobby tat das nicht.

Wenn es nicht das Justizministerium geworden wäre, was, glauben Sie, hätte der Präsident mit Bobby sonst vorgehabt?

Ich weiß es nicht. Er war nun einmal so daran gewöhnt, eng mit Bobby zusammenzuarbeiten, immer seine Meinung zu hören – deshalb nehme ich an, dass er ihn vielleicht als Berater ... so ein bisschen wie Bundy ... Ich weiß es nicht. Ich denke, Bundys Posten wollte er von vornherein mit Bundy besetzen, oder nicht? Oder hat er das später entschieden?

---

13 ROBERT SARGENT SHRIVER (1915–2011) arbeitete für Joseph Kennedy im Familienunternehmen Merchandise Mart in Chicago, wo er Eunice, die Tochter seines Chefs, kennenlernte, die er 1953 heiratete. In den ersten Wochen nach der Wahl diente er JFK als kompetenter Talentsucher. Kennedy ernannte ihn zum ersten Direktor seines neugegründeten Friedenskorps. Später leitete er Präsident Johnsons Wohlfahrtskampagne »War on Poverty«, war US-Botschafter in Frankreich und 1972 demokratischer Kandidat für das Amt des Vizepräsidenten.

JUSTIZMINISTER ROBERT KENNEDY UND PRÄSIDENT KENNEDY
IM OVAL OFFICE, APRIL 1962

Das dürfte er von vornherein geplant haben. Entschieden hat er es wohl im Dezember, in Palm Beach. Es stand für ihn jedenfalls absolut fest, dass er Mac Bundy bei sich haben wollte und dass er der richtige Mann für den Posten war.

Ja, aber der Aufgabenbereich wurde ziemlich verändert, oder nicht?

Ja, er wurde viel größer. Man wollte einerseits Macs überragende Fähigkeiten nutzen, andererseits die Schwäche des Außenministers ausgleichen.

Und Jack wusste, dass er jemanden wie Bundy brauchen würde. Wie er auch wusste, dass er jemanden wie General Taylor brauchte, nach dem Schweinebucht-Fiasko. Deswegen hat er diesen Posten erst geschaffen. Oh, und dann noch etwas anderes, was ich Ihnen erzählen wollte – das Kabinett … Was war es noch gleich? Ach Gott, mein Gedächtnis …

Ging es um Mac?

Oh, eine Sache in Florida, in der Zeit gleich nach der Wahl. Das war ein ziemlich schlimmer Tag. Franklin Roosevelt jr. kam vorbei, und er erzählte, dass er Mr Kennedy am Flughafen getroffen hatte, und Mr Kennedy sagte zu ihm: »Ohne diesen Italiener in New York würden wir jetzt alle für Sie arbeiten«, womit er Carmine[14] meinte. Er wollte ihn aufmuntern, wie es so seine Art ist … o nein, nein, nein, das war im Wahlkampf, vor West Virginia – tut mir leid. Das hat er zu Franklin gesagt, damit er uns in West Virginia hilft. Franklin wollte jedenfalls Marineminister werden, und McNamara sagte, er könne ihn nicht nehmen. Franklin sagt immer, dass Henry Ford mit McNamara in diesem

14 CARMINE DESAPIO (1908–2004) war der berühmt-berüchtigte Chef der Tammany-Hall-Demokraten in New York, der den Traum des jungen Roosevelt vereitelte, Bürgermeister von New York zu werden.

Sinn gesprochen hatte – es war eine ziemlich verworrene Entscheidungsfindung damals. Auf jeden Fall war es schlimm für Jack – nicht wahr, ihm das sagen zu müssen. Aber er hat es sehr gut aufgenommen.[15]

Ich frage mich, warum man diesen Eindruck von Franklin hatte?

Es könnte sein, dass er sich vorher mit einem von ihnen getroffen hatte und dass sie von daher irgendwie gegen ihn eingestellt waren. Ich denke, Franklin wäre gut geeignet gewesen.

Franklin wäre bestimmt ein sehr guter Marineminister gewesen. Er ist intelligent und kann hart arbeiten, und nach allem, was ich höre, macht er seine Sache im Finanzministerium sehr gut.

Jack war die Sache jedenfalls sehr unangenehm. Er hat ihm den Botschafterposten in Kanada angeboten, den in Italien, alles Mögliche – das war in den Wochen nach dem Wahlkampf, bevor er überhaupt schon wieder klar denken konnte, weil er wusste, wie viel er Franklin verdankte. Aber Franklin sagte nein; er wollte die Zeit lieber nutzen, um Geld zu verdienen, er wollte weiterhin seine Fiats verkaufen. Und dann, ich glaube, es war im letzten Winter, waren wir bei den Roosevelts zum Dinner, und da kam wohl die Sache mit dem Unterstaatssekretär im Handelsministerium auf. Franklin und Jack verschwanden nach dem Essen für anderthalb Stunden nach oben, und ich nehme an, dass Franklin da gesagt hat, dass er den Posten gern haben würde. Auf dem Nachhauseweg im Auto war Jack dann jedenfalls unglaublich erleichtert, doch noch etwas für Franklin gefunden zu haben. Und so bekam er den Posten.

---

15 JFK hatte es FDR jr. immer hoch angerechnet, dass er ihm half, die entscheidende Vorwahl in West Virginia zu gewinnen. Es ging darum, die Wähler davon zu überzeugen, dass JFKs Katholizismus keine Gefahr darstelle.

Was war mit Udall?[16] *Hatten Sie ihn überhaupt gekannt?*

Eigentlich nicht. Nur so, wie ich die anderen Senatoren kannte. Ich denke, dass Jack ihn von Anfang an für diesen Posten vorgesehen hatte, oder?

Ja.

Jack verdankte ihm viel für seine Unterstützung in Arkansas, und er war dazu noch intelligent. Also, Jack sagte, er sei einer der besten Innenminister gewesen. Er ist sehr an Naturschutz und so weiter interessiert. Er war also von Anfang an eingeplant. Und wer war noch mal für die Landwirtschaft gedacht? Es gab drei Leute. Einen Herschel Soundso?

Herschel Newson?

Oder Docking?

Docking war der Gouverneur von Kansas.

Richtig. Wir kannten ihn. Bei den Dockings haben wir übernachtet. Und dann … Herschel Loveless, oder?

Herschel Loveless, ja, der frühere Gouverneur von Iowa.

Genau. Aber Jack mochte ihn nicht so, oder? Ich glaube, er machte die Sache furchtbar kompliziert. Jack unterhielt sich mit ihm, aber er hatte wohl keine eigenen Ideen oder so, jedenfalls war Jack ziemlich unglücklich hinterher. Aber Orville Freeman,[17] den mochte er. Ich weiß nicht mehr, ob er Orville Freeman von Anfang an im Sinn hatte oder wie er auf ihn kam.

---

16 STEWART UDALL (1920–2010) war demokratischer Kongressabgeordneter in Arizona und wurde JFKs Innenminister

17 ORVILLE FREEMAN (1918–2003) war Gouverneur von Minnesota und wurde JFKs Landwirtschaftsminister. Er war im Zweiten Weltkrieg bei der Marine und wurde, wie der Präsident, bei einem Einsatz im Südpazifik verwundet.

Orville hielt die Nominierungsrede in Los Angeles.

Ja, aber ich frage mich, warum Jack ihn nicht gleich ernannt hat.

Orville wollte nicht. Orville wollte Justizminister werden.

Verstehe.

Oder Leiter des Heeresamts – aus irgendeinem Grund. Außerdem hatte er das Gefühl, dass es in der Landwirtschaft zu den größten Problem kommen würde. Ich meine mich zu erinnern, dass das der letzte Kabinettsposten war, der besetzt wurde.

Ich weiß, dass Jack auf dem Parteitag allen möglichen Leuten das Landwirtschaftsministerium anbot, war es nicht so? Also, jedenfalls Loveless und …

Ja, besonders den Leuten aus dem Mittleren Westen.

Genau.

Um ihnen ein bisschen zu schmeicheln. Was ist mit Hodges?

Da gab es wohl keine Probleme, jedenfalls hat man da nicht lange gesucht.[18] Wer hat Hodges aufgetrieben? Vermutlich Sargent. Na ja, helle Begeisterung hat er nicht ausgelöst. Vielleicht dachte Jack, er könnte noch gut jemand Älteren gebrauchen.

Sympathischer älterer Herr, Südstaatenmann …

In den die Wirtschaft Vertrauen hat – so in der Art. Ich kann mich an keine Bemerkung von ihm erinnern oder daran, was für ein Handelsminister Hodges war.

---

18 LUTHER HODGES (1898–1974) war eine Amtsperiode lang Gouverneur von North Carolina. 1956 hatte er den Bundesstaat auf JFK eingeschworen, als dieser für das Amt des Vizepräsidenten kandidierte. Der designierte Präsident, der wenigstens einen Südstaatler in seinem Kabinett brauchte, ernannte ihn zum Handelsminister.

Und dann Ed Day als Postminister.[19]

Ach, ja. Bei ihm weiß ich auch nicht, warum er ernannt wurde, haben Sie eine Ahnung?

Man wollte einen Kalifornier.

Richtig. Also, das war der Einzige im Kabinett, von dem ich dachte, dass er wirklich drittklassig war. Ich meine, ich weiß nicht, was ein Postminister macht – es ist vielleicht auch ein ziemlich dummer Posten – keine Ahnung. Ich habe nie viel über ihn nachgedacht.

Von allen Kabinettsmitgliedern kannte der Präsident – einmal abgesehen von Bobby – so richtig nur Douglas und, ich glaube, Stewart Udall.

Und Freeman.

Und Freeman. Aber Rusk, McNamara, Hodges, Day … Und natürlich Arthur Goldberg, den haben wir vergessen.

Ja, richtig.

Goldberg war ein alter Freund.

Ja, und Jack wollte ihn unbedingt als Arbeitsminister haben. Ich kann mich noch erinnern, wie traurig er war, als er dann an den Obersten Gerichtshof ging, obwohl er von Wirtz ebenso viel hielt – ein großartiger Mann. Wissen Sie, sie haben ungefähr so zusammengearbeitet wie McNamara mit Gilpatric[20] im Verteidigungsministerium. Er war wirklich nicht glücklich, dass Arthur das Arbeitsministerium verlassen musste, doch seine Ernennung

---

19 J. EDWARD DAY (1914–1996) war zuvor Rechtsanwalt und unter Gouverneur Adlai Stevenson Versicherungsbeauftragter (Insurance Commissioner).

20 ROSWELL GILPATRIC (1906–1996) war Rechtsanwalt an der Wall Street sowie Unterstaatssekretär im Verteidigungsministerium unter McNamara.

zum Obersten Gerichtshof nahm er sehr ernst. Aber inzwischen glaubt Arthur ja, er sei wer weiß wer – keine Ahnung. Aber so denken wohl alle Richter am Obersten Gerichtshof mit der Zeit. Ich konnte es nicht fassen, wie Arthur sich dort verhielt, und jetzt dieses Urteil, das sie gefällt haben, dass man die Leute in öffentlichen Ämtern einfach verleumden darf. Und Arthur hat noch betont, dass es sogar vorsätzlich geschehen darf.[21] Er war einer von den dreien, die dafür gestimmt haben. Und wenn man bedenkt, dass solche Verleumdungen mit schuld sind am Tod von Jack.[22] Die im Gerichtshof haben sich wirklich sehr weit vom wirklichen Leben entfernt – schweben da irgendwo in höheren Sphären. Und dabei ist Arthur Goldberg eigentlich ein großer Mann. Aber furchtbar von sich eingenommen.

War das schon immer so?

In der ersten Zeit kam er sehr häufig zum Frühstück, als es um das Arbeitsgesetz ging – ich glaube jedenfalls, dass sie über das Arbeitsgesetz sprachen. Aber nach der Wahl habe ich Arthur Goldberg dann besser kennengelernt. Und da war ich ziemlich schockiert. Aber er ist trotzdem ein großer Mann – wenn er nur nicht so eingebildet wäre.

Mal von Rusk und Day abgesehen war der Präsident ziemlich zufrieden mit dem Kabinett, oder?

---

21 Mrs Kennedy bezieht sich auf das epochemachende Urteil im Fall *New York Times* vs. Sullivan vom 9. März 1964. Es diente dem Schutz der Medien vor Verleumdungsklagen und bestimmte, dass ein Kläger in einer Verleumdungsklage nicht nur beweisen muss, dass eine veröffentlichte Aussage falsch ist, sondern darüber hinaus, dass der Journalist sie mit »tatsächlicher Arglistig« (»actual malice«) und unter fahrlässiger Missachtung ihrer Richtigkeit oder Falschheit veröffentlicht hat.

22 In den *Dallas Morning News* erschien am Tag der Ermordung des Präsidenten eine ganzseitige Anzeige einer rechtsgerichteten Bürgeriniative, in der der Präsident des Verrats beschuldigt wird. JFK äußerte daraufhin zu Jacqueline, Dallas, die Bastion der radikalen Rechten, sei das »Land der Verrückten« (»nut country«).

Ja. Ich glaube nicht, dass er sich groß Gedanken um Day gemacht hat – ich meine, was kann die Post schon für Probleme machen?

Nein, und ich denke, Day hat das Amt mustergültig verwaltet.

Day war vom Typ her … ich weiß nicht. Er war immer auf diesem Ball, wo für Multiple Sklerose gesammelt wurde, und trug kleine Satiren vor. Ich fand ihn einfach albern. Aber das war nur mein Eindruck, mit Jack habe ich nie über ihn gesprochen. Allerdings glaube ich nicht, dass er sich viel Gedanken über ihn gemacht hat.

Es ist sehr interessant, mit welchem Gespür der Präsident fähige Leute ausgewählt hat, die er im Grunde kaum kannte – Lovett und McCloy[23] *zum Beispiel. Er kannte sie nicht gut, oder?*

Ich glaube nicht. Ich meine, er kannte sie, aber nicht näher. Er unterhielt sich natürlich vorher mit ihnen. Obwohl, ich nehme an, mit Dean Rusk hat er einen Fehler gemacht. Es ist, wie Sie sagen – Dean Rusk macht einen guten Eindruck, wenn man mit ihm redet. Man traut ihm sehr viel zu.

Wie ging er vor? Abgesehen von den Gesprächen – bekam er viele Informationen von Sarge?[24]

Ja. Er hatte von allen Dossiers und Empfehlungsschreiben und so, und dann erst lud er sie zum Gespräch ein. Es war wie ein Bewerbungsgespräch, was weiß ich. Für ein paar Stunden traf er sich mit ihnen bei uns im Wohnzimmer. Man unterhielt sich einfach.

---

23 JOHN MCCLOY (1895–1989) war während des Zweiten Weltkriegs Unterstaatssekretär im Kriegsministerium und von 1949 bis 1952 amerikanischer Hochkommissar in Deutschland. Für JFK arbeitete er als Sonderberater in Abrüstungsfragen.

24 Sargent Shriver stellte Dossiers über die potenziellen Kandidaten zusammen.

Hat er jemals erzählt, wie er bei den Gesprächen vorging?

Nun, es war eine sehr schwierige Zeit für ihn – es war so viel los. Und wenn er dann zu mir ins Krankenhaus kam, wollte er ... Ich habe Ihnen ja schon erzählt, wie er mit McNamara sprach und wie enttäuscht er von Loveless war, der ganz sicher keine Lösung für das Agrarproblem gewesen wäre – er hatte einfach keine eigenen Ideen. Die anderen ... Ich hätte ihn danach fragen sollen – aber wenn man mit einem Mann zusammenlebt, der so viel um die Ohren hat, dann will man ihn am Abend nicht noch mit Fragen zur Last fallen – man schnappt so einiges auf, hört, was er anderen erzählt – auch wenn man vielleicht vor Neugier platzt. Mir fällt später bestimmt noch mehr ein, aber im Moment ist alles wie weggewischt.

Es fällt Ihnen schon noch ein. Was hat ihm in dieser ersten Zeit am meisten Sorgen bereitet – einmal abgesehen von Franklin und Stevenson?

Ich weiß nicht. Ich erinnere mich nur ... Habe ich schon erzählt, dass er Clark Clifford mit der Organisation der Amtsübergabe beauftragt hatte? Also, das hat ihm keine Sorgen bereitet. Im Gegenteil, er war damit sehr zufrieden. Habe ich das schon erzählt?

Nein, noch nicht.

Gleich nach der Wahl hat er Clark Clifford kommen lassen. Ich nehme an, er hatte schon vor der Wahl mit ihm gesprochen und ihm gesagt: »Wenn ich die Wahl gewinne, stellen Sie sich darauf ein, dass Sie sich sofort um die Amtsübergabe kümmern.« Deshalb war Clark bestens vorbereitet, und er machte es großartig. Er sorgte dafür, dass jeder neue Mitarbeiter in der Zeit von November bis Januar buchstäblich am Schreibtisch seines Vorgängers stand und ihm über die Schulter sah. Jack sagte immer, dass wohl noch keine Amtsübergabe so reibungslos verlaufen wäre. Aber Clark hat sich auch schon lange vor der Wahl darauf vorbereitet.

Was dachten Sie selbst darüber, ins Weiße Haus zu ziehen?

Es ist komisch, aber der Gedanke hat mir ziemlich zu schaffen gemacht. Also, vor dem Wahlkampf – und dann, als die Wahl näher rückte. Nun, ich dachte eben, was jeder so denkt – dass man wie auf dem Präsentierteller lebt, immer umgeben vom Secret Service, dass ich Jack nie sehen würde … Als Jack dann nominiert war, da habe ich mich natürlich vor allem für ihn gefreut. Und als wir dann erst einmal drin waren – ich meine, man hat sich so für ihn gefreut – und wie sich heute zeigt, war es wirklich die glücklichste Zeit meines Lebens. Wir waren uns nie näher als in dieser Zeit. Ich hatte nicht geahnt, wie nah man sich auch körperlich ist, wenn das Büro des Mannes im gleichen Haus ist und man sich so oft am Tag sieht. Es war auch immer eine gewisse Anspannung zu spüren, aber … Ich weiß noch, wie ich irgendwann gedacht habe: »Was war bloß mit dir los, dass du ernsthaft geglaubt hast, der Einzug ins Weiße Haus könnte das Ende deiner Ehe sein?« Dabei war es einfach nur schön. Und ich musste denken, dass wir wirklich nie im Voraus wissen, was für uns gut ist.[25] Als wir dann im Weißen Haus waren, habe ich mir allerdings Sorgen gemacht wegen der Zeit danach. Ich dachte, was fängst du mit Jack an, der dann vielleicht einundfünfzig ist – ein Tiger im Käfig – der jung ist und der noch so viel bewirken kann. Manchmal habe ich ihn danach gefragt, weil es mir Sorgen bereitet hat. Dann hat er mich getröstet und gesagt: »Wenn es so weit ist, lösen wir auch das Problem.«

Hat er jemals davon gesprochen, was er nach der Präsidentschaft machen würde?

---

25 Im Juni 1962 schrieb Jacqueline an ihren Freund William Walton: »Das Leben hier, das ich so gefürchtet hatte und das mich zuerst so überwältigt hat, habe ich jetzt im Griff, und ich war noch nie so glücklich. Es ist nicht das Amt – es ist die Nähe der Familie. Diese Nähe ausgerechnet im Weißen Haus zu finden, hätte ich nie erwartet.«

Am Anfang hat er sich nur scherzhaft dazu geäußert und nicht gern darüber gesprochen. Manchmal sagte er: »Ich werde Botschafter in Italien«, so was in der Art. Aber das war nicht ernst gemeint. Und ich sagte: »Nein, du musst für den Senat kandidieren.« Ach, und das zeigt auch wieder, was für ein Mensch Bobby ist. Als ich Bobby sagte, dass ich mir solche Sorgen mache und dass ich mir wünschen würde, dass Jack wieder für den Senat kandidiert, da sprach Bobby mit Teddy, weil Jack meinte, zwei Kennedys würden sie wohl kaum dulden, und er kam wieder und sagte, dass Teddy nicht antreten würde, wenn Johnny – so nannten ihn die Brüder – wenn Johnny sich aufstellen ließ. Das war wirklich sehr rührend, denn für Teddy war der Senat schließlich das Größte. Also gut, ich habe das Jack dann erzählt, weil ich immer daran denken musste, was er über John Quincy Adams gesagt hatte: dass er auch wieder in den Kongress zurückgekehrt ist und sein ganzes Leben lang Abgeordneter war. Und ich dachte, er könnte ja auch Senator werden. Doch Jack reagierte ganz bestürzt, als ich ihm das erzählte. Er war gerührt, weil ich mir solche Sorgen machte, aber er sagte: »So etwas würde ich nie tun. Teddys Sitz einnehmen? Wie konntest du glauben, dass ich so etwas tun würde? Du gehst sofort zu Bobby und sagst ihm das.« Das sagt wohl auch viel aus über die große Nähe der drei Brüder.

Allerdings.

Bobby, der sich mit einer solchen Bitte an Teddy wendet, Teddy, der sofort bereit ist, das für Jack zu tun, und dann Jack, der sich weigert, das anzunehmen. Sie waren wirklich immer einer für den anderen da. Irgendwann hat Jack dann gesagt, er wird entweder Herausgeber einer großen Zeitung oder … ich weiß nicht. Bundy hat neulich einmal gesagt, vielleicht wäre er beim Fernsehen gelandet. Er hätte auf jeden Fall nicht die Hände in den Schoß gelegt. Und an der Idee mit der Zeitung hatte er richtig Gefallen gefunden. Manchmal sprach er mit Ben Bradlee darüber: »Meinst du, wir könnten die *Washington Post* kaufen?« So in der Art, eher scherzhaft, aber man konnte es immer sehen, wenn ihm eine Idee wirklich gefiel. Vielleicht wäre er um die Welt gereist, hätte ein Buch geschrieben, hätte sich um die Bibliothek gekümmert und sich ganz darauf konzentriert.

Wo hätten Sie dann gern gelebt?

Vielleicht in Cambridge – oder vielleicht auch nicht. Damals dachte ich noch, wir sollten in Washington bleiben. Aber das wäre nicht gutgegangen. Jack sagte auch immer, wir sollten nicht in Washington bleiben, und er hatte recht, das sehe ich jetzt. Es wäre ziemlich schwierig für einen Expräsidenten, in dieser Stadt zu leben, die sich völlig auf den neuen Präsidenten einstellt.

Mir gegenüber sprach er auch davon, dass er sich vorstellen könne, wenigstens zeitweise in Cambridge zu leben, drei oder vier Monate im Jahr.

Vielleicht Cambridge oder New York. Ich denke, darauf wäre es wohl hinausgelaufen.

Und was die Zeitung angeht …

Ach, wissen Sie, das war nur …

Nur eine Überlegung.

Ja, und das hätte ihn ja viel zu sehr in Beschlag genommen. Bundy hat erst neulich zu mir gesagt – das hat mich so traurig gemacht, weil Jack seine beste Zeit wirklich noch vor sich hatte – er sagte, Jack hätte der »Präsident des Westens« sein können. Nicht wahr, er wäre überall … die Leute hätten einfach überall auf der Welt auf seine Stimme gehört. Und Bundy – aber ich weiß nicht, ob das stimmt oder nicht – er sagte, dass früher oder später der Ruf nach seiner Rückkehr laut geworden wäre und dass man sich hätte darum kümmern müssen, ob nicht eine dritte Amtszeit möglich wäre – also, irgendwann später. Ich habe immer gesagt, es müsste ein Gesetz gegeben, dass man für immer bleiben kann.

JACK, BOBBY UND TEDDY IN HYANNIS PORT, 1960

Denn eins ist klar, wenn man das Weiße Haus verlässt – das hat Jack auch immer gesagt –, dann kann einem manchmal angst und bange werden, wenn man morgens die Zeitung aufschlägt. Weil man ja weiß, wie schnell die Dinge … So leicht macht irgendwo irgendwer einen Fehler, wie bei Skybolt,[26] und alles fliegt in die Luft. Der Präsident muss einfach seine Augen überall haben, was nur jemand leisten kann, der jung ist und begabt wie Jack. Aber da sitzt man dann und kann einfach nichts unternehmen. Aber Jack sagte immer: »O nein, nie und nimmer. Ich nicht. Acht Jahre sind genug.« Man sah es ihm dann auch an … Es ist diese ewige Belastung. Man sieht das an den Porträts von Lincoln, wie er im Lauf der Zeit immer müder und erschöpfter aussah. Und man sieht das auch an den Fotos von Jack. Er hat ja nie darüber gesprochen – also, er hat natürlich erwähnt, was ihn gerade beschäftigte, aber er hat sich nie beklagt, er wollte kein Mitleid, und wenn er so sprach, klang es wie ein Sträfling, der überlegt, wie er rauskommen kann: »O nein, acht Jahre sind genug.«

Wann haben Sie zum ersten Mal daran gedacht, das Weiße Haus zu restaurieren?

Wohl als Jack gewählt worden war – oder vielleicht schon vorher, wenn ich mir vorstellte, wie es wäre, im Weißen Haus zu sein. Es war mir einfach klar, dass etwas in der Art unternommen werden musste. In Florida, zwischen Weihnachten und der Amtseinführung, ließ ich mir dann viele Bücher aus der Kongressbibliothek kommen. Und als wir im Weißen Haus waren, nach der Amtseinführung, musste ich erst einmal für eine Woche oder so das

---

26 1962 stellten die USA unvermittelt ihr Skybolt-Programm zur Entwicklung einer Langstrecken-Luft-Boden-Rakete ein. Dem britischen Premier Harold Macmillan waren Skybolt-Raketen versprochen worden als Anreiz für die Briten, das eigene Raketenprogramm einzustellen. Washingtons vermeintlich laxe Art im Umgang mit seinem britischen Verbündeten hat Macmillans Ansehen im eigenen Land stark beschädigt.

Bett hüten, im Queen's Room – David Finley habe ich noch im Bett liegend empfangen, und ich glaube, auch John Walker.[27] Aber dann ging es gleich los. Man musste sich diese Räume nur mal ansehen! Dazu kam, dass ich schon im Weißen Haus gewesen war, bei irgendeinem Empfang für den Kongress, und kurz nach der Wahl hat mich ja auch Mrs Eisenhower einmal herumgeführt.

Wie war das?

Also, das war recht interessant. Ich hatte in der Zeitung gelesen, dass es üblich ist, dass die alte First Lady die neue einmal durch die Räume führt. Darauf hätte ich liebend gern verzichtet, wie gesagt, ich konnte jederzeit das Kind bekommen. Deshalb bat ich Tish,[28] die Sekretärin von Mrs Eisenhower, anzurufen – Mary Jane McCaffrey. Aber Mrs Eisenhower hatte Mrs McCaffrey angewiesen, unseren Leuten in keiner Weise zu helfen.

Wie bitte?

Zum Glück kannte Tish Mary Jane, und beiden verabredeten sich heimlich zum Mittagessen irgendwo draußen. Tish mochte Mary Jane, und von ihr erfuhren wir dann, na ja, alles, was wir wissen

---

27 DAVID FINLEY (1890–1977) war der erste Direktor der National Gallery of Art; er war außerdem der erste Vorsitzende der von Mrs Kennedy gegründeten White House Historical Association, Mitglied ihres White House Fine Arts Committee sowie von 1950 bis 1963 Vorsitzender der United States Commission of Fine Arts. JOHN WALKER (1906–1995) war von 1956 bis 1969 Direktor der National Gallery. – Nach der Amtseinführung musste Mrs Kennedy sich immer noch von der schweren Geburt erholen.

28 LETITIA BALDRIGE (*1925) war eine Freundin der Familie Auchincloss; sie hatte in zwei amerikanischen Botschaften in Europa gearbeitet und schließlich als leitende Angestellte bei Tiffany gekündigt, um in Mailand eine Werbeagentur zu gründen. Jackie rief sie im Juli 1960 an, um sie zu fragen, ob sie Protokolldame des Weißen Hauses werden wolle, »wenn Jack es schafft«. Als Baldrige ihre Stelle im Frühjahr 1963 aufgab, äußerte JFK zum Abschied, sie sei die »temperamentvollste« Frau, die er je getroffen habe.

mussten. Und ich fragte, ob sich die Besichtigung nicht vermeiden lasse oder, wenn Mrs Eisenhower schon so großen Wert darauf legt, ob wir es bald machen könnten, denn ich wisse nicht, wann das Kind zur Welt komme. Als Mrs McCaffrey Mrs Eisenhower meine Anfrage überbrachte, ging sie an die Decke und sagte: »Das ist mein Haus, und es wird von niemandem besichtigt.« Das wurde dann wiederum mir überbracht, und ich war nur erleichtert, denn was hätte das bringen sollen, da herumzulaufen, in diesem Riesengebäude, nicht wahr, in einer halben Stunde, Tee inklusive – ich war so froh, dass die Sache damit erledigt war. Dann war ich im Krankenhaus und bekam John, und die Geburt verlief sehr dramatisch. Und in der Zwischenzeit muss sich die Presse auf Mrs Eisenhower eingeschossen haben. Jedenfalls lag sie Tish in den Ohren: Ob ich vorbeikommen könne – obwohl wir noch am selben Tag nach Florida fliegen wollten. So gegen Mittag kam ich aus dem Krankenhaus, und wir mussten, glaube ich, so um halb drei nach Florida aufbrechen. Ich wollte da nicht hin. Ich war bislang bloß im Zimmer ein paar Schritte auf und ab gegangen – nach einem Kaiserschnitt ist es ja mit dem Gehen für eine Weile nicht so einfach. Jedenfalls war ich so dumm und habe zugesagt. Ich wünschte, ich hätte es nicht getan. Man hatte mir allerdings versichert, dass es dort einen Rollstuhl gäbe. Den gab es aber nicht, und ich wurde durch alle Etagen gescheucht, und man hat mir nirgendwo einen Platz angeboten, und immer rein und wieder raus aus den Zimmern, und das alles vor der versammelten Presse. Als ich wieder zu Hause war, bekam ich einen echten Heulanfall, für zwei Tage konnte ich gar nicht wieder aufhören. Das hatte mir die letzten Kräfte geraubt. Also, das war nicht besonders nett von Mrs Eisenhower.[29]

29 Später erfuhr sie, dass Mamie Eisenhower ihrem Personal Anweisung gegeben hatte, einen Rollstuhl bereitzuhalten, aber ihn nur zu holen, wenn Mrs Kennedy ausdrücklich danach verlange. In Palm Beach angekommen, musste diese die nächsten zwei Wochen das Bett hüten.

Das ist ja furchtbar. Was hat sie sich dabei nur gedacht?

Sie war schon eine komische Person. Sie redete immer von »meinem Haus« und »meinen Teppichen« ... Hat nicht Präsident Eisenhower während des Wahlkampfes gesagt: »Wenn sich Mamie vorstellt, dass dieses Mädchen im Weißen Haus sein wird, macht sie nur ...« – und dann hat er irgendwie verächtlich geprustet. Die Atmosphäre war völlig vergiftet. Vermutlich hat man ihr in den schrecklichsten Farben ausgemalt, was wir mit den Räumlichkeiten Furchtbares anstellen werden. Ich nehme an, es ist nie schön, von einer neuen First Lady zu hören, die Dinge macht, die man selbst hätte machen sollen, was weiß ich. Später hat sie immer gesagt: »Wie ich höre, ist das Rote Zimmer nun lila.« Ich nehme ihr das nicht übel, aber ich denke, dass sie damals einfach ein bisschen mehr Rücksicht hätte nehmen können.

Wie kamen der Präsident und Präsident Eisenhower miteinander aus?

Ich nehme an, für Präsident Eisenhower war es in Ordnung – das erste Treffen. Ich weiß nicht, über was sie sprachen, aber Eisenhower sagte: »Und dann will ich Ihnen noch zeigen, wie schnell die Hubschrauber da sein können, um Sie wegzufliegen.« Er drückte einen Knopf, und drei Minuten später war der Hubschrauber da, und wir flogen davon. Also, Eisenhower hatte damit keine Probleme.

Was hielt der Präsident von Eisenhower?

Nicht viel. Joe Alsop hat das mal zu mir gesagt – zu uns beiden: »Eisenhower war der schlechteste Präsident der Vereinigten Staaten seit James Buchanan.« Wissen Sie, Jack sah doch, was man alles hätte in Bewegung setzen können, aber Eisenhower lähmte nur alles. Also, ich glaube nicht, dass er viel von ihm hielt.

PRÄSIDENT EISENHOWER TRIFFT SICH MIT DEM DESIGNIERTEN PRÄSIDENTEN IM OVAL OFFICE

Allerdings sagte er oft: »Schau dir an, wie gesund der Mann ist. Hat rosige Wangen, grinst von einem Ohr zum anderen und hat seinen Spaß.« Ach, und dann noch etwas, was uns auffiel und was wirklich komisch war: Im Weißen Haus, in der Tür von Jacks Büro – unten, in der Schwelle vom Büro zu seinem Schlafzimmer – wir dachten, dass da Termiten wären. Alles war voller kleiner Löcher. Ich fragte deshalb den Hausverwalter danach, Mr West,[30] weil ich befürchtete, das Weiße Haus könnte viel-

30 J. BERNARD WEST (1912–1983) war von 1957 bis 1969 der Hausverwalter (chief usher) im Weißen Haus und stand dem etwa hundertköpfigen Personal vor. Mrs Kennedy arbeitete eng und produktiv mit ihm zusammen. Ihre Initiative, das

leicht wieder einstürzen, wie unter Truman. Doch es waren bloß die Nagelsohlen seiner Golfschuhe. Man glaubt es nicht! Darin muss er durchs ganze Haus gelaufen sein.

Bis ins Büro.

Ja. Inzwischen sind die Schwellen noch ein bisschen mehr ausgetreten. Es fällt nicht mehr so auf.

Können Sie sich noch an Nixons Besuch in Palm Beach erinnern? Kam er in der Übergangszeit dorthin?

Ach, hat Jack sich dort mit ihm getroffen?

Nein, Sie haben recht. Es war irgendwo in der Nähe.

In einem Hotel.[31]

Ja. Der Präsident fuhr zu ihm hin.

Das muss gewesen sein, als ich im Krankenhaus war oder … das muss kurz vor, nein, gleich nach der Wahl gewesen sein.

Stimmt. Ich glaube, bevor Ihr Kind auf die Welt gekommen ist.

Ja, als ich in Washington war. Darüber weiß ich aber gar nichts. Fuhr Smathers[32] mit Jack mit? Oder fuhr Smathers zu einem anderen Zeitpunkt? Erzählte er nicht, wie erschöpft Mrs Nixon da im Stuhl hing, wie gelähmt, mit finsterer Miene? Jemand hat Jack das erzählt. Sie soll schlimme Sachen gesagt haben. »Die Stimmen müssen noch einmal ausgezählt werden!« – und so wei-

---

Weiße Haus zu restaurieren, stieß bei ihm auf Zuspruch und tatkräftige Unterstützung.

31 Kennedy und Nixon trafen sich in einer Villa am Meer in der Nähe des Key-Biscayne-Hotels.

32 George Smathers, demokratischer Senator aus Florida.

JACQUELINE KENNEDYS NOTIZEN ZUM LINCOLN-SCHLAFZIMMER (OBEN) UND ZUM ÖSTLICHEN WOHNZIMMER (UNTEN) AUS DER ZEIT VOR DER AMTSEINFÜHRUNG

DER ERSTE KUNST- UND ARCHITEKTURFÜHRER DES WEISSEN HAUSES WIRD DER ÖFFENTLICHKEIT VORGESTELLT

BLICK AUF PRÄSIDENT KENNEDYS SCHREIBTISCH IM OVAL OFFICE

ter. Worüber er mit Nixon gesprochen hat, weiß ich nicht. Er hat irgendetwas erzählt, aber ich weiß nicht mehr, was. Mrs Kennedy hatte mir geraten, von Anfang an alles aufzuschreiben, und das habe ich im ersten Jahr auch getan, aber nur belanglose Dinge – was Arthur Krock zu Dean Acheson sagt oder so. Und danach, wo ich es wirklich hätte tun sollen, habe ich es nicht gemacht.

Wie stand der Präsident zu der Restaurierung?

Der Restaurierung?

Des Weißen Hauses.

Nun, sie hat ihn sehr interessiert. Er hat sich immer sehr für die Sachen interessiert, die mich beschäftigt haben. Aber irgendwann wurde er doch nervös. Ich meine, er wollte einfach sichergehen, dass die Sache richtig Hand und Fuß hatte, und deshalb hat er Clark Clifford zu mir geschickt. Aber Clark Clifford war noch nervöser, er versuchte sogar, mir die Sache auszureden, was Jack niemals …

Warum? Aus politischen Gründen?

»Man darf das Weiße Haus nicht anrühren.« Das waren seine Worte. Und er sagte: »Es ist merkwürdig, aber ganz Amerika fühlt sich unwohl bei der Vorstellung. Denken Sie an den Truman-Balkon. Wenn Sie hier Dinge verändern, wird es Ihnen ergehen wie Truman.« Und ich sagte dann: »Das können Sie nicht mit dem Truman-Balkon vergleichen.«[33] Und ich erzählte ihm

---

33 Präsident Truman löste einen Sturm der Entrüstung aus, als er es 1947 wagte, im Südportikus einen Balkon einziehen zu lassen. Im März 1963 schrieb Jacqueline an David Finley, dessen Aufgabe es unter anderem war, Beschwerden, die anlässlich der Restaurierung eintrafen, zu beantworten: »Der Präsident hat mir gesagt, Sie seien der Einzige gewesen, der seinerzeit in der Balkonfrage zu Präsident

von Harry du Pont[34] und all den anderen Koryphäen, die ich zu gewinnen hoffte, und wenn ich du Pont auf Knien hätte bitten müssen. Allmählich ging es jedenfalls voran, wir setzten das Komitee ein, klärten rechtliche Fragen … und Clark war sehr hilfreich, als es darum ging, den Kunstführer zu konzipieren.[35] Als Jack sah, dass ich von kompetenten Beratern umgeben war, also, da war er sehr angetan.

Er war sehr stolz. Er hat gern Leute durch die Räume geführt und ihnen alles gezeigt.

Ja, und als ich gleich am Anfang den Schreibtisch für ihn aufgetrieben habe.[36] Das war fast das Erste, was wir verändert haben. Und er war hingerissen und … ja, die Fernsehführung durch das

---

Truman gehalten habe! Das wusste ich gar nicht, aber es sieht Ihnen ähnlich.« Woraufhin Finley erwiderte: »Ich muss ehrlicherweise sagen, dass ich mit den anderen Mitgliedern der Kommission durchaus einer Meinung war, dass man nämlich bei einem Haus im georgianischen Stil des 18. Jahrhunderts, wie dem Weißen Haus, die Linie der Säulen nicht durch einen Balkon unterbrechen sollte, wie es bei den Plantagenhäusern des 19. Jahrhunderts üblich war.« Aber der Präsident nahm seine Einwände freundlich auf, denn: »Mr Truman und ich waren Freunde.«

34 HENRY DU PONT (1880–1969) war ein angesehener Fachmann für amerikanische Kunst, Kunsthandwerk und Gartenarchitektur und Vorsitzender von Mrs Kennedys Fine Arts Committee.

35 Clifford half Mrs Kennedy auch bei der Gründung der White House Historical Association, die bis heute die Instandhaltung der öffentlich zugänglichen Räume fördert und beratend beim Erwerb von Gemälden und Mobiliar hilft; die Historial Association gibt außerdem den *White House*-Führer sowie Mrs Kennedys Bücher über die Präsidenten, die First Ladys und die Gärten des Weißen Hauses in jeweils aktualisierten Ausgaben heraus. Der *White House*-Führer wurde allein in den ersten sechs Monaten eine halbe Million Mal verkauft. Das Geld floss in die Kasse der neugegründeten Gesellschaft.

36 Der heute berühmte viktorianische *Resolute*-Schreibtisch fand sich unbeachtet in einem Lagerraum des Weißen Hauses. Seit Mrs Kennedy ihn ins Oval Office bringen ließ, haben fast alle Präsidenten nach Kennedy an ihm gearbeitet.

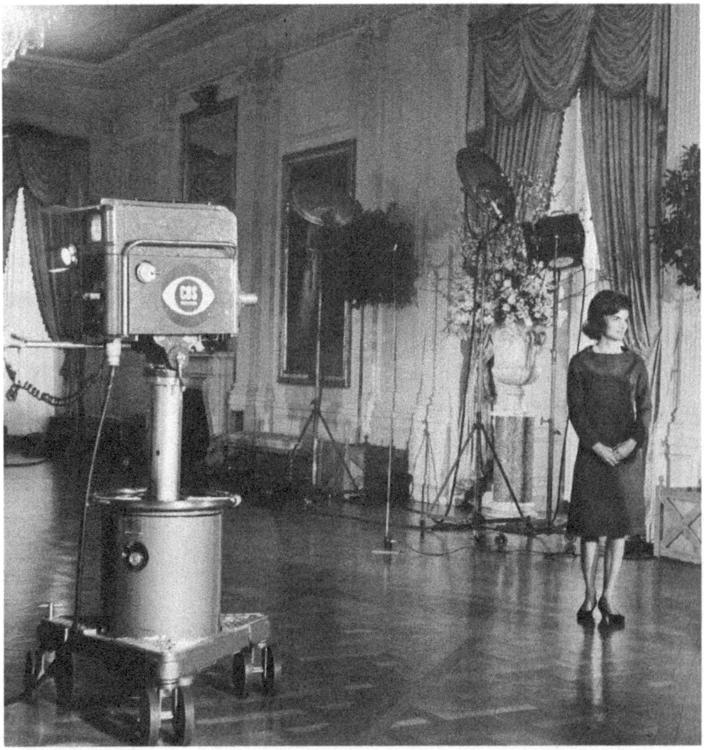

MRS KENNEDY BEI IHRER FERNSEHFÜHRUNG
DURCH DAS WEISSE HAUS

Weiße Haus[37] – die hat er sich immer wieder angesehen. Er war so reizend, wenn er stolz auf mich war. Ach, und der Kunstführer war auch so eine Sache. Es war ja klar, dass es nicht genug Geld geben würde für eine komplette Neuausstattung des Wei-

37 Im Februar 1962 sahen 56 Millionen Fernsehzuschauer Jacquelines einstündige Fernsehsendung, in der sie über die Restaurierung des Weißen Hauses sprach, was ihr einen Ehren-Emmy einbrachte.

ßen Hauses. Nicht wahr, die Leute gaben ihre guten Stücke nicht so einfach her, oder man trank zig Tassen Tee mit einer älteren Dame, und am Ende steckte sie einem fünfzig Dollar zu. Deshalb wollte ich diesen Führer schreiben. Aber die Kuratorin scheute vor der vielen Arbeit zurück – Mrs Pearce. Sie trank lieber Tee mit den anderen Kuratoren. Es war sehr mühsam. Und dann Jack McNally. Er war so ein fröhlicher kleiner Ire, der für die Rundgänge mit den Touristen zuständig war. Er sagte, es sei geradezu eine Schande und ein Skandal, wenn im Weißen Haus Sachen verkauft würden. Und auch andere sagten, wir könnten doch keinen Museumsführer verkaufen, und ich sagte, man könne sehr wohl, und es sei nicht einfach irgendein Museumsführer. Als ich Jack davon erzählte, war er auch erst skeptisch. Aber er hörte mir zu, und dann sagte er: »Gut, mach das so.« Das war wirklich sehr nett von ihm, und am Ende ist ja auch alles gutgegangen.

Gab es jemals ernstzunehmende Kritik an der Restaurierung des Weißen Hauses?

Nein, nie, nur großes Interesse. Und dann fingen die Führungen an. Und abends kam er nach Hause und sagte: »Heute waren mehr Leute da als bei den Eisenhowers in den ersten beiden Jahren zusammen.« Und der Kunstführer fand reißenden Absatz. Damit zog Jack immer McNally auf. Also, er war unglaublich stolz. Und ich war so glücklich, dass ich etwas geschafft hatte, das ihn stolz machte. Aber jetzt muss ich Ihnen etwas über ihn sagen. Ich war im Weißen Haus eigentlich nie anders als vorher – es wurde in der Presse nur anders über mich berichtet. Plötzlich war alles, was vorher schlecht war – meine Frisur, mein Französisch, dass ich nicht so gern Wahlkampf machte, dass ich kein Brot backen wollte und mit den Armen Teig kneten – Sie wissen schon, jeder dachte doch, ich sei ein Snob und würde die Politik hassen … Auf jeden Fall, Jack hat mir nie das Gefühl gegeben, dass ich eine Belastung für ihn sei, obwohl ich es doch war, und dann bekam ich das Kind und konnte ihn nicht mehr begleiten.

PRÄSIDENT KENNEDY UND MRS KENNEDY IM WEISSEN HAUS

KOPF EINES JUNGEN UND EINE HERAKLES-FIGUR – RÖMISCHE SKULPTUREN, DIE JOHN F. KENNEDY WÄHREND SEINES ROMBESUCHS 1963 ALS GESCHENK FÜR SEINE FRAU ERWARB

Doch als wir dann ins Weiße Haus zogen, war all das, was vorher schlecht war, plötzlich wunderbar, denn wenn es eine First Lady macht, ist das natürlich etwas anderes. Aber das hat mich so glücklich gemacht – wegen Jack, besonders jetzt, weil ihm doch nur drei Jahre blieben.[38] Und weil es ihn so glücklich gemacht

38 Mrs Kennedy ist hier sehr bescheiden. Seit ihrer Reise nach Paris im Mai 1961 und besonders seit ihrem erfolgreichen Fernsehrundgang durch das Weiße Haus war sie nicht nur keine politische Belastung, sondern ein großer Gewinn für den Präsidenten, der sich Ende 1963 auf das kommende Wahljahr vorbereitete. JFK bat sie daher inständig, ihn auf die ersten Wahlkampfveranstaltungen nach Texas oder Kalifornien zu begleiten. An ihrem letzten gemeinsamen Abend im Rice Hotel in Houston bat der Präsident Dave Porters in ihrem Beisein darum, die Zuschauermenge, die sie bei ihrer Ankunft begrüßt hatte, zu vergleichen mit der vom Vorjahr, als er allein nach Texas gekommen war. Powers sagte zur großen

hat, hat es mich glücklich gemacht. Es waren wirklich unsere glücklichsten Jahre.

Er war sehr stolz. Auch auf das Wissen, das er durch Sie vermittelt bekam. Er sprach gern über die Einrichtung und die Gemälde – Dinge, von denen er vorher nicht unbedingt viel verstand.

Ich weiß, und er fing an, sich richtig damit zu beschäftigen. Skulpturen interessierten ihn zum Beispiel sehr. Ich weiß nicht mehr, wie es dazu kam. Ach ja, Stas hatte Lee zu Weihnachten einmal einen römischen Kopf geschenkt. Da wurde er zum ersten Mal aufmerksam auf diese Sachen. Er ging dann immer zu Klejman, wenn er in New York war, gegenüber von Parke-Bernet und vom Carlyle.[39] Und dann fing er an, nach und nach all diese griechischen Skulpturen zu kaufen, die Sie hier sehen – ägyptische Skulpturen. Er wurde zu einem richtigen Kenner auf dem Gebiet. Er liebte diese Sachen sehr. Wenn er solch alte Objekte sah, sagte er immer: »Stell dir das mal vor – aus dem fünften Jahrhundert vor Christus.« Er hatte ein Gespür dafür. Und noch etwas zu seinem Geschmack: Wenn Boudin hier war, der französische – nun, Dekorateur ist zu wenig, er ist wirklich eher ein Wissenschaftler – Boudin vom Maison Jansen also, wenn er hier war und mich beriet, wie man einen Raum einrichtete oder Bilder aufhängte,[40] und ich am Zweifeln war, dann fragte ich Jack, was er

---

Freude Kennedys, es sei eigentlich kein Unterschied auszumachen gewesen, »nur dass wegen Jackie etwa hunderttausend mehr hier waren«.

39 Während der Jahre im Weißen Haus hatten die Kennedys immer ein Apartment im Carlyle Hotel in New York. Parke-Bernet war ein Auktionshaus und J.J. Klejman ein Antiquitätenhändler.

40 STÉPHANE BOUDIN (1888–1967) war der Chef des Pariser Einrichtungshauses Maison Jansen, der schon bei der Renovierung von Versailles, Malmaison, Leeds Castle und anderen historischen Baudenkmälern mitgewirkt hatte. Mrs Kennedy zog ihn hinzu, um sie bei ihrem Projekt der Restaurierung des Weißen Hauses anzuleiten. Sie äußerte: »Von Boudin lerne ich mehr über Architektur als aus Büchern.« Um eine öffentliche Debatte darüber zu vermeiden, dass sie

dazu meinte. Und ich sagte ihm nicht, welche Meinung Boudin vertrat. Bei fünf oder sechs Gelegenheiten – ich habe das notiert – sagte er exakt das Gleiche wie Boudin. Zum Beispiel war ich vom Blauen Zimmer so enttäuscht, als ich es zum ersten Mal sah. Ich fand, es war einfach zu viel des Guten.[41] Aber Jack mochte es. Er hatte wirklich einen Blick dafür, und er wählte auch immer die schönsten Sachen aus. Er hatte diese Gabe – auch was Menschen betraf, aber ebenso bei Büchern, Möbeln, Räumen und bei Häusern. Unser Haus in Georgetown hat er gekauft, weil der Türknauf alt war, der gefiel ihm. An unserem zehnten Hochzeitstag – das war so reizend – nach dem Essen wollten wir unsere Geschenke überreichen, und plötzlich kam Provi herein, unser Zimmermädchen, mit einem Haufen Schachteln. Sie waren alle von Klejman. Das heißt, eine war von Wildenstein,[42] weil er wusste, dass ich Graphiken sammelte. Wenn ich noch daran denke, was er mir für Geschenke gemacht hat, als wir frisch verheiratet waren – immer Sachen, die ihm auch selbst gefielen, einen Brief von Lord Byron oder einen von John Quincy Adams. Ich sollte mir jetzt also etwas aussuchen, und meine Wahl fiel auf einen Armreif aus Alexandria. Er ist ganz schlicht, golden, in Form einer Schlange. Es war das schlichteste Objekt von allen,

---

einen Nichtamerikaner angestellt hatte, trat Boudin kaum öffentlich in Erscheinung. Privat war Jacqueline der Ansicht, dass es nur richtig sei, einen Franzosen zu Rate zu ziehen, immerhin hatten die Franzosen einen wichtigen Beitrag zur Amerikanischen Revolution geleistet, außerdem besaßen sie die einzigartige Gabe, nationales Selbstbewusstsein in Kunst und Architektur zum Ausdruck zu bringen, und schließlich war sie bei ihrem Vorhaben vom Kunstsinn der Präsidenten Jefferson und Monroe beeinflusst, die als ehemalige Botschafter in Paris das Weiße Hause ohnehin mit französischen oder französisch inspirierten Gegenständen, Gemälden und Mobiliar ausgestattet hatten.

41 Sie befürchtete einen Aufschrei in der Öffentlichkeit, was die neue Einrichtung betraf, denn der Raum war nicht länger von Blau dominiert. 1980 jedoch fand sie, dass das Zimmer »Boudins Meisterstück« sei.

42 Wildenstein & Company war eine Kunstgalerie in Manhattan.

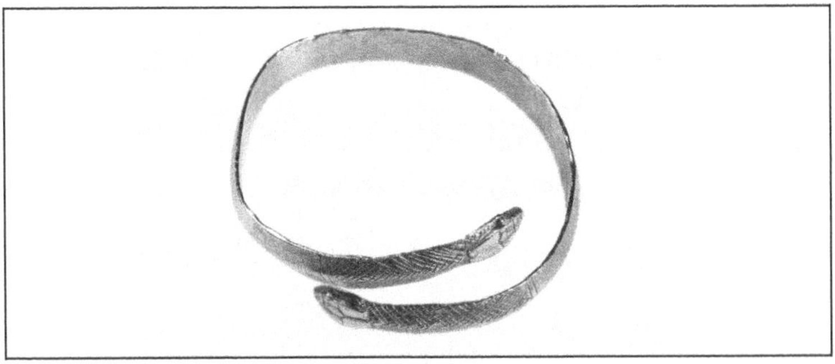

ÄGYPTISCHER SCHLANGENREIF, DEN JOHN F. KENNEDY JACQUELINE ZUM ZEHNTEN HOCHZEITSTAG SCHENKTE

doch ich konnte sehen, dass er gerade diesen Armreif am liebsten mochte. Er hielt ihn einfach in der Hand. Also, wissen Sie, das war ein besonderes Geschenk. Er wollte mir nicht sagen, welches sein Lieblingsstück war, aber ich habe es ihm angesehen, und deswegen habe ich es ausgewählt.

Wie hat er die Sachen ausgewählt? Aus Katalogen?

Ich denke, er ließ sie sich von Klejman schicken. Er telefonierte mit ihm und ließ dann die Sachen kommen. Und dann hatte er zig Objekte in seinem Zimmer und sah sich alles an – er hatte sich die ganze Zeit in seinem Zimmer eingeschlossen –, und dann hat er die Objekte ausgewählt, von denen er dachte, dass sie mir gefallen könnten. Eins davon war eine assyrische Pferdetrense, die faszinierte ihn sehr. Ich meine, die Vorstellung, dass diese Trense schon, was weiß ich, im Krieg gegen die Perser verwendet wurde – vielleicht war es auch eine persische Trense. Sylvia Whitehouse[43] war an dem Abend bei uns, und sie musste lachen.

---

43 SYLVIA WHITEHOUSE BLAKE (*1930) war Jacquelines Klassenkameradin am Vassar College und eine ihrer Brautjungfern; ihr Ehemann, Robert, war amerikanischer Diplomat.

Es war so rührend, wie aufgeregt Jack war, und sie sagte nur: »Zu eurem zehnten Hochzeitstag hätte es vielleicht ruhig etwas Romantischeres sein können.« Aber Jack wollte die Trense gleich am nächsten Tag an Carolines Pony ausprobieren und sehen, ob sie wirklich funktioniert. *[Schlesinger lacht]*

Können Sie sich noch an die ersten Tage im Weißen Haus erinnern?

O ja. Habe ich Ihnen das noch nicht erzählt?

Nicht auf Band.

Also, Dr. Travell war da, und gleich am nächsten Morgen musste ich mich in der Queen's Suite ins Bett legen. Wir haben am Anfang im hinteren Teil gewohnt, weil unser Teil gestrichen wurde.

War das der Tag der Amtseinführung oder der danach?

Der Tag nach der Amtseinführung. Ich hatte ständig Krämpfe in den Beinen und konnte einfach nicht mehr laufen. Dr. Travell forderte mich auf, ein Bein hochzustrecken, um es zu behandeln. Und wer kommt zur Tür herein? Jack und Präsident Truman. Der arme Präsident Truman wurde puterrot. Vermutlich hatte er bis dahin noch keine andere Frau außer seiner eigenen im Nachthemd im Bett gesehen. Sie stürmten also gleich wieder raus, dann streckte Jack den Kopf wieder herein und fragte: »Können wir reinkommen?« Na ja, und dann haben wir uns sehr angeregt unterhalten. Robert Frost brachte er am selben Tag auch noch mit. Und abends aßen wir immer in dem kleinen Lincoln-Wohnzimmer, jeder hatte sein Tablett vor sich … Es war wirklich eine schöne Zeit.

Wie war der Tag der Amtseinführung? Erinnern Sie sich noch an die Tage davor? Hat sich der Präsident wegen der Rede Sorgen gemacht?

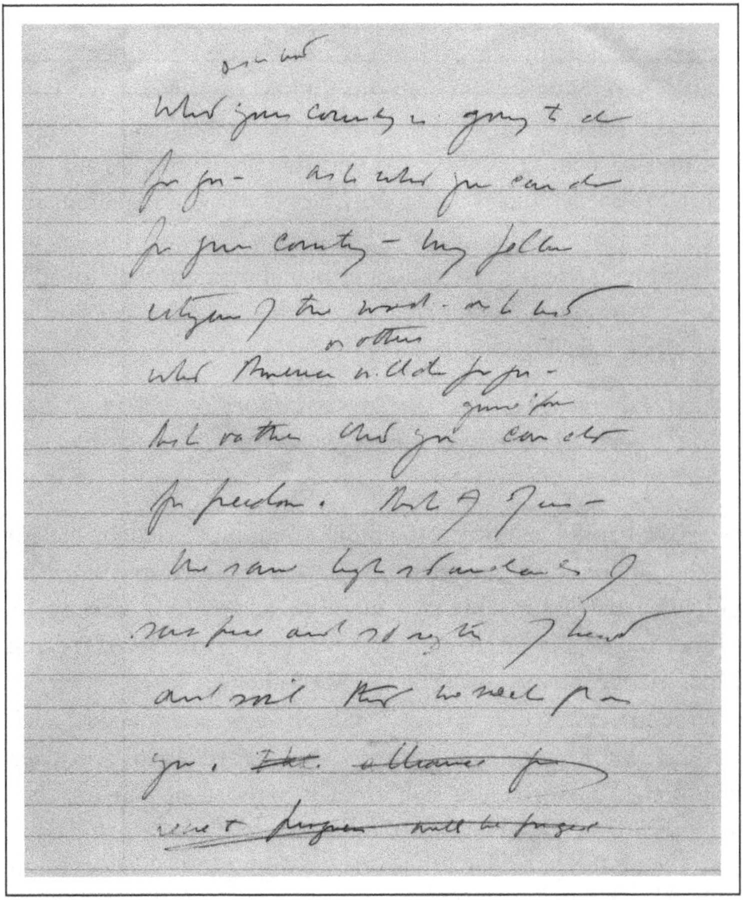

HANDSCHRIFTLICHER ENTWURF DER ANTRITTSREDE

Ich erinnere mich, dass er die Rede in Florida schrieb, im Haus seiner Eltern. Überall lagen diese gelben Blätter herum, und er kam immer zu mir und las mir einen Teil vor und strich einen anderen wieder. Ich habe die Rede nie am Stück gehört, jedenfalls nicht bis zum Tag der Amtseinführung, aber ich kannte jeden einzelnen Absatz. In Florida hatten wir nur das kleine Schlafzimmer. Das ganze Haus war voller Leute, und ich lag die meiste Zeit im Bett. Und dann kam Jack mit seiner Zigarre und einem Stapel Blätter herein, paffte vor sich hin und setzte sich auf die Bettkante, und dann las er mir vor, was er geschrieben hatte, blätterte vor und zurück, kritzelte etwas und stapelte dann alles auf dem Schreibtisch, der auch schon ganz übersät war von Papieren, und auch der ganze Boden lag voll. Dann ging er wieder hinaus, um sich mit jemandem zu treffen, oder manchmal, um Golf zu spielen. Er war so glücklich damals – er sah so gut aus. Das waren sehr glückliche Tage für ihn.

In der Übergangszeit bis zur Amtseinführung, hat er sich da schon wegen irgendetwas Sorgen gemacht, soweit Sie das einschätzen können?

Nein, er hat einfach Stück für Stück die Dinge erledigt, die auf seinem Schreibtisch landeten. Dann war er sowieso immer am glücklichsten. Er machte sich nie Sorgen, weil er immer sagte: »Einer muss es ja machen.« Oder wie sagte er noch? »Das sind Menschenprobleme, also können Menschen sie lösen.« Das hat er irgendwann später gesagt.[44] Gleichzeitig war er sich auch darüber im Klaren, dass andere diese Arbeit ebenso machen könnten. Aber er freute sich einfach, dass er sie nun machen konnte. Später am Abend stand ich dann auf, wir aßen, und dann las er noch etwas in der Bibliothek vor oder unterhielt sich mit dem Rest der Familie oder wer gerade da war, und stellte ihnen Fragen.

Wer war damals dabei?

Nun, Mr und Mrs Kennedy, und Bobby kam immer mal wieder vorbei. Irgendeiner war immer da – zum Beispiel Sam Ray-

---

44 In seiner sogenannten »Friedensrede« an der American University im Juni 1963 sagte Kennedy: »Dies sind von Menschen gemachte Probleme, und deshalb können Menschen sie auch lösen.«

burn[45] und Lyndon und Lady Bird, die kamen auch einmal. Ich sage Ihnen, man ging ins Bad, hatte vielleicht etwas zum Überziehen vergessen, und dann konnte man nicht mehr ins Schlafzimmer, weil dort gerade Pierre Salinger[46] eine Pressekonferenz gab. Es war zum Verrücktwerden. Am Ende nahm Jack seine ganzen Notizen, stopfte sie in seine Aktentasche und flog damit zurück nach Washington. Ich weiß also nicht, wann er die Rede endgültig fertig geschrieben hat.

In jener Woche kam er früh zurück, soweit ich mich erinnere, und Sie kamen wahrscheinlich am Mittwoch.

Ja, ich kam am Tag der Gala nach Washington – an welchem Tag auch immer das war.

Das war am Donnerstag.

Richtig.

Wie hat Ihnen die Gala gefallen?[47]

Oh, sie war in Ordnung. Es war ein sehr festlicher Abend – es lag Schnee, das war sehr schön. Die Gala selbst … ich weiß nicht, ich musste vorzeitig aufbrechen, etwa nach der Hälfte. An eines erinnere ich mich … Also, manches mochte ich ja, aber eine Sache fand ich ganz schrecklich. Da war so ein Komiker – Alan King? Er erzählte dumme Witze über die Ehe – also, sie ist das zänkische Weib und so weiter, und ich dachte, wie traurig ist das, wenn

---

45 SAMUEL RAYBURN (1882–1961) war bis 1961 Sprecher des Repräsentantenhauses und Mentor des jungen Kongressabgeordneten Lyndon B. Johnson.

46 PIERRE SALINGER (1925–2004), aus San Francisco stammend, war Lebemann, ehemaliger Journalist und Mitarbeiter von Robert Kennedy. Während des Wahlkampfes 1960 und in den Jahren im Weißen Haus war er Pressesprecher.

47 FRANK SINATRA (1915–1998), Sänger und Freund von JFK, hatte eine Vorab-Amtseinführungsgala organisiert, bei der Hollywood-Stars wie Nat King Cole oder der Komiker Alan King auftraten.

Komiker immer wieder damit ankommen. Aber ansonsten waren alle begeistert.

Wo haben Sie am Mittwoch übernachtet?

In unserem Haus, in der N Street.

Waren Sie und der Präsident nervös?

Schrecklich nervös!

Konnten Sie überhaupt schlafen in dieser Nacht?

Also, es war wie in der Kindheit am Heiligabend oder so. Ich war noch wach, als Jack nach Hause kam. Ich glaube, sein Vater hatte noch spätabends zum Essen eingeladen, in irgendein Restaurant. Aber wissen Sie, an Schlaf war nicht zu denken, ich war jedenfalls noch wach, als er nach Hause kam. Das war wirklich eine Nacht, die man gemeinsam verbringen musste, und in dieser Nacht blieben wir, nicht wahr, im gleichen Bett. Dann am nächsten Morgen aufstehen und anziehen – draußen herrschte Schneesturm – und die Aufregung, als wir das Haus verließen! Damals war mir gar nicht bewusst, dass es das letzte Mal war – also, ich bin gar nicht auf die Idee gekommen, Lebewohl zu sagen. Und dann zum Weißen Haus, wo wir erst einmal im Roten Zimmer Kaffee tranken. Ich erinnere mich noch, wie ich auf dem Sofa neben Mrs Nixon saß, die an dem Tag sehr hübsch aussah. Wenn Sie wollte, konnte sie wirklich New Yorker Schick an den Tag legen, schwarzer Persianermantel mit Hut und so. Und Mrs Eisenhower ... Also, es war sehr nett, alle waren da, tranken Kaffee und so weiter. Dann mussten wir gehen, und ich fuhr mit Styles Bridges[48] und Mamie Eisenhower zum Kapitol. Als ich im Auto saß, kamen Eisenhower und Jack hinterher, und sie meinte: »Sehen Sie sich Ike an

48 STYLES BRIDGES (1898–1961) war republikanischer Senator aus New Hampshire und an der Organisation der Amtseinführung beteiligt.

mit seinem Zylinder. Er sieht aus wie Paddy aus Irland!«[49] Unterwegs zum Kapitol erzählte sie mir, dass sie heute Abend zum ersten Mal ihre Telefonnummern selbst wählen müsse – denn bislang hatte sie dafür ihre Telefondame gehabt. Und ich dachte nur, fast dreißig Jahre lang hat man euch alles hinterhergetragen … Aber sei's drum. Ich habe dann natürlich nur einfach nett mit ihr geplaudert. Dann die Amtseinführung, Kardinal Cushing – und das brennende Pult[50] – und natürlich der arme Robert Frost.

Es gibt ein Foto, auf dem ist deutlich Ihr besorgtes Gesicht zu erkennen, weil Sie mit Robert Frost mitleiden. Was war passiert?

Nun, man sah es ihm an. Der Schnee reflektierte so hell, dass er einfach nicht erkennen konnte, was auf seinem Papier stand. Und dann stand Lyndon auf und hielt seinen Hut über das Blatt, aber der arme Mann konnte immer noch nichts lesen. Er sah aus, als ob er gleich weinen würde, er klang so traurig, aber dann konnte er Gott sei Dank das Gedicht »The Gift Outright« auswendig.[51] Na ja, und dann hielt Jack seine Rede und so weiter. Und dann hatte ich keine Gelegenheit … weil ich zwei Plätze weiter saß, jedenfalls sagten dann alle: »Warum hat er dich hinterher nicht geküsst?« – was er dort natürlich nie getan hätte. Dann kam hinzu, dass wir in einer bestimmten Ordnung hinausgehen mussten, da war ich plötzlich acht Plätze hinter ihm – mit den Frauen, was weiß ich. Ich wollte ihn wirklich unbedingt noch vor dem Essen sehen, um wenigstens ein Mal mit ihm allein zu sein. Aber ich musste mit den ganzen Damen in ein Zimmer, wo es Sherry und Kaffee gab, und er war bei den Männern. Im Kapitol habe ich ihn dann eingeholt, ach, und ich war so stolz auf ihn. Es gibt dieses

49 Eine nicht gerade taktvolle Bemerkung, da Mrs Eisenhower schließlich neben der Frau des nun berühmtesten Irisch-Amerikaners des Landes saß.

50 Während der sehr langen religiösen Amtshandlung stieg plötzlich Rauch vom Pult auf – ein Stromkabel war durchgeschmort.

51 Der Dichter war zu diesem Zeitpunkt sechsundachtzig Jahre alt.

PRÄSIDENT KENNEDY HÄLT SEINE AMTSEINFÜHRUNGSREDE

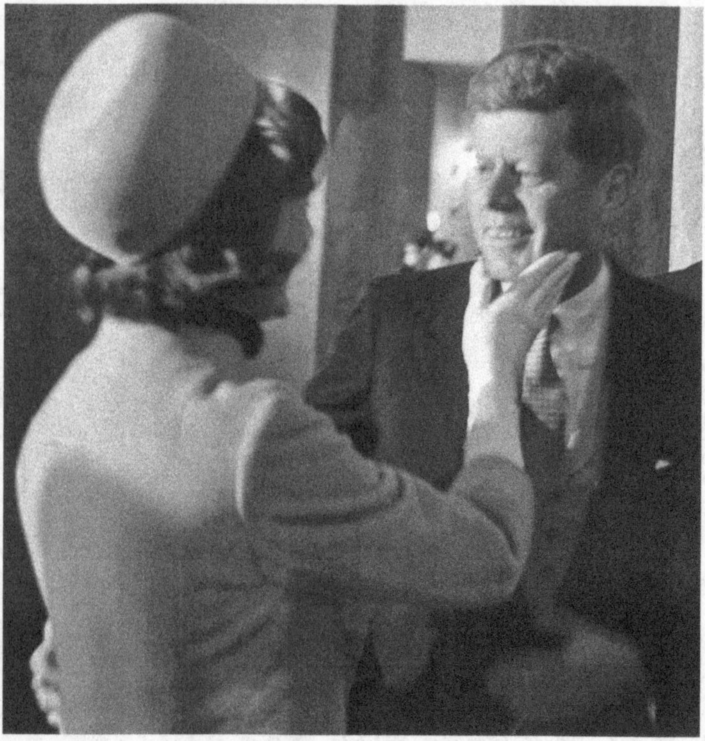

MRS KENNEDY BEGRÜSST IHREN MANN ZUM ERSTEN MAL ALS PRÄSIDENTEN

Foto, wo ich ihn so ans Kinn fasse und er mich nur ansieht, also, da hatte er wirklich Tränen in den Augen. Und in diesem Moment ging ein Blitzlicht los, und ich war davon ausgegangen, dass uns niemand sieht. In der Zeitung stand dann: »Ehefrau streichelt sein Kinn«. Aber das war viel inniger als jeder Kuss, denn ihm stiegen wirklich Tränen in die Augen *[flüstert]*; ich wollte ihm einfach sagen: »O Jack, was für ein Tag!« – oder etwas in der Art. Nun ja, und dann das Mittagessen im Alten Sitzungssaal im Kapitol. Ich erinnere mich, wie alle ihre Menükarten herumreichten, um sie signieren zu lassen, das war sehr lustig. Truman war da – ich saß neben Warren.[52] Dann stiegen wir ins Auto, weil die Parade stattfand, und wir wussten beide gar nicht so genau, wie man winkt. Dann ging es weiter ins Weiße Haus. Wahrscheinlich gingen wir gerade mal für eine Minute hinein und gleich wieder hinaus auf die Tribüne. Aber Jack war so glücklich. Draußen gab es heiße Suppe oder so, und er wollte keine Minute von der Parade verpassen, so stolz war er. Dauernd sagte man uns, dass es noch lange gehen könne, und nach ein, zwei Stunden bin ich dann auch gegangen, ich war so erschöpft an diesem Tag. Jack blieb noch, bis es dunkel wurde – ich glaube, er war der Letzte dort, und dann ging er rein, nicht wahr, und unten gab es einen großen Empfang. Ich war mal wieder im Bett. Später musste Jack dann zu Jane Wheeler,[53] wo das Essen für das Kabinett stattfand, und ich blieb zu Hause und aß im Bett zu Abend. Er sollte später zurückkommen, um mich zu unserem ersten Ball abzuholen. So um neun Uhr herum wollte ich aufstehen, um mich anzuziehen, aber ich schaffte es einfach nicht. Ich konnte mich einfach nicht bewegen. Ich habe völlig verzweifelt Dr. Travell angerufen, und sie kam auch sofort. Sie hatte zwei Tabletten dabei: eine grüne und eine orangene, und sie sagte, ich solle die orangene nehmen. Das machte ich, und ich fragte: »Was war das?« Und sie sagte, das sei Dexedrin[54] – etwas, das ich noch nie genommen hatte und gewiss auch nie wieder nehmen werde. Aber es tat seine Wirkung. Wenigstens konnte ich mich jetzt anziehen. Dann kam Jack. Er kam nach oben und führte mich nach unten ins Rote Zimmer.

---

52 EARL WARREN (1891–1974) war Gouverneur von Kalifornien, bevor ihn Eisenhower 1953 zum Obersten Richter ernannte.

53 JANE WHEELER (1921–2008) war eine bekannte Dame des gesellschaftlichen Lebens in Washington und eine frühe Kennedy-Anhängerin.

54 Ein Amphetaminpräparat; als Rauschmittel auch unter dem Namen »Speed« bekannt.

Dort waren nur wenig Leute – ich erinnere mich an die Foleys.[55] Wir stießen alle mit Champagner an, und er sagte mir, wie bezaubernd ich aussähe, und dann fuhren wir zum Ball. Es war so lustig, weil der Protokollchef, der alte Protokollchef vom Weißen Haus, sich so bemühte und den ganzen Abend bei Jack sein wollte, und auch seine drei Gehilfen rannten ständig herum. Und dann die Ankunft beim Ball. Das war aufregend. Es gibt da diese wunderbare Fotografie, wo Jack auf irgendetwas zeigt. Dann gingen wir zu einem Ball im Mayflower, wo wir neben Lyndon saßen. Und von dort noch zu einem anderen Ball im Wardman Park. Aber auf dem Weg dorthin ging es mir wie Aschenputtel, wenn die Uhr Mitternacht schlägt. Ich vermute, dass die Wirkung der Tablette nachgelassen hatte, denn ich kam nicht mehr aus dem Auto heraus. Und Jack sagte: »Du gehst jetzt nach Hause«, und schickte mich mit dem Protokollchef zurück. Ich nehme an, er ging dann noch zu den anderen Bällen und zum Schluss zu Joe Alsop.

Ich war die ganze Zeit bei Joe.

Also, ich war so glücklich. Später dachte ich manchmal, dass ich gern die ganze Nacht mit ihm verbracht hätte. Aber für ihn war es wirklich schön, und irgendwann zwischen drei und vier muss er nach Hause gekommen sein, und dann ist er noch hereingekommen und hat mich geweckt. Ich schlief im Queen's Room. Er im Lincoln Room. Das war seine erste Nacht in Lincolns Bett, und er war einfach glücklich. Als er am nächsten Morgen sehr früh aufwachte, war ich auch schon wach und ging zu ihm. Das Zimmer ist das sonnigste von allen. Und dann haben wir beide auf diesem Bett gesessen. Ich kam mir vor, als wäre ich wieder ein kleines Kind. Stellen Sie sich vor, Sie sitzen auf Lincolns Bett!

---

55 EDWARD FOLEY (1906–1982) war Rechtsanwalt in Washington, Unterstaatssekretär im Finanzministerium unter Truman und Vorsitzender von JFKs Inaugurationskomitee.

PRÄSIDENT UND MRS KENNEDY
AUF DEM ERSTEN BALL ZUR
EIER DER AMTSEINFÜHRUNG
NATIONAL GUARD ARMORY,
WASHINGTON, D. C.

Und dann ging er los ins Büro, mit diesem typischen federnden Gang. Wie er plötzlich mit Truman und Robert Frost ankam, habe ich Ihnen ja schon erzählt. Für ihn waren das wirklich glückliche Tage. Und er konnte es gar nicht erwarten, dass die Kinder endlich kämen. Und der Teil des Hauses roch noch immer so nach Farbe. Aber er sagte immer: »Du musst sie jetzt endlich holen.« Er hat sie vermisst. Zwei Wochen später, glaube ich, kamen sie dann zu uns.

Was haben Sie am Anfang zu Ihrer Erholung oder Unterhaltung getan im Weißen Haus?

Nun, es war eigentlich so wie immer. Jack ähnelte in dem Punkt seinem Vater, er ging ungern aus – in Georgetown, auf Cape Cod oder wenn wir im Haus meiner Mutter in Newport waren und selbst im Weißen Haus. Er hasste es, auszugehen.

War das schon immer so?

Ja. Sein Vater blieb am liebsten zu Hause, er sagte immer, zu Hause schmeckt es am besten. Und so wurde Jack erzogen, nicht wahr. Zu Joe Alsop ging er gern, weil das Essen dort gut war. Es war also im Grunde wie früher. Man empfing die Bartletts oder David Gore, der nach der Amtseinführung noch in Washington war. Botschafter war er da noch nicht. Max Freedman kam einmal, ansonsten aßen wir unser Abendessen vom Tablett oder wenn jemand von seiner Familie unten war oder …

In diesem ersten Winter gingen Sie aber öfter aus als später.

Im ersten Winter gingen wir, ich glaube, nur zweimal aus – dreimal. Einmal zu Lorraine Cooper, weil Jack … es war das erste Mal, dass wir ausgingen, und Jack mochte Cooper einfach. Nur vor dem Essen dort graute ihm, weil Lorraine immer so maßlos viel auftischte. Das war für Jack sehr anstrengend. Ja, und dann waren wir noch bei Joe – und einmal bei Rowlie. Bei Rowlie waren auch Jock Whitney und all die anderen. Sie hatten wohl mitbekommen, dass wir dort waren, weil der Schneepflug Rowlies Straße freigeräumt hatte, bevor irgendeine andere Straße freigeräumt war. Das hatte einen ziemlichen Wirbel verursacht.[56] Also, wir gingen weiß Gott nicht an jedem Abend aus – drei Mal in diesem Winter. Warum wir bei Joe waren, weiß ich gar nicht mehr. Wir sind dann jedenfalls gar nicht mehr ausgegangen – na ja, vielleicht sind wir noch einmal bei Joe gewesen, im Frühling. Aber von da an sind wir kaum noch ausgegangen, wissen Sie. Es war auch immer so ein Aufwand. Da war es viel schöner, wenn Leute zu uns kamen. Jack arbeitete ohnehin bis spät, und die Schlafenszeiten der Kinder mussten wir auch berücksichtigen. Denn die Kinder sollten da sein, wenn er aus dem Büro kam. Er spielte dann mit ihnen noch vor dem Abendessen. Aber wenn man ausging, dann musste man ein Bad nehmen, sich umkleiden, und bis man endlich loskam – also, das war schon lästig.

Haben Sie sich oft Kinofilme angesehen?

Nicht sehr oft. Ach Gott, wir sind … ich weiß gar nicht – vielleicht drei, vier Mal im Jahr?

Oh, das muss öfter gewesen sein.

Also, im ersten Winter haben wir vielleicht zwei gesehen. Aber wirklich, viel mehr waren es nicht, denn ich kann mich an insgesamt vier, fünf erinnern, die wir über das ganze Jahr gesehen haben. Ich glaube, er hat im Sommer noch ein paar gesehen.

Ich habe den Eindruck, als hätte ich schon mehr Filme mit Ihnen zusammen gesehen.

---

56 ROWLAND EVANS (1921–2001) war Washington-Reporter für die *New York Herald Tribune*, und JOHN HAY »JOCK« WHITNEY (1904–1982) war ihr Eigentümer und Herausgeber. Der Schneesturm, der pünktlich zur Amtseinführung eingesetzt hatte, hatte den Verkehr der Stadt weitgehend lahmgelegt. Die Pennsylvania Avenue musste mit Flammenwerfern von Schnee und Eis befreit werden.

Meinen Sie?

Er guckte sich allerdings keinen länger als eine halbe Stunde an.

Ich kann mich an einen französischen Film erinnern – oh, das war *Letztes Jahr in Marienbad*. Den hat er gehasst. Ja, und manchmal gab es auch diese Filme für politische Bildung, die ich mit ihm sehen sollte, was weiß ich, weil er darin vorkam oder so.[57] Aber das waren nicht viele.

Wann fing sein Tag an? Wann stand er auf?

Er wurde um Viertel vor acht geweckt. George[58] klopfte an unsere Schlafzimmertür, und dann stand er auf, ging in sein Zimmer und frühstückte dort. Zur gleichen Zeit läutete ich entweder auch nach dem Frühstück, oder ich schlief noch ein bisschen. Und dann stürmten die Kinder herein, und sie machten so einen Radau, weil sie sofort den Fernseher anstellten und auf volle Lautstärke drehten. Sie sahen Zeichentrickfilme oder diesen Frühsportmenschen, und Jack saß da, frühstückte, mit dem Tablett vor sich, während er zig Morgenzeitungen las, dazu die ganzen Berichte, die er mit Bundy durchgehen musste – und die ganze Zeit der Krach. Dann nahm er ein Bad. Ich fand es immer so lustig für die Leute – die Gäste –, die sein Bad benutzten, weil da das ganze Spielzeug für die Badewanne in Reih und Glied stand, Quietscheenten, rosa Schweinchen und so weiter. Weil er gesagt hatte: »Ich brauche Spielzeug, damit ich John beschäftigen kann, wenn ich im Bad bin.« Also, er mochte es sehr gern, wenn die Kinder um ihn herumtobten. Und dann kam er noch einmal rein, bevor er ins Büro ging, also, in mein Zimmer, wo ich noch

57 Filme der United States Information Agency, USIA, die gedreht wurden, um im Ausland für die US-amerikanische Politik zu werben (A.d.Ü.).

58 GEORGE THOMAS (1908–1980) war ein Afroamerikaner aus Berryville, Virginia. Er war JFKs langjähriger Kammerdiener und lebte im dritten Stock des Weißen Hauses.

halb schlief, sonst hätte ich auch mit ihm frühstücken können. Caroline nahm er dann immer mit ins Büro.

Das war so gegen halb zehn.

Ja. Eher früher. Ich würde sagen, dass er fürs Frühstücken, Zeitunglesen und Baden gut eine Stunde gebraucht hat. Später durfte dann John jeden Tag mit ihm ins Büro gehen.

War George immer schon im Weißen Haus, oder hat er schon früher für den Präsidenten gearbeitet?

George hat für Jack gearbeitet, seit er im Kongress war.

Hat er sich um die Stelle beworben?

George war vorher bei Arthur Krock[59] angestellt, und Arthur hatte uns von ihm erzählt. Er hat zwischendurch eine Weile für Ethels Mutter gearbeitet, kam dann aber wieder zu uns. Nach Hickory Hill ist er nicht mitgekommen. 1957 kam er dann wieder und war dann bis zum Schluss bei uns.

Wo ist er jetzt?

Irgendwo … ich weiß nicht – in Washington. Aber er kommt oft zu Besuch. Wir werden immer für ihn da sein. Der arme George, er ist sehr klapprig geworden. Ich habe ihn gefragt, ob er gern hier arbeiten möchte, aber er ist zu alt, es geht nicht mehr. Er konnte ja schon im Weißen Haus nicht mehr viel machen – was Jack ziemlich amüsierte, er öffnete zum Beispiel nur die Tür, und jemand anders trug dann das Frühstückstablett herein. Das Einzige, was er noch gemacht hat, war, die Vorhänge aufzuziehen und das Bad einlaufen zu lassen. Danach ging er nach oben und

---

59 ARTHUR KROCK (1886–1974) war ein konservativer Kolumnist der *New York Times* und ein alter Freund der Familie Kennedy. Er half JFK dabei, seine Abschlussarbeit von der Harvard University für die Buchpublikation zu bearbeiten; der Titel *Why England Slept* stammte von ihm.

PRÄSIDENT KENNEDY SPIELT AUF DEM WEG ZUM OVAL OFFICE MIT CAROLINE UND JOHN

hat aufgepasst, dass seine Gehilfen die Schuhe richtig putzten und so weiter.

Dann kam der Präsident zum Mittagessen zurück.

Ja.

Im Büro hat er nie gegessen?

Nein, nur wenn ein Arbeitsessen anstand, aber dann aß er unten – im offiziellen Familienesszimmer – wir hatten unser Esszimmer nach oben verlegt, und seine Arbeitsessen nahm er dann unten ein. Das Stockwerk oben war nur für die Familie. Das war anders als heute, wo jeder bei der Führung die Badezimmer[60] zu sehen bekommt. Vielleicht, weil Jack kleine Kinder hatte.

Arbeitsessen mochte er gar nicht gern, oder? Ich hatte immer den Eindruck, dass er die Leute viel lieber in seinem Büro traf.

Ja, die haben ihm ziemlich zu schaffen gemacht. Er war nach einem anstrengenden Bürovormittag ohnehin schon müde, oder man steht unter Strom, und dann soll man ausführlich Mittag essen, mit Wein und allem Drum und Dran. Jedenfalls kam er dann hoch und hat versucht, noch seinen Mittagschlaf zu halten. Früher hat er das nie gemacht, aber im Weißen Haus immer. Ich glaube, das hatte er bewusst entschieden, weil es gut für seine Gesundheit war. Früher war dafür nie Zeit. Aber er hat gesagt, schon Winston Churchill hat es so gehalten, und er betonte immer, wie viel Kraft ihm das gab. Also, sein Mittagsschlaf … Habe ich Ihnen noch nicht davon erzählt?

Nein.

Sein Mittagsschlaf dauerte immer fünfundvierzig Minuten. Dafür zog er sich ganz aus, zog den Pyjama an, ging dann ins Bett,

60 Seitdem Lyndon B. Johnson Präsident war, hatten die Führungen stark zugenommen.

schlief ein und stand nach exakt fünfundvierzig Minuten wieder auf.

Er konnte einfach so einschlafen?

Ja. Und ich dachte immer, warum sich für ein kleines Nickerchen ganz ausziehen? Ich würde ja schon fünfundvierzig Minuten brauchen, bis ich die richtige Bettschwere hätte. Manchmal aß er auch in seinem Schlafzimmer zu Mittag, gleich im Bett. Dann aß ich mit ihm, zog anschließend die Gardinen zu, öffnete das Fenster und weckte ihn später wieder. Dann saß ich noch ein bisschen bei ihm, während er sich anzog. Das war dann meine Stunde mit ihm anstelle der Kinder. Es war ein bisschen wie ein Uhrwerk, das aufgezogen wird – fünfundvierzig Minuten, und dann ging er zurück ins Büro. Gearbeitet hat er dann meistens bis kurz nach acht.

Ging er da schon täglich schwimmen, oder war das erst später?

Als er ins Weiße Haus kam, ging es ihm körperlich zuerst hervorragend, seiner Muskulatur und so weiter, er spielte Golf, an die achtzehn Löcher – Sachen, die er langte nicht mehr gemacht hatte. Doch dann saß er nur noch am Schreibtisch, bekam keine Bewegung mehr, sechs Wochen lang. Er ging nicht einmal vor dem Haus spazieren, ging nicht schwimmen – und plötzlich bekam er Rückenschmerzen. Sein Muskeltonus war einfach weg. Das war wirklich schlimm, weil er solche Schmerzen hatte. Dr. Travell kam und pumpte ihn mit Novocain voll, und schließlich bekamen wir … *[Zu John]* Oh, raus!

JOHN: Wieso? *[John geht hinaus.]*

War der Umstand, dass er keinen Sport machte …

Nun ja, er hat ohnehin nie viel Sport gemacht, aber er sagte immer, der Wahlkampf habe ihn fit gehalten, immer rein in den Wagen, raus aus dem Wagen, hierhin rennen, dorthin rennen. Und vor der Amtseinführung hatte er dann in Florida zum ersten Mal Zeit, Golf zu spielen. Das hat er – ich weiß nicht – zwei- oder dreimal die Woche gemacht, er ist schwimmen gegangen, hat Spaziergänge am Strand gemacht. Aber jetzt saß er nur noch am Schreibtisch. Dann ging er wieder zu Dr. Travell, aber Novocain schlug nicht mehr an. Das ging bis Oktober. Ich war so wütend auf sie, denn andere Ärzte wollten damals Hans Kraus hinzuziehen. Er sollte mit Jack Übungen machen, um die Muskulatur zu stärken.[61] Aber diese Ärzte sind ja alle schrecklich eifersüchtig aufeinander, jedenfalls wollte Dr. Travell nicht, dass Kraus hinzugezogen wurde. Ich hatte schon so oft dabeigesessen, wenn mal wieder an Jack herumgedoktert wurde – ich war es einfach leid, und deshalb habe ich mich eingeschaltet und forderte den Chirurgen und seinen Kollegen, die zu Jack kamen, direkt auf, Kraus hinzuzuziehen. Und Kraus fing gleich mit seinen Übungen an, die Jack dann jeden Abend mit dem Marinechef gemacht hat, nicht wahr, die Zehen berühren oder auf dem Bauch liegen und versuchen, ein Bein anzuheben, und so weiter. Und dann konnte man förmlich sehen … Also, in dem Winter davor hatte er noch richtig Schmerzen – ach, und dann wurde es ja sogar noch schlimmer, erinnern Sie sich, im Mai in Kanada? Aber dann ab Oktober, als er mit den Übungen anfing, wurde es schon nach kurzer Zeit …

Er war also geschwächt, als er nach Kanada reiste? Dann war also nicht die Baumpflanzaktion in Kanada schuld, sondern der mangelnde Sport.

Genau.

---

61 HANS KRAUS (1905–1995) war ein aus Österreich stammender Pionier des modernen Bergsteigens und ein Fachmann für Orthopädie, der bei Rückenschmerzen auf Gymnastik setzte. Als JFKs Rückenschmerzen 1961 schlimmer wurden, konsultierte er Kraus. Kraus war entsetzt darüber, dass Travell den Präsidenten nur mit Novocain behandelt hatte, und stellte dem Präsidenten in Aussicht, dass er bald einen Rollstuhl bräuchte, sollte er nicht mit einem strengen Übungsprogramm zum Muskelaufbau anfangen. 1963 berichtete JFK Freunden, dass er sich noch nie so gut gefühlt habe, wie seit er die Kraus'schen Übungen mache, und sogar erwäge, wieder mit dem Golfspielen anzufangen.

Wie lange machte er die Übungen pro Tag?

Die Übungen, die er mit dem Marinechef gemacht hat, haben jeweils so fünfzehn Minuten gedauert, mehr nicht. Sie wissen schon, im Liegen den Oberkörper aufrichten oder die Beine gegen Widerstand anheben. Ich meine, Jack konnte nie seine Zehen berühren. Im Stehen bekam er die Hände nie tiefer als bis zu den Knien. Seine Schuhe konnte er früher so nicht anziehen – also, nicht im Stehen.

Ach, tatsächlich?

Im Sitzen, wenn er das Bein anwinkelte, ging es natürlich. Wie gesagt, er war kein Krüppel – das klingt komisch – also, nicht wahr, er konnte alles machen. Aber wenn etwas auf den Boden gefallen war und er wollte es aufheben, dann sah man, wie steif er in den Knochen war. Aber es war verrückt – nach ein paar Monaten konnte er plötzlich seine Zehen berühren, er konnte all die Sachen machen, die er früher nie gekonnt hat – Kniebeugen zum Beispiel. Als Kraus zu ihm kam, hat das Jack wirklich Mut gemacht, denn er war in der Zeit, als es ihm so schlechtging, sehr niedergeschlagen. Er hat wirklich alles versucht, ließ Ärzte kommen, und Dr. Travell machte ihre x-te Behandlung, und früher hatte das ja auch geholfen. Doch nun schien nichts mehr helfen zu wollen. Als Kraus kam, schöpfte er wieder Hoffnung.

Ihre Partys im Weißen Haus – waren die …?

Ich kann Ihnen sagen, warum ich diese Partys gegeben habe. Mir war einfach sofort klar, dass ich dem Weißen Haus jederzeit entkommen konnte, ich konnte nach New York fliegen, konnte ins Theater gehen oder in ein Restaurant. Jack ging vielleicht nicht gerne aus, als er noch zu Hause war, aber er war doch gern für ein paar Tage in New York, sah sich ein Theaterstück an, ging ins Pavillon, um andere Leute zu treffen. Wir waren schließlich noch jung, und man konnte Jack jetzt nicht von alldem abschneiden und ihn nur seiner Arbeit überlassen. Das erste Mal, dass ich an eine Party dachte, war, als Lee zu Besuch kam. Ich fand, das wäre eine gute Gelegenheit. Und außerdem dachte ich an die ganzen interessanten Leute aus New York oder von sonst wo, die er einfach nicht zu sehen bekam. Deswegen habe ich auch eher selten Leute aus Washington eingeladen. Und wie sich herausstellt, fand er die Partys hervorragend. Alles in allem hatten wir wohl so an die fünf Partys, glaube ich. Aber nach drei, vier Monaten oder wenn ein ganz besonders schlimmer Monat hinter uns lag und mir die Anspannung im Haus irgendwann zu viel wurde oder wenn er einfach eine schlechte Phase hatte, dann sagte er: »Lass uns mal wieder eine Party geben.« Sie gefielen ihm, weil er – weil es einfach eine Möglichkeit war, aufzutanken. Wenn er sah, dass ich angespannt war, riet er mir oft, Lee zu besuchen oder nach New York zu fliegen. Nicht wahr, als wir hierherkamen, war ich sehr schwach, der Wahlkampf lag hinter mir, ich hatte das Baby – und dann der große Haushalt, es musste alles neu organisiert werden; ein neuer Koch musste gefunden werden, ich musste mich um das Essen kümmern, die Blumen, die Reparaturarbeiten, die Restaurierung und so weiter und so fort. Manchmal war mir am Abend einfach nur noch zum Heulen zumute, aber man wollte ja guter Dinge sein für Jack, wenn er aus dem Büro kam, und das war ich meistens auch, doch er konnte es sehen, wenn mir alles ein bisschen zu viel wurde. In diesem ersten Winter konnte ich nachts nicht gut schlafen. Und wenn Jack merkte, dass ich erschöpft war, schickte er mich weg. Und wenn ich dann wieder zurückkam, war auch alles wieder gut. Ich habe das Gefühl, durch diese kurzen Trennungen haben wir unsere Liebe immer wieder aufgefrischt.

Wohin fuhren Sie am Wochenende?

Glen Ora.

Glen Ora.

GLEN ORA IN MIDDLEBURG, VIRGINIA

Es ist komisch, aber er hat nie daran gedacht, nach Camp David zu fliegen. Jack hasste Camp David, seit er mit Eisenhower einmal dort gewesen war. Er sagte: »Es ist der deprimierendste Ort, den man sich vorstellen kann« – was stimmt, zumindest wenn man das Anwesen von außen sieht. Dann lag ihm Taz Shepard, sein Marineberater, in den Ohren und sagte, er solle doch einmal hinfliegen. Und irgendwann meinte sogar Tish: »Die Marine ist wirklich beleidigt, wenn er nicht hinfährt.«[62] So sagte Jack an einem Wochenende schließlich: »Also gut, lasst uns nach Camp David fahren.« Am Ende mochte er es dann sogar ganz gern, weil

62 Das »Naval Support Facility Thurmont«, wie das traditionelle Feriendomizil der US-Präsidenten offiziell heißt, wird vor allem von der U.S. Navy und den U.S. Marine-Corps betrieben.

JACQUELINE KENNEDY BEI EINEM AUSRITT
MIT CAROLINE UND JOHN IN GLEN ORA

es dort sehr bequem eingerichtet ist. Wir flogen also ab und zu hin, aber an den Wochenenden vor allem nach Glen Ora[63] – wo es Jack aber auch nicht gefiel.

Wieso gefiel ihm Glen Ora nicht?

Es gab dort einfach zu wenig für ihn zu tun. In Camp David konnte man abends wenigstens Filme ansehen. Und in Glen Ora ist das Haus ziemlich klein und dunkel. Allerdings sah er

63 Anwesen in Middleburg, Virginia. Die Kennedys mieteten es 1961 und 1962. Im Juli 1962 schrieb Jacqueline in einem Brief: »Der abgelegenste Ort, den ich mir denken kann, als Gegengewicht zu unserem Leben im Weißen Haus.« Wahlkämpfe, Reisen und Schwangerschaften hatten Jacqueline seit ihrer Hochzeit 1953 vom regelmäßigen Reiten abgehalten.

BEIM REITEN UND BEI DER FUCHSJAGD

es gern, wenn ich ritt. Mein Vater[64] hat das oft zu ihm gesagt: »Lass sie reiten, dann ist sie immer zufrieden.« Also, es ging ihm einfach darum, dass man sich an der frischen Luft betätigen soll, was ja stimmt. Man muss sich einfach Mühe geben, mehr hinauszugehen, Tennis zu spielen – auch wenn ich eigentlich gar nicht spielen kann –, oder man läuft zehnmal um den Südrasen. Aber wenn man immer nur drinnen ist, Zigaretten raucht, am Schreibtisch sitzt und so lange telefoniert, bis man ganz heiser ist, dann ist man einfach zu nichts mehr zu gebrauchen. In diesem Frühjahr flogen wir also zum ersten Mal nach Camp David. Und Jack kam immer mit. Also, freitagabends kam er nur selten mit, meistens am Samstag, so gegen Mittag. Und dann schlief er den ganzen Samstagnachmittag und sah von seinem Bett aus fern. Das war Entspannung für ihn. Und immer kamen Freunde zu Besuch, es gab ein Dinner, wir gingen früh zu Bett, am nächsten Tag zur Kirche, Zeitung lesen. An Glen Ora lag ihm dagegen nicht viel. Er sagte immer: »In Glen Ora schlafe ich nur.«

Die Wochenenden waren ihm heilig, nicht? Er fuhr fast jedes Wochenende irgendwohin.

Praktisch jedes Wochenende, außer ... wann war das – '62? Da musste er manchmal arbeiten, wegen irgendeiner Wahl, oder es ging um Wohltätigkeitsveranstaltungen in New York oder wo ... Letzten Herbst verbrachten wir zwei, drei Wochenenden in unserem neuen Haus in Virginia.[65]

Manchmal war er auf Reisen.

---

64 JOHN VERNOU BOUVIER (1891–1957), Jacquelines Vater.

65 1963 bauten die Kennedys auf einem rund sechzehn Hektar großen Grundstück in Atoka, Virginia, eine Villa, die sie nach der Heimat der irischen Vorfahren »Wexford« nannnten.

Ja – Tampa, Dallas.[66] Es war Wahlkampfjahr, das heißt, viele gemeinsame Wochenenden hatten wir nicht.

Kannten Sie Tish schon immer? Ist sie eine alte Freundin?

Ich habe Tish kennengelernt, als ich in Paris war. Dort war sie mit Mrs Bruce an der Botschaft, und als ich in Rom war, war sie dort mit Mrs Luce.[67] Sie war ein unglaubliches Energiebündel. Aber ich kann mich noch erinnern, wie ich dachte: »Ohne Tish schaffe ich das nicht«, und dass ich sie gleich anrief, nachdem Jack nominiert worden war. Nominiert oder gewählt? Es war wohl nach der Wahl. Und, nun ja, Tish ist großartig, und ich mag sie sehr, aber ihr Temperament ist schon sehr eigen – also, wenn ich ehrlich bin, war es arg anstrengend mit ihr. Sie bombardierte einen mit Korrespondenz, die man wirklich nicht beantworten musste. Und auch an den Wochenenden schickte sie mir immer ganze Mappen. Es kam vor, dass ich mit Jack in unserem Wohnzimmer saß, und ein Bote kam vorbei und warf mir eine ihrer Mappen in den Schoß. Ich sage Ihnen, ich wäre fast verrückt geworden. Und Jack sagte, das kommt daher, dass ich meinen Schreibtisch im Wohnzimmer stehen habe, und er verlangte, dass ich ihn in den Treaty Room stelle. Und das war gut so, denn vorher, wenn wir abends allein waren, nahm ich mir oft vom Schreibtisch irgendwelche Unterlagen, sah irgendetwas nach oder prüfte dies oder

---

66 Vor der Reise nach Texas verbrachte JFK ein langes Wochenende in Tampa und Miami, wo er Reden vorbereitete, und in Palm Beach, wo er mit Torbert Macdonald, einem Freund aus Harvard-Zeiten im Haus seines Vaters wohnte und Football im Fernsehen anschaute. Weil er in den meisten Staaten im Süden große Wähleranteile verlor, sah er es für seine Wiederwahl 1964 als entscheidend an, Florida für sich zu gewinnen.

67 EVANGELINE BELL BRUCE (1918–1995) war die zweite Frau von DAVID BRUCE (1898–1977), der nach den Stationen Paris und Bonn unter JFK Botschafter in London war. CLARE BOOTHE LUCE (1903–1987) war die zweite Frau des Medienmoguls und Gründers von *Time* und *Life* HENRY LUCE (1898–1967).

JACQUELINE KENNEDY UND DIE KINDER BEI DER ABSCHIEDSFEIER VON LETITIA BALDRIGE, 1963

das. Und es herrschte im Grunde nie eine ganz entspannte Atmosphäre, die aber herrschen sollte, wenn der Ehemann nach Hause kommt. Deswegen bin ich froh, dass er mich zu dem Schritt gezwungen hat. Als dann erst mal alles im Treaty Room war, konnte Tish dort Mappen stapeln, so viel sie wollte, und schließlich einfach hingehen und alles in einem Abwasch erledigen.[68]

68 Der »Treaty Room« (das »Vertragszimmer«; A. d. Ü.) war der frühere »Monroe Room«, der von den Präsidenten Andrew Johnson und Theodor Roosevelt als Kabinettzimmer genutzt wurde. Mrs Kennedy ließ hier den Schreibtisch von Ulysses Grant aufstellen, dazu weitere Möbel und Einrichtungselemente aus dem späten 19. Jahrhundert; außerdem ließ sie viele Verträge rahmen und aufhängen,

Nancy war eine viel engere Freundin?[69]

Nancy war meine Zimmergenossin in der Schulzeit, und als sie kam, änderte sich mein Leben völlig. Ich hatte auf einmal so viel mehr Zeit, konnte viel mehr genießen und Jack viel mehr Freude schenken. Ich wollte sie schon früher zu mir holen, aber sie konnte nicht.

Nancy ist wirklich reizend, sehr lustig und sehr klug.

O ja.

Und sie kann gleichzeitig sehr zurückhaltend sein.

Und sie ist sehr weiblich. Ich meine, Tish ist wirklich so eine Art Feministin. Sie hat mir einmal gesagt, sie würde gern im Speisesaal des Weißen Hauses essen, um mit den Männern diskutieren zu können. Sie ist eine großartige Person, aber so ganz anders als ich und wirklich anstrengend.

Was ist mit Pam?[70]

Pam war wunderbar. Mir war am Anfang gar nicht klar, wozu ich eine Pressereferentin brauchen sollte. Aber dann bekam ich mit, was Tish mit der Presse veranstaltete. Jack wurde richtig wütend. Sie hielt schon vor der Amtseinführung ihre eigene Pressekonferenz ab, im Sulgrave Club. Sie hatte angekündigt, dorthin zu

---

die in diesem Zimmer unterzeichnet worden waren, wie den Friedensvertrag von William McKinley, der den Spanisch-Amerikanischen Krieg beendete.

69 NANCY TUCKERMAN (*1928) war eine enge Freundin von Jacqueline und Nachfolgerin von Letitia Baldrige als Protokolldame des Weißen Hauses von Juni bis November 1963. Jacqueline kannte sie seit ihrem zehnten Lebensjahr, als sie beide zur Chapin School in New York gingen. Später war sie ihre Zimmergenossin in der Miss Porter's School in Farmington.

70 PAMELA TURNURE (*1937) war Mrs Kennedys Pressereferentin; Jacqueline hielt sie an, an die Reporter ein Minimum an Informationen herauszugeben, aber dies mit einem Maximum an Höflichkeit.

DIE FIRST LADY DANKT DEM MINDERHEITSFÜHRER DES SENATS, EVERETT DIRKSEN, VIZEPRÄSIDENT JOHNSON UND DEM MEHRHEITSFÜHRER MIKE MANSFIELD FÜR DIE BESCHAFFUNG EINES KRONLEUCHTERS AUS DEM KAPITOL FÜR DEN TREATY ROOM, 28. JUNI 1962

kommen, und das Fernsehen und alles war da. Und sie lachte und sagte: »Ja, klar, die Bilder hängen wir alle verkehrt herum auf« – so in der Art. Das sorgte für die ersten negativen Schlagzeilen. Und Jack sagte: »Von meinem Kabinett ist bisher noch keiner vor die Presse getreten. Würdest du mir freundlicherweise sagen, was zum Teufel Tish Baldrige da treibt?« Sie liebte die Presse einfach. Und deswegen war mir klar, wenn wir wirklich Privatsphäre wollten, würde ich dringend jemanden brauchen, der in diesem Punkt absolut die gleichen Vorstellungen hatte wie ich. Pam war eine Freundin meiner Schwester. Es waren drei – Lizzie Condon,[71] die jetzt für mich arbeitet, Pam und Nini[72] – Jack hatte ihnen in einem Sommer Stellen beim Senat verschafft, und Pam war in seinem Büro. Pam blieb dann, die anderen gingen fort und haben geheiratet. Bei ihr war ich mir absolut sicher, dass sie die Richtige ist. Und sie wollte in der Zeit ohnehin irgendwo im Weißen Haus arbeiten, also habe ich sie gefragt, ob sie meine Pressereferentin werden wolle. Aber Sie wollte auf keinen Fall – ich hatte nämlich zu ihr gesagt, wenn sie ihre Aufgabe gut macht, dann wird die Presse sie hassen, und wenn die Presse sie lieben würde, dann wäre sie für mich nicht die Richtige. Das war nicht einfach für sie, sie ist ja ein sehr feinfühliger Mensch. Aber sie war die ideale Besetzung, auch wenn es für sie am Anfang nicht leicht war.

Sie ist ein prächtiges Mädchen. J. B. West haben Sie übernommen?

Ja, J. B. West, den Hausverwalter. Angefangen hat er als Gehilfe in der Hausverwaltung bei Franklin Roosevelt und wurde dann unter Truman befördert. Also, er schmeißt wirklich den ganzen

---

71 ELIZABETH GUEST CONDON (*1937) heiratete später den Filmregisseur George Stevens jr.

72 NINA GORE AUCHINCLOSS STEERS (*1937) war Jacquelines Stiefschwester.

NANCY TUCKERMAN, DER HAUSVERWALTER J. B. WEST
(VERKLEIDET ALS JBKs HAUSMUTTER IM INTERNAT)
UND MRS KENNEDY

Laden. Er war einer derjenigen, die am meisten dafür gesorgt haben, dass man sich im Weißen Haus wohlfühlen kann. Er hat einfach alles geregelt ... Aber mir gehen langsam die Superlative aus – und die Kräfte auch.

Mrs Pearce?[73]

Oh, Mrs Pearce. Nun, als Kuratorin konnte sie keine besseren Referenzen mitbringen – sie war in Winterthur gewesen und eine sehr, sehr kluge junge Frau. Aber dann lief irgendetwas schief. Mr West hat mir das erzählt. Am Anfang war er noch sehr angetan von ihr, und dann hat sie plötzlich einfach aufgehört zu arbeiten, Briefe blieben unbeantwortet liegen ... Also, da spendet jemand 50000 Dollar und bekommt keinerlei Antwort, und Mrs Pearce sitzt bei den anderen und trinkt Tee. Mr West kam dann zu mir und sagte: »Ich muss Ihnen etwas erzählen, Mrs Kennedy. Es gibt hier eine spezielle Krankheit, die man die Weiße Hausitis nennt. Überraschend viele Leute werden von ihr befallen und oft diejenigen, von denen man es am wenigsten erwartet.« Und Lorraine Pearce hatte sie voll erwischt. Eines Tages fand ich sie mit Mr Ginsbury und Levy – der ein sehr gutes Möbelgeschäft in New York hat – in Jacks Schlafzimmer in unserer Etage, sie kroch auf dem Boden und guckte unter Tisch und Bett. Ich sagte: »Lorraine, wie kommen Sie dazu, diese Männer hier hereinzuführen?« Und sie regte sich auf – sie müsse schließlich die Intarsien begutachten und so weiter, und sie wollte persönlich an den Präsidenten schreiben und sich beschweren. Sie war furchtbar dreist, und es wurde immer schlimmer. Als Kuratorin war sie irgendwann nicht mehr tragbar. Sie sollte dann stattdessen den Kunstführer machen, und

---

73 LORRAINE WAXMAN PEARCE (*1934) war die erste Kuratorin im Weißen Haus. Sie war Absolventin des Graduiertenprogramms des Museums Winterthur (in Delaware) und spezialisiert auf den französischen Einfluss auf das nordamerikanische Kunsthandwerk.

die ganze Zeit hieß es: Dafür braucht man zehn Jahre – und ich sagte, tut mir leid, zehn Jahre haben wir nicht. Als Nächstes wurde Bill Elder Kurator.[74] Der Mann war ein schüchternes kleines Mäuschen, und das war sehr gut so. Er guckte zwar auch am liebsten unter Möbel und so und kam nie dazu, Briefe zu beantworten oder das Telefon abzunehmen, aber er war schon besser. Am Ende hat sich Lorraine dann am Riemen gerissen, und wir haben zusammen den Führer gemacht. Sie hat haufenweise Fotografien besorgt und auch Texte geschrieben, und ich habe am Ende ausgesucht, was ich drinhaben wollte. Aber es war eine schwere Geburt, und Jack sagte immer: »Was hat dieses Mädchen nur? Das ist doch die Chance ihres Lebens – es gibt keine bessere Stelle in Amerika für jemand auf ihrem Gebiet.« Aber sie litt eben an der Weiße Hausitis. Tish litt auch darunter. Pam nie. Von Jacks Mitarbeitern wohl keiner, wenn ich das richtig sehe – aber da wissen Sie mehr als ich. Wenn Tish ans Telefon ging, sagte sie immer: »Hier spricht das Weiße Haus.« Und sie liebte es, Aufträge zu erteilen – »Schicken Sie bitte alles Porzellan aus dem Weißen Haus nach Costa Rica« – oder Fadenbohnen für ein Staatsbankett einfliegen zu lassen. Und immer dieses pseudo-irische Gehabe: »Oh, wir bauen hier ganz herrliche Erbsen an.« Nicht wahr, das waren alles bloß kleine Machtspielchen. Weiße Hausitis – es ist wirklich interessant. Man erkennt das daran, wenn einen Freunde plötzlich anders behandeln. Ich denke oft, wenn ich jemals ein Buch schreiben sollte, dann müsste es heißen: »Das Gift der Präsidentschaft«, weil so viele Freundschaften durch Jacks Präsidentschaft vergiftet wurden.

Inwiefern?

---

74 WILLIAM VOSS ELDER (*1933) arbeitete später als Schrifststeller und Architekt.

Viele alte Bekannte, die einen nicht mehr so häufig sahen, wie sie das gern hätten, fingen plötzlich an, irgendeinen Unfug über einen zu erzählen – »Caroline hat dies gesagt oder das gesagt«. Sie haben Dinge erfunden, nur um zu zeigen, dass sie uns kennen. Dann gab es Leute, die einen vorher nie beachtet hatten, und plötzlich riefen sie an oder überhäuften einen mit irgendwelchen Geschenken. Da fällt mir André Meyer[75] ein – er war der Erste, der für Jacks Bibliothek gespendet hat. Eigentlich ein ziemlich mürrischer Typ – ihm gehört die Lazard-Bank in New York. Er wollte zuerst gar nichts mit dem Weißen Haus zu tun haben. Er hatte die Nase voll davon, immer angesprochen und zum Spenden aufgefordert zu werden. Als ich ihm jedoch sagte, dass ich das gar nicht von ihm wolle, mochte er mich auf Anhieb, und von da an hat er mir unglaublich viel geholfen. Als Jack starb, kam er zehn Tage später mit einem Scheck über 250000 Dollar an, für die Bibliothek, bevor wir auch nur einen Ton gesagt hatten. Wenn ich in New York war, war ich oft bei ihm, weil er ein Apartment unter unserem hatte im Carlyle. Ich bin gern zu ihm nach unten gegangen und habe mit ihm zu Abend gegessen, und bei einer Gelegenheit sagte er: »Sie werden sehen: Sobald Sie das Weiße Haus verlassen haben, werden viele, von denen Sie dachten, es wären ihre Freunde, nichts mehr mit Ihnen zu tun haben wollen.« Ja, und seine Worte haben sich bewahrheitet.

Ach, tatsächlich?

Das heißt, ich habe immer gewusst, wer das sein würde. Also, wir sind immer noch alle miteinander befreundet, aber man sieht deutlich, wer vor allem an der Macht interessiert ist und

---

75 ANDRÉ MEYER (1898–1979) war ein französisch-jüdischer Flüchtling, der das Amerika-Geschäft der Pariser Investmentbank Lazard Frères leitete. Er traf die First Lady zum ersten Mal, als er den Aubusson-Teppich für das im französischen Empirestil gehaltene Rote Zimmer stiftete. Nach dem Tod von Präsident Kennedy wurde Meyer einer der engsten Freunde von Jacqueline.

sich einfach dem neuen Präsidenten zuwendet, was ja auch in Ordnung ist. Oder man sieht es daran, was manche Leute über einen schreiben. Nun ja, Mr Kennedy sagte immer: Seine wahren Freunde kann man an einer Hand abzählen. Ich habe die Freunde, von denen ich immer wusste, dass sie meine Freunde bleiben würden.

Neulich traf ich André Meyer in New York. Ich war dort mit Mendès-France[76] *verabredet, der auch im Carlyle wohnte. Wir trafen uns im Fahrstuhl. Ein sehr angenehmer Mann, der sehr warmherzig von Ihnen sprach.*

Ich halte ihn ja eher für einen ziemlichen Misanthropen.

Er kann sehr griesgrämig wirken.

Bis er einen mag. Jack hat er verehrt, ohne ihn je richtig kennengelernt zu haben. Er sagte immer: »Ich muss mich für meine Kollegen an der Wall Street schämen. Die begreifen gar nicht, was dieser Mann vollbringt.« Nun ja.

Ich glaube, für heute ist es genug.

Ja.

---

76 PIERRE MENDÈS-FRANCE (1907–1982) war von 1954 bis 1955 französischer Ministerpräsident.

DAS FÜNFTE GESPRÄCH

DIENSTAG, 24. MÄRZ 1964

Im Wahlkampf wurde Kuba zu einem wichtigen Thema. War der Präsident sehr beunruhigt wegen Castro? Wissen Sie, was er gedacht hat, als Castro 1959 die Regierung übernahm?[1]

Ich erinnere mich, dass er entsetzt war, dass es so weit kommen konnte. Wir waren damals mit Earl Smith bekannt, der zu der Zeit Eisenhowers Botschafter war. Als wir in Florida waren, sprach Earl über nichts anderes.[2] Jack war ziemlich sauer darüber, dass die Regierung Eisenhower Castro empfangen hatte,

---

1 FIDEL CASTRO RUZ (*1926) und seine Guerilla-Armee zogen im Januar 1959 mit Triumph in Havanna ein, nachdem sie den kubanischen Diktator Fulgencio Batista gestürzt hatten. Im April des Jahres besuchte Castro Washington, D.C., auf Einladung des National Press Club, wobei sich Präsident Eisenhower jedoch weigerte, ihn zu empfangen. Im folgenden Jahr begann Castro sowjetisches Öl zu importieren und amerikanische Firmen zu enteignen.

2 EARL E. T. SMITH (1903–1991), ein in Newport gebürtiger Sportler und Finanzier in New York und Palm Beach; war von 1957 bis 1959 US-Botschafter in Havanna. Seine Frau, FLORENCE PRITCHETT SMITH (1920–1965), war seit ihrer Schulzeit mit Präsident Kennedy befreundet.

und auch über die *New York Times* – wie hieß deren Reporter noch – Herbert Matthews?[3]

Genau.

Ich erinnere mich, dass viel darüber geredet wurde und … Hat nicht sogar Norman Mailer etwas darüber geschrieben?

Ja, Norman Mailer war ein großer Castro-Anhänger.[4]

Ich erinnere mich, dass Jack …

Hielt Earl Smith Castro damals eigentlich für einen Kommunisten, oder glaubte er, dass er bloß mit den Kommunisten zusammenarbeitet? Er hat ein Buch über Castro geschrieben …[5]

Ja, *The Fourth Floor*, oder? Er hat immer von seinen Scherereien mit dem Außenministerium erzählt. Ich erinnere mich, dass er oft einen gewissen Rubottom erwähnte. Und wie schwer es war, sich wegen Castro Gehör zu verschaffen. Es war, als wenn man einen Penny in einen bodenlosen Brunnen wirft. Er drang einfach nie zum Außenministerium durch. Also nehme ich an, dass er ihn für einen Kommunisten hielt, ja.

---

3 HERBERT MATTHEWS (1900–1977) war Korrespondent der *New York Times* in Kuba; seine Berichterstattung wurde als allzu Castro-freundlich kritisiert.

4 NORMAN MAILER (1923–2007), Romancier und Essayist, schrieb unter anderem den Kriegsroman *The Naked and the Dead (Die Nackten und die Toten)* (1948). Mailer veröffentlichte im *Esquire* unter dem Titel »Superman Comes to the Supermarket« einen lobenden Bericht über den Sieg von JFK auf dem Nominierungsparteitag der Demokraten von 1960, doch im folgenden Frühjahr kritisierte er den Präsidenten für die Unterstützung der Kuba-Invasion und erklärte Castro zu einem seiner »Helden«.

5 In seinem 1962 erschienenen Buch über Castro, *The Fourth Floor*, übte Smith heftige Kritik am Ministerialdirektor im Außenministerium, Roy Rubottom, und anderen Angehörigen der Regierung Eisenhower, weil sie die Machtübernahme Castros in Kuba so gelassen hingenommen hatten.

Und der Präsident war damals der Ansicht, dass unsere Politik einen Fehler machte, dass sie all das einfach zuließ. Aber andererseits hatte er für Batista auch nichts übrig.

Nein. Aber ich erinnere mich, dass darüber geredet wurde, doch ich bin nicht besonders gut in …

Dann kamen die Vorwahlen, und danach … Erinnern Sie sich noch, als Allen Dulles nach …

Ja, Allen Dulles kam danach nach Hyannis.[6] Die ersten beiden, die Jack glaubte übernehmen zu müssen, waren J. Edgar Hoover und Allen Dulles. Und der liebe Allen, na ja, war dann nicht so ganz … *[Lacht leise]*

Nixon schrieb in seinem Buch, der Präsident sei während des Wahlkampfes darüber unterrichtet worden. Aber das stimmt wohl nicht, da sowohl Dulles als auch der Präsident erklärt haben, er habe erst im November davon erfahren, also davon, dass wir insgeheim Exilkubaner ausgebildet haben.[7]

---

6 ALLEN DULLES (1893–1969), Wall-Street-Jurist und Bruder von Eisenhowers Außenminister, von 1953 bis 1961 Direktor der CIA. Um Kritik von konservativer Seite zu vermeiden, beließ JFK ihn nach seiner Wahl zum Präsidenten zunächst im Amt – wie auch Hoover. Am 23. Juli 1960 kam Dulles nach Hyannis Port, um den frischnominierten demokratischen Präsidentschaftskandidaten über die nationale Sicherheit zu informieren.

7 In seinen 1962 erschienenen Memoiren *Six Crises* beteuerte der vormalige Vizepräsident Nixon, Dulles habe bereits bei dieser Lagebesprechung im Juli Kennedy davon in Kenntnis gesetzt, dass die CIA monatelang »kubanische Exilanten nicht nur finanziell und anderweitig unterstützt, sondern auch zum Zweck der Unterstützung einer Invasion Kubas ausgebildet habe«. Nixon beklagte, JFK habe geheime Informationen im Oktober 1960 dazu benutzt, Eisenhowers Regierung dafür zu kritisieren, dass sie die »Freiheitskämpfer«, die Castro stürzen wollten, nicht genügend unterstützte. Er, Nixon, habe sich daraufhin genötigt gesehen, in den öffentlichen Debatten Kennedys Äußerung »als gefährlich und unverantwortlich« zu bezeichnen und zu leugnen, dass es eine derartige Unterstützung überhaupt gebe – um die Geheimhaltung der Operation zu gewährleisten.

Mir gegenüber hat er nie erwähnt, dass er etwas weiß. Also wird das wohl richtig sein.

Wann haben Sie geahnt, dass sich da etwas zusammenbraut?[8]

Das Kuba-Problem war bekannt. Gab es nicht schon Wochen vorher auf jeder Pressekonferenz irgendetwas zu Kuba?

Die ersten Berichte, in denen es hieß, dass eine Invasion wahrscheinlich sei, erschienen im März.

Und bei seinen Pressekonferenzen musste Jack immer wieder versichern, dass keine US-Truppen eingesetzt würden. Es war so eine Art Ausweichmanöver. Dann erfuhr ich von den Leuten, die da ausgebildet wurden. Ich erinnere mich nur – aber das war wohl beim zweiten Mal –, dass Keating jede Woche darüber redete, dass sie dort Raketen bauen würden oder dass mehr Raketen stationiert werden.[9] Ich meine, alles drehte sich ständig um Kuba.

---

8 Gemeint ist die geplante Invasion Kubas durch Castro-feindliche Exilkubaner, die im April 1961 mit Unterstützung der CIA in der sogenannten Schweinebucht landeten. Die CIA hatte Kennedy in dem Glauben gewiegt, dass, falls es den Exilanten gelänge, einen Landekopf auf Kuba zu errichten, die öffentliche Unzufriedenheit mit Castro zu einer Volkserhebung führen würde, die den Diktator hinwegspülen und die Exilanten an die Macht bringen würde – und falls sie scheitern sollten, könnten sie sich als Guerilla-Kämpfer »in die Berge Kubas zurückziehen«. Beide Annahmen erwiesen sich als falsch, was Kennedys Ansehen einen schweren Schlag versetzte. Der Kreis um JFK machte nachrichtendienstliches und organisatorisches Versagen der CIA für das Fiasko verantwortlich. Die CIA gab hingegen Kennedy die Schuld, weil er nicht von seiner Weigerung, US-Streitkräfte an den Kampfhandlungen zu beteiligen, abrückte.

9 Bereits im September 1962 äußerte Senator Kenneth Keating, Republikaner aus New York, den Verdacht, die Sowjets hätten offensive Raketen auf Kuba stationiert; er warf der Regierung Kennedy vor, sie versuche dies zu verschleiern. Erst einige Wochen später legte die CIA Präsident Kennedy die ersten Beweise (Luftaufnahmen von U-2-Spionageflugzeugen) für die Stationierung vor.

Erinnern Sie sich, was der Präsident am Anfang von einer Invasion hielt? Sie haben das letzte Mal das Fulbright-Treffen erwähnt.

Schon lange vorher war er sehr besorgt. Aber die Zeit, an die ich mich gut erinnere, war das Wochenende davor, also der 13. und 14. April. Wir waren mit Jean und Steve Smith in Glen Ora, und eines Nachmittags – Sie können nachsehen, ob es ein Samstag oder Sonntag war – bekam er in seinem Schlafzimmer einen Anruf. Ich hielt mich ebenfalls dort auf, er saß auf der Bettkante, und er meldete sich … der Anruf kam von Dean Rusk. Und das Gespräch zog sich ewig hin, und im Anschluss wirkte er völlig niedergeschlagen. Ich fragte: »Was ist los?« Und ich vermute, dass ihn Dean Rusk dazu aufgefordert hat – oder sich dafür starkgemacht hat – oder es war Jack, der dann sagte: »Tun Sie's!« Ich nehme an, da fiel eine wichtige Entscheidung.[10]

In dem Anruf ging es höchstwahrscheinlich um den Luftangriff.

Dean Rusk wollte die Sache vom Tisch haben, vermute ich. Und hinterher saß Jack da auf seinem Bett, schüttelte den Kopf und ging dann im Zimmer umher. Es sah fast so aus, als hätte er

---

10 Am Sonntagnachmittag, den 16. April 1961, hatten sechs amerikanische B-26-Bomber, die mit kubanischen Hoheitszeichen versehen waren, bereits fast die halbe Luftwaffe Castros zerstört. Die CIA-Mitarbeiter hatten angenommen, dass JFK, sobald die Invasion einmal im Gange war, bereit wäre, sich über sein öffentliches Versprechen, Kuba nicht anzugreifen, hinwegzusetzen und die US-Streitkräfte zu ermächtigen, die Freiheitskämpfer, die gerade an der Küste Kubas landeten, offen zu unterstützen. Rusk wies in seinem Anruf den Präsidenten eindringlich darauf hin, dass die Rolle Amerikas bei der Invasion unbedingt verschleiert werden müsse. Aus diesem Grund untersagte Kennedy erneut den Einsatz von US-Luftstreitkräften, bis die Exilanten auf Kuba ein bestimmtes Gebiet sicher unter ihre Kontrolle gebracht hätten (dann hätte man plausibel machen können, dass der Angriff nicht von US-amerikanischem, sondern von kubanischem Boden ausgegangen wäre). Dass das Verbot des Luftangriffs das Scheitern der Invasion wahrscheinlich machte, war Kennedy bewusst.

Schmerzen. Dann ging er nach unten, und man sah ihm an, dass er wusste, dass es falsch war, was da passierte. Aber ich denke, für ihn war es … nicht wahr – es war einfach eine schreckliche Sache. Und im Allgemeinen, wie gesagt, fielen ihm seine Entscheidungen leicht, nachdem er sie zuvor gründlich durchdacht hatte, und sobald er sie getroffen hatte, stand er dazu. Das war das einzige Mal, wo ich ihn wirklich in furchtbar gedrückter Stimmung erlebt habe. Es war ein schreckliches Wochenende.

Glauben Sie, dass seine Niedergeschlagenheit mit dieser konkreten Entscheidung zusammenhing, den Luftangriff nicht zu genehmigen, oder mit der allgemeinen Entscheidung, mit der Invasion Ernst zu machen?

Vermutlich eine Kombination aus beidem, oder?

Ja.

Ich meine, erst eine Invasion und dann kein Luftangriff – das ist, als wenn man auf halbem Weg stehen bleibt – ich weiß nicht. Da hatte er sich wirklich eine schreckliche Sache eingehandelt, und er hatte nicht die Zeit, da irgendwie herauszukommen. Und dann die Dinge, die er mir über Kuba erzählte – ich weiß nicht mehr, ob es zu dieser Zeit war oder später –, die ganzen Besprechungen, und er sagte: »Mein Gott, diese Berater, die wir da geerbt haben!« Und dann später, als er Taylor zum Stabschef machte, sagte er: »Wenigstens hinterlasse ich dem nächsten Präsidenten jemanden wie ihn.« Oder: »Wenn mir Eisenhower so jemanden vererbt hätte. Aber kannst du dir vorstellen, deinem Nachfolger jemanden wie Lyman Lemnitzer zu vermachen?«[11] Und all die anderen

11 LYMAN LEMNITZER (1899–1988) war 1960 von Eisenhower zum Vorsitzenden der Vereinigten Stabschefs ernannt worden. Im März 1962 billigte Lemnitzer einen streng geheimen Plan, »Operation Northwoods«, wonach die US-Regierung terroristische Anschläge in Miami und anderen amerikanischen Städten durchführen und sie Castro in die Schuhe schieben sollte, um so einen

dort. Wirklich, ein trauriger Haufen. Und ich erinnere mich an einen Tag im Weißen Haus – war es nach dem Scheitern der Invasion oder davor? –, ich war auf dem Rasen mit den Kindern, und er kam mit Dr. Cardona heraus.[12]

Ja, das war danach.

Und, na ja, Jack war der Meinung, Cardona hätte sich danach sehr anständig verhalten.

Ich glaube, das war ein Mittwochnachmittag.

Oh.

Ich wurde nämlich am Dienstagabend nach Florida geschickt, und wir – Adolf Berle[13] und ich – brachten Dr. Cardona mit und begleiteten ihn am späten Mittwochnachmittag ins Weiße Haus.

Und er schüttelte nur den Kopf und sagte zu mir, Cardona hätte sich wirklich sehr anständig verhalten. Aber wenn Sie chronologisch vorgehen wollen … Also, da war dieses furchtbare Wo-

---

Vorwand für eine umfassende amerikanische Invasion Kubas zu erhalten. Der Plan sah sogar vor, dass man Castro die Schuld geben sollte, falls ein US-Astronaut auf einem Weltraumflug tödlich verunglücken würde. Entsetzt über Lemnitzers Vorschlag und noch immer wütend über das Versagen des Generals während des Invasionsversuchs, verweigerte JFK ihm eine zweite Amtszeit als Stabschef.

12 JOSÉ MIRÓ CARDONA (1902–1974) war ein aus Havanna stammender Rechtsanwalt, Professor und prominenter Batista-Kritiker, der nach der Revolution kurzzeitig Castros Premierminister war, bevor er mit ihm brach und nach Florida floh. Vor der Landung in der Schweinebucht war Cardona Führer der konterrevolutionären Vereinigung Consejo Revolucionario Cubano, die insgeheim mit der CIA und der sehr kleinen Gruppe von Mitgliedern der Kennedy-Regierung zusammenarbeitete, die in die bevorstehende Invasion einbezogen war. Wenn es den Exilkubanern gelungen wäre, einen erheblichen Teil der Insel unter ihre Kontrolle zu bringen, hätten sie Cardona zum vorläufigen Präsidenten Kubas erklärt.

13 ADOLF BERLE (1895–1971) war Jura-Professor, Wirtschaftstheoretiker und unter Roosevelt als Diplomat tätig. Er beriet das Außenministerium in lateinamerikanischen Fragen.

chenende. Am Montag kehrten wir nach Washington zurück. Am Dienstag war der Empfang für die Mitglieder des Kongresses, und Jack wurde mittendrin hinausgerufen, und er ging in sein Büro und kam erst zurück, als ich im Bett war.[14] Es war komisch, aber im Jahr darauf wurde er wieder bei diesem Empfang wegen einer Krise hinausgerufen. Und letztes Jahr hatte ich das Gefühl, als würde bei diesen Empfängen grundsätzlich irgendetwas Schlimmes passieren. Sie sagen, der Tag war ein Mittwoch, an dem das alles geschah? Ich glaube, es war an dem Mittwoch, wo wir uns fotografieren lassen mussten – vielleicht war es auch Donnerstag. Aber Jack war so entsetzlich unruhig. Mark Shaw machte die Fotos, und Jack kam dazu und setzte sich für etwa zehn Minuten hin – wir hatten kein Foto von uns beiden, das man hätte verschicken können.[15] Ach, es war eine schreckliche Zeit, und er sah wirklich furchtbar aus.

Es muss unerträglich gewesen sein, in dieser Situation zu dem Dinner in der griechischen Botschaft zu gehen.[16]

Ja, dann war es also an diesem Abend, dass wir zum Bankett in die griechische Botschaft mussten. Wir hatten sie an einem dieser

---

14 Am Dienstagabend, den 18. April wurde JFK aus dem jährlichen Empfang für die Mitglieder des Kongresses in das Kabinettzimmer gerufen, wo eine Karte der Karibik mit kleinen magnetischen Schiffen aufgebaut worden war. Kennedy sagte zu Admiral Arleigh Burke, dem Chef der U.S.-Navy: »Ich will nicht, dass die Vereinigten Staaten darin involviert werden.« Burke antwortete: »Mr President, wir *sind* involviert!« Als Kompromiss erlaubte der Präsident, dass sechs Kampfflugzeuge von der *USS Essex* den Landekopf der Invasion eine Stunde lang überflogen.

15 MARK SHAW (1921–1969) war einer der bekanntesten Mode- und Gesellschaftsfotografen seiner Zeit.

16 KONSTANTIN KARAMANLIS (1907–1998) war Ministerpräsident von Griechenland. Am Mittwochabend, als die Kennedys das Bankett in der griechischen Botschaft besuchten, wusste der Präsident, dass die Invasion definitiv gescheitert war.

PORTRÄT VON JACQUELINE KENNEDY,
AUFGENOMMEN ZUR ZEIT DES SCHWEINEBUCHT-FIASKOS

Tage zum Mittagessen eingeladen, entweder am Tag davor oder am Tag danach. Und sie waren so nett, die Griechen. Sie waren fast unsere ersten Besucher. Aber ich erinnere mich noch sehr gut daran, als es losging – was immer es für ein Tag gewesen war, es war morgens. Er kam zurück ins Weiße Haus, ging in sein Schlafzimmer und begann zu weinen, und ich weinte mit ihm. Er stützte den Kopf in die Hände und begann zu schluchzen. Ich habe ihn wohl nur dreimal weinen sehen. Zweimal in dem Winter, als er so krank im Krankenhaus lag, aus schierer Verzweiflung – also, er weinte nicht richtig, aber ein paar Tränen füllten seine Augen und liefen ihm über die Wangen. Und dann dieses Mal und noch einmal, als Patrick im letzten Sommer … als er aus Boston zurückkam und mich im Krankenhaus besuchte. Er kam morgens gegen acht Uhr in mein Zimmer, schluchzte und legte seine Arme um mich. Es war so traurig, denn es waren seine ersten hundert Tage, und all seine großen Pläne – und dann passiert so eine schreckliche Sache. Es ging ihm wirklich sehr nah. Die ersten hundert Tage waren ihm egal, aber diese armen Männer mit ihren großen Hoffnungen, denen wir versprochen hatten, dass wir sie unterstützen würden. Und dann waren sie dort und wurden abgeknallt wie die Hunde oder würden im Gefängnis sterben. Er machte sich große Sorgen um sie. Dann besuchte mich Bobby. Die ganze Zeit über fanden im Weißen Haus Besprechungen statt, also vermutlich auch an diesem Nachmittag, aber Bobby kam zu mir und sagte: »Bitte kümmere dich um Jack, bleib am besten den ganzen Nachmittag in seiner Nähe.« Falls ich mit den Kindern irgendwohin gehen wollte – verstehen Sie? Er meinte, ich sollte lieber nicht gehen, ich sollte ihm Trost spenden. Er war wirklich furchtbar niedergeschlagen.

An diesem oder am nächsten Tag sagte er etwas über Bobby zu mir. Er überlegte, ob er Bobby zum CIA-Chef machen solle. Erinnern Sie sich daran?

Ja, ich erinnere mich, dass er einige Male gesagt hat, wenn er Bobby doch nur zum CIA-Chef machen könnte. Aber ich vermute, dass er glaubte, es wäre politisch zu …

Zu riskant?

Ja. Aber er hat sich Bobby sehr in dieser Position gewünscht. Ich weiß nicht, wann er sich für John McCone entschieden hat.[17]

Erst etwa sechs Monate später. Im Herbst. Wirklich bemerkenswert war, dass der Präsident, der das ganze Fiasko wirklich nur schlechten Beratern zu verdanken hatte, dass er trotzdem niemandem öffentlich die Schuld daran gab und stattdessen dieses

---

17 JOHN MCCONE (1902–1991) war ein kalifornischer Geschäftsmann, Vorsitzender der Atomenergiekommission unter Eisenhower und Anhänger Nixons bei den Wahlen von 1960. JFK ernannte ihn zum Nachfolger von Allen Dulles, den er im Zuge des Schweinebucht-Fiaskos entließ.

treffende chinesische Sprichwort zitierte. Erinnern Sie sich? »Der Sieg hat viele Väter …«

»… viele Väter, aber die Niederlage ist ein Waisenkind.«[18]

Wo hatte er das her? Wissen Sie das?

Ich weiß es nicht. Wir könnten nachsehen, ob es bei Mao Tse-tung steht. Denn, wie gesagt, er kannte unglaublich viele chinesische Sprichwörter. *[Lacht]* Er sammelte solche Sachen einfach gern.

Ich habe den Eindruck, dass er insgeheim Lemnitzer und die Stabschefs als die Hauptverantwortlichen ansah.

Wissen Sie, er hat nie abfällig über sie gesprochen. Nur wenn er über Curtis LeMay redete, dann hat er bloß gequält gelacht. LeMay hatte ein Foto von all unseren Flugzeugen in Florida oder auch im ganzen Land, die startbereit auf den Pisten standen – das war zur Zeit der zweiten Kubakrise.[19] Jedenfalls rief er ihn an. Und der brüllte los, wir sollten alles in Schutt und Asche bombben, einen hübschen kleinen Krieg führen, die Flugzeuge losschicken. Es war wirklich nicht leicht, mit LeMay umzugehen. Es kam nun einmal alles zusammen – die Vereinigten Stabschefs und wohl auch der arme Allen Dulles, und nicht zu vergessen: Dean

18 Das Sprichwort zitierte JFK auf einer Pressekonferenz am 21. April 1961. JFK übernahm als »der verantwortliche Amtsträger der Regierung« die uneingeschränkte Verantwortung für das Scheitern. Die Amerikaner standen hinter ihm und gaben ihm die besten Umfragewerte während seiner Präsidentschaft – eine Zustimmung von 81 Prozent.

19 CURTIS LEMAY (1906–1990) war der berühmt-berüchtigte Stabschef der Luftwaffe; im Zweiten Weltkrieg war er maßgeblich für die strategische Luftkriegsführung verantwortlich; nach dem Krieg leitete er das Strategic Air Command (die strategische Luftstreitkraft innerhalb der Luftwaffe). Während der Kubakrise von 1962 war der fanatische Kommunistenhasser LeMay derjenige, der JFK am massivsten dazu drängte, Kuba zu bombardieren. Stanley Kubrick karikierte ihn in seinem Film *Dr. Strangelove* (*Dr. Seltsam*) als General Buck Turgidson.

Rusk. Ich weiß nicht, ob es richtig gewesen wäre – aber ich habe das Gefühl, wenn man es schon tut, dann hätte man auch Luftunterstützung haben sollen. Dean Rusk war nun einmal sehr zurückhaltend. Aber das Ganze … Jack, der sich in kürzester Zeit mit allen Problemen und Personen vertraut machen musste … Ich hätte mir nur gewünscht, wenn er schon dazu gezwungen gewesen war, dann hätte man ihn hinterher nicht so kritisieren sollen. Aber es war vor den hundert Tagen.[20] Ich meine, das war verrückt. Er hat diese Hundert-Tage-Geschichte in der Presse nie gemocht, aber es war anscheinend so ein Ritual. Und sie waren noch nicht abgelaufen. Daran sieht man auch, wie früh das alles nach seinem Einzug ins Weiße Haus war.

Was für eine Meinung hatten Sie danach von Dulles?

Nun, Jack hat Dulles immer gemocht, und er hielt ihn für einen Ehrenmann, und Allen Dulles mochte Jack. Ich glaube, er war danach mit den Nerven ziemlich am Ende. Denn kurze Zeit später hat Jack ihn extra zum Essen eingeladen … oder war das jemand anders … ich weiß es nicht mehr. War es Charlie Wrightsman?[21] Ja, Charlie Wrightsman und Jayne hielten sich in Washington auf, und sie kamen ins Weiße Haus. Das war nur wenige Wochen nach Kuba, vielleicht einen Monat – und Allen Dulles war immer so etwas wie ihr Held gewesen. Sie luden ihn zu sich ein und gaben mit ihm in Florida an. Und Charlie Wrightsman war da und sagte, er werde sich nicht mit Allen Dulles tref-

---

20 Seitdem Roosevelt in den ersten hundert Tagen seiner Präsidentschaft eine Vielzahl an Konjunkturprogrammen zur Bekämpfung der Großen Depression initiierte, wird dieser Zeitraum in der US-amerikanischen Presse gern dazu genutzt, voreilige Urteile über neue Präsidenten zu fällen.

21 CHARLES WRIGHTSMAN (1895–1986) war ein Ölkonzernchef aus Oklahoma und ein guter Bekannter der Kennedys, zusammen mit seiner Frau, JAYNE LARKIN WRIGHTSMAN (*1919), die eine enge Freundin von Jacqueline und Mitglied ihres Fine Arts Committee war, das dazu diente, die Restaurierung des Weißen Hauses zu beaufsichtigten und Spendengelder dafür einzuwerben.

fen, und zwar weil Allen die Sache in der Schweinebucht vermasselt habe. Das hat Jack empört. Er war immer unglaublich loyal, wenn irgendjemand in Schwierigkeiten steckte. Deswegen nahm er mich beiseite und sagte: »Lade Dulles heute Nachmittag zum Tee oder auf einen Drink ein.« Er kam extra frühzeitig aus dem Büro zurück und setzte sich zu Jayne und Charlie Wrightsman, nur um Charlie zu zeigen, was er von Allen Dulles hielt. Und ich denke, das bedeutete Allen Dulles sehr viel. Ich empfing ihn, etwa fünf oder zehn Minuten bevor Jack zu uns stieß. Er sah aus, ich weiß nicht, wie Kardinal Mindszenty vor Gericht.[22] Er war nur noch ein Schatten seiner selbst. Und dann kam Jack, legte seinen Arm um ihn und sprach mit ihm. Wie ging die Geschichte mit J. P. Morgan noch? »Wenn Sie einfach mit mir im Arm so durch die Bank gehen, dann brauchen Sie mir keinen Kredit zu geben«?[23] Das war doch nett, nicht wahr? Es wollte Charlie Wrightsman eine Lehre erteilen. Aber es sagt auch etwas über Jack. Er wusste, dass Dulles wirklich Mist gebaut hatte. Trotzdem, er fühlte mit ihm. Und ich glaube, kurz danach holte er dann General Taylor.

Ja. Zuerst machte er General Taylor zum Leiter eines Untersuchungsausschusses – General Taylor und Bobby –, der die Ereignisse untersuchen sollte. Und anschließend holte er General Taylor ins Weiße Haus.

---

22 JÓZSEF KARDINAL MINDSZENTY (1892–1975) aus Budapest wurde nach einem Schauprozess im Jahr 1949 wegen »Hochverrats« gegen den ungarischen Staat (zu der Zeit ein Satellitenstaat der Sowjetunion) zu lebenslanger Haft verurteilt.

23 Eine Anekdote erzählt, dass einer der Rothschild-Bankiers, als ihn ein Freund um einen Kredit bat, geantwortet habe, dass er ihm einen größeren Gefallen erweisen werde: Er werde ihn durch die Pariser Börse begleiten und auf diese Weise das Ansehen dieses Freundes unter den Finanziers stärken. JFK gefiel diese Idee. Nach den Präsidentschaftswahlen 1960 zum Beispiel sagte der Präsident seinem Wahlkampfberater Hyman Raskin aus Chicago, er werde sich mit einem besseren Geschenk als einem Amt in der Bundesregierung bei ihm revanchieren: Er werde Ruskin in sein Haus in Georgetown einladen, um sich bei ihm Rat zu holen.

Genau.

Als eine Art militärischen Berater.

General Taylor trug damals immer seinen grauen Anzug, und manchmal sagte Jack, dass man bei den Sitzungen der Vereinigten Stabschefs merkte, wie sie Taylor skeptisch beäugten, und dass es für Taylor eine schwierige Situation war.[24] Aber zu seinem Erstaunen lief es sehr gut.

Hatte er General Taylor schon früher gekannt?

Ich nehme an, er ist ihm einige Male begegnet, weil er ständig von seinem Buch sprach. Und dann sagte er zu mir: »Kannst du dir vorstellen, dass Eisenhower so etwas getan hat?« Er meinte damit all diese Dinge, die Taylor dazu veranlasst hatten, den Dienst zu quittieren. General Taylor und General Gavin – sie haben beide Bücher geschrieben, oder?[25]

Ja.

Jedenfalls hatte er immer eine sehr hohe Meinung von ihm. Er wusste einfach immer, an wen er sich wenden konnte, wenn er militärischen Rat brauchte.

Wir Mitarbeiter im Weißen Haus fühlten uns sehr unwohl in unserer Haut – einmal abgesehen von dem allgemeinen Entsetzen, das dieses Fiasko hervorrief –, aber wir hatten das Gefühl, dem Präsidenten schlecht gedient zu haben. Einige waren für das Projekt gewesen und andere dagegen. Aber wir alle hatten das Gefühl, nicht das geleistet zu haben, was der Mitarbeiterstab des

---

24 Als General a.D. trug Taylor Zivilkleidung.

25 JAMES GAVIN (1907–1990), berühmter Kommandeur des 505. Fallschirmjägerregiments am D-Day; er war JFKs erster Botschafter in Paris. Wie Maxwell Taylor hatte auch General Gavin Eisenhowers Pentagon wegen Differenzen in der Frage der Verteidigungsstrategie verlassen und ein Buch veröffentlicht *(War and Peace in the Space Age)*, in dem er die Gründe dafür darlegte.

Weißen Hauses leisten sollte – dass wir uns von all den großen Experten zu sehr hatten einschüchtern lassen und das Projekt nicht kritisch genug geprüft hatten, wie es eigentlich unsere Aufgabe gewesen wäre. Hat er das jemals erwähnt?

Nein, nie. Aber ich glaube, dass Sie das nicht so sehen dürfen. Bedenken Sie doch, was Sie in der zweiten Kubakrise geleistet haben. Sie mussten alle erst Ihre Erfahrungen machen, und niemand hatte Sie vorgewarnt. Und all diese vermeintlichen Experten – wenn man selbst neu ist, was soll man anderes tun, als sich auf ihre Meinung verlassen? In dieser Hinsicht hatte Lyndon Johnson einfach großes Glück. Immerhin hatte er einen Stab erfahrener Leute. Und man konnte immer nur zu Gott beten in den letzten acht Jahren, wenn es zu Krisen kam, dass die verantwortlichen Leute etwas von den Dingen verstanden, über die sie da berieten. Jack sprach später nie über seine eigenen Mitarbeiter, sondern nur über die alten Berater, die er sozusagen geerbt hatte. Und das hat ihm wirklich zu schaffen gemacht.

Und wenn es hart auf hart ging, dann wandte er sich an Bobby, mehr als an irgendjemand anderen, um mit ihm zu diskutieren und seinen Rat einzuholen.[26]

Das ist richtig. Und dann berief er Bobby in den Ausschuss,[27] und ich denke, das dürfte der Beginn der Freundschaft zwischen Bobby und General Taylor gewesen sein, denn ich würde sagen, dass General Taylor, nach Jack, der Mann in Washington war, dem Bobby am nächsten stand – also, abgesehen von seinen

26 Nach dem Schweinebucht-Fiasko überredete JFK seinen Bruder, weitere Aufgaben zu übernehmen und sein Berater und Krisenmanager in der Außen- und Verteidigungspolitik sowie in Geheimdienstfragen zu werden – insbesondere in den Auseinandersetzungen mit Kuba und der Sowjetunion.

27 Dem Ausschuss, der die Gründe für das Scheitern der Schweinebucht-Invasion ermitteln sollte, gehörten neben Taylor und Robert Kennedy außerdem Allen Dulles und Admiral Arleigh Burke an.

DER PRÄSIDENT UND SEINE FRAU IM GESPRÄCH
MIT ZURÜCKGEKEHRTEN MITGLIEDERN DER
KUBA-BRIGADE, MIAMI 1962

Freunden oder Leuten im Justizministerium. Aber sie empfanden diesen tiefen Respekt füreinander. Es war sehr anrührend – dieser sehr junger Mann und ein Mann, der am Ende seines Berufslebens stand.

In einem früheren Gespräch sagten Sie, Ihrer Erinnerung nach hätten zwei Ereignisse den Präsidenten besonders stark belastet und deprimiert – der Kampf um die Delegation in Massachusetts im Jahr 1956 und die Kuba-Geschichte.

Na ja, die Sache mit der Delegation hat ihn nicht deprimiert. Eher nervös gemacht, aufgeregt, sodass er von nichts anderem reden konnte. Damals musste er einfach etwas unternehmen, um zu gewinnen. Aber das hier war mehr so eine Art Stochern im Nebel. Er konnte nicht, wie er wollte – anders als damals in Massachusetts. Und als es dann vorbei war, war er schrecklich niedergeschlagen, denn die Menschen gingen ihm so nahe.[28] Und ich glaube, dieses Mitleid, das zeigt … nun, die Art und Weise, wie er hinterher über Cardona sprach … Und er fühlte sich wirklich verpflichtet, die Gefangenen freizubekommen. War das am darauffolgenden oder übernächsten Weihnachten?

Am übernächsten Weihnachten.

Da waren zuerst die Traktoren, und Bobby setzte sich unglaublich dafür ein. Und zu dieser Zeit erschien ein Artikel über Bobby – erinnern Sie sich an die anderen, diese dummen Artikel, in denen es hieß, er sei skrupellos? Und ich dachte nur: Wenn die wüssten, wie viel Mitgefühl er hat. Man konnte diese Männer doch nicht einfach im Gefängnis versauern lassen. Vielleicht wäre es besser gewesen, wenn man es hätte tun können, dann hätten die Leute immer das Bild dieser geschlagenen Brigade vor Augen gehabt, das ganze Land, und es hätte sie an den großen Fehlschlag gemahnt. Aber man musste sie einfach dringend da herausholen. Und Jack wurde wegen dieser Traktorgeschichte so heftig kritisiert. Aber er musste alles in seiner Macht Stehende tun, um sie zurückzubringen. *[Das Tonbandgerät wird ausgeschaltet, dann]* Soll ich davon erzählen?

Ja.

---

28 JFK fühlte sich persönlich verantwortlich für die fast 1200 Männer der Invasionsbrigade, die von Castro gefangen genommen worden waren. Das zeigt seine Bereitschaft, trotz innenpolitischer Kritik mehrere öffentliche Kampagnen zu unterstützen, unter anderem ein »Traktoren für den Frieden«-Komitee, das von prominenten Amerikanern geleitet wurde, um Castros Lösegeldforderungen in Höhe von etwa 60 Millionen Dollar zu begleichen, die in Form von Traktoren, Medikamenten, Säuglingsnahrung und medizinischen Apparaten erbracht werden sollte. Im Dezember 1962 begrüßten die Kennedys die freigelassenen Exilkubaner bei einem Empfang im Orange Bowl in Miami, bei dem Jacqueline den Exgefangenen auf Spanisch sagte, sie hoffe, ihr Sohn John werde einmal genauso tapfer sein wie sie.

Mir fiel gerade noch eine andere Begebenheit ein, die Bobbys Mitgefühl zeigt. Es muss im letzten Winter gewesen sein, als unser bester Spion in Russland gefasst wurde. Hieß er Penkowski oder Penowski?[29]

Ja, Penkowski.

Bobby kam aus einer Besprechung im Weißen Haus, und er sah mich im Garten und kam zu mir und setzte sich auf eine Bank. Er wirkte völlig niedergeschlagen. Er sagte, er habe John McCone aufgesucht, der gesagt habe: »Es ist schrecklich, die CIA-Leute sind einfach eiskalt. Für die ist jeder nur eine Nummer. Er ist Spion X-15.« Er habe zu ihnen gesagt: »Wie bitte? Dieser Mann hat euch über Jahre brisantes Material geliefert. Er musste eines Tages auffliegen. Aber man wollte immer noch mehr von ihm haben. Weshalb hat ihn niemand gewarnt? Weshalb hat ihm niemand geraten, das Land zu verlassen? Er hat Familie, Frau und Kinder.« Bobby war getroffen davon – einen Menschen bloß wie eine Ziffer zu behandeln. Ich glaube, er dachte sogar, John McCone wäre …

Nun, die Leute entwickeln eine professionelle Einstellung dazu, und so werden Menschen für sie zu Sachen. Ganz besonders empörend fand ich die Kritik an der Vereinbarung mit den Traktoren. Die ganze Nation hätte es als ihre moralische Pflicht ansehen müssen, alles zu unternehmen, um diese Männer freizubekommen, und die Angriffe in diesem Zusammenhang empfand ich als unerträglich. Sie wissen, dass Mrs Roosevelt, Walter Reuther und Milton Eisenhower zu genau diesem Zweck ein Komitee gründeten.[30]

---

29 OLEG PENKOWSKI (1919–1963) war ein wertvoller Spion für westliche Geheimdienste in Moskau. Er wurde entlarvt, verhaftet, vor Gericht gestellt und hingerichtet.

30 Das »Tractors for Freedom Committee«.

Und dann fielen alle darüber her. Ach, das war wirklich herzlos.

Ich glaube, der Präsident hegte nicht zuletzt deshalb so große Sympathien für Miró Cardona und die Mitglieder dieses Komitees, weil drei oder vier von ihnen Söhne hatten.

Das stimmt. Cardona hatte einen Sohn, oder? Dann besuchte uns die kubanische Brigade 1962 – ich glaube, an Weihnachten. Zuerst trafen sich alle nachmittags im Haus der Pauls in Florida.[31] Es waren nur fünf oder sechs Männer, unter anderem Oliva,[32] und sie zeigten uns Fotos, die sie in ihren Brieftaschen hatten – wie sie früher ausgesehen hatten. Sie hatten alle diese edlen El-Greco-Gesichter irgendwie. Und auf den alten Fotos waren sie so dünn, und jetzt sahen sie aus wie diese stämmigen Burschen in Xavier Cugats Orchester.[33] Ich meine, das waren keine traurigen Gestalten. Und wie sie da mit Jack zusammensaßen – keinerlei Verbitterung, sie sahen ihn vielmehr als ihren Helden an. Es waren auch wirklich freundliche Menschen. Sie kamen seit November, glaube ich, also, jedenfalls wenn ich dort war … Und dann im Februar kamen sie an Jacks Grab, um einen Kranz niederzulegen. Und Bobby brachte sie – einen von ihnen – zu mir. Und sie sagten, dass sie aus der Army ausscheiden würden, denn jetzt, wo Jack tot war, hätten sie keine Hoffnung mehr und keinen Idealismus. Sie wollten die Army verlassen und versuchen, woanders eine Stelle zu finden, weil es Jack gewesen war, der ihnen Hoff-

---

31 Um den Haushalt von Joseph Kennedy in Palm Beach nicht zu stören, mieteten der Präsident und die First Lady das benachbarte Haus von Mr und Mrs C. Michael Paul.

32 ERNEIDO OLIVA GONZALEZ (*1932) war der Vizekommandeur der Invasionsbrigade 2506 und gerade aus dem Gefängnis entlassen worden. Im folgenden Jahr wurden er und einige seiner Kameraden als Offiziere in die US-Armee übernommen.

33 XAVIER CUGAT (1900–1990), ein populärer Musiker, Komponist und Arrangeur spanischer Abstammung, der seine Kindheit auf Kuba verbracht hatte.

nung gegeben hatte.[34] Und das waren die Männer, die sie dorthin geschickt hatten. Es war wirklich ergreifend.

Der Präsident war tief bewegt bei dieser Veranstaltung in Miami, oder?[35]

O ja. Es war eines der bewegendsten Ereignisse, die ich je miterlebt habe. All diese Menschen, die jubelten und winkten, all die armen Männer dieser Brigade, die da mit ihren Verbänden saßen.

Ich glaube, die Stimmung hat ihn so mitgerissen, dass er einige Dinge sagte, die nicht im Manuskript seiner Rede standen.

[Lacht leise] Ich erinnere mich an seine Rede. Danach sollte ich eine Ansprache auf Spanisch halten. Wissen Sie, ein wunderbarer Mann, mit dem Sie einmal sprechen sollten, ist Donald Barnes.[36] Wenn Jack einen Spanischdolmetscher brauchte, dann hat er sich immer an ihn gewandt. Er war allen anderen so weit überlegen. Ihm gelang es sofort, eine gute Beziehung zu der Person aufzubauen, mit der man sprach. Also, ihn sollten Sie unbedingt interviewen.

Arbeitet er fürs Außenministerium?

Als Dolmetscher des Außenministeriums. Viele von denen waren nicht besonders gut. Der, den wir in Paris hatten, war einfach

---

34 Ein Grund dafür, dass Oliva und seine Kameraden so desillusioniert waren, war auch, dass Präsident Johnson das umfassende Programm für verdeckte Operationen gegen Kuba, das von den Kennedy-Brüdern im Geheimen betrieben worden war, eingestellt hatte.

35 Im Orange-Bowl-Stadium, in dem die befreiten Exilkubaner »Guerra! Guerra! Guerra!« (»Krieg«) schrien, nahm ein tiefgerührter JFK die Flagge der Brigade 2506 entgegen und versprach, sie ihnen »in einem freien Havanna« zurückzugeben.

36 DONALD BARNES (1930–2003) war der leitende Spanischdolmetscher der Regierung und wurde ebenfalls für das Oral-History-Programm der Kennedy Library ausführlich interviewt.

miserabel. Armer Sedgwick[37] – er versuchte da irgendein hochtrabendes Französisch aus dem 18. Jahrhundert anzubringen, das sich in keiner Weise nach Jack anhörte. Jack sagte, die beiden besten Dolmetscher, die er kenne, seien der von Barnes gewesen und der von Adenauer, den er statt seines eigenen in Deutschland hatte. Er hatte Adenauer gefragt, ob er ihn ausborgen könne.

Sprach er jemals über die Zukunft von Castro und Kuba? Wissen Sie, wie er darüber dachte?

Ich weiß nicht, wie er darüber dachte. Ich erinnere mich, dass ich ihn in jenem Herbst fragte – ja, genau, an dem Tag, von dem ich Ihnen erzählte – es war im Oktober, er hatte einen Mittagsschlaf gemacht und schien sehr besorgt. Ich fragte, was sei, und er sagte: »Dies ist einer der schlimmsten Tage meines Lebens. Zehn Dinge sind schiefgelaufen …« Und er zählte einige davon auf. Ich hätte sie aufschreiben sollen. An eine Sache erinnere mich noch, es war ein Überfallkommando, das fehlgeschlagen war.[38] Und ich sagte noch: »Wozu denn ein Überfallkommando?« Aber er hat darauf nicht richtig geantwortet. Er wollte nun einmal nicht mit mir darüber sprechen – einfach, weil es ihn so besorgte. Ich weiß daher nicht, was ihm durch den Kopf ging, was er dachte.

Haben Sie das Interview gelesen, das Jean Daniel mit ihm geführt hat?[39]

---

37 CHARLES SEDGWICK (1912–1983).

38 Überfallkommandos *(raids)* von See waren Teil der verdeckten Operationen der USA gegen Castros Kuba.

39 JEAN DANIEL (*1920) war Herausgeber der linksgerichteten französischen Zeitung *L'Observateur*. Im Oktober 1963 sollte er Castro interviewen. Vor seiner Abreise nach Havanna arrangierte sein Freund Ben Bradlee für ihn ein Zusammentreffen mit Präsident Kennedy im Oval Office. Daniel aß mit Castro am 22. November 1963 zu Mittag, und sie erfuhren zusammen von der Ermordung des Präsidenten, die Castro als »schlechte Nachricht« bezeichnete. In der *New Republic*-Ausgabe vom 14. Dezember 1963 schrieb Daniel, dass sich JFK wäh-

Ja.

Was haben Sie davon gehalten?

Ich dachte, das hört sich nicht nach Jack an. Und ich erinnere mich, dass ich im Büro von Mrs Lincoln war, als Jean Daniel hereingeführt wurde, und dass er zuerst mir vorgestellt wurde.[40] Das erschien nach Jacks Tod, nicht wahr?

Ja.

Es hat sich nicht nach Jack angehört. Ich weiß nicht mehr, was genau drinstand, aber es klang nicht nach ihm.

Es war nicht seine Ausdrucksweise. Einiges von dem, was gesagt wurde, hörte sich nach ihm an, anderes nicht.

Ich weiß nicht einmal, ob Daniel Englisch sprach.

Ben Bradlee begleitete ihn, wenn ich mich recht erinnere.

Als ich ihn traf, war er allein. Aber vielleicht hatte Ben ihn hereingeschickt.

Ben hat ihn reingeschickt, nehme ich an. Wie Sie wissen, reagierte Miró Cardona später sehr empört auf die Regierung und attackierte sie öffentlich.[41]

Ja, ich erinnere mich, dass Cardona später für Ärger sorgte.

Ich hatte immer den Eindruck, der Präsident habe ein gewisses Verständnis für Cardonas Enttäuschung …

---

rend seines Gesprächs mit ihm erstaunlich offen zu der Verantwortung Amerikas für die Rebellion Castros in Kuba und die anschließenden Exzesse bekannt habe. Er habe gesagt, dass Batista »bis zu einem gewissen Grad die Sünden Amerikas in Kuba verkörpere« und dass »wir jetzt für diese Sünden bezahlen müssen«.

40 EVELYN NORTON LINCOLN (1909–1995) war von 1953 bis zu seinem Tod JFKs persönliche Sekretärin.

41 Miró Cardona war empört darüber, dass die Regierung Kennedy nach der (zweiten) Kubakrise den Sturz Castros nicht mehr ernsthaft zu verfolgen schien.

Ja, er hat kein böses Wort über ihn verloren. Es war einfach nur ärgerlich, wenn Miró Cardona mal wieder loswetterte.

Der Präsident interessierte sich besonders für Lateinamerika, weil die Region zu einem Schwerpunkt seiner Regierungsarbeit wurde. War er nicht bereits um 1939 herum in Argentinien gewesen?

Ja. Ich glaube, er war auch in Brasilien und einigen anderen Ländern, nicht wahr? Aber da war er ja noch sehr jung, und ich erinnere mich nicht, dass er früher je über Lateinamerika gesprochen hätte. Erst nach seinem Einzug ins Weiße Haus – also, wir waren erst sehr kurz dort, als er seine Allianz-Rede hielt.[42] Also muss er während des Wahlkampfs darüber nachgedacht haben. Habe ich Ihnen von der Reise nach Mexiko erzählt? Nein, der Reise nach Venezuela?[43] Ich habe ein Waisenhaus besucht, und noch am gleichen Abend erschien ein Foto in der Zeitung. Alle Kinder küssten mich zum Abschied. Und die Schlagzeile lautete – also, das war freundlich gemeint: »Wir lieben Mrs Kennedy. Seht, sie lässt sich von Gringo-Kindern küssen.« Oder, ich weiß nicht, von Indio-Kindern. Und Jack bedauerte das sehr, und er sagte: »Schau dir diese Leute an. Diesen Minderwertigkeitskomplex haben die Vereinigten Staaten in ihnen ausgelöst.« Ist es nicht traurig, dass sie so etwas geschrieben haben? Und im Verlauf unseres Besuchs in Mexiko konnte man feststellen, dass López Mateos erkannte, dass Jack es wirklich ernst meinte, wenn er sagte: »Unsere Revolution war wie eure.«[44] Endlich hatten sie jemanden, der mit ihnen fühlte und dem sie vertrauen konnten.

---

42 Kennedys »Allianz für den Fortschritt« sollte die wirtschaftliche Zusammenarbeit mit den Ländern Lateinamerikas fördern und demonstrieren, dass die Vereinigten Staaten für Reformen und gegen diktatorische Regimes war.

43 Im Dezember 1961 besuchten die Kennedys Venezuela und Kolumbien.

44 Im Juni 1962 waren die Kennedys Gäste von Präsident ADOLFO LÓPEZ MATEOS (1909–1969), dessen soziale Reformen sie bewunderten; in Mexico City wurden die Gäste von jubelnden Massen begrüßt.

Der Mexiko-Besuch muss sehr aufregend gewesen sein.

Für mich war das der aufregendste Besuch überhaupt.

Aufregender als Berlin?

Nach Berlin bin ich nicht mitgekommen, denn ich war ja mit John schwanger – mit Patrick. Ich vermute, dass Berlin für ihn absolut überwältigend war. Aber mal sehen – wo war ich? Paris und Wien, Kolumbien und Venezuela. Wien[45] war unglaublich, denn der Flughafen lag viele Kilometer außerhalb des Stadtzentrums, und es war ein trüber, grauer Tag. Und allein diese Menschenmassen zu sehen, die die vierzig Kilometer lange Strecke säumten – die meisten von ihnen weinten vor Freude und winkten mit ihren Taschentüchern. Das war eine der eindrucksvollsten Menschenmengen, die ich je gesehen habe. Aber, meine Güte, der Film über Mexiko – ich habe ihn erst neulich gesehen.

Er war phantastisch.

Nicht wahr, es sah aus wie ein rosa Schneesturm – das Konfetti, das auf uns niederging, und die Jubelrufe und immer: »Viva!« Ständig ließen sie sich was Neues einfallen, das sie mit »Viva« hochleben ließen. *»Viva Kennedy!«*, *»Viva Los Kennedys Católicos!« Viva* alles!

Er empfand außergewöhnlich starke Sympathien für Lateinamerika, und er hatte großes Verständnis für die Probleme Lateinamerikas.

Und er mochte auch die Latinos. Ich war so überrascht – und ich sagte ihm das auch, was er mir bestätigte: Von all den bedeutenden Persönlichkeiten, die wir im Weißen Haus trafen oder auch schon vorher – bedenken Sie, das waren Männer wie de Gaulle,

45 Gemeint ist das Treffen JFKs mit Chruschtschow, das im Juni 1961 in Wien stattfand.

JACQUELINE KENNEDY
AUF STAATSBESUCH IN MEXIKO

Macmillan, Nehru, Chruschtschow –, hat mich Lleras Camargo aus Kolumbien am stärksten beeindruckt[46] … Und Betancourt[47] hat mich auch sehr beeindruckt, aber Lleras Camargo mehr.

---

46 HAROLD MACMILLAN (1894–1986), der konservative britische Premierminister von 1957 bis 1963, besuchte Kennedy im April 1961. Schon bald war er JFKs engster Freund unter den ausländischen Regierungschefs. Sie waren weitläufig miteinander verwandt, weil die verstorbene Schwester JFKs, KATHLEEN KENNEDY (1920–1948), auch »Kick« genannt, mit William Cavendish, Mar-

Er war so nachdenklich – er wirkte fast ... nicht deutsch, aber nordisch in seiner traurigen Art. Und dann diese Aufopferung – wobei er immer dünner und dünner wurde. Als er sich in den USA medizinisch behandeln ließ und ich ihn im Krankenhaus besuchte, stand nichts darüber in den Zeitungen. Und er kam ganz abgemagert in Jacks Büro. Ich sagte, dass er schlecht aussehe, seit wir ihn in Kolumbien besucht hatten. Und er sagte, ja, er habe sich dermaßen ins Zeug gelegt für die Allianz, aber er würde es wieder tun. Ich sagte daher zu Jack – ich hatte mir bis dahin immer in den Kopf gesetzt, meine Kinder sollten Französisch lernen, weil ich selbst erlebt hatte, wie sehr diese Zweitsprache mein Leben bereicherte hat, weil man so vielen Menschen begegnen kann – und ich sagte also zu ihm: »Unsere Kinder sollen als Zweitsprache Spanisch lernen.« Wir sollten lieber ... ich meine, wenn de Gaulle da unbedingt sein eigenes Süppchen ... also, wir sollten uns wirklich dieser Hemisphäre zuwenden. Ich werde das auch auf jeden Fall tun.

Ich glaube, eines seiner größten Verdienste bestand darin, das Bewusstsein dafür erneuert zu haben, dass dies eine gemeinsame Hemisphäre ist, was seit Roosevelt und seiner »Politik der guten Nachbarschaft« etwas in Vergessenheit geraten war.

Es ist wirklich absurd – es fiel ihm in Mexiko auf, und auch mir fiel es wieder auf: Wenn wir von »Amerika« sprechen, meinen wir unser Land, sie dagegen meinen beide Kontinente. Sie spre-

---

quess of Hartington, dem Neffen von Macmillans Ehefrau, Lady Dorothy, verheiratet war. Hartington war im Zweiten Weltkrieg ums Leben gekommen. Alberto Lleras Camargo (1906–1990) war zunächst Journalist, dann von 1958 bis 1962 kolumbianischer Präsident. Während Kennedys Staatsbesuch in Bogotá im Jahr 1961 hatte Camargo Mrs Kennedy persönlich durch den Präsidentenpalast geführt, ein glanzvolles Museum der kolumbianischen Geschichte. Es war eine der Inspirationsquellen für ihre Pläne zur Restaurierung des Weißen Hauses.

47 RÓMULO BETANCOURT (1908–1981), venezolanischer Präsident von 1945 bis 1948 und von 1959 bis 1964, »Vater der venezolanischen Demokratie«.

chen von Nordamerika und Südamerika. Wenn man also nur »Amerika« sagt, sollte man sich wirklich kräftig auf die Zunge beißen.

Der Name Kennedy ist sehr symbolträchtig – das ist ein Pfund, mit dem wir heute in Lateinamerika wuchern können. Ich würde mir wünschen, die neue Regierung würde Bobby bitten, nach Venezuela zu reisen.

Venezuela hat ausdrücklich nach Bobby gefragt, aber Lyndon Johnson wollte ihn nicht entsenden.

Ging es da um Betancourt? Man wollte Betancourt eigentlich die Ehre erweisen, weil er der erste venezolanische Präsident war, der eine vollständige Amtszeit absolviert hat. Das wäre großartig gewesen.

Ja, ich vermute.

Ich hoffe, Sie *werden eines Tages dorthin zurückkehren.*

Das werde ich, aber ohne mich politisch zu betätigen.

Trotzdem wird es die Menschen dort daran erinnern, was Amerika – was Nordamerika zu leisten in der Lage ist, und das könnte sehr viel bewirken. Zu der Zeit, als sich die Lage auf Kuba zuspitzte, gab es auch Probleme in Laos.[48] *Erinnern Sie sich daran? Es gab Gerüchte über eine amerikanische Intervention in Laos.*

Ja, genau. Also, diese Themen waren immer da, Laos, Kuba, Südvietnam – wissen Sie, ich erinnere mich noch gut an Laos … und auch an Berlin, aber ich weiß nicht mehr, was in welchem Monat war. Ist er nicht ins Fernsehen gegangen, um über Laos zu sprechen?

---

48 Im Jahr 1961 widerstand Kennedy dem Druck, militärisch gegen die prokommunistischen Kämpfer in Laos vorzugehen. Stattdessen forderte er Verhandlungen, die im folgenden Jahr zur Neutralität des Landes führten.

Ja, das war im Jahr darauf, nachdem die Krise dort schon eine Weile vor sich hin geköchelt hatte … Nein, nein, Sie haben recht, das war im selben Jahr.

Und zweimal hielt er ein Ansprache zu Berlin, oder?

Ja, zu Berlin im Juni.[49]

Sehen Sie, dass wusste ich nicht mehr genau. Aber irgendwo drohte immer irgendetwas zu eskalieren, und Jack musste mit diesem Druck im Weißen Haus leben und gleichzeitig versuchen, ein irgendwie normales Leben zu führen. Und ich wollte, wenn er nach Hause kam, einfach für ihn da sein, hören, was er loswerden wollte, aber nicht allzu viele Fragen über unangenehme Dinge stellen. Einmal in diesem Jahr ging es um Südvietnam. Normalerweise gelang es mir sehr gut, keine Fragen zu stellen, aber dann diese Selbstverbrennung und Diem und alles[50] … Das war das erste Mal, dass ich nachfragte. Es war am

---

49 Im geteilten Nachkriegsdeutschland flohen nach wie vor viele Ostdeutsche über Berlin in den Westen. Um diesem Flüchtlingsstrom Einhalt zu gebieten und Punkte gegen die West-Alliierten zu sammeln, forderte Chruschtschow für Berlin die Zusammenlegung der Sektoren und eine einheitliche Verwaltung, was die Stadt, wegen ihrer geographischen Lage, den Launen der Sowjetunion unterworfen hätte – der Westen wäre faktisch aus der Stadt gedrängt worden. Die West-Aliierten hatten sich dazu verpflichtet, die Rechte West-Berlins zu beschützen, zur Not auch mit militärischer Gewalt. Als Kennedy und Chruschtschow nach ihrem unversöhnlich verlaufenden Treffen in Wien im Juni 1961 auseinandergingen, spitzte sich die Berlinkrise so sehr zu, dass der Präsident amerikanische Reservisten einberief. Im August 1961 wurde unvermittelt mit dem Bau einer Mauer rund um West-Berlin begonnen, um die demographische »Ausblutung« der DDR zu stoppen. Obwohl Kennedy in seinen offiziellen politischen Verlautbarungen den Bau der Mauer verurteilte, erkannte er sehr wohl, dass dies der Sowjetunion einen Weg eröffnete, um die Berlinkrise zu entschärfen. Der Präsident sagte seinen Beratern: »Eine Mauer ist tausendmal besser als ein Krieg.«

50 NGO DINH DIEM (1901–1963), Präsident Südvietnams seit dem Abzug der Franzosen im Jahr 1955; im Juni 1963 demonstrierten Mönche gegen seine re-

Abend, und er sagte: »Ach Gott, Kindchen.« Das hieß … Also, ich habe mich irgendwann daran gewöhnt – es war liebevoll gemeint – so ein Spruch aus seiner Familie, nehme ich an. Und er sagte: »Ich habe mich den ganzen Tag damit herumgeschlagen, also bitte …« Er war gerade im Schwimmbad gewesen und hatte sich innerlich auf einen unbeschwerten Abend eingestellt, und er sagte: »Erinnere mich nicht!« Und ich kam mir vor, als hätte ich etwas Verbotenes getan. Aber er konnte das – bewusst von den Sorgen abschalten.

Diese Fähigkeit war sicherlich eine wichtige Kraftquelle für ihn.

Also fragte ich ihn nicht weiter – und er sagte zu mir, entweder bei dieser oder bei einer anderen Gelegenheit: »Frag nicht *mich*. Frag Bundy, er zeigt dir gern alle Fernschreiben.« *[Schlesinger lacht]* Ich antwortete: »Ich will diese Fernschreiben nicht.« Ich ließ mir allerdings immer die Fernschreiben aus Indien und Pakistan geben, denn ich las so gerne die Berichte von Ken Galbraith.[51] Und ich bekam auch die Wochenberichte der CIA. Aber die konnte ich irgendwann nicht mehr lesen. Sie deprimierten mich einfach zu sehr. Es gab da nie auch nur eine erfreuliche Meldung. Jack musste diese Berichte natürlich alle lesen. Aber er sagte: »Frag Bundy, wenn du etwas wissen willst – er erklärt es dir.« Also ließ ich es irgendwann ganz sein und stellte keine Fragen mehr. Man lernt genug durch Osmose – und aus den Zeitungen, und man lebt einfach damit. Was mir an dem Leben im Weißen Haus von Anfang an gefallen hat – und das entschädigt ein wenig dafür, dass man sonst so auf dem Präsentierteller gelebt hat –, das war, wie beschützt man gleichzeitig war. Man war völlig abgeschirmt vor der Außenwelt. Man hat das gar nicht mitbe-

---

pressive Politik, es kam zu einer Selbstverbrennung; im selben Jahre starb Diem bei einem Militärputsch.

51 Beide Kennedys schätzten sehr die geschliffenen, humorvollen Fernschreiben von JFKs Botschafter in Indien.

kommen, die Gemeinheiten, die über einen kursierten, ich habe das alles erst viel später erfahren. Auf gewisse Art konnte ich dort ungestört mein Leben leben, ich meine, was das Privatleben anbelangt. Jack konnte das nicht. Also beschloss ich, dass es so das Beste wäre. Jeder musste seinen Beitrag leisten, Jack zu unterstützen, und das war eben meine Art, ihm zu helfen – indem ich ihn nicht belästigte, sondern zu Hause ein Klima der Herzlichkeit, Behaglichkeit und Entspannung für ihn schuf. Und ich lud Leute ein, die ihn auf andere Gedanken brachten. Natürlich waren immer Leute aus Washington da, aber die hatten nicht direkt etwas mit den Angelegenheiten zu tun, mit denen er sich den ganzen Tag herumschlug, und es gab gutes Essen, die Kinder waren fröhlich. Und wenn man von jemandem hörte, der gerade in der Stadt war, irgendjemand Interessantes, dann versuchte man ihn einzuladen.[52]

Haben Sie sich um die Einladungen gekümmert?

Ja.

Er hatte absolutes Vertrauen in Sie.

Ja, und oft, wenn mir niemand einfiel, rief ich Mrs Lincoln und sagte: »Wenn der Präsident heute einen Gast zum Abendessen haben möchte, soll er ihn einfach einladen.« Es konnte vorkommen, dass ich ein kleines Dinner für sechs Personen arrangierte, und es war ausgerechnet ein Abend, an dem er früh ins Bett gehen wollte. In unserem letzten Jahr waren es daher immer nur ein

52 In Zeiten großer Anspannung versuchte Jacqueline den Präsidenten aufzuheitern, indem sie Karikaturen für ihn zeichnete oder Limericks dichtete, die die Kinder ihm ins Büro brachten, oder sie ließ ihm sein Lieblingsessen kommen, etwa aus dem Fischrestaurant Joe's Stone Crab in Miami. Im privaten Kreis parodierte sie manchmal sehr gekonnt und witzig die Leute, mit denen JFK am Tag zu tun hatte. So ahmte sie einmal den französischen Botschafter nach, wie dieser seinerseits de Gaulle imitierte.

oder zwei Gäste, und er entschied, wann er Mrs Lincoln dabeihaben wollte oder auch Walton oder sonst jemanden.[53]

Erinnern Sie sich an den Besuch von Präsident Nkrumah?[54]

Allerdings. Ich glaube, er war der erste Besucher überhaupt. Wir empfingen ihn im westlichen Wohnzimmer.

In der Privatwohnung?

Ja, und Stas war da und Lee auch. Stas hatte uns gerade erzählt, dass Nkrumah die größte Jacht im Mittelmeer gekauft hatte, die irgendeinem windigen griechischen Freund von Stas gehörte – die *Radiant*. Stas fragte ihn danach, und Nkrumah verdrehte die Augen und sagte: »Ja, sie dient der ghanaischen Marine als Schulschiff!« Und Jack lachte später mit Stas herzlich darüber. Aber er war nett, fröhlich, er hatte dieses entwaffnende Lachen. Man ahnte nicht im Geringsten, dass er sich einmal als ein solcher Schuft erweisen würde.

Er hat sich in jüngster Zeit wirklich schlimme Dinge geleistet. Aber sein Besuch damals war sehr angenehm, oder?

---

53 WILLIAM WALTON (1910–1994), Journalist, Romancier, Maler; ein enger Freund beider Kennedys, übernahm auf Jackies Bitte hin den Vorsitz der United States Commission of Fine Arts, die für die ästhetische Gestaltung von Gebäuden und Denkmälern der US-Bundesregierung in Washington, D. C., zuständig ist. »Die Kommission wird in alle Projekte eingebunden werden, die uns wichtig sind«, schrieb sie ihm im Juni 1962. »Wunderschöne Gebäude sollen abgerissen und geschmacklose Wolkenkratzer gebaut werden … Vielleicht ist es nicht die wichtigste Sache der Welt – wenn man mit der Bombe rechnet –, alte Gebäude zu retten und neue geschmackvoll zu gestalten, aber ich glaube, wir werden die Bombe immer erwarten und sie wird nie fallen, und daher ist es so wichtig, das Alte zu erhalten – und das Neue ästhetisch ansprechend zu gestalten.«

54 KWAME NKRUMAH (1909–1972) wurde 1960 der erste Präsident eines unabhängigen Ghana. Doch er entwickelte sich schon bald zu einer Art sozialistischem Diktator, der sich am Volk bereicherte. 1966 kam es in Ghana zum Putsch; Nkrumah floh nach Guinea.

Äußerst angenehm, und man sah ihm an, dass er sich sehr darüber freute, dass wir ihn in der Privatwohnung empfingen, und ich glaube, er sah auch die Kinder. Er wirkte wirklich zufrieden. Ich glaube, er überreichte mir ein Geschenk, und ich schrieb ihm eigenhändig ein Dankschreiben und bemühte mich, besonders höflich zu sein, denn Jack machte mir klar, wie wichtig das war, gerade den Afrikanern gegenüber. Er sagte, wie schrecklich die Afrikaner immer behandelt würden. Eisenhower hatte Haile Selassie[55] eine Dreiviertelstunde warten lassen, und daher waren sie so überaus empfindlich. Also schrieb ich eigenhändig: »Würden Sie mir ein Foto von sich schicken, denn Sie waren unser erster Besucher« – also, ausländischer Staatsgast. Etwa zwei Wochen später kam der Botschafter Ghanas in voller Landestracht hereinspaziert und überreichte mir das Foto. Wissen Sie, am Anfang habe ich Nkrumah wirklich gemocht. Die einzige Person, der ich begegnet bin, bei der man von Anfang an ahnte, dass er ein Verbrecher war, noch bevor er irgendwas getan hatte, das war Sukarno.[56]

Sukarno war schlimm.

Das waren Arbeitsbesuche oder wie immer man das nennen will, aber Jack brachte ihn unmittelbar vor dem Mittagessen mit in unser Wohnzimmer. Er hatte diese Angewohnheit, Leuten immer irgendetwas Besonderes zu bieten. Eine dieser Gesten bestand darin, dass er sie mitbrachte in unsere privaten Räumlichkeiten, entweder um mit ihnen vor dem Mittagessen ein Glas zu trinken oder um ihnen Tee anzubieten und sie mir vorzustellen. Er wusste, dass es ihnen etwas bedeuten würde, wenn er sie mit in

---

55 HAILE SELASSIE (1892–1975), der letzte Kaiser von Äthiopien.

56 SUKARNO (1901–1970) führte Indonesien in die Unabhängigkeit von den Niederlanden und war von 1945 bis 1967 der erste Präsident des Landes. Er war berüchtigt für seine sexuellen Ausschweifungen und seine Korruption. Er tat sich auch als Kunstsammler hervor.

seine Privatwohnung nehmen würde. Das Außenministerium ließ mir ein Dossier zu Sukarno zukommen, und darin las ich, dass Mao Tse-tung einen Bildband mit seiner Kunstsammlung herausgebracht hatte, worauf er sehr stolz war. Er fühlte sich so geschmeichelt. Also rief ich an diesem Morgen im Außenministerium an und fragte: »Könnten Sie mir diesen Band besorgen?«, denn ich glaubte, es würde Sukarno beeindrucken, wenn das Buch bei uns auf dem Tisch liegen würde. Der Band traf etwa zwanzig Minuten vor ihm ein, und ich hatte noch gar keine Zeit, ihn durchzublättern. Also sagte ich: »Herr …« – ich weiß nicht mehr, nannte er sich Präsident oder Premierminister, damals wusste ich es – »Herr Präsident, wir haben hier Ihren Kunstband«, und wir begannen, den Band, der sehr groß war, gemeinsam durchzublättern. Sukarno saß zwischen Jack und mir auf dem Sofa. Und er blätterte die Seiten durch, und es war schlicht eine Sammlung mit lauter Pin-up-Girls wie von Vargas!

Ach, wirklich?

Oder von George Petty![57] Alle waren halbnackt und hatten Hibiskusblüten im Haar. *[Schlesinger lacht]* Es war einfach unglaublich, und ich fing Jacks Blick auf, und wir bemühten uns, nicht loszulachen. Wir mussten uns wirklich zusammenreißen – es war so furchtbar. Aber Sukarno war bestens aufgelegt und sagte: »Das da ist meine zweite Ehefrau, und die hier …« Aber, ich weiß nicht, er hatte diesen lüsternen Blick. Und das hinterließ einen unangenehmen Nachgeschmack.

Gab es sonst noch jemanden, den Sie nicht mochten?

---

57 ALBERTO VARGAS (1896–1982), peruanischstämmiger Maler; seine Zeichnungen hübscher halbnackter Frauen erschienen im *Playboy* sowie in *Esquire*, wo zuvor GEORGE PETTY (1894–1975) für die Pin-up-Bilder zuständig war.

Adschubej war mir unsympathisch.[58] Er kam nach Cape Cod. Und Jack war wirklich gut – Pierre hat das arrangiert, das Interview und alles. Er ist ein furchtbar grober Klotz. Vielleicht hat er unter der rauen Schale ja einen weichen Kern, aber er trat ins Zimmer, und Klein John kam aus dem Esszimmer ins Wohnzimmer gelaufen – auf Cape Cod –, weil er mal wieder Miss Shaw entwischt war, und Adschubej sagte: »Aha, Ihr Sohn. In ein paar Jahren werden er und mein Sohn aufeinander schießen« – oder so etwas in der Art.

Sehr witzig.

Nicht wahr – und lachte schallend. Er hatte den gleichen grobschlächtigen Humor wie Chruschtschow, nur noch viel schlimmer. Seine Frau dagegen mochte ich sehr. Frau Chruschtschow mochte ich eigentlich nicht besonders, und ich hasste die Tochter, die mit Chruschtschow in Wien war.[59] Sie sah aus wie eine blonde KZ-Aufseherin! Adschubejs Frau[60] hingegen war die einzige russische Frau ... Wissen Sie, Frau Chruschtschow und Frau Dobrynin – Dobrynin fragte Jack extra, ob ich seine Frau allein zum Mittagessen einladen würde, und das habe ich auch getan. Aber beide hatten diese Art, einen ständig zu bevormunden.[61] Wenn man rauchte, sagten sie: »Sie sollten nicht so viel rauchen. Russische Frauen rauchen nicht.« Oder: »Haben Sie Ingenieurwesen studiert?« Ich vermute, sie hatten ziemliche Komplexe. Trotzdem bemühte ich mich, höflich zu sein, aber es war nicht sehr an-

---

58 ALEXEJ ADSCHUBEJ (1924–1993) war Chruschtschows Schwiegersohn und Herausgeber der Tageszeitung *Iswestija*. JFK empfing ihn im November 1961 in Hyannis Port für ein Interview, das in beiden Ländern erschien.

59 Mrs Kennedy meint vermutlich die Schwiegertochter, die Chruschtschow nach Wien begleitete.

60 RADA CHRUSCHTSCHOWA ADSCHUBEJ (*1929).

61 ANATOLY DOBRYNIN (1919–2010), Diplomat; kam 1962 als sowjetischer Botschafter nach Washington.

genehm. Und Adschubejs Frau, Chruschtschows Tochter, war die Einzige, die ein bisschen Humor hatte. Sie sagte: »Haben Sie am Abend nicht die Nase voll von Ihren Kindern?« oder: »Wenn ich doch nur einen anständigen Koch finden könnte.« Sie machte so kleine scherzhafte Bemerkungen – sie war sehr scheu, aber sie schien sensibel zu sein. Und ich habe mich immer wieder gefragt, wie sie an einen solch ungehobelten Kerl geraten konnte. Aber vielleicht ist er ja netter, wenn man ihn besser kennt. Denn Bill Walton schrieb in seinem Bericht über Russland, als er nach Jacks Tod dorthin reiste, Adschubej sei wirklich erfreut gewesen, dass die Matrjoschka-Puppe, die Chruschtschow Caroline geschenkt hatte, sich tatsächlich in ihrem Schlafzimmer befand. Sie stand auf einem kleinen Tisch neben ihrem Bett, wo auch eine Madonna stand, und sie spielte gern mit ihr. Also sind sie vermutlich doch ganz sensibel.

Frau Chruschtschow …

De Gaulle sagte mir in Paris – wir machten dort Zwischenstation auf der Reise nach Wien: *»Méfiez vous, c'est elle la plus maline.«* – »Nehmen Sie sich in Acht, sie ist raffinierter als er.« Ich mochte sie, als sie ihren Mann begleitete, als er von Eisenhower zu einem Besuch nach Amerika eingeladen worden war. Damals kannte ich sie nur aus den Zeitungen. Ich fand, dass sie ein nettes Gesicht hatte.

Sie hatte etwas von Bess Truman – irgendwie nett, angenehm.

Ja. Aber sie war wirklich ein bisschen *maline*, fand ich. Ich meine, ständig diese kleinen Seitenhiebe. Obwohl sie in dem Palais in Wien, wo wir zusammen zu Mittag aßen, sehr höflich war. Da gab es ein kleines Problem mit dem Protokoll. Aus irgendeinem Grund stand ich rangmäßig über ihr, weil Jack Präsident und Chruschtschow bloß Vorsitzender von was auch immer war – also sollte sie den Raum nach mir verlassen. Aber ich wollte nicht vor einer älteren Frau gehen. Doch sie zögerte und zögerte, und

NIKITA CHRUSCHTSCHOW UND JACQUELINE KENNEDY IN WIEN

niemand griff ein, sodass ich schließlich sagte ... in meiner Verzweiflung nahm ich ihre Hand und sagte: »Ich bin sehr schüchtern, also müssen Sie mich begleiten.« Und Tish[62] und ein Dolmetscher sagten mir, Frau Chruschtschow sei daraufhin auf einen Russen in ihrem Tross zugestürmt und habe zu ihm gesagt: »Haben Sie gehört, was sie zu mir gesagt hat?« Und sie strahlte regelrecht. Offensichtlich sind sie also im Grunde nur ein bisschen schüchtern – haben ihre Komplexe. Aber Chruschtschow mit seinem derben Humor ...

Besitzt Chruschtschow überhaupt Humor?

Doch, aber er macht einen Scherz nach dem anderen. Es ist, als würde man beim Dinner neben Abbott und Costello sitzen.[63]

Also eine eher routinierte Art von Heiterkeit?

Ja, aber das ist immer noch besser als – ich weiß nicht – neben dem finnischen Präsidenten Kekkonen zu sitzen, der einem erzählt, wie lange er jeden Morgen vor dem Frühstück spazieren geht. Doch dann gab es diese Ballettaufführung, und all diese leichtfüßigen Ballerinas umschwirrten Jack und Chruschtschow und mich und Frau Chruschtschow, und ich sagte: »Sehen Sie nur, sie schenken Ihnen die meiste Beachtung, Herr Vorsitzender. Sie werfen alle Blumen nach Ihnen.« Und er sagte: »Nein, nein, sie haben Ihren Mann im Blick. Sie dürfen ihn niemals allein auf einen Staatsbesuch gehen lassen, er ist ein so gutaussehender junger Mann.« Hin und wieder sagte er wirklich nette Sachen. Und dann wieder irgendeine Dummheit. Ich erzählte das später Jack, und er konnte es nicht glauben! Mir gingen mit diesen Leu-

62 LETITIA BALDRIGE (*1925), die Protokolldame des Weißen Hauses.

63 Nachdem die beiden Regierungschefs den ersten Tag mit Gesprächen verbracht hatten, wurden auf Schloss Schönbrunn zu Ehren der Kennedys und der Chruschtschows ein Galadiner und eine Ballettaufführung veranstaltet. (Abbott und Costello: berühmtes US-amerikanisches Komikerduo; A. d. Ü.)

ten auch schnell die Gesprächsthemen aus. Jack sagte immer: »Versuch gar nicht erst, mit diesen großen Männern zu plaudern.« Also, Mrs Kennedy[64] bereitete sich richtig vor, informierte sich über Russland oder den Weizenanbau. »Das ist das Letzte, was sie hören wollen. Red mit ihnen über irgendetwas anderes.« Ich hatte gerade *Die Säbel des Paradieses* von Lesley Blanch gelesen, das sich mit der Geschichte der Ukraine im 19. Jahrhundert beschäftigt, mit den Kriegen und so weiter, und mit Tanz. Die Ukraine weckte bei mir sehr romantische Vorstellungen, also erzählte ich ihm, wie mir das alles gefiel, der Lesginka-Tanz und die Kabardiner-Hengste. Und er sagte etwas in der Art wie: »Ja, ja, die Ukraine, wir haben dort heute mehr Lehrer pro irgendetwas ... und mehr Weizen.« Und ich sagte: »Oh, Herr Vorsitzender, langweilen Sie mich bitte nicht damit! Dieses Land hat etwas so Romantisches.« Worauf er lachte.[65] Aber wissen Sie, zuletzt konnte er einen auch enttäuschen. Gott weiß, worüber wir gesprochen haben – den Zaren – ich weiß es nicht. Ich weiß noch, dass einer dieser Hunde – einer dieser Weltraumhunde – gerade Welpen hatte. Ich kannte die Hunde alle mit Namen – Strelka und Belka und Laika. Also sagte ich: »Wie ich höre, hat einer Ihrer Weltraumhunde Welpen. Wollen Sie mir nicht einen schicken?« Er lachte. Und etwa zwei Monate nach unserer Rückkehr nach Washington kamen zwei schwitzende, aschfahle Russen ins Oval Office gestolpert, mit dem Botschafter, und der trug diesen armen, verängstigten Welpen, der offensichtlich sein ganzes Leben mit Nadeln in allen Venen im Labor verbracht hatte. Und Jack sagte zu mir – ich hatte vergessen, es ihm zu sagen – er sagte: »Wie kommt dieser Hund hierher?« Ich antwortete: »Tut mir

---

64 Rose Kennedy, JFKs Mutter, die mit nach Wien kam.

65 In seinen Memoiren erinnerte sich Chruschtschow: »Offensichtlich war sie schlagfertig, oder, wie die Ukrainer sagen, sie besaß eine scharfe Zunge ... Man sollte nicht mit ihr aneinandergeraten, denn sie setzt einem den Kopf zurecht.«

leid, aber ich habe Chruschtschow in Wien um einen gebeten. Ich wusste einfach nicht mehr, worüber ich mit ihm reden sollte.« Und er sagte: »Du hast ihm in die Hände gearbeitet, indem du ihn an sein Weltraumprogramm erinnert hast.«[66] Aber er lachte.

Mochte er Chruschtschow?

Damals in Wien … Wissen Sie noch, was er am Ende des Gesprächs zu Chruschtschow sagte? Er hat mir die Mitschrift gezeigt: »Es wird ein kalter Winter werden.« Er sagte das wirklich sehr besorgt. Aber ich denke, nachdem es zu dieser nackten, brutalen, rücksichtslosen Gewalt gekommen war … Nun ja, Chruschtschow glaubte vielleicht, er könnte mit Jack umspringen, wie es ihm gefiel. Chruschtschow konnte lustig sein, aber hinter der Maske war er …

Er war absolut kompromisslos. Ich erinnere mich, dass der Präsident bei seiner Rückkehr sehr besorgt war.

O ja, das war er. Ich glaube, er war nach diesem Besuch völlig niedergeschlagen.

War er mit irgendwelchen besonderen Erwartungen an Chruschtschow dorthin gereist, oder wollte er einfach sehen, was passiert?

Ich glaube, er rechnete von Anfang an mit einer Enttäuschung, aber ich glaube, es war dann viel schlimmer, als er erwartet hatte. Er hatte sich keine Illusionen über die Möglichkeiten einer besseren Zusammenarbeit gemacht. Aber ich erzählte ihm – aus irgendeinem Grund –, dass mir das Gesicht von Gromyko gefalle.[67] Doch das war vor der zweiten Kubakrise. Denn – das war

---

66 Chruschtschow prahlte gern damit, dass das Weltraumprogramm der Sowjetunion im Jahr 1961 weiter fortgeschritten war als das US-amerikanische.

67 ANDREJ GROMYKO (1909–1989), der für seine Sturheit bekannte sowjetische Außenminister, verdarb es sich im Oktober 1962 endgültig mit JFK, als er

wirklich komisch – eines Tages wollte ich mir draußen ein bisschen die Füße vertreten, und da saßen er und Gromyko im Rosengarten. Bevor wir ihn neu gestaltet haben, stand dort eine ganz kleine Bank. Da konnte sich höchstens ein Pärchen draufquetschen. Und er und Gromyko saßen da auf diesem Bänkchen und unterhielten sich. Und Jack sagte mir später, er wollte ihn aus dem Büro heraushaben und allein mit ihm sprechen. Ich schlenderte an ihnen vorbei, und Jack bat mich, näher zu kommen. Ich sagte zu ihnen: »Ihr seht komisch aus, ihr sitzt euch ja fast auf dem Schoß.« Gromyko lachte. Die Leute sagen, er sähe aus wie Nixon, aber er hatte ein nettes Lächeln, wenn er lächelte.

Ach, ja? Auf mich wirkte er immer schrecklich steif.

Na ja, wenn er lächelte ... ich weiß nicht. Und dann – in der zweiten Kubakrise – wie er Jack dann so unverfroren anlog ... Aber Jack ging wirklich geschickt damit um, und als sie sich ein anderes Mal im Oval Office trafen, sagte Jack zu ihm: »In diesem Land tauschen wir keinen Obstgarten gegen einen Apfel.«[68] Ich kann mich nicht mehr genau an das Jahr erinnern und warum sie damals zusammentrafen, aber ich glaube, Gromyko war dreimal da.

Das dritte Mal war 1963.

Vielleicht viermal.

Aber grundsätzlich: Machten Ihnen Staatsbesuche Spaß, oder waren sie eher lästig?

---

diesem im Oval Office ins Gesicht beteuerte, die Sowjets hätten keine Raketen auf Kuba stationiert.

68 Das war im Oktober 1961, bei einem Gespräch in den Privaträumen des Weißen Hauses. JFK wies Gromykos Versuche, um West-Berlin zu feilschen, mit der Bemerkung zurück: »Sie bieten uns an, einen Obstgarten gegen einen Apfel einzutauschen. In diesem Land machen wir das nicht.«

Nun, sie waren …

Oder mal so, mal so?

Sie waren mir nicht lästig. Sie waren einfach anstrengend. Wissen Sie, in der Woche, in der ein Staatsbesuch stattfand, war man wirklich erschöpft. Man musste an alles Mögliche denken – später wurde es leichter – aber am Anfang musste man so viele Dinge erledigen, so ähnlich wie bei einem privaten Essen bei sich zu Hause – also, wenn man keine Hilfe hat. Man musste sich um den Tisch und den Blumenschmuck kümmern – manchmal trafen Bunny Mellon und ich uns vorher und richteten den Blumenschmuck her –, aber dann war es auch schon Zeit, sich für das Dinner anzukleiden.[69] Ich meine, bevor wir die Leute hatten, die sich darum kümmern konnten. Und dann das Essen. Es war so schwer zu organisieren, dass es nicht immer kalt aus der Küche kam. Im Weißen Haus gibt es keinen Anrichteraum, die Küche ist unten, und es kam immer zu endlosen Wartezeiten. Auch ein Unterhaltungsprogramm musste organisiert werden, eine Bühne … Die Staatsbesuche waren also recht anstrengend, was die Vorbereitung betraf … Aber richtig schlimm war eigentlich nur ein Besuch, der des Japaners – Ikeda. Ikeda war ein netter Mann, aber er und fast alle anderen aus seinem Gefolge sprachen kein Wort Englisch. Das war bei diesen vielen Zusammentreffen arg anstrengend. Aber ich mochte diese Empfänge. Ich mochte Abbud aus dem Sudan, ich mochte Karamanlis, vor allem Frau Karamanlis … Es bedeutete ihnen viel, und das war berührend.

---

69 RACHEL »BUNNY« MELLON (*1910), Erbin eines Pharma-Unternehmers und zweite Frau des Unternehmers und Mäzens PAUL MELLON (1907–1999), war eine enge Freundin Jacquelines. Sie war Mitglied im Fine Arts Committee und beriet sie bei der Restaurierung des Weißen Hauses, der Neugestaltung der Gärten (zusammen mit JFK wandelte sie den Rosengarten in einen von Bäumen gesäumten Platz für Feierlichkeiten im Freien um) und später bei der Gestaltung der Grabstätte von Präsident Kennedy auf dem Arlington-Friedhof.

Macmillan kam im April, erinnern Sie sich?[70] *Waren Sie oder der Präsident ihm schon vorher einmal begegnet?*

Ja, Jack war schon mit ihm zusammengetroffen, in Key West, und nach Wien traf er sich in London mit ihm. Kam er kurz vor Wien?

Er kam im April, vor Wien.

Das hatte ich vergessen.

Er muss ihn aber schon zuvor über die Devonshires kennengelernt haben.

Ich weiß nicht.

Vielleicht auch nicht.

Aber ich weiß, dass sie seit Jacks Amtseinführung korrespondierten. Und, ja, dann aßen wir zusammen zu Mittag, nur Sissy und David[71] und Macmillan und Jack und ich, und es war sehr nett. Es war so eine gelöste Atmosphäre, und sie blieben noch lange und unterhielten sich. Es war ein sehr ungewöhnliches und berührendes Verhältnis zwischen den beiden Männern. Sie mochten sich wirklich sehr. Ach, Sie müssten ihre Briefe sehen – ich werde sie Ihnen irgendwann mal zeigen, weil ich sie nicht alle auf Tonband sprechen kann. Aber einen schrieb er Jack im Som-

---

70 Der britische Premierminister machte im April 1961 seinen Antrittsbesuch bei Kennedy.

71 DAVID ORMSBY-GORE (1918–1985) war während der Kennedy-Jahre britischer Botschafter in Washington. Er lernte JFK noch vor dem Zweiten Weltkrieg kennen, als Joseph Kennedy US-Botschafter in London war. Ormsby-Gore war durch Heirat sowohl mit Kennedy als auch mit Macmillan verwandt. Als konservativer Unterhausabgeordneter hatte Ormsby-Gore in den fünfziger Jahren hin und wieder mit JFK über Abrüstung gesprochen. Sowohl er als auch Macmillan drängten den Präsidenten, sich entschlossen für ein Verbot von Atomwaffentests einzusetzen, um so das erbitterte Wettrüsten während des Kalten Krieges zu beenden. (Nach dem Tod seines Vaters im Jahr 1964 wurde Ormsby-Gore Lord Harlech.)

mer, als er gerade die Profumo-Geschichte hinter sich hatte.[72] Jack schickte ihm nach seinem Rücktritt ein Telegramm und sagte David, es könne ruhig von allen Zeitungen veröffentlicht werden – nach allem, was er für den Westen getan habe. Er mochte Macmillan sehr. Wissen Sie, Macmillan hatte so eine lustige Art, einen anzusehen. Als würde er das Lachen unterdrücken, und seine komische Kleidung und alles. Aber, o nein, gleichzeitig war er ein …

Ein gerissener Bursche …

Ja, genau.

Ich hatte den Eindruck, dass besonders seine entschiedene Haltung in der Atomfrage dem Präsidenten imponiert hat – das Bemühen, das atomare Wettrüsten zu beenden. Er schilderte in seinen Briefen sehr beeindruckend die Schrecken eines möglichen Atomkriegs.

Ja, und was sagte Jack? Das sagte er immer wieder … wie viel Macmillan für die westliche Allianz getan habe. Jack sagte, die Allianz lag Macmillan wirklich am Herzen.

Mochte der Präsident Gaitskell?

Ich denke schon. Oder nicht?

Doch, doch. Erinnern Sie sich an seine Reaktion auf Harold Wilson?[73]

---

72 Im Oktober 1963 trat Macmillan aus gesundheitlichen Gründen zurück. Sein Verteidigungsminister, John Profumo, war kurze Zeit zuvor in einen Sex- und Spionageskandal verwickelt worden, der das Ansehen der Regierung Macmillan trübte. Freunde mutmaßten, diese schwere Belastungsprobe könnte Macmillans Erkrankung verursacht haben, beziehungsweise er habe seinen schlechten Gesundheitszustand als Vorwand benutzt, um sich aus der Schusslinie zu bringen.

73 HUGH GAITSKELL (1906–1963) und HAROLD WILSON (1916–1995) waren Vorsitzende der oppositionellen Labour-Partei während der Regierung Macmillan.

Oh, er konnte ihn nicht ausstehen.

Das war ein sehr spezielles Verhältnis. Aber worüber unterhielten sich der Präsident und Macmillan, wenn sie nicht über Politik redeten, sie hatten schließlich viele gemeinsame Interessen? Macmillan ist Verleger und sehr an Geschichte interessiert.

Nun, sie scherzten viel, zogen über die Leute her. Jack erzählte mir einige der Sachen, über die sie sprachen, wenn die Männer bei Tisch unter sich waren – nach dem Mittagessen –, aber das sind Dinge, die ich vielleicht nicht auf Band sprechen sollte. Was weiß ich. Sie sagten zum Beispiel, überall hört man, die junge Generation sehe keine Hoffnung mehr in ihrem Leben, mit dieser nuklearen Bedrohung und allem, aber schaut sie euch an, es geht ihnen bestens, sie tanzen Twist – und so weiter … Na ja, ich weiß nicht, lauter so Sachen. Sie hatten jedenfalls ihren Spaß. Das einzige Mal, dass ich mit ihnen zusammen war, war beim Lunch im Weißen Haus. Und als sie herauskamen, sagte jemand etwas über Nehru, und ich erzählte ihnen, dass Lee von Nehru eine Miniatur geschenkt bekommen habe mit zwei Indern auf einer Couch, mir hatte er auch eine geschenkt, aber nur mit einer Dame, die an einer Rose riecht, und am Flughafen hatte er dann seine Hand auf Lees Oberschenkel gelegt – oder irgendetwas anderes Ungehöriges getan.[74] Macmillan sah mich ganz bestürzt an, wissen Sie, es war so witzig … Aber das trifft nicht genau, was ich meine. Jack mochte diese Spötteleien, und Macmillan ebenfalls. Ich habe noch nie zwei Menschen gesehen, die sich so glänzend verstanden. Alle wichtigen Dinge besprachen sie, wenn sie allein waren, aber wenn Sissy und David und wir und er zusammenkamen … oder wenn wir bei Adele Astaire Douglass waren – da wurde dann viel über familiäre Dinge gesprochen, aber immer mit dieser Ironie.

---

74 Während des offiziellen Besuchs von Mrs Kennedy in Indien im März 1962, wo sie von ihrer Schwester begleitet wurde.

Als der Präsident sich 1938/39 in London aufhielt, das hat ihn sehr beeindruckt, oder?

Ich bin überzeugt davon, dass er sich im Grunde stärker an der britischen als an unserer eigenen Geschichte orientierte. Er las – ich habe Ihnen die Texte ja genannt – Burkes *An die Bürger von Bristol* und Warren Hastings und auch Charles James Fox.[75] Er bemühte sich sehr um eine klassische Bildung. Ich glaube nicht, dass man die in unserem Land heute noch bekommt. Vor allem in der Zeit, als er krank war, las er viele Klassiker und die Engländer – und aus der amerikanischen Philosophie und Redekunst hat er sich dann das Wichtigste herausgepickt. Er bewunderte all das sehr. Ich glaube, wir waren 1958 zum letzten Mal zusammen in London und haben bei dieser Gelegenheit mit seinen alten Freunden zu Abend gegessen. Doch wenn man sie so betrachtete, war man eher von ihnen enttäuscht. David Gore war der Einzige, aus dem was geworden ist, und er war … Jack sagte immer, er sei einer der intelligentesten Menschen, denen er je begegnet ist – er und Bundy. Aber die anderen waren, nun, irgendwie traurige Gestalten. Und Jack war nicht wie Joe Alsop, der völlig aus dem Häuschen gerät, nur weil jemand Engländer ist und womöglich noch ein Lord. Sie so zu sehen deprimierte Jack. Von all diesen jungen Männern, die '38, '39 seine Freunde gewesen waren … Hugh Fraser, Tony Rosslyn[76] …

Er war in der Regierung, aber er hat die Erwartungen, die man in ihn setzte, nicht erfüllt.

---

75 WARREN HASTINGS (1732–1818) war der erste Generalgouverneur von Indien. CHARLES JAMES FOX (1749–1806) war ein führender Politiker der Whigs; als erbitterter Gegner von König George III unterstützte er die Amerikanische Revolution.

76 HUGH FRASER (1918–1984) und ANTHONY ST. CLAIR-ERSKINE (1917–1977), sechster Graf von Rosslyn, waren beide nach dem Krieg Mitglieder des Unterhauses.

Ja.

Kannte er Churchill?

... William Home war auch ein enger Freund von ihm.[77]

Alecs Bruder.

Ja. William mochte Kathleen, Jacks Schwester, und er schrieb ... Nicht wahr, er ging sogar ins Gefängnis, weil er in irgendeiner Stadt nicht auf Zivilisten schießen wollte, und dort schrieb er *Now Barabbas.* Dann schrieb er *The Chiltern Hundreds* – über Kathleen – sie war das Vorbild für die junge Amerikanerin. Sie besuchte ihn im Gefängnis. William war immer unglaublich frech und witzig, ein verrückter Kerl. Jack mochte ihn sehr. Aber seine Stücke wurden immer schlechter und schlechter.

Lernte Jack in dieser Zeit Alec Home kennen?

Ich glaube nicht.

Er ist ganz anders als William, oder?

Ja, William ist wirklich verrückt. Vor der Parade des Black-Watch-Regiments[78] hielt Jack eine kurze Ansprache, in der er sagte, dass wir uns alle zu Menschen hingezogen fühlen, die unermüdlich kämpfen, und dass ihn die Geschichte Schottlands schon als Kind gefesselt habe, weil die schottische Geschichte ein

---

77 WILLIAM DOUGLAS-HOME (1912–1992) war ein Dramatiker und kandidierte während des Zweiten Weltkriegs für das Unterhaus – erfolglos, denn er vertrat die unpopuläre Ansicht, dass der Krieg nicht bis zur bedingungslosen Kapitulation Deutschlands geführt werden solle. Sein Bruder ALEC DOUGLAS-HOME (1903–1995) war Macmillans Außenminister und wurde im Oktober 1963 dessen Nachfolger im Amt des Premierministers.

78 Neun Tage vor seinem Tod wohnten der Präsident und seine Familie einer Vorführung der Dudelsackspieler des Royal Highland Regiment »Black Watch« auf dem Südrasen des Weißen Hauses bei. Später bat Mrs Kennedy die Schotten, bei der Trauerfeier für ihren Ehemann zu spielen.

JOE, KATHLEEN UND JACK, LONDON 1939

DIE KENNEDYS VERFOLGEN DIE PARADE DES BLACK-WATCH-REGIMENTS AUF DEM SÜDRASEN DES WEISSEN HAUSES, 13. NOVEMBER 1963

unermüdlicher Kampf war, der lange vergeblich geführt worden sei, dafür aber heute umso mehr triumphiere. Und als wir vom Rasen zurück zum Balkon gingen, wo wir die ganze Darbietung verfolgten, sagte Jack: »Ich möchte wissen, ob David Gore verstanden hat, was ich meinte.« Er meinte, dass Alec Douglas-Home, ein Schotte, jetzt britischer Premierminister war.

Mochte er Alec Douglas-Home?

Waren sie sich überhaupt begegnet?

Ja.

Ist Alec Home in die Staaten gekommen?

Ja, nicht als Premierminister, aber vorher als Außenminister. Sie kannten sich.

Ich denke, er mochte ihn – jedenfalls glaube ich nicht, dass er ihn nicht mochte. Ich traf Alec Home zum ersten Mal bei Jacks Beerdigung, und ich mochte ihn.

Er ist ein netter Kerl. Ist er jemals mit Churchill zusammengetroffen?

Wir haben Churchill in Monte Carlo getroffen, damals hatten wir ein Haus in Cannes mit William Douglas-Home und seiner Frau und …

Wann war das?

Das war 1958, glaube ich. Die Agnellis[79] hatten uns zum Dinner eingeladen, aber davor fuhren sie mit uns zur Jacht von Onassis, um uns Churchill vorzustellen.[80] Jack hatte schon lange den Wunsch gehabt, Churchill kennenzulernen. Aber der arme alte Mann war wirklich schon arg senil, und als wir da alle auf dem Boot zusammenkamen, wusste er nicht, wer Jack war. Er begann mit einem der Männer zu sprechen, in dem Glauben, es wäre Jack, und er sagte: »Ich habe Ihren Vater sehr gut gekannt«, und so weiter, bis das Missverständnis aufgeklärt wurde. Dann setzte sich Jack zu ihm, und sie unterhielten sich. Aber es war mühsam. Ich glaube nicht, dass er ihm zuvor schon einmal begegnet war. Aber natürlich hatte er alles gelesen …

Er hatte wirklich fast alles von Churchill gelesen.

---

79 GIOVANNI AGNELLI (1921–2003), Chef der familieneigenen Automobilfirma Fiat.

80 ARISTOTELES ONASSIS (1906–1975) wohnte und arbeitete Ende der fünfziger Jahre in Monaco, wo auch seine Jacht *Christina* lag. Dort empfing er auch oft den betagten Churchill und dessen Frau Clementine. Die Kennedys trafen im Sommer 1955 und 1959 auf Onassis' Jacht mit Churchill zusammen.

Jack tat mir so leid an diesem Abend. Endlich traf er seinen Helden, aber er traf ihn zu spät. Er hatte sich so sehr gewünscht, einmal mit Churchill zu reden, aber dann begegnete er einem Churchill, der kaum noch reden konnte.

Auch Adenauer kam im ersten Frühjahr nach der Wahl nach Washington.[81]

Ja. Jack sagte, Adenauer sei ein verbitterter alter Mann, oder auch, dass man ihn geradezu mit der Brechstange … Er sagte immer: »Neunundachtzig? Sollte er da nicht längst abgetreten sein? Aber sie mussten ihn vom Sessel herunterzerren.« Er hatte die Nase gestrichen voll von Adenauer und diesem ganzen Trara um Berlin. Und er hasste den deutschen Botschafter. Die zwei Botschafter, die er wirklich nicht ausstehen konnte, waren Grewe und der pakistanische Botschafter – Ahmed. Also, der neue heißt auch Ahmed, ich meine den Vorgänger.[82]

Die Deutschen wollten immer wieder Zusicherungen, und das wurde zu einer ziemlichen Belastung.

Ich meine, mehr als ihnen diese Zusicherung geben kann man schließlich nicht, oder? Und genau das hat er ja auch getan, als er Berlin besuchte.

Erinnern Sie sich an die Reise nach Kanada?[83]

---

81 KONRAD ADENAUER (1876–1967), der erste Bundeskanzler der Bundesrepublik Deutschland; 1963 trat er zurück. JFKs Bewunderung für Adenauers Rolle beim Aufbau eines demokratischen deutschen Staates wurde gedämpft durch seinen Ärger über Adenauers unentwegte Forderungen, die Vereinigten Staaten sollten sich entschlossener dazu bekennen, West-Berlin gegen die kommunistische Bedrohung zu verteidigen.

82 WILHELM GREWE (1911–2000) war Adenauers Botschafter in Washington. Der pakistanische Diplomat war AZIZ AHMED (1906–1982).

83 JOHN DIEFENBAKER (1895–1979) war der konservative Premierminister von Kanada, wohin die Kennedys im Mai 1961 ihren ersten offiziellen Auslandsbesuch unternahmen. Bei ihren Gesprächen verhehlte der Premierminister nicht,

O ja, das war unser erster …

Es war Ihr erster Staatsbesuch.

Ich erinnere mich ganz genau, die Abreise … und Vanier, der Generalgouverneur, ist ein hinreißend gutaussehender alter Herr – weißer Schnurrbart und so, hat große Ähnlichkeit mit C. Aubrey Smith, dem Schauspieler. Und Madame Vanier, sehr mütterlich – alle machen vor ihnen einen Knicks. Ich fuhr vom Flughafen mit ihr nach Ottawa, das dürfte eine Strecke von etwa achtzig Kilometern gewesen sein. Sie zeigte mir, wie man den Leuten zuwinkt, und nannte mich immer »meine Liebe«. Sie war sehr herzlich. Ich war damals sehr erschöpft, und deshalb musste ich an diesem Abend die Empfangsreihe zur offiziellen Begrüßung mittendrin verlassen, und Jack war so lieb und rücksichtsvoll und begleitete mich hinaus. Mir fehlte damals noch die Kraft. Vor un-

---

dass er von dem jungen, betont locker auftretenden Präsidenten wenig hielt. Angeblich absichtlich ließ einer der Amerikaner ein Dokument zurück, das Kennedys Berater Walt Rostow geschrieben hatte und auf das der Präsident seine Meinung über den verstaubten Diefenbaker gekritzelt hatte: Dieser sei ein »S. O. B«, ein *»son of a bitch«* (Scheißkerl) und man solle die Kanadier bei verschiedenen Themen »unter Druck setzen«. (Während des Besuchs verletzte sich Kennedy außerdem bei einer Baumpflanzaktion erneut am Rücken.) Im Jahr darauf brachte JFK Diefenbaker außerdem dadurch gegen sich auf, dass er den kanadischen Oppositionsführer, den Chef der Liberalen, Lester Pearson, den Kennedy während seiner Amtszeit als Botschafter in Washington kennengelernt hatte, zum Essen ins Weiße Haus einlud und eine halbe Stunde lang unter vier Augen mit ihm sprach. Im Wahlkampf um seine Wiederwahl versuchte Diefenbaker die offenkundige Präferenz der Amerikaner für die Partei Pearsons dadurch ins Wanken zu bringen, dass er damit drohte, die beleidigende Aktennotiz von 1961 zu veröffentlichen, und warnend darauf hinwies, »alle Kanadier« würden empört sein über diesen Beweis für die Arroganz Amerikas. JFK befahl seinem Gesandten in Ottawa, Diefenbaker die Stirn zu bieten. Gegenüber Ben Bradlee stellte er später in Abrede, auf irgendeinem Schriftstück »S. O. B.« geschrieben zu haben, und er fragte sich laut, weshalb Diefenbaker nicht getan hatte, »was jede normale befreundete Regierung tun würde … nämlich eine Fotokopie anfertigen und das Original zurückgeben«. (Zur großen Freude des Präsidenten verlor Diefenbakers Partei die Wahl.)

serer Europa-Reise habe ich daher eine ganze Woche Urlaub auf dem Land gemacht, um auszuschlafen und Kraft zu tanken, und das hat geklappt. Aber alle sagten, Ottawa sei so kalt und dort würde niemand herzlich empfangen, vor allem keine Amerikaner. Tatsächlich aber waren die Menschen … also, sie wirkten unglaublich begeistert, und alle waren aus dem Häuschen, und man spürte, dass es echt war. Hier sagt man oft zu Staatsgästen, die man auf der Fahrt vom Flughafen begleitet: »Die Washingtoner sind sehr nüchtern, aber ich habe die Menschen noch nie so begeistert gesehen.« Denn sie sind schlimm in Washington, stehen einfach nur herum. Aber Diefenbaker mochte er nicht.

War Diefenbaker damals schon so sprunghaft und unberechenbar?

Allerdings. Und dabei ist Mrs Diefenbaker eine so nette Frau. Wir waren zum Mittagessen bei den Diefenbakers eingeladen, und er hörte nicht auf, Anekdoten über Churchill zu erzählen, alles mit diesem Akzent, und er nannte ihn den »alten Winston« oder den »alten Knaben«. Es war wirklich peinlich. Jack mochte Diefenbaker nicht. Und dann diese Geschichte mit der vergessenen Aktennotiz …

Das Rostow-Memorandum.

Diefenbaker hat tatsächlich versucht, Jack damit zu erpressen. Aber Jacks Antwort war sehr geschickt: »Wie sind Sie eigentlich in den Besitz dieses Schriftstücks gelangt?« Dieser Mann war ihm von Anfang an unsympathisch, Lester Pearson dagegen hat er auf Anhieb gemocht.

De Gaulle waren Sie bereits früher begegnet, als er Washington besuchte.[84]

---

84 Im Mai 1960 war de Gaulle auf Einladung Eisenhowers nach Washington gekommen.

Ja. Jack führte Wahlkampf in Oregon, und ich wurde ihm bei einem Empfang in der französischen Botschaft vorgestellt. Ich unterhielt mich wohl zehn Minuten mit ihm.

War es leicht, sich mit ihm zu unterhalten?

Eher nicht ... Also, ich habe ihm einfach nur gesagt, wie sehr Jack ihn bewundert. Aber bei unserem Besuch in Frankreich fand ich, dass man sich gut mit ihm unterhalten konnte.[85]

Der Besuch in Paris war angenehm, nehme ich an?

Ja. Ich stellte ihm Fragen zur Geschichte, was mich gerade so interessierte, zum Beispiel, wen die Tochter von Ludwig XVI. geheiratet hat – den Herzog von Angoulême –, ob sie Kinder hatte und so weiter. Beim Mittagessen neigte er sich über den Tisch zu Jack hin und sagte auf Französisch: »Mrs Kennedy weiß mehr über französische Geschichte als die meisten Frauen in Frankreich.« Worauf Jack entgegnete: »Du liebe Zeit, das ist, als wenn ich neben Madame de Gaulle sitzen würde, und sie würde mich über Henry Clay ausfragen!« Es hat ihm also sehr gefallen. Und man konnte de Gaulle alles Mögliche fragen. De Gaulle hat eine sehr höfliche, nette Art, mit Frauen umzugehen. Ich meine, ich weiß, dass er sich für mich interessierte und dass er beeindruckt war von Jack. Bei diesem ersten Lunch saß Bundy uns direkt gegenüber. Bundy sieht ja noch sehr jung aus, nicht wahr, und de Gaulle fragte mich in einem recht strengen Ton: *»Et qui est ce jeune homme?«* – und Kenny O'Donnell sah er auch ganz skeptisch an. Ich weiß nicht, ob auch Dave Powers bei diesem Essen dabei war. Und ich sagte: »Vorsitzender des Nationalen Sicherheitsrats.« Ich weiß nicht, ob er wusste, was das bedeutete – und ich sagte, er sei der talentierteste junge Dekan gewesen, den Har-

---

85 Gemeint ist der triumphale Empfang der Kennedys in Frankreich, als de Gaulle sie im Mai 1961, vor dem Wiener Gipfel mit Chruschtschow, zu einem Staatsbesuch empfing.

LINKS: PRÄSIDENT DE GAULLE BEGRÜSST MRS KENNEDY IM ÉLYSÉE-PALAST, 1961

RECHTS: DE GAULLE BEGLEITET MRS KENNEDY ZUM STAATSBANKETT IN VERSAILLES

vard je hatte. Darauf beugte sich de Gaulle zu ihm vor und sagte irgendetwas über Harvard, auf Französisch, sehr langsam, so wie man mit jemandem spricht, der die Sprache nicht versteht. Worauf Bundy in perfektem Französisch antwortete. Ich war so stolz. Das war wirklich eins zu null für uns.

Wie war Madame de Gaulle?

Sie sah aus wie eine Frau, die viel durchgemacht hat, sehr erschöpft. Sie hatten ja mehr Staatsbesuche als irgendjemand sonst.

Sie ließ alles über sich ergehen – sehr freundlich, aber sie quälte sich. Die Tafel am Abend in Versailles war umwerfend. All das Gold, Napoleons Tintenfass oder etwas in der Art stand vor uns, und das Tischtuch war mit Goldstickereien verziert. Jack wandte sich an Madame de Gaulle und sagte – es war sein einziger Versuch, mit ihr ins Gespräch zu kommen, weil sie die ganze Zeit nur müde dasaß und vor sich hin starrte: »Das ist ein unglaublich schönes Tischtuch.« Und sie antwortete: »Das Tischtuch beim Mittagessen war besser.« Und er sagte: »Oh!«, und sie verfielen wieder in Schweigen. In den übrigen Ländern ist es nämlich anders als bei uns – die beiden Männer sitzen nebeneinander. Ich habe Jack oft gefragt, ob er das auch gern im Weißen Haus so machen würde.

Ach, tatsächlich? Also, die beiden Staatsoberhäupter sitzen Seite an Seite?

Ja. Von rechts nach links saßen da Madame de Gaulle, Jack, de Gaulle und ich. Das war die Sitzordnung bei den meisten Essen. Jack sagte, nein, das wolle er nicht. Er sagte, er sehe die Leute schließlich schon den ganzen Tag in den Besprechungen.

Er und de Gaulle kamen gut miteinander zurecht, oder?

Oh, ich glaube, de Gaulle war sehr beeindruckt von Jack.

Deutete irgendetwas auf die Probleme hin, die de Gaulle später machen sollte?[86]

Ich weiß, dass Jack es immer gewusst hat. Er sprach davon vor der Reise, und er hatte alles gelesen, was Roosevelt dazu gesagt hatte. Er wusste, dass de Gaulle diese Einstellung zum Westen hatte, auch wenn es damals noch keine Probleme gab, aber Jack

---

86 De Gaulles Bemühungen, Frankreich von der NATO und den Vereinigten Staaten zu lösen und als eigenständige Atom- und Großmacht zu etablieren.

DIE FIRST LADY UND ANDRÉ MALRAUX, 11. MAI 1962

wusste, dass es kommen würde. Er fragte de Gaulle nach seinem Verhältnis zu Churchill und Roosevelt. Und de Gaulle sagte – o Gott, wie war das noch? »Mit Churchill war ich nie einer Meinung, aber wir haben uns immer geeinigt. Mit Roosevelt war ich immer einer Meinung, aber wir haben uns nie geeinigt.« Jedenfalls sinngemäß – er drückte es besser aus. Auch das habe ich mir leider nicht aufgeschrieben.

Kannten Sie Malraux schon vor der Reise?

Nein. Nicole Alphand fragte mich, was ich während des Staatsbesuchs in Frankreich gern machen würde, und ich ahnte, dass sie alles daransetzen würden, mir jeden Wunsch zu erfüllen. Also sagte ich: »Bitte, Nicole, ich will nichts. Was immer Sie planen, ist wunderbar. Ich hätte nur einen Wunsch: Könnte ich André Malraux treffen?[87] Glauben Sie, dass ich bei einem offiziellen Ereignis neben ihm sitzen könnte?« Und man sieht, wie unglaublich förmlich und erbarmungslos die Franzosen sind, denn seine beiden Söhne verunglückten nur vier Tage vor unserer Anreise tödlich mit dem Auto. Und als wir am ersten Abend auf dem Empfang waren – im Élysée –, gehen plötzlich die Türen auf, und diese beiden schwarzen Krähen kommen herein, ihre Gesichter ganz bleich und aufgedunsen vom vielen Weinen. Doch im nächsten Moment straffen sich Malraux' Gesichtszüge. Der ganze Saal verstummte … Nicht wahr, es war der einzige Wunsch, den ich geäußert hatte, und deshalb waren sie da. Am nächsten Tag führte mich Malraux durchs Jeu de Paume und anschließend durch Malmaison, und da ging es ihm wieder gut.[88] Und ich

---

87 ANDRÉ MALRAUX (1901–1976) war Romancier, Essayist, Widerstandskämpfer im Zweiten Weltkrieg, Revolutionär, Kunsthistoriker und de Gaulles Kulturminister. In seinem 1938 erschienenen Roman *L'Espoir (Die Hoffnung)* verarbeitete er seine Erfahrungen im spanischen Bürgerkrieg, wo er sich den antifaschistischen Kämpfern anschloss. Jacqueline hatte Malraux' Bücher mit großem Interesse gelesen und war fasziniert von seiner Lebensgeschichte, seiner tiefen humanistischen Gesinnung und seinem Kulturverständnis (bei Malraux heißt es: »Kultur ist die Summe aller Formen der Kunst, der Liebe und des Denkens, die im Verlaufe von Jahrtausenden dem Menschen erlauben, weniger Sklave zu sein«). Sie äußerte den Wunsch, während des Staatsbesuchs in Paris ein Treffen mit Malraux zu arrangieren und ihn zu bitten, über eines der Gemälde zu sprechen, die er am meisten bewunderte.

88 Jacqueline hatte Malraux wissen lassen, dass er sich in seiner Trauer keine Gedanken um sie machen solle, aber er bestand darauf, sein Versprechen zu halten und ihr Gastgeber zu sein, was sie tief berührte. In der Galerie nationale du Jeu de Paume, dem bedeutenden französischen Kunstmuseum, stand Malraux vor Gemälden von Manet, Renoir und Cézanne und kommentierte sie. Er hatte auch extra Bouguereaus *Die Geburt der Venus* neben Manets *Olympia* hängen lassen, sodass Mrs Kennedy die beiden Akte vergleichen konnte. Während ihres Besuchs im Château de Malmaison, das von Kaiserin Josephine, der Gattin Napoleons, restauriert worden war und von 1800 bis 1802 Sitz der französischen Regierung war, hielt er ihr einen Vortrag über die turbulente Ehe Bonapartes. »Was für ein Schicksal!«, sagte Jacqueline. Nach der Besichtigung des Gebäudes und seines be-

glaube, es gab ihm ... ich weiß nicht, aber ich vermute, es ist gut, wenn man nach einem solchen Vorfall etwas zu tun hat. Damals begann unsere Freundschaft ...

Haben sich er und der Präsident gut verstanden?

Nun, zunächst haben sie sich kaum gesehen. Aber als Malraux in die Staaten kam, verstanden sie sich sehr gut, und dann kamen sie zu uns aufs Land, zum Mittagessen.[89] Dann kam Malraux ein weiteres Mal wegen der *Mona Lisa* in die Staaten, und bei dieser Gelegenheit verbrachten wir einen Abend zusammen, zu dem später auch noch die Alphands dazustießen. Aber wissen Sie, als wir nach dem Bankett in Versailles vom Festsaal ins Theater gingen, ging ich mit de Gaulle voraus, und Jack folgte mit Madame

---

rühmten Rosengartens fühlte sie sich neu beflügelt in ihrem Bestreben, das Weiße Haus und seine Gartenanlagen zu verschönern. Dabei profitierte sie von ihrer Kenntnis der französischen Literatur, Geschichte und Kunst. Das intellektuell anregende Treffen mit Malraux führte zu einer Korrespondenz der beiden per Diplomatenkurier. Im April 1962 führte Jacqueline Malraux überglücklich durch die National Gallery in Washington und ehrte ihn, gemeinsam mit dem Präsidenten, indem sie ihn zu einem Bankett mit sämtlichen Nobelpreisträgern lud, das JFK in seiner Tischrede die bemerkenswerteste Versammlung von Geistesgrößen im Weißen Haus nannte, seit Jefferson dort allein gespeist habe. Während des Rundgangs durch die Gallery fragte Jacqueline, ob es nicht möglich sei, einmal die *Mona Lisa* in Amerika zu zeigen. Mit der Zustimmung de Gaulles setzte sich Malraux über die Pariser Bürokratie hinweg und arrangierte »eine persönliche Leihgabe« der *Mona Lisa* (»die subtilste Hommage, die das Genie einem lebenden Gesicht erweisen konnte«, so Malraux) an den Präsidenten und Jacqueline. Im Januar 1963 begrüßten die Kennedys anlässlich der Enthüllung des Gemäldes Malraux und seine Frau in der National Gallery. Anderthalb Millionen Besucher sahen das Kunstwerk in Washington und im Metropolitan Museum in New York. Als Malraux im November 1963 von der Ermordung des Präsidenten erfuhr, telegrafierte er der First Lady: *»Nous pensons à vous et nous sommes si tristes«* (»Wir denken an Sie, und wir sind so traurig«). Als Malraux 1968 seine Autobiographie *Antimémoires* veröffentlichte, widmete er sie Jacqueline.

89 Nach Glen Ora, wo die Kennedys Malraux und seine Frau zu einem sonntäglichen Champagnerfrühstück empfingen.

de Gaulle und Malraux. Und da stehen all diese Statuen in diesem langen Flur, und Jack zeigte auf eine und sagte zu Malraux: »Wer ist das?« Und Malraux sagte zum Dolmetscher: »Sagen Sie dem Präsidenten, dass er die einzige Statue ausgewählt hat, die keine Fälschung ist.« Und das stimmte. Jack hatte wirklich ein scharfes Auge. Und das hat Malraux beeindruckt.

Hat der Präsident irgendein Werk von Malraux gelesen? Einen seiner Romane?

Ich glaube, er hat *Die Hoffnung* gelesen.

Haben Sie sein Französisch gut verstanden?

Er spricht schrecklich schnell, aber ich konnte ihm folgen. Ansonsten hat er wiederholt, was er gesagt hat. Es ist, als würde man mit Hochgeschwindigkeit über eine Hindernisbahn rasen. Er zwingt einen immer zu Gedankensprüngen, vor und zurück. Er ist der faszinierendste Mann, mit dem ich je gesprochen habe. Aber gleichzeitig war es auch ein bisschen ernüchternd, denn er bewundert die einfachsten Dinge. Bei dem Dinner im Weißen Haus war für ihn der eindrucksvollste Moment, als die Ehrengarde unten mit den Fahnen aufmarschierte. Und, wo habe ich das gehört? Ach, Irwin Shaw – er sagte mir, die schönste Zeit sei für Malraux gewesen, als er Anführer einer Brigade oder irgendetwas in der Art war, beim Maquis.[90] Und er verehrt de Gaulle, wie – ich weiß nicht, wie ein Hund seinen Herrn. Er hat irgendwie diesen unglaublichen Intellekt, aber dann auch viele blinde Flecken. Er verkörpert sehr das alte Frankreich, *la gloire*, Fahnen und so weiter. Aber egal.

Wie verhielt sich de Gaulle ihm gegenüber? Haben Sie die beiden zusammen gesehen?

---

90 IRWIN SHAW (1913–1984), amerikanischer Romancier. »Maquis« nannte sich eine Gruppierung der französischen Résistance.

Nein, ich habe sie nicht sehr oft zusammen gesehen, aber wissen Sie, er war all die Jahre de Gaulles rechte Hand. De Gaulle spielte ihm gegenüber den großen Herrn, insbesondere wenn ich mit ihm reden wollte – dann führte er mich immer irgendwie von ihm weg. In der Öffentlichkeit behandelte er ihn wie einen Diener, so wie Nehru den Mann behandelt, der vor seiner Tür schläft …

Unser Botschafter in Frankreich war Jim Gavin. Seine Ernennung kam recht überraschend. Ich weiß, dass der Präsident etwas für Jim tun wollte, der zweifellos ein feiner Kerl war. Wissen Sie, wieso die Wahl ausgerechnet auf ihn fiel? Hat der Präsident das jemals erwähnt?

Weshalb er ernannt wurde? Ich glaube, er bat ihn zunächst darum, etwas anderes zu übernehmen. Aber Gavin lehnte ab. Ich weiß nicht, wieso. Er glaubte, die Franzosen würden Gavin mögen, weil er …

Ach so, weil er General war?

Ja, er glaubte, sie würden ihn mögen, weil er am Krieg teilgenommen hatte. Ich erinnere mich, was Malraux über ihn sagte: »O ja, Gavin, *il est Gaulliste*.« Und wissen Sie, was Jack noch für ihn getan hat? Das waren so seine kleinen Aufmerksamkeiten. Als die *Mona Lisa* hierherkam, war Gavin schon nicht mehr Botschafter. Er musste wegen einer Geldaffäre zurücktreten. An einem Abend kamen die Alphands[91] zum Abendessen zu uns. Wir sprachen darüber, wen sie in die französische Botschaft und zum Bankett anlässlich der Ausstellung der *Mona Lisa* einladen würden. Sie hatten nur Platz für hundertundzwei Gäste, und ich glaube, sie waren schon bei neunundneunzig, als Jack noch Dick

---

91 HERVÉ ALPHAND (1907–1994) war französischer Botschafter in Washington, dem seine Frau NICOLE ALPHAND (1917–1979) sehr tatkräftig zur Seite stand.

Goodwin auf die Liste setzte, weil er ihn sehr schätzte.[92] Aber er sagte auch: »Aber Sie haben die Gavins ja gar nicht hier stehen.« Und Nicole sagte: »Sollten wir die Gavins einladen?« Und Jack sagte: »Nun, ich finde, Sie könnten sie wirklich fragen.« Als sie gegangen waren, sagte Jack: »Ist das nicht unglaublich? Gavin war der de-Gaulle-freundlichste Botschafter, den sie je hatten. Und er war vermutlich einer unserer beliebtesten Botschafter bei ihnen überhaupt. Und kaum ist er nicht mehr im Amt, wollen sie ihn nicht einmal mehr zum Abendessen einladen.« Es war wirklich empörend.

Erbarmungslos, wie Sie zu sagen pflegen.

[Flüsternd] Ich bin allmählich etwas erschöpft.

Mochte er Hervé?

Den alten Hervé fand er manchmal recht amüsant, aber oft auch anstrengend, weil er diesen Protokollfimmel hatte. Aber de Gaulle sprach nie mit Hervé. Wissen Sie, es war sehr schwer für Hervé. Und wenn David Gore oder Caroline mit Alice Ormsby-Gore einmal ins Theater gingen, beklagte sich Hervé in ganz Washington darüber. Aber er mochte ihn … Hervé konnte manchmal witzig sein.

Er konnte gut Leute imitieren.

Ja, erinnern Sie sich an die Tischrede, die er auf der Party für Ken Galbraith hielt, über das Sternzeichen Zwilling? Dass er Sternzeichen Zwilling sei und dass Jack – es war kurz nach Jacks Ge-

---

92 RICHARD GOODWIN (*1931) hatte seit 1959 als Wahlkampf-Redenschreiber, Berater und Diplomat für JFK gearbeitet; im November 1963 sollte er persönlicher Berater des Präsidenten für Kunstfragen werden. Während ihres Besuchs in Paris hatte Jacqueline mit Malraux über die Möglichkeit gesprochen, ein amerikanisches Pendant zum französischen Kulturministerium einzurichten, und darüber, was man »realistischerweise« davon erwarten konnte.

burtstag – ebenfalls Zwilling sei. Und er sagte, alle Zwillingsmänner seien ganze Kerle, intelligent und liebenswürdig. Es war sehr komisch – und er müsse seiner Regierung dazu gratulieren, dass sie ihn, als einen Zwilling, als Botschafter zu einem Zwillingspräsidenten entsandt hätte. Und er beendete seine Ansprache mit: »*Vive Lafayette!*« Und wie gekonnt er ihn parodierte. Ich habe ihn immer wegen Lafayette aufgezogen. Also, er war wirklich in Ordnung.

DAS SECHSTE

GESPRÄCH

DIENSTAG, 2. JUNI 1964

Wir haben das letzte Mal nach dem Treffen von Wien aufgehört, wo Chruschtschow sein Berlin-Ultimatum erneuerte.[1] *Sie erinnern sich, dass der Präsident zu ihm sagte: »Sieht so aus, als würde das ein langer, kalter Winter werden.« Die Berlinkrise ging mit ständigen Verhandlungen mit den Deutschen einher. Wie empfand der Präsident den Umgang mit West-Deutschland?*

Wie schon gesagt, er bemühte sich, die Probleme, mit denen er sich den ganzen Tag herumärgerte, nicht auch noch mit nach Hause zu bringen – eher in seinem eigenen Interesse als in meinem. Aber das war eine Sache, die ihn aufregte. Er sagte: »Was muss man denn noch tun, um den Deutschen zu zeigen, dass sie uns wichtig sind?« – dass wir Berlin verteidigen würden. Und dann, bei jeder Kleinigkeit – irgendein Colonel verliert seinen Hut auf der *Autobahn* – und schon tobte Adenauer und behauptete, wir würden abziehen, und der Botschafter kam angerannt, Grewe. Jack regte sich wirklich auf über die Deutschen. Ich weiß noch, nach der Kubakrise, das war viel später, ärgerte er sich der-

1 Chruschtschow hatte 1958 den Vereinigten Staaten und den anderen Westmächten ein Ultimatum gesetzt, um sie zum Abzug aus West-Berlin zu zwingen.

maßen über de Gaulle, weil … was hat de Gaulle noch einmal gesagt? Dass wir Kuba zu Hilfe geeilt waren, würde zeigen, dass wir uns nur für die Angelegenheiten vor unserer eigenen Haustür interessieren und nicht für die Angelegenheiten in Europa. Wenn man es genau bedenkt, dann hat es noch bis zu seinem Besuch in Berlin im Juni '63 gedauert, bis er sie endlich vom Gegenteil überzeugen konnte. Danach war er wirklich glücklich. Und diese ganzen Indiskretionen gegenüber der Presse. Die Deutschen machten das dauernd, in Deutschland und in Washington, der Presse Informationen zuspielen – kleine Anzeichen des mangelnden Vertrauens. Adenauer … ich glaube, Jack bewunderte ihn irgendwie. Trotzdem sagte er: »Schau dir den Mann an, neunundachtzig und klammert sich so verzweifelt an sein Amt.« Ich habe vergessen, wann Adenauer das Handtuch warf.[2] Aber er sagte: »Ist das denn zu fassen?« Also, Adenauer machte ihm wirklich zu schaffen. Aber ich kann mich an die Berlinkrise erinnern, dass sich das sehr lange hinzog.

Von Sommer 1962 bis zur Kubakrise …

Dann war es ein Jahr nach Wien, als er seine Rede hielt?[3]

Nein, ich meine, von Sommer 1961 an. Es begann im Sommer mit Wien und zog sich hin bis zur Kubakrise im November 1962.

Wann hielt er noch einmal die Berlin-Rede?

Die hielt er im Juni 1961, nach seiner Rückkehr aus Wien. Er forderte in der Rede die Aufstockung des Militärs und des Verteidigungshaushaltes.

Das war doch, als er sagte: »Wir wollen den Kampf nicht – aber wir haben schon gekämpft.«

---

2 Konrad Adenauer trat im Oktober 1963 vom Amt des Bundeskanzlers zurück.

3 Gemeint ist die Fernsehansprache aus dem Oval Office zur Berlinkrise am 25. Juli 1961.

Ja.

Und: »Man hat gesagt, dass Stalingrad nicht zu halten war, aber freie Männer haben immer schon gekämpft.« Ja … »Man hat gesagt, dass Stalingrad nicht zu halten war« – und all das und: »Wir wollen den Kampf nicht – aber wir haben schon gekämpft«.[4] Wie auch immer. Ich erinnere mich nur, dass dies eines der wenigen Male war … Bei Jack dachte ich immer, dass er alles hinbekommt, was er in die Hand nimmt, egal was, dass es immer gut ausgeht. In meiner kindischen Einfalt dachte ich: »Ich muss keine Angst haben, wenn ich abends ins Bett gehe oder nachts aufwache.« Aber nach diesem Treffen mit Chruschtschow war er wirklich in gedrückter Stimmung. Natürlich redete er nicht darüber, aber man sah es ihm an, er war sehr still und niedergeschlagen. Ich erinnere mich, wie mich ein paarmal so ein stechendes Gefühl der Angst durchzuckte, wie ich dachte: »Kann nicht einmal Jack diese Situation retten?« Als er im Fernsehen über Berlin sprechen sollte, die Anspannung und alles im Weißen Haus … Ich erinnere mich, wie er auf und ab lief, sich schon Tage vorher Notizen machte. Manchmal las er mir einen Satz vor. Und ich kann mich genau an den Tag erinnern. Ich habe hinausgesehen – das Fenster meines Ankleidezimmers ging raus auf den Rosengarten – und habe die ganzen Fernsehkabel gesehen, und ich weiß noch, wie ich überlegte: »Soll ich zu ihm gehen?« Aber dann dachte ich: »Nein, das macht ihn vielleicht nur noch nervöser, oder die Leute schießen Fotos oder was auch immer. Besser, ich schaue es mir von hier oben an.« Es war eine der bittersten Reden, die ich je von ihm gehört habe.

Es war wahrscheinlich die alarmierendste Rede, die er je gehalten hat.

---

4 Die Worte des Präsidenten lauteten: »Ich habe sagen hören, West-Berlin sei militärisch nicht zu halten. Dies war Bastogne auch und in der Tat auch Stalingrad. Jede gefährliche Position ist zu halten, wenn tapfere Männer dafür einstehen.«

Es war einfach unglaublich. Man saß da und dachte, dass man jetzt wirklich in den Krieg ziehen muss.

Die Rede zur Kubakrise war natürlich ähnlich alarmierend.

Ja, aber die hier war früher, und deshalb hat sie mir mehr Angst gemacht. Zur Zeit der Kubakrise … natürlich hatte man die ganze Zeit Angst, aber Berlin war früher, und dann ging doch noch alles gut aus. Also, das ist es jedenfalls, woran ich mich erinnere.

Ja, Berlin war das große Thema im Sommer und Herbst '61. Aber dann verlängerte Chruschtschow auf unsere Reaktion hin das Ultimatum.

Das stimmt.

Ich glaube, im November.

Ich erinnere mich, wie ich ein paarmal dachte, was für ein Glück es doch ist – Jack hatte einfach diese besondere Gabe – seine versöhnliche Art. Was aber nicht hieß, dass er den Leuten hinterherlief oder dass er sich bei ihnen einzuschmeicheln versuchte. Andererseits, wie sagte er noch? In der Politik hat man keine Freunde, man hat Kollegen oder …

Interessen?

Nein, er sagte: »Man hat keine Freunde oder Verbündete, man hat Kollegen.« Sie können es nachschauen. Wenn jemand zum Dinner kam, irgendein Zeitungsmensch oder Politiker, dann sagte ich oft: »Du warst so nett zu ihm«, oder: »Du sprichst so nett über ihn, dabei war ich so wütend auf ihn, weil er vor zwei Wochen dies oder jenes geschrieben oder gesagt hat, und ich habe seither kein Wort mehr mit ihm gesprochen. Und jetzt soll ich auf einmal nett zu ihm sein?« Worauf Jack sagte: »Natürlich. Das ist längst vergessen, und außerdem hat er inzwischen dieses oder jenes gemacht.« Seine Beziehungen veränderten sich ständig, und er machte es nie jemandem schwer, wieder auf ihn zuzukommen, sich wieder mit ihm auszusöhnen und wieder eine Beziehung aufzubauen. Das war auch in unserer Ehe so und überhaupt in allen Lebensphasen. Ich weiß noch, wie ich dachte, zum Glück ist er so, Gott sei Dank hat er diese alberne Dulles-Masche nicht nötig, nicht wahr, wo man immer auf Knien angekrochen kommen musste![5] Das erinnert mich an seine Antrittsrede: »Wir sollten nie aus Furcht verhandeln«[6] – weil ich dachte, wie erniedrigend es doch für Chruschtschow dann war, nachgeben zu müssen. Trotzdem achtete Jack darauf, dass er sein Gesicht wahren konnte, und rieb es ihm nicht unter die Nase.[7] Und das war wohl seine besondere Begabung, für die wir alle dankbar sein sollten. Mit ihrer Hilfe haben wir diese ganzen Krisen überstanden.

Ja, das war wirklich bewundernswert, wie er dem Gegner die Möglichkeit gab, einen Rückzieher zu machen, ohne seine Würde zu verlieren.

---

5 Gemeint ist Eisenhowers oft sehr störrischer Außenminister JOHN FOSTER DULLES (1888–1959).

6 »Wir sollten nie aus Furcht verhandeln, aber wir sollten uns nicht davor fürchten, zu verhandeln« – ein Ausspruch, der auf John Kenneth Galbraith zurückging.

7 Besonders nach der Kubakrise wies Kennedy seine Berater an, nicht mit dem offenkundigen amerikanischen Sieg zu protzen, und erklärte, dass die Russen, wenn sie glaubten, blamiert worden zu sein, sich veranlasst sehen könnten, irgendeinen anderen Konflikt auszulösen. Der Präsident war sich auch bewusst, dass die Regelung, die er mit Chruschtschow getroffen hatte, in der Öffentlichkeit zu einseitig zu seinen Gunsten ausgelegt worden war, so als habe er dem sowjetischen Führer einen bedingungslosen Rückzug abgerungen. In Wahrheit hatte Chruschtschow mit Kennedy die stillschweigende Vereinbarung getroffen, die Raketen aus Kuba abzuziehen, wenn der Präsident seinerseits die (veralteten) NATO-Raketen aus der Türkei abzog und (unter der Bedingung, dass Castro Inspektionen seiner Militäranlagen zustimmte, was dieser aber nie tat) geloben würde, nie wieder eine amerikanische Invasion Kubas anzuordnen.

Aber wenn man auf Popularität in der Presse aus ist, dann geht man hin und ereifert sich und sagt Sachen wie: »Das lassen wir uns nicht bieten, niemand redet so zu Amerika«, und ehe man sich's versieht, wird geschossen. Also, das war seine besondere Gabe. Und daher war es auch immer so einfach, als wir verheiratet waren. Natürlich gab es auch mal Kleinigkeiten, die nicht so schön waren – aber wir haben uns nie richtig gestritten. Er wurde eher still, wenn ich etwas zu ihm sagte, das seine Gefühle verletzte. Aber dann ging ich zu ihm und sagte: »Oh, entschuldige!«, schlang die Arme um ihn, und er lachte, und alles war wieder gut. Er war niemals nachtragend – das passte einfach nicht zu ihm. Und Bobby wird ihm in dieser Hinsicht immer ähnlicher. Früher war er da anders. Er hat viel mit mir darüber gesprochen seit November, über diese Seite an Jack, die er so an ihm bewundert hat, und er entwickelt sich immer mehr in diese Richtung. Für Jack war es einfach, sich so zu geben, weil er Bobby hatte, der ihm viele Probleme abnahm. Aber es war eben auch ein großer Teil seiner Persönlichkeit. Bobby wird auch noch dahin kommen.

Als die Berlinkrise im November überstanden war, kam Nehru nach Washington.

Ja, und der Besuch hat uns wirklich Nerven gekostet.[8] Es gab viele Beratungen mit Galbraith, und Galbraith betonte, dass Nehru keinen großen Aufwand wolle, keine große Öffentlichkeit. Und im Winter davor hatte Jack mir ein Memorandum gezeigt zu … Ging es da um Sihanouk aus Kambodscha?

---

8 JAWAHARLAL NEHRU (1889–1964), der indische Ministerpräsident und Gandhi-Mitstreiter, der während des Unabhängigkeitskampfes seines Landes inhaftiert gewesen war, kam im November 1961 zu einem Staatsbesuch in die Vereinigten Staaten, wobei Kennedy feststellen musste, dass Nehru sich von seinem Charme kein bisschen beeindrucken ließ. Kennedy bezeichnete die Visite später als »den schlimmsten Besuch eines Staatsoberhaupts, den ich je erlebte«. (In Wahrheit war Nehru nicht Staats-, sondern lediglich Regierungsoberhaupt.)

Ja, Prinz Sihanouk.

Na ja, wie auch immer, in dem Memorandum vom Außenministerium hieß es: »Er wird sagen, dass er keinen großen Aufwand will, nichts Besonderes, aber wehe, wenn man keinen roten Teppich ausrollt und keine jubelnde Menschenmenge aufbietet.« Jack fragte sich also, ob Galbraith wirklich recht hatte. Er glaubte, Nehru hätte gern ein bisschen mehr Pomp. Aber Galbraith bestand darauf, dass er nur in unserem Haus empfangen werden sollte. Nun, Hyannis erschien uns für diesen Zweck etwas arg eng zu sein. Also entschieden wir uns für Newport und trafen ihn auf … wie auch immer der Luftwaffenstützpunkt dort heißt.[9] Er kam mit seiner Tochter und Galbraith und B. K. Nehru, dem indischen Botschafter. Als Kongressabgeordneter hatte Jack eine ziemlich unerfreuliche Begegnung mit Nehru gehabt, als er damals in Indien war. Er sagte, man hätte ihn damals gewarnt: »Wenn man Nehru langweilt, tippt er die Fingerspitzen gegeneinander und schaut zur Decke hoch.« Und Jack sagte, er war gerade einmal zehn Minuten da, als Nehru das erste Mal zur Decke schaute.

Wann haben die beiden sich getroffen? Mir war nicht klar, dass sie sich schon einmal begegnet waren.

Nun, Jack war mit Bobby und Pat[10] durch Fernost gereist.

War das '51?

Vor unserer Hochzeit.

Also '50 oder '51.[11]

---

9 Von der Marinebasis Newport nahmen die Kennedys Nehru mit zur Hammersmith Farm, dem Anwesen der Familie Auchincloss in Newport.

10 JFKs Schwester Patricia.

11 Es war 1951.

Das war, als er General de Lattre traf, der ihm so imponierte.[12] Das war, als er damals um ein Haar auf Okinawa gestorben wäre. Wäre Bobby nicht dazugekommen, er wäre damals gestorben. Er hatte vierzig oder einundvierzig Fieber. Ich glaube, auf dieser Reise traf er Nehru. Wie auch immer, jedenfalls kamen sie, und es wurde beschlossen, dass die Männer im Speisezimmer essen sollten. Angier Duke war auch da.[13] Und Mrs Gandhi.[14] Ich hatte für die Damen das Essen im Wohnzimmer vorbereitet. Lem Billings war auch gekommen.[15] Mrs Gandhi passte das natürlich ganz und gar nicht. Sie wäre viel lieber bei den Männern gewesen. Sie ist eine echte Pute – mürrisch, taktlos, eine furchtbare Frau. Ich kann sie nicht ausstehen. Immer eine Miene, als würde sie auf eine Zitrone beißen. Jack war mit Nehru auf der *Honey Fitz* gefahren, und Caroline und ich warteten auf ihn an der Haustür. Caroline hatte eine Blume gepflückt und machte einen Knicks. Das war das erste Mal, dass er so etwas wie ein Lächeln zeigte. Wir nahmen einen Drink vor dem Essen, und Nehru sagte nicht ein Wort. Es war unglaublich zäh. Man konnte ihn etwas fragen, egal was ... diese Hindu-Mentalität eben. Sie lernen das in Indien, dass sie gesellschaftliche Zusammenkünfte nicht als Anlass zum Reden betrachten. Ich weiß nicht, ob sie stattdessen ihren Gedanken nachhängen – ich halte es jedenfalls für ein verdammt kindisches Getue, schließlich kann man sich zumindest auch ein

---

12 Auf seiner Reise durch Südostasien erboste Kennedy den Kommandeur der französischen Truppen in Indochina, Jean de Lattre de Tassigny, mit der Frage, warum die Vietnamesen den Wunsch verspüren sollten, ihr Leben herzugeben, nur damit ihr Land eine französische Kolonie blieb.

13 ANGIER BIDDLE DUKE (1915–1995) war ein Diplomat und JFKs Protokollchef.

14 INDIRA GANDHI (1917–1984) trat später die Nachfolge ihres Vaters als indische Ministerpräsidentin an.

15 KIRK LEMOYNE BILLINGS (1916–1981), Inhaber einer New Yorker Werbeagentur, war mit JFK seit der Schulzeit befreundet.

wenig bemühen, wenn andere Leute das tun. Auf jeden Fall aßen sie zusammen, aber ich weiß nicht, worüber sie sich unterhielten. Dann stiegen wir alle wieder in den Hubschrauber, Nehru auf dem besten Platz, neben ihm Jack mit Caroline auf dem Schoß, und flogen zurück nach Washington. An diesem Abend kamen sie zum Dinner. Ich glaube, es war das erste Dinner in diesem Herbst im Weißen Haus. Wir machten ein Feuer im Kamin im Oval Room[16] und gingen dann hinunter, um sie am Vordereingang zu empfangen. Aber natürlich hatte irgendjemand vergessen, den Kaminschacht zu öffnen, und als wir wieder ins Zimmer kamen, war es voller Rauch, und allen tränten die Augen. Das war kein sonderlich guter Auftakt. Es sollte ja, wie Sie sich erinnern, ein eher kleines Dinner sein. Doch dann war es weder klein genug noch groß genug, weil wir im State Dining Room aßen und so wenige waren, dass man das Gefühl hatte, als säße man in einer Kirche mit zu wenig Besuchern. Jack erzählte mir später, dass Mrs Gandhi ihn die ganze Zeit über unsere Außenpolitik ausgehorcht und sich besonders freundlich über Krishna Menon[17] geäußert habe. Jack konnte sie nicht ausstehen. Meine Schwester war da, und ich wollte unbedingt, dass sie neben Nehru saß, aber da sollte eigentlich Lady Bird sitzen. Ich fragte Jack: »Was soll ich tun?«, und er sagte: »Ruf Lady Bird an und frag sie, ob das für sie in Ordnung ist.« Und das tat ich, und sie war überaus verständnisvoll. Was einmal mehr zeigt, wie viel Rücksicht Jack auf seinen Vizepräsidenten nahm. Nun, Nehru mag ja hübsche Frauen, auf eine sehr keusche Weise. Aber das ist auch das Einzige … Jedenfalls unterhielt er sich mit Lee und mir, und ich brachte ihn tatsächlich dazu, irgendetwas über irgend-

16 Gemeint ist der Yellow Oval Room in der oberen Etage, im Privatbereich, den Jacqueline zu einem eleganten Salon umgestaltet hatte.

17 VENGALIL KRISHNAN KRISHNA MENON (1896–1974) war Nehrus Verteidigungsminister und ein leidenschaftlicher Kritiker der amerikanischen Außenpolitik.

etwas zu sagen und einen kleinen Scherz zu machen. Also, das war eher nett. Und er lud uns nach Indien ein. Ja, ich glaube, das war an diesem Abend. Oh, und er nahm immer … Es gibt ein Foto, auf dem er mich mit der Hand am Arm hält.

Richtig.

Also, wir haben uns ein bisschen angefreundet in Newport und dann im Hubschrauber und im Flugzeug. Wissen Sie, er fasst einen immer am Arm. Er war durchaus liebenswürdig zu mir, und sie hatten für die Kinder kleine Geschenke mitgebracht – kleine Schachteln, Kleidchen, nichts Besonderes, aber rührend. Also hatten sie sich offenkundig Gedanken über die Reise gemacht und waren nur irgendwie befangen, ich weiß es nicht. Am nächsten Abend gab es dann ein großes Bankett in der indischen Botschaft, und wieder saß ich neben Nehru. Ich fand ihn sehr umgänglich und charmant, und es schien ihm sehr zu gefallen, wenn jemand … Nun, ich hatte immer das Gefühl, dass er mich mochte. Aber ich glaube, in den Konferenzen lief es wirklich zäh.

Hat der Präsident hinterher irgendetwas gesagt? War er enttäuscht von Nehru?

Ich glaube schon. Ich glaube, die Treffen brachten rein gar nichts, und es gab viel Fingergetippe und Zur-Decke-Schauen. Ich weiß nicht, hat Jack das über Nehru oder über jemand anderen gesagt – er sagte, es ist, als ob man etwas in die Hand nehmen will, aber man greift nur in Nebel. Genau so war es. Ich glaube, Nehru war auf gewisse Weise, könnte man sagen, eifersüchtig auf Jack. Er war so ganz anders als er.

Ich glaube, der Generationsunterschied spielte auch hier eine Rolle. Ich bin mir sicher, Nehru war sehr angetan davon, dass ein Mann wie Jack Kennedy Präsident der Vereinigten Staaten war. Andererseits, ein junger, charismatischer Mann, der halb so alt war wie er, das musste ihn wohl auch etwas verunsichern.

DIE KENNEDYS UND MINISTERPRÄSIDENT JAWAHARLAL NEHRU IN DER INDISCHEN BOTSCHAFT, 9. NOVEMBER 1961

Und dann Mrs Gandhi, seine Tochter. Sie gehört zu den Frauen, die in der Ehe und der Liebe irgendwie enttäuscht wurden und die dann ihre Gefühle in sich verschließen, und das Gift frisst in ihnen wie ein Geschwür. Sie ist eine sehr verbitterte Frau. Diese Art Frauen hassen Jack oft. Ich kenne viele radikal-liberale Frauen in der Politik, die Jack immer schon misstraut haben. Und von Adlai geschwärmt haben. Ich glaube, ein Grund dafür ist – aber das ist nur meine eigene kleine Psychologie –, dass Jack von den Frauen ganz klar verlangte, dass sie sich in einer Beziehung dem Mann unterordneten. Der Mann sagt, wo es langgeht, und die Frau ist die Gattin, die zu ihrem Gatten aufblickt. Mit Adlai war eine Art Beziehung möglich. Nun ja, er war irgendwie liebenswürdig, und man konnte mit ihm reden, aber man hätte niemals ... Es wäre niemals zu etwas Konkretem gekommen. Ich dachte immer, dass Frauen, die Angst vor Sex haben, sich von Adlai angezogen fühlten, weil es mit ihm niemals …

Weil die Herausforderung fehlte.

Genau. Nicht dass Jack unbedingt herausfordernd gewesen wäre. Aber er war eine andere Art Mann. All diese armen verklemmten Frauen, die ihr Leben nicht auf die Reihe bekamen, für die war Adlai Balsam. Jack dagegen machte sie nervös, was ich ihm auch oft sagte. Wenn Jack mich fragte: »Was hat die oder die gegen mich?«, dann antwortete ich: »Jack, das ist das allergrößte Kompliment für dich.« Was auch stimmte. Er selbst konnte das nicht so recht nachvollziehen. Tatsächlich sagte er das einmal über Ihre Frau.

Ach, wirklich?

Er war sehr aufgebracht. Als Sie sich damals für Jack aussprachen, kam Marian am nächsten Tag an und sprach sich für Adlai aus – und er konnte nicht verstehen, warum, denn ich glaube, er war einen Tag oder ein paar Tage vorher bei Ihnen zum Lunch gewesen und hatte es sehr genossen. Wissen Sie, er mochte Marian sehr.[18] Nun, ich sagte: »Das ist, weil Arthur so gemein zu ihr ist *[Schlesinger lacht]* und Adlai so nett.« – »Aber ich habe sie zusammen gesehen.« Und ich sagte: »Das ist allein Marians Problem. Es hat nichts mit dir zu tun, und du darfst es Marian nicht ankreiden.« Später, als wir alle zusammen im Weißen Haus waren, mochte er sie sehr und sah, dass sie eigentlich nichts gegen ihn hatte.

Gewiss nicht. Marian, wenn ich das sagen darf, hat das später bereut. Ich erinnere mich an einen lustigen Brief von Bobby, den ich

---

18 MARIAN CANNON SCHLESINGER (*1912), Malerin und Tochter eines Dozenten für Physiologie an der Harvard University, unterstützte 1960 in der Tat Adlai Stevenson.

danach bekam. Er schrieb von irgendetwas anderem und hatte ein PS angehängt, in dem sinngemäß stand: »Wie ich sehe, haben Sie Ihre Frau nicht besser im Griff als ich die meine.« Es war für Marian einfach ein Akt der Loyalität gegenüber Stevenson damals. Und sie war der Ansicht, ich hätte den Schritt nicht tun sollen.[19]

In meiner Ehe hätte ich mir so etwas nie vorstellen können – und ich habe das auch einmal in einem Interview gesagt, und dann bekamen wir viele zornige Briefe. Eine Frau sagte: »Woher haben Sie nur Ihre Ansichten?« Und ich antwortete: »Meine Ansichten habe ich von meinem Mann.« Was auch stimmt. Wie hätte ich irgendwelche politischen Ansichten haben können? Seine mussten die besten sein. Ich konnte mir auch nie vorstellen, gegen jemanden zu stimmen, für den mein Mann war. Egal, mit wem ich verheiratet gewesen wäre. Und wenn ich mit … ach, Sie wissen, was ich meine. Es war in der Tat eine ziemlich viktorianische oder asiatische Beziehung, die wir hatten …

Ja, wie die japanischen Ehefrauen.

Ja, und ich halte sie für die beste Art der Beziehung. Wie dem auch sei, das war Mrs Gandhi.

Sie war eine boshafte Frau und gehässig. So wirkte sie zumindest. War Nehru im eigenen Land anders?[20]

Also, er war wieder furchtbar nett zu Lee und mir. Er kam jeden Nachmittag nach Hause und spazierte mit uns im Garten, wo wir die Pandas fütterten. Eine seiner Schwestern war dort, Mrs

---

19 Als Schlesinger vor dem Parteitag der Demokraten 1960 seine Unterstützung für JFK bekanntgab, beschimpften ihn alte Freunde und Stevenson-Anhänger als einen neuen »Benedict Arnold« (amerikanischer General, der im Unabhängigkeitskrieg die Seiten wechselte; A. d. Ü.).

20 Dies bezieht sich auf Mrs Kennedys offiziellen Besuch in Indien im März 1962, den sie bewusst mit einem Besuch im verfeindeten Pakistan verband, um die diplomatische Balance herzustellen.

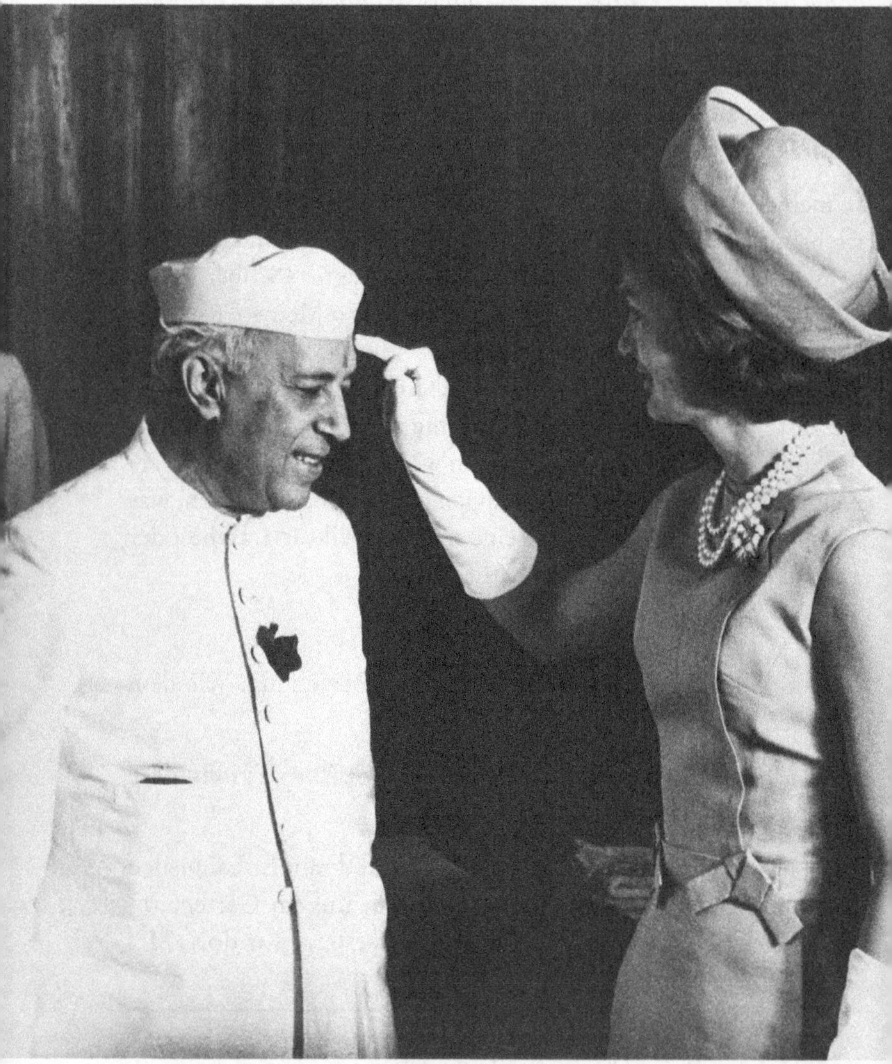

DER INDISCHE MINISTERPRÄSIDENT NEHRU UND JACQUELINE KENNEDY IN INDIEN, MÄRZ 1962

Hutheesing – ist das nicht die eher rechtsgerichtete Schriftstellerin aus Bombay?[21] Aber sie ist sehr lustig, und sie kam in Lees und mein Zimmer und sagte: »Es tut meinem Bruder sehr gut, Sie beide hier zu haben. Es lenkt ihn ab.« Weil seine Tochter, sagte sie, dem armen Mann das Leben mit ihrer ewigen Politik vergällt. Politik beim Mittagessen, Politik beim Tee, Politik beim Abendessen. Er kommt nie dazu, sich zu entspannen. Dieser Besuch … also, wir sprachen über nichts Weltbewegendes, auch nicht darüber, dass wir anschließend nach Pakistan fliegen würden. Aber für ihn war es eine Erholung – und das war es, was ich Jack bieten wollte an unseren gemeinsamen Abenden zu Hause. Ich war jemand, der nichts mit dem zu tun hatte, womit er sich den ganzen Tag herumschlagen musste. Wie gesagt, Nehru war sehr angetan von unserem Besuch, und er begleitete mich jeden Abend zurück auf mein Zimmer, und er kam, ich glaube, zweimal mit rein, setzte sich eine Stunde zu mir und erzählte.

Und war er lebhaft? Ich kann mir nicht vorstellen, dass er diese abwesende, passive Art …

Nun, nicht gerade lebhaft, er war mehr so sanftmütig, mit diesen großen braunen Augen. Ich hatte seine Autobiographie gelesen und stellte ihm ein paar Fragen über, na ja, über die Vergangenheit – und er erzählte.

Wovon erzählte er? Von seiner eigenen Vergangenheit …?

Ich fragte ihn nach seiner Zeit im Gefängnis und überhaupt nach seinem Leben. Ja, davon auch. Ansonsten sprach er über die Menschen in Indien oder machte ein paar Scherze. Er war immer so … Ich habe das alles irgendwo aufgeschrieben, worüber wir sprachen, vielleicht kann ich es heraussuchen. Es ist das Einzige, was ich aufgeschrieben habe.

---

21 KRISHNA NEHRU HUTHEESING (1907–1967), die jüngste Schwester des indischen Ministerpräsidenten, war Autorin mehrerer Erinnerungsbücher.

Oh, gut. Wir sollten das heraussuchen, und die Bibliothek sollte auch eine Kopie davon bekommen.[22] *Das andere große Thema im Herbst 1961 war die Wiederaufnahme der Atombombentests durch die Sowjetunion – was uns vor die Frage stellte, ob wir die Tests ebenfalls wiederaufnehmen sollten.*[23] *War das nicht eine Sache, die dem Präsidenten seit langem am Herzen lag?*

Ja. Ich kann mich noch gut daran erinnern, dass er sich in der Zeit viele Gedanken darüber machte, ob wir die Tests wiederaufnehmen sollten, und wenn ja, wie lange, ob man es hinauszögern könnte oder nicht. Es war eine schlimme Zeit für ihn. Das bereitete ihm die größten Sorgen damals – war das '61 und '62? Aber es fing ja alles viel früher an. Ich weiß noch, wie David Gore in dem Herbst, als wir heirateten, nach Hyannis kam – das müsste im Oktober oder November 1953 gewesen sein. Er war bei der UN irgendwie mit dem Thema Abrüstung befasst, und er und Jack sprachen darüber. Das war das erste Mal, dass ich davon hörte. Es kam mir so seltsam vor. In den Zeitungen war ja nie davon die Rede gewesen, dass man abrüsten oder zu irgendeiner Übereinkunft kommen müsse und dass das überhaupt möglich wäre. Nicht wahr, damals dachte man, diese Bertrand Russells[24] mit ihren »Ban the Bombers«-Parolen und so wären alles Kommunisten. Ich dachte das einfach wegen der Zeitungsartikel von David Lawrence,[25] die ich gelesen hatte. Seit dieser Zeit sagte

---

22 Die zukünftige Kennedy Library.

23 Im Herbst 1961, nach dem Gipfel von Wien, der Berlinkrise und dem Bau der Berliner Mauer, liefert Chruschtschow mit dem stärksten bis dahin vorgenommenen Atombombentest eine Demonstration seiner militärischen Macht. JFK sah sich daraufhin gezwungen, die amerikanischen Kernwaffentests wiederaufzunehmen.

24 BERTRAND RUSSELL (1872–1970), britischer Pazifist, Philosoph und Literaturnobelpreisträger.

25 DAVID LAWRENCE (1888–1973), Journalist und Gründer des rechtsgerichteten *U.S. News & World Report*.

Jack in seinen Reden, es sei eine Schande, dass sich in Washington nicht einmal hundert Leute mit Abrüstungsfragen beschäftigten – oder vielleicht auch zehn.

Nicht einmal einhundert.

Nicht einmal hundert. Ich glaube, auch in seinem Wahlkampf zum Senat sprach er es immer wieder an.[26] Ganz bestimmt sprach er es in seinem Präsidentschaftswahlkampf an, aber darüber nachgedacht hat er schon viel früher. Als David Gore dann zurückkam – 1958 oder 1957, ich weiß nicht mehr genau – und er und Sissy uns auf Cape Cod besuchten, da unterhielten sie sich wieder darüber. Und ich weiß noch, als Harold Macmillan letzten Sommer zurücktrat.[27] Jack tat es sehr leid für ihn, dass er auf diese unwürdige Weise abtreten musste, und er sagte: »Die Leute wissen einfach nicht zu schätzen, was Macmillan geleistet hat«, und dass er sich um die westliche Allianz verdient gemacht hat wie kaum ein Zweiter. Aber die Sache mit der nuklearen Abrüstung lag ihm schon seit langer Zeit am Herzen. Jack schickte ihm ein rührendes Telegramm. Der arme Macmillan.[28] Damals hatte

---

26 1958.

27 Er trat im Oktober 1963 zurück.

28 Mrs Kennedy kannte Harold Macmillan im Gegensatz zu ihrem Mann nur flüchtig. Aber nach Kennedys Tod baute sie durch briefliche Korrespondenz eine innige Vertrautheit mit dem britischen Freund ihres Ehemanns auf. Ende Januar 1964 verfasste sie als Antwort auf Macmillans Beileidschreiben einen Brief an ihn: »Manchmal bin ich so verbittert, aber nur wenn ich allein bin – ich erzähle es niemandem –, doch ich glaube wahrhaftig, dass jedes Schulkind, das die Geschichte der sechziger Jahre betrachtet, nun zu dem Schluss kommen muss, dass der Lohn der Tugend Undank ist. Die beiden größten Männer unserer Zeit, Sie und Jack – alles, wofür Sie zusammen gefochten und sich eingesetzt haben … und was ist daraus geworden? De Gaulle ist da und der verbitterte alte Adenauer – und die beiden Menschen, die büßen mussten, sind Sie und Jack. Sie haben in den besten Jahren für die nobelsten Ziele gearbeitet. Später, wenn die kommenden Präsidenten und Premierminister in ihrer Unfähigkeit alles zugrunde gerichtet haben wer-

kaum jemand ein freundliches Wort für ihn. David fragte, ob das Telegramm veröffentlicht werden könne, und Jack sagte, ja, natürlich. Das wollte ich ihm auch sagen, als ich mich letzte Woche mit ihm über Telstar[29] unterhielt – an Jacks Geburtstag, also, was sein siebenundvierzigster Geburtstag gewesen wäre. Ich hatte das Telegramm gefunden und las es ihm vor und versuchte in Worte zu fassen, wie Jack von ihm gesprochen hatte – und die ganze Zeit dachte ich: »Hoffentlich hört de Gaulle zu.« Nicht dass das jetzt noch wichtig wäre.

Ich habe den Eindruck, dass wir heute kein Atomteststoppabkommen hätten, wenn der Präsident und auch der Premierminis-

---

den, werden die Leute sagen: »Wisst ihr noch, damals – die beiden waren einfach perfekt.« Die Tage von Ihnen und Jack … Ich denke immerfort an Camelot – eine Sentimentalität, gewiss, aber ich weiß, dass ich recht habe. Für einen kurzen, leuchtenden Moment war es da, Camelot, und es wird nie wieder so sein. Bitte verzeihen Sie mir meine endlosen Ausführungen – aber ich wollte Ihnen einfach mitteilen, wie sehr Jack Sie schätzte – und ich habe nicht sein Talent, dies in wenigen Worten zu tun.« Macmillan antwortete: »Meine liebe Freundin (›Mein lieber Freund‹ – so pflegte ich Jack anzuschreiben, und so werde ich es auch bei Ihnen halten) … Sie haben Ihrem Herzen freien Lauf gelassen, und ich will es ebenso tun. Natürlich macht es uns bitter. Wie sollte es anders sein? … Möge Gott Sie segnen, mein liebes Kind. Sie haben gegenüber der bitteren Welt da draußen die größtmögliche Courage bewiesen. Das Schwierige ist, dies auch in sich selbst zu fühlen.« Am 1. Juni, dem Tag, bevor dieses Interview geführt wurde, schrieb Jacqueline an Macmillan, dass sie sich nun besser fühle und das Schlimmste überstanden sei. Später schrieb sie ihm in einem Brief, dass sie versuche, ihre Kinder so zu erziehen, wie Jack sich das gewünscht hätte – und dass, sollte sie damit Erfolg haben, dies ihre Rache an der Welt sein werde. (Das war mit ein Grund, warum sich Jacqueline in späteren Jahren so besonders freute, wenn Freunde ihr sagten, dass sie eine gute Mutter gewesen sei.)

29 Der 1962 ins All geschossene Telstar-Satellit war der erste Telekommunikationssatellit, mit dem Fernsehsignale über den Atlantik gesendet werden konnten. Am siebenundvierzigsten Geburtstag des Präsidenten traten Jacqueline und Robert Kennedy in Hyannis Port für eine internationale Gedenkveranstaltung vor die Kameras, an der unter anderem auch Macmillan sowie Willy Brandt als damaliger Berliner Bürgermeister teilnahmen.

ter damals nicht so fest entschlossen gewesen wären und ihren Beratern die Sache nicht immer wieder vorgelegt hätten.[30]

Ja, und ich bin der Meinung, dass die Anwesenheit von David Gore zu der Zeit …

Unentbehrlich war, ja.

Wir können uns ja ein andermal mit ihm befassen. Es passierten einfach so viele Dinge. David kam zum Dinner, und irgendetwas war furchtbar schiefgelaufen in Britisch-Guayana oder irgendwo, oder während der Skybolt-Krise war David die ganze Zeit bei uns – und er hängte sich ans Telefon, und schon lief alles wie am Schnürchen. Aber was ich eigentlich sagen wollte: Als Jack und Macmillan dieses Testverbot in die Wege geleitet hatten – wie unmöglich de Gaulle sich da verhielt. So eine wichtige Sache, und dieser Egomane will nichts damit zu tun haben, eine Sache, die von einzigartiger Bedeutung für das ganze Jahrhundert ist. Ich traf vor ein paar Wochen Graham Sutherland, einen Maler, der ein Bild von Jack malen soll. Er hat etwas wirklich Interessantes gesagt, er sagte: »Das Außergewöhnliche an Präsident Kennedy war, dass die Macht ihn zu einem besseren Menschen machte« – während sie so viele Leute zu schlechteren Menschen macht. Sutherland kannte Winston Churchill. Er hat ihn einmal gemalt. Er sagte, Winston sei unfreundlicher geworden – und Adenauer gemeiner. Und natürlich war de Gaulle das klassische

30 Im August 1963 stimmten Kennedy, Chruschtschow und Macmillan einem Abkommen über den Stopp von Kernwaffentests in der Atmosphäre, im Weltraum und unter Wasser zu. De Gaulle, der eine eigene französische Nuklearmacht aufbauen wollte, verweigerte die Unterzeichnung. Auch wenn trotz Kennedys großem Einsatz unterirdische Atombombentests nicht verboten wurden, stellte das Abkommen doch den ersten ernsthaften Versuch der Amerikaner und Sowjets zur Beendigung des nuklearen Wettrüstens dar. Insbesondere nach der Beinahe-Katastrophe der Kubakrise sah Kennedy in dem Abkommen seinen größten Erfolg. Er unterzeichnete ihn am 7. Oktober 1963 im Weißen Haus.

Beispiel. Jack dagegen gab die Macht die Chance, sich für das Gute einzusetzen, und ich glaube, Harold Macmillan auch.

Können Sie sich daran erinnern, welchen Eindruck der Präsident von Leuten wie Arthur Dean, McCloy oder Forster im Zusammenhang mit dem Atomtestverbot hatte?[31]

Eher nicht.

Das war eine dieser langwierigen Geschichten, die sich ewig hinzogen.

Ach, es konnte so entmutigend sein. Und wenn man nur an Arthur Dean denkt. Ich weiß noch, dass er mir so leidtat, die ganze Zeit saß er da in Genf fest – ich war einmal in dieser deprimierenden Stadt … Aber ich kann mich nicht erinnern, dass Jack gesagt hätte, er sei von jemandem enttäuscht gewesen. Ich weiß nur noch, dass er Harriman sehr lobte.

Ja. Am Ende kam Harriman ins Spiel. Ich glaube, die Russen sind der Ansicht, wenn die Vereinigten Staaten Harriman an den Verhandlungstisch schicken, dann meinen sie es ernst, und das war auch absolut notwendig.[32]

Jacks Verhältnis zu Harriman war sehr berührend. Auf der einen Seite waren da überall die jungen Männer, und daneben dann

---

31 ARTHUR DEAN (1899–1980), WILLIAM FOSTER (1897–1984) und JOHN MCCLOY (1895–1989) waren Berater von JKF bei den Verhandlungen mit den Sowjets über das Atomtestabkommen.

32 W. AVERELL HARRIMAN (1891–1986), Sohn und Erbe eines Eisenbahnmoguls, war unter Franklin D. Roosevelt Sondergesandter in Europa und Botschafter in Moskau und von 1954 bis 1958 Gouverneur von New York, bevor JFK ihn in hochrangiger Funktion ins Außenministerium berief. Kennedy hatte Harriman nach Moskau geschickt, um mit dieser Geste zu unterstreichen, wie viel ihm an einem Vertragsabschluss lag. Im Dezember 1963 ließ Harriman Mrs Kennedy in seinem Haus in Georgetown wohnen, bis sie mit ihrer Familie ihr neues Haus beziehen konnte.

DER BRITISCHE PREMIERMINISTER HAROLD MACMILLAN
UND JACQUELINE KENNEDY VOR NUMBER 10 DOWNING STREET,
LONDON 1961

Harriman, der schon so viele Regierungen miterlebt hatte. Aber er stieg noch immer weiter auf, nicht wahr? Jack freute sich so für ihn, und er sagte: »Das ist wirklich die Krönung seiner Karriere.« In Teddy Whites Buch wurde er damals erwähnt, in einer Fußnote – dass er Großartiges in der Außenpolitik geleistet, aber innenpolitisch nur Unheil angerichtet habe.[33] Ich weiß noch, dass Jack die Äußerung von White sehr bedauerte und dass er sich freute, dass Averell Harriman am Ende noch diesen Erfolg erleben durfte.[34]

In diesem …

Als wir aus seinem Haus auszogen, das er uns nach November zur Verfügung gestellt hatte, habe ich ihm eine Kopie des Teststoppabkommens geschenkt, das Nationalarchiv hat sie extra für mich angefertigt. Man kann sie vom Original nicht unterscheiden.

In jenem Herbst – Herbst und Winter – gingen die Hickory-Hill-Seminare los, und im Winter '62 gab es ein Seminar im Weißen Haus, bei dem David Donald, ein Professor in Princeton, über den Bürgerkrieg referierte.[35] *Ich war nicht dabei, aber der Präsident erzählte mir davon. Offenkundig fand er die Veranstaltung sehr anregend.*

---

33 THEODORE WHITE (1915–1986), ein Freund von JFK, der mit ihm an der Harvard studiert hatte; die Äußerungen über Harriman finden sich in seinem Buch *The Making of the President 1960 (Der Präsident wird gemacht).*

34 Tatsächlich war dies nicht der Abschluss von Harrimans politischer Karriere, sondern er diente noch unter zwei folgenden demokratischen Präsidenten als hochrangiger Diplomat.

35 Viele hochrangige Angehörige der Kennedy-Regierung nahmen an den sogenannten Hickory-Hill-Seminaren teil (benannt nach dem Ort der ersten Veranstaltung). Bei den Seminaren, die in den Häusern der Teilnehmer ausgerichtet und von Schlesinger organisiert wurden, hielten Akademiker einen Vortrag und beantworteten Fragen zu ihrem Fachgebiet. Der Abend mit dem Lincoln-Experten DAVID HERBERT DONALD (1920–2009) fand im Yellow Oval Room statt.

Ja, die Seminare. Jack wollte immer hingehen, aber eigentlich wollte er nur *Sie* hören, und dann war es ja auch immer ein großer Aufwand, sich auf den Weg zu machen. Aber als er hörte, dass ein interessantes Seminar stattfinden sollte – dies eine über den Bürgerkrieg und die Rekonstruktion –, da schlug er vor, es im Weißen Haus abzuhalten. Eigentlich sollte es bei den Gilpatrics stattfinden. Und es war so lustig, denn als die Fragerunde losging, wagte keiner etwas zu sagen, und alle waren ziemlich nervös – im Weißen Haus, in Anwesenheit des Präsidenten. Aber Jack fragte Donald: »Was denken Sie« – denn das interessierte ihn sehr – »wäre Lincoln ein ebenso großer Präsident gewesen, wenn er länger gelebt hätte?« Also, wäre seine Beurteilung ebenso positiv ausgefallen? Denn er hätte es natürlich mit dem Problem der Rekonstruktion der Union zu tun bekommen, und egal was er dann getan hätte, er hätte sich auf jeden Fall bei unzähligen Leuten unbeliebt gemacht. Das war die Frage. Und Donald hat sie von allen Seiten betrachtet, und am Ende hat er Jack zugestimmt, dass es besser war – also, besser für Lincoln, zu genau diesem Zeitpunkt zu sterben. Und ich weiß noch, wie Jack nach der Kubakrise, als sich alles so phantastisch entwickelt hatte, sagte: »Wenn mich jemals jemand erschießen sollte, dann wäre heute der Tag dafür.«[36]

Ist das wahr?

Es ist schon eigenartig, wie die Erinnerungen so wiederkommen … Aber er sagte damals: Besser kann es nicht mehr werden. Eigenartig, dass diese Dinge jetzt wiederkommen.

36 Nachdem Chruschtschow versprochen hatte, seine Raketen aus Kuba abzuziehen, sagte Jack zu Robert Kennedy, dass dies vielleicht der Abend wäre, an dem er ins Theater gehen sollte – eine Anspielung auf den Mordanschlag auf Lincoln im Ford's Theatre auf dem Höhepunkt seiner politischen Laufbahn. Robert antwortete, wenn er das täte, würde er ihn begleiten.

Die Frage zu Lincoln, die er Donald gestellt hatte – hatte er darüber vorher schon einmal gesprochen? War ihm das schon länger im Kopf herumgegangen?

O ja, wir sprachen dauernd darüber. Im ersten Jahr unserer Ehe belegte ich ein Seminar zur amerikanischen Geschichte an der Georgetown School of Foreign Service bei Professor Jules Davids, ein hervorragender Mann. Ich hatte vorher noch kein Seminar über amerikanische Geschichte besucht, und wenn ich nach Hause kam, hatte ich immer den Kopf voll mit diesen Dingen und war ganz aufgeregt – Thaddeus Stevens und die radikalen Republikaner, an die erinnere ich mich noch, und diese unsäglichen Gedichte, die sie auf Lincoln gedichtet haben. Jack freute sich so über mein Interesse. Als er an *Zivilcourage* schrieb, schwärmte ich ihm von Davids vor, und er beauftragte ihn mit Recherchen. Daher sprachen wir zu der Zeit viel über Lincoln und die Rekonstruktion und was gewesen wäre, wenn er nicht ermordet worden wäre. Das war ja damals, als wir gerade geheiratet hatten, '53, '54, und das Buch erschien '54, '55. Wir haben also schon Jahre vorher darüber gesprochen.

Es gab noch ein Hickory-Hill-Seminar im Weißen Haus mit Isaiah Berlin.[37]

Da ging es um Russland.

Genau.

Ja, Jack fand es wunderbar, er fand es einfach wunderbar, Isaiah Berlin zu hören. Ich meine, das war etwas … Sie sollten diesen Artikel in der aktuellen Ausgabe des *Show*-Magazins lesen, der meiner Meinung nach ziemlich ungerecht in seinem Urteil über Jack ist, aber der Aufhänger des Artikels ist, dass *The Young*

37 ISAIAH BERLIN (1909–1997) war ein britischer Diplomat und Historiker, der während des Zweiten Weltkriegs in Moskau stationiert gewesen war.

Melbourne sein Lieblingsbuch war, und es heißt dann, dass er eigentlich wie jemand aus diesen alten Whig-Häusern war, diesen liberalen Whig-Familien, die alles hatten und ein aufregendes Leben führten und sich trotzdem engagierten. Na ja, er bewunderte die Engländer wirklich sehr. Er erzählte mir oft, wie er als Junge in London seinen Vater zu Emerald Cunard[38] begleitet und den Leuten dort zugehört hatte. Als wir in London waren, gingen wir zum Essen zur alten Herzogin von Devonshire, und sie hatte immer viele Leute eingeladen. Er liebte es, ihnen zuzuhören. Sie wussten so viel, sie waren so unglaublich gebildet. Er war dort sehr glücklich. Also, ja, er bewunderte Isaiah Berlin.

Möchten Sie etwas zu seinem Verhältnis zu David Gore sagen? Ich glaube nämlich, dass es dabei um etwas sehr Grundsätzliches ging. Ich habe den Eindruck, dass er mit David vertraulicher sprach als mit irgendwem sonst, in seinem Stab …

Ja.

… und selbst in seinem Kabinett.

Nun, ich nehme an …

Mit Ausnahme von Bobby.

Genau. Wenn ich jemanden nennen sollte, den ich mir als den neuen großen Mann vorstellen könnte, dann wäre das David Gore. Aber … na ja, sie lernten sich wohl in London kennen. Kathleen, Jacks Lieblingsschwester, war Sissys beste Freundin. Und ja, ich glaube, David war damals der engste von all diesen Freunden, von denen ja viele am Ende ein eher trauriges Leben führten, aus dem einen oder anderen Grund.

---

38 MAUD ALICE BURKE (1872–1948), auch bekannt als Lady Emerald Cunard, geboren in Amerika, war in der Zeit vor dem Zweiten Weltkrieg eine berühmte Londoner Gastgeberin.

Das war '38, '39.

Ja, Hugh Fraser gehörte auch in gewisser Weise zum Freundeskreis, aber er war nicht sehr helle, und man hat sich immer gefragt, ob er wohl in irgendeiner Behörde unterkommen würde, ist er aber nicht, oder wenn, dann nur in einer unbedeutenden. Aber wenn David Gore hier war, trafen wir uns mit ihm, und Jack sagte immer, David sei der intelligenteste Mensch, den er je getroffen hätte. David und Bundy. Aber David mehr als Bundy, weil Bundys Intelligenz … sie hat etwas Hochgezüchtetes, sodass er häufig die größeren Zusammenhänge um sich herum gar nicht sehen konnte. David war bodenständiger, mitfühlender … Ich kann es nicht beschreiben.

David besitzt mehr Lebensweisheit, denke ich. McGeorge Bundy ist ein unglaublich intelligenter Mensch, aber Davids Urteilsvermögen ist stärker.

David hat auch diese versöhnliche Seite, die Jack hatte. Bundy kann wütend werden und arrogant, bis am Ende die Fronten verhärtet sind. Bundy in der Kubakrise! Wenn man es sich vorstellt, dieser geniale Kopf – am Anfang wollte er Kuba bombardieren, und am Ende wollte er gar nichts tun. Wenn wir uns auf diese großartige Intelligenz verlassen hätten, wo wären wir dann heute?

Wie oft traf er sich mit David?

Wir sahen sie häufig. Ständig. Sie kamen zu uns in den Ferien, oder sie kamen übers Wochenende nach Camp David oder aufs Land oder nach Cape Cod. Und ein Mal im Monat oder so kamen sie zum Dinner. Ich lud schon gar nicht mehr extra ein. Wir machten das eher spontan, denn natürlich hatten sie ihre offiziellen Verpflichtungen, und wenn sie einmal frei hatten, dachte ich, das kann ich ihnen nicht antun. Also sahen wir sie nicht so oft, wie wir das gerne gehabt hätten. Wir hätten sie jede Woche getroffen, wenn er nicht Botschafter gewesen wäre.

Sie sahen sie jedenfalls oft genug, um die Alphands zu ärgern.[39]

Und natürlich telefonierten sie ständig miteinander. Immer hieß es: »Gebt mir den britischen Botschafter.« David erzählte mir manchmal, an welch unmöglichen Orten man ihn schon ausfindig gemacht hatte, weil Jack ihn unbedingt sprechen wollte. Wie gesagt, da gab es diese Angelegenheit in Britisch-Guayana, über die sich David an dem einen Abend wirklich große Sorgen machte, und Jack sagte: »Also, was soll ich tun?« Eigentlich war das gegen unsere eigene Position, aber David riet ihm: »Ruf U Thant[40] an«, und er solle ihm dieses oder jenes sagen. Wie auch immer. Jedenfalls, Jack tat das, und alles nahm ein gutes Ende. Oder die Skybolt-Geschichte. Von Nassau[41] flog David mit uns zurück nach Florida. Und am nächsten Tag platzte dann ja die ganze Sache. Godfrey McHugh kam hereingestürmt und rief: »Haben Sie die wunderbare Nachricht schon gehört, Mr Presi-

39 Der französische Botschafter Hervé Alphand war eifersüchtig auf David Ormsby-Gores enge Beziehung zu den Kennedys. Der Präsident und die First Lady hielten auch wegen de Gaulles ablehnender Haltung gegenüber den USA Distanz zu den Alphands.

40 U THANT (1909–1974) war ein burmesischer Diplomat und von 1961 bis 1971 Generalsekretär der Vereinten Nationen.

41 Kennedy traf sich im Dezember 1962 zu einem dreitägigen Besuch mit Macmillan in Nassau auf den Bahamas. Vor dem Treffen hatten die Vereinigten Staaten mit Verweis auf anhaltende technische Schwierigkeiten ihr Programm zum Bau der Skybolt-Nuklearraketen eingestellt, an dem auch die Briten beteiligt waren. Die Bekanntgabe dieser Nachricht durch den britischen Verteidigungsminister Peter Thorneycroft bedeutete für Macmillan eine politische Bloßstellung ersten Ranges. Nicht nur seine Gegner im britischen Parlament warfen ihm vor, sich in der Frage der Verteidigung völlig von den USA abhängig gemacht zu haben. In Nassau versuchte Kennedy Macmillan den Rücken zu stärken und bot ihm als Ersatz den Kauf von Polaris-Mittelstreckenraketen an. Nach dem Treffen begleitete Ormsby-Gore die Kennedys nach Palm Beach, wo Kennedys Luftwaffenberater, General GODFREY MCHUGH (1911–1997), ihm überraschend die wenig zweckdienliche Meldung überbrachte, dass die technischen Probleme des Sykbolt-Programms sich offenkundig in Luft aufgelöst hatten.

dent? Sie haben Skybolt abgefeuert, und es hat funktioniert« – oder etwas in der Art. Und Jack antwortete: »Wie bitte? Gottverdammt, Godfrey, machen Sie, dass Sie rauskommen!« Danach saßen er und David da, und es war einfach nur schrecklich. Sie riefen Gilpatric an, McNamara war nicht da, und dann ging David in ein anderes Zimmer und rief Harold Macmillan an. Aber das Vertrauen blieb – ich meine, damals hätte zwischen England und Amerika alles in die Brüche gehen können … David Gore ist der Tod von Jack furchtbar nahegegangen. Er ist der einzige Freund, zu dem ich wohl auch in Zukunft noch Kontakt halten werde – viele der anderen kann ich nicht mehr ertragen, weil ich … weil Jack fehlt. Also, die Bartletts, die Bradlees, die Leute, die man so traf …

David ist sowohl in intellektueller als auch in menschlicher Hinsicht eine starke Persönlichkeit und sehr großmütig.

Und er ist nicht ehrgeizig. Ich hatte immer gehofft, dass er seinen Lordtitel aufgeben und eines Tages Premierminister werden würde. Höchstwahrscheinlich wird er Außenminister. Er hat nicht diesen Antrieb, den Jack hatte, aber es ist ihm auch nicht gleichgültig. Ich nehme an, dass er auf seine Weise ebenso viel erreicht.

Ich habe ihn ebenfalls gedrängt, den Titel aufzugeben, aber es ist klar, dass er das wohl nicht tun wird.

Aber nicht, weil ihm viel daran liegen würde. Er hat einfach nicht den Ehrgeiz.

Im Winter oder Anfang Frühjahr '63 war auch die Stahlkrise ein großes Thema. Haben Sie das damals mitbekommen?

Ja, und ich weiß noch, wie fuchsteufelswild Jack war. Das kam ja nur sehr selten vor, er hatte sein Temperament wirklich im Griff. Ich meine, man sah ihn nie die Beherrschung verlieren, aber manchmal funkte es dann. Also, er war wirklich … Was Roger Blough ihm da angetan hatte …[42]

Er war der Meinung, dass Roger Blough ein falsches Spiel mit ihm gespielt hatte.

Ja. Ich sehe ihn noch vor mir. Sein Mund war ganz verkniffen. So etwas macht man einfach nicht, so verhält man sich einfach nicht! Bobby meinte später, wenn wir Leute wie André Meyer gekannt hätten oder wenn wir mehr Freunde in diesen Kreisen gehabt hätten, dann hätte sich das alles vielleicht gütlich regeln lassen. Ich weiß noch, dass es hin und her ging zwischen seinem Büro und dem Weißen Haus und sie alle anriefen. Und Clark Clifford war dann derjenige, für den sie sich entschieden, von dem sie glaubten, die anderen würden ihm vertrauen. Und wie sie ihn dann zur Verhandlung schickten und man nicht wusste, wer von ihnen zuerst nachgeben würde. Es war … wie war sein Name noch? Ich habe ihn erst neulich getroffen …

---

42 ROGER BLOUGH (1904–1985) war von 1955 bis 1969 Vorstandsvorsitzender von US Steel. Im März 1962 vermittelte die Regierung Kennedy aus Angst vor einer Inflation zwischen der Stahlarbeitergewerkschaft und den Konzernführern einen Kompromiss, um die Lohn- und Preissteigerungen zu beschränken. Im April 1962 jedoch teilte Blough dem Präsidenten mit, dass US Steel seine Preise um 3,5 Prozent anheben werde, womit das Unternehmen gegen die Abmachung verstieß. Die meisten anderen Stahlkonzerne folgten der Preiserhöhung. Der Präsident fühlte sich verraten und beschimpfte die Industriellen öffentlich als Feinde des öffentlichen Interesses. Robert Kennedy entschied sich für ein »hartes Durchgreifen«. Er setzte eine Grand Jury zur Prüfung von Kartellvorwürfen ein und befahl dem FBI, »alle zu vernehmen und gleich morgen in ihre Büros zu marschieren« und unter Androhung einer Zwangsvorladung die Spesenabrechnungen der Stahlbosse und andere persönliche Unterlagen auf Hinweise für eine ungesetzliche Absprache durchzusehen. (Im Zuge ihrer Ermittlungen rief das FBI auch einen Reporter um zwei oder drei Uhr morgens an, was dem FBI den Vorwurf der »unangemessenen Härte« einbrachte.) Clark Clifford und andere Regierungsbeamte drängten die Stahlbosse massiv, die Preiserhöhungen zurückzunehmen, und innerhalb von zweiundsiebzig Stunden machten Blough und seine Kollegen einen Rückzieher.

Aus Chicago?

Laughlin?[43] Ich traf ihn beim Bibliotheksdinner für Jack. Oh, und später, im November, erzählte mir Bobby, dass ... Erinnern Sie sich an die Meldungen in der Presse, das FBI wäre nachts zu den Leuten nach Hause geschickt worden? Die Reporter ...

... wären um zwei Uhr nachts aus dem Bett geholt wurden.

Bobby hat mir erzählt, wie unmöglich sich J. Edgar Hoover seit Jacks Tod verhält und dass er Lyndon B. Johnson diese Berichte über alle möglichen Leute schickt, um sich bei ihm einzuschmeicheln. Bobby sagt, er habe immer versucht, freundlich zu Hoover zu sein, und wenn das FBI etwas gut gemacht hat, war es für ihn in Ordnung, wenn Hoover sich damit brüstete, und wenn das FBI Mist gebaut hatte, nahm Bobby es bereitwillig auf seine Kappe. Aber es war einzig und allein Hoover, der diese Leute losgeschickt hat. Und nur deswegen kam es doch zu diesen Vorwürfen gegen Jack, oder nicht?

Genau. Das heißt also ...

Ich meine, ich weiß nicht, wen sie alles auf der Liste hatten oder welchen Reporter sie als Nächstes aus dem Bett holen wollten. Aber ich weiß noch, dass Jack deswegen sehr aufgebracht war.

Arthur Goldberg spielte eine aktive Rolle in dieser Sache, und Ted Sorensen auch, nehme ich an.

Ich weiß nur, dass Jack die ganze Zeit am Telefon hing und mit Clark Clifford sprach.

Könnte man sagen, dass es diese Angelegenheit war, die ihn am stärksten verärgert hat in seiner Amtszeit?

---

43 Jones and Laughlin Steel Company.

Ich denke, ja – wenn ich an den Wutausbruch denke, unmittelbar nachdem Roger Blough zu ihm ins Büro kam und ihm die Nachricht überbrachte. Wie gesagt, so habe ich ihn sonst höchstens erlebt, wenn ihn wieder die Deutschen geärgert hatten, aber mit einer relativ unwichtigen Sache. Allerdings hat die Wut nie lange angehalten. Ich meine, er hat nicht aus der Wut heraus gehandelt. Danach ging es einfach darum, zu sehen, wie man die Krise bewältigen kann – danach war es für ihn wie Schachspielen.

Was ist mit Gouverneur Barnett in Mississippi? War es damals ähnlich? Oder war es eher so, dass er sich von Blough menschlich verraten fühlte, während er von Barnett menschlich gar nichts anderes erwartete?[44]

Sehen Sie, Barnett war einfach ein hoffnungsloser Fall. Man wusste, dass Barnett eine mediokre Gestalt war, die sich vor der Verantwortung drückte. Das machte Jack nicht wütend. Die Sache war einfach, ich weiß nicht … hoffnungslos. Dabei fällt mir etwas ein. Ich war in Newport, war im Bett, und er rief mich an – es war in dieser Nacht. Um fünf Uhr morgens klingelt das Telefon, und ich nehme an, er war die ganze Nacht auf gewesen und gerade ins Weiße Haus zurückgekehrt. Ich war so gerührt, weil er einfach reden wollte, und er sagte: »O mein Gott!«, und dass man sich gar nicht vorstellen könne, was dort los sei und wie ihnen dann das Tränengas ausging und die Einheiten, die in einer Stunde dort sein sollten, immer noch vier Stunden entfernt waren … Ich glaube, dass war eine der schlimmsten Nächte seines Lebens.

---

44 ROSS BARNETT (1898–1987) war von 1960 bis 1964 Gouverneur von Mississippi. Im September 1962 versuchten der Präsident und der Justizminister per Telefon, bei dem launenhaften Barnett die Aufnahme des ersten afroamerikanischen Studenten an der University of Mississippi in Oxford zu erwirken. Ohne Erfolg. Es kam zu Unruhen, bei denen zwei Menschen getötet wurden. Kennedy musste die Armee schicken.

Sprach er viel über die Bürgerrechtsbewegung?

Das zog sich über einen so langen Zeitraum hin – da gab es die Geschichten mit Barnett und dann Wallace,[45] also ein schlimmes Problem nach dem anderen, und ich kann mir vorstellen, er dachte dabei auch an Little Rock und wie übel die Sache dort ausgegangen war. Und jetzt hatte er es mit einem fast noch schlimmeren Little Rock[46] zu tun.

Wie war seine Einstellung zu den Negerführern? Martin Luther King zum Beispiel? Sprach er von ihm?

Also, ich weiß nicht, was er … Ich weiß, wie er später über ihn dachte. Er meinte, King sei ein überragender Redner auf dem Freiheitsmarsch gewesen, und er gab zu, dass dieser Aufruf während der Kundgebung den Ausschlag gegeben hatte. Dann erzählte er mir von dem Band, das das FBI von Martin Luther King aufgenommen hatte, als er wegen des Freiheitsmarsches hier war, und er tat das ohne jede Verbitterung oder so, wie er all diese

---

45 GEORGE WALLACE (1919–1998) trat 1963 seine erste von insgesamt vier Amtszeiten als Gouverneur von Alabama an. Im Juni 1963, einen Monat nachdem in Birmingham bissige Hunde auf schwarze Teenager gehetzt worden waren, die für ihre Bürgerrechte demonstriert hatten, kündigte Wallace an, eine gerichtliche Anordnung zur Immatrikulation von zwei afroamerikanischen Studenten an der University of Alabama in Tuscaloosa zu boykottieren. Er postierte sich vor der Tür des Universitätsgebäudes und verurteilte »die illegale Einmischung der Bundesregierung«. Bobby Kennedys Stellvertreter im Justizministerium, Nicholas Katzenbach, musste die Alabama-Nationalgarde unter Bundesbefehl stellen und mit ihrer Hilfe den Gouverneur zwingen, zur Seite zu treten. Am selben Abend kündigte JKF im Fernsehen an, dem Kongress ein umfassendes Bürgerrechtsgesetz vorzulegen, und nannte es »ein moralisches Gebot, so alt wie die Bibel und so klar wie die amerikanische Verfassung«.

46 Dies bezieht sich auf den Sturm der Entrüstung, den Präsident Eisenhower 1957 mit seiner Entscheidung ausgelöst hatte, die Zulassung von Schwarzen an der Little Rock Central High School durch den Einsatz der 101. Luftlandedivision der US-Armee zu erzwingen.

Mädchen anrief und eine Party für Männer und Frauen arrangierte, also so eine Art Orgie im Hotel.[47]

Martin Luther King?

Ganz recht. Und ich sagte: »Aber Jack, das ist ja furchtbar. Ich meine, der Mann ist ja ein absoluter Heuchler.« Nein, das war es nicht ... da ging es nur um ein Mädchen, bei diesem Gespräch. Und Jack sagte: »Na ja ...« Wissen Sie, er vermied es immer, Leute auf irgendeine Weise zu verurteilen, er fällte nie ein Urteil über Martin Luther King. Später erzählte mir Bobby dann von den Bändern, die sie aufgezeichnet hatten, von diesen Orgien und dass sich Martin Luther King über Jacks Begräbnis lustig gemacht hatte.

O nein.

Er riss Witze über Kardinal Cushing und meinte, er wäre betrunken gewesen und dass sie um ein Haar den Sarg fallen lassen hät-

---

47 MARTIN LUTHER KING JR. (1929–1968), der bekannteste Führer der amerikanischen Bürgerrechtsbewegung, hielt im August 1963 auf dem Marsch auf Washington (Jacqueline spricht vom »freedom march«) seine berühmte »Ich habe einen Traum«-Rede. Nach Ende der Veranstaltung empfing JFK King und andere Führer der Bewegung im Weißen Haus und sagte: »Ich habe einen Traum.« Das FBI-Abhörband, das Mrs Kennedy erwähnt, wurde aufgenommen, als King und seine Mitstreiter sich nach dem Marsch ins Willard Hotel zurückzogen. Von J. Edgar Hoover mit der Behauptung unter Druck gesetzt, der Bürgerrechtsführer werde maßgeblich von befreundeten Kommunisten beeinflusst, hatte Robert Kennedy ihm widerstrebend die Genehmigung erteilt, Kings Telefon anzuzapfen und seine Zimmer zu verwanzen. Daher stammen auch spätere Aufnahmen von abfälligen persönlichen Kommentaren, die King machte, als er Kennedys Totenwache in der Rotunde des Kapitols und die Begräbnisfeierlichkeiten mitverfolgte. Hoover konnte die Aufzeichnungen gar nicht schnell genug dem Justizminister zukommen lassen, und der schockierte Bruder des verstorbenen Präsidenten gab Jacqueline eine Zusammenfassung der Bänder, die danach natürlich nicht gut auf King zu sprechen war (auch wenn sie 1968, trotz der Gefühle, die das in ihr aufwühlen musste, RFK zu Kings Begräbnis in Atlanta begleitete und Kings Witwe ihr Beileid aussprach).

ten. Na ja, ich meine, Martin Luther King ist ziemlich durchtrieben. Aber Jack hat mir gegenüber niemals etwas gegen Martin Luther King gesagt, daher weiß ich es nicht. Bobby war derjenige, der herausfand, wie er in dieser Hinsicht wirklich über ihn dachte. Und Bobby hat es mir später erzählt. Wissen Sie, ich kann kein Bild von Martin Luther King mehr anschauen, ohne zu denken: Was für ein furchtbarer Mensch! Ich weiß noch, zur Zeit des Friedensmarsches, als sie alle in sein Büro kamen ... Ich glaube, von Philip Randolph war er sehr angetan.[48]

Philip Randolp ist eine beeindruckende Gestalt, ein alter und würdevoller Mann.

Ja, und er war sehr besorgt wegen dieses Friedensmarsches. Es ging dann ja wohl alles noch ganz gut aus.

Besorgt, dass es zu Gewaltausbrüchen kommen könnte?

Nun, das hat wohl jeder befürchtet, nicht? Aber wissen Sie, die Bürgerrechte waren einfach schon immer ein wichtiges Thema. Ich weiß noch, wie wütend er war, als wir im November in Texas waren. Er regte sich furchtbar über Lyndon auf. Er sagte: »Lyndon gibt sich wirklich alle Mühe, zu zeigen, dass er ein echter Liberaler ist«, und dass er irgendwie im Süden war und eine Rede gehalten hat, die die Probleme nur noch schlimmer gemacht hat und den ganzen Süden in helle Aufregung versetzt hat, und dann geht Lyndon hin und schmeichelt sich bei den – ich weiß nicht, wem – ein, vermutlich den Liberalen aus dem Norden, nehme ich an. Jack sagte: »Weißt du, wenn er einfach mal versuchen würde, nicht nur an Lyndon Johnson zu denken, dann wäre uns schon

48 A. PHILIP RANDOLPH (1889–1979) war Präsident der ersten rein afroamerikanischen Gewerkschaft der USA (der Brotherhood of Sleeping Car Porters) und einer der Organisatoren des Marsches auf Washington.

viel geholfen.« Ich habe vergessen, welche Rede das war. Sie können es nachsehen.[49]

Das beherrschende Thema im Herbst 1962 war – neben dem Wahlkampf – die Kubakrise. Wie früh wurden Sie über die Raketen in Kenntnis gesetzt?

Ich weiß nicht mehr, ob das mit den Raketen schon bekannt war, als Jack auf Wahlkampfreise war. Wussten seine Leute davon?

Ja, allerdings.

Alle?

Nein.

Nur ein paar Vertraute.

Genau.

Stand denn etwas in den Zeitungen?

In den Zeitungen nicht. Die Nachricht traf an einem Dienstag ein, und nur eine sehr kleine Gruppe wusste davon. Er ging dann an diesem Donnerstag oder Freitag auf Wahlkampfreise – am Freitag – und kehrte am Samstag zurück. Am folgenden Montag hielt er die Rede.[50]

---

49 Im Mai 1963 hielt LBJ anlässlich des hundertsten Jahrestags von Gettysburg auf dem Schlachtfeld eine Rede zum Thema Bürgerrechte, in der er Forderungen formulierte, die weit über das hinausgingen, was der Präsident bis dahin zu dem Thema gesagt hatte. (Das war vor Kennedys im Fernsehen ausgestrahlter Rede im folgenden Monat, in der er die Bürgerrechte zu einer »moralischen Frage« erhob.) Johnson sagte in Gettysburg unter anderem: »Der Neger heute verlangt Gerechtigkeit. Wir antworten ihm nicht – wir antworten nicht jenen, die unter diesen Feldern liegen –, wenn wir dem Neger sagen: ›Hab Geduld.‹«

50 Der Präsident erfuhr am Dienstagmorgen, den 16. Oktober 1962 davon, dass die Sowjets dabei waren, Offensivraketen auf Kuba zu installieren – eine Provokation, die hinzunehmen der Präsident einen Monat zuvor öffentlich ausgeschlossen hatte. Da drei Wochen später die Zwischenwahlen zum Kongress

Nun, ich kann mich nicht erinnern, ob ich es schon davor wusste oder nicht. Ich bin sicher, ich hätte es erfahren, wenn er Grund gehabt hätte, sich Sorgen zu machen. Aber ich weiß es nicht mehr genau, ich war mit den Kindern gerade erst in Glen Ora angekommen, und es war entweder … War es Freitag oder Samstag …

Samstag.

… als er sich entschloss, zurückzukommen?

Samstag.

Jedenfalls, wir waren gerade erst angekommen, und ich lag in der Sonne, und es tat so gut, dort zu sein, als Jack anrief, und er sagte: »Ich komme am Nachmittag nach Washington zurück. Willst du nicht auch kommen?« Wissen Sie, normalerweise kam er auch nach Glen Ora, wenn er nicht das ganze Wochenende unterwegs war. Oder er kam am Samstag, oder ich rief ihn an, ob er nicht zu uns runterkommen wollte oder so. Aber irgendwie klang seine Stimme komisch. Außerdem hätte er mich niemals gefragt, ob ich … ich meine, er wusste, was mir diese Wochenenden bedeuteten – weg zu sein von der ganzen Aufregung im Weißen Haus –, und er ermunterte mich auch immer dazu. Es war so gar nicht seine Art, vor allem da er wusste, dass ich gerade erst angekommen war, mit zwei quengelnden Kindern, die man aus ihrem Mittagsschlaf reißen müsste. Aber ich konnte an seiner Stimme hören, dass etwas nicht in Ordnung war. Als ich wissen wollte, warum, sagte er: »Ach, es ist nichts. Warum kommst du nicht

---

anstanden und der Präsident und seine Berater das Raketenproblem vor der amerikanischen Öffentlichkeit geheim halten wollten, bis sie sich auf eine Strategie geeinigt hatten, versuchte Kennedy seinen normalen Terminplan einzuhalten und flog zu einer Wahlkampfrede nach Chicago, bevor er unter dem Vorwand, sich erkältet zu haben, nach Washington zurückkehrte. Dort hielt er am Montagabend, den 22. Oktober seine Fernsehansprache, in der er als »ersten Schritt« die Verhängung einer Seeblockade (vorsichtig »Quarantäne« genannt) um Kuba ankündigte und den Abzug der Raketen forderte.

einfach nach Washington zurück?« Also weckte ich die Kinder, und wir waren, ich glaube, gegen sechs wieder in Washington. Ich nehme an, da hat er es mir gesagt. Ja, da muss es gewesen sein. Aber es war klar, wenn er mich fragt … Also, ich dachte, wenn man mit jemandem verheiratet ist und er einen um etwas bittet – das ist doch das Entscheidende in einer Ehe –, dann muss man an seiner Stimme hören, wenn etwas nicht stimmt, und nicht erst groß fragen. Also kehrten wir sofort zurück. In diesen Tagen … ich habe vergessen, wie viele es waren – zehn oder elf oder wie viel? Aber von da an schien es, als gäbe es kein Wachen und kein Schlafen mehr, und ich kann die Tage nicht mehr auseinanderhalten. Aber ich weiß, dass Jack … ja, er hat es mir gesagt, er hat es mir gleich gesagt. Und ein paar Leute hatten ihre Frauen weggeschickt. Mrs Phyllis Dillon erzählte mir später, dass Douglas mit ihr spazieren gegangen war und erzählt hatte, was los war, und ihr geraten hatte, nach Hobe Sound oder irgendwohin zu fliegen. Ob sie es getan hat, weiß ich nicht. Und ich wusste, sollte irgendetwas passieren, würden wir alle nach Camp David oder so evakuiert werden. Ob er etwas in der Richtung erwähnte, weiß ich nicht mehr. Ich glaube nicht. Aber ich sagte: »Bitte schick mich nicht nach Camp David« – nicht wahr, mich und die Kinder. »Bitte schick mich nicht dorthin«, sagte ich. »Wenn irgendetwas passiert, wollen wir hier bei dir sein.« Und ich sagte: »Selbst wenn es keinen Platz gibt im Bunker im Weißen Haus« – den Bunker hatte ich schon gesehen. Ich sagte: »Bitte, ich will lieber mit dir auf dem Rasen stehen, wenn es passiert, ich will einfach bei dir sein, ich will lieber mit dir sterben, und die Kinder wollen es auch, als ohne dich leben.« Er versprach mir, mich nicht wegzuschicken, was er auch gar nicht gewollt hatte.[51]

Wie war seine Stimmung, als er Sie darüber informierte?

---

51 Das erinnert an den Entschluss der britischen Königsfamilie, 1940 ungeachtet der Gefahr durch die deutschen Bombenagriffe in London zu bleiben.

Also, es hieß jedenfalls nicht: »Bitte setz dich. Ich muss dir etwas sagen.« Es war so viel los, und dann diese Sache, als sich dann zeigte, dass ... Nun, Sie wissen ja, dieses Chaos ein paar Tage lang: An einem Tag machten sie Bilder, und nichts war zu sehen. Und am nächsten Tag war es neblig. Und dann McCone – er hatte gerade geheiratet und war auf Hochzeitsreise. Das war auch so ein Problem. Und dann stoppte er irgendwie alles – irgendetwas war ziemlich kompliziert – McCone war auf Hochzeitsreise, und er ordnete keinen weiteren Flug an oder tat irgendetwas anderes nicht, sonst hätte man es ein paar Tage früher gewusst.[52] Irgendetwas war wegen McCone – ich weiß nicht, ob man ihm die Schuld geben kann, aber er hätte seine Hochzeitsreise wirklich ein bisschen verschieben können – oder ob es einfach ein dummer Zufall war. Jedenfalls war das für die Verzögerung verantwortlich. Und dann bekamen sie diese Bilder, und da wussten sie es. Wie ich schon sagte, von da an gab es keine Tage und keine Nächte mehr. Ich weiß noch, eines Abends, es war schon ziemlich spät, Jack lag auf dem Bett in seinem Zimmer, und ich kam im Nachthemd herein. Ich dachte, er würde telefonieren. Ich war den ganzen Abend immer wieder zu ihm hereingekommen, aber jetzt winkte er mich weg: Raus hier, raus! Aber da stand ich schon bei ihm am Bett und sah, dass Bundy im Raum war. Der arme puritanische Bundy – musste eine Frau im Nachthemd erblicken! Er hielt sich mit beiden Händen die Augen zu. Bundy telefonierte ebenfalls mit irgendjemandem. Ich ging also in mein Zimmer zurück und wartete auf Jack, und ich weiß nicht mehr, ob er um zwei oder drei oder vier ins Bett kam. In einer anderen Nacht stand Bundy plötzlich am Fußende unseres Betts und weckte Jack wegen irgendetwas auf. Und Jack ging mit ihm in

52 Gerechterweise muss gesagt werden: Selbst wenn die U-2-Aufklärungsflugzeuge Kuba ein paar Tage vorher fotografiert hätten, hätte das den Amerikanern kaum einen Vorteil in ihrem Bemühen gebracht, den Abzug der Raketen durchzusetzen.

sein Zimmer und telefonierte bis – ich weiß nicht – von fünf bis sechs oder sieben. Dann kam er zurück, schlief zwei Stunden und ging wieder ins Büro. Wie gesagt, es gab keinen Tag und keine Nacht mehr. Das war die Zeit, in der ich ihm am nächsten war. Ich verließ das Haus kein einziges Mal und sah auch nicht nach den Kindern. Wenn er kam, um zu schlafen oder sich kurz hinzulegen, legte ich mich zu ihm. Und ich schaute immer wieder bei ihm im Büro vorbei. Manchmal nahm er mich mit hinaus, und wir drehten eine Runde um den Rasen. Er tat das nicht oft. Wir gingen einfach nebeneinanderher, ohne zu reden. Wie so eine Art Wachgang. Und dann erinnere ich mich an diesen Morgen – es muss an einem Wochenende gewesen sein –, es gab ein Treffen im Oval Office, und alle waren in einem Wagen gekommen, damit die Presse nichts merkte. Bobby kam in einem Cabrio und in Reitkleidung. Ich war im Treaty Room, um die Post durchzusehen oder irgendetwas in der Art, und ich hörte sie durch die Tür hindurch sprechen. Also stand ich auf, ging an die Tür und lauschte. Ich glaube, es war eine ziemlich kritische Phase, weil ich hören konnte, wie McNamara irgendetwas sagte wie: Ich finde, wir sollten dieses oder jenes tun. Nein – McNamara fasste etwas zusammen, und dann gab Gilpatric irgendeinen Überblick, gefolgt von vielen Fragen – und dann dachte ich, ich darf das nicht, lauschen, und ging weg.

Äußerte sich der Präsident in irgendeiner Form zu der Frage, ob man die Raketenbasen mit einem Luftangriff vernichten sollte, statt eine Blockade zu verhängen? Sie erwähnten ja Mac Bundy …

Das alles erfuhr ich erst später, es wurde mir erst viel, viel später erzählt. Zu der Zeit, wissen Sie … Also, er hat mich natürlich nicht gefragt, aber ich erinnere mich, dass er mir von diesem unglaublichen Telegramm erzählte, das eines Abends von Chruschtschow eintraf. Es war wie eine Kriegserklärung. Ich vermute, dass er das versöhnliche Telegramm zuerst geschickt hatte, das, in dem es aussah, als würde er – also Chruschtschow – möglicherweise das Feld räumen, und dann kam mitten in der Nacht dieses andere Telegramm. Also, ich weiß noch, dass Jack wirklich aufgebracht war, dass er mir davon erzählte und sie dann beschlossen, nur auf das erste zu antworten.[53] Ich erinnere mich außerdem daran, dass er mir von Gromyko erzählte, was ziemlich am Anfang war.

Richtig.

Wie er sich mit Gromyko getroffen hat und worüber sie gesprochen haben und dass er ihm am liebsten seine Lüge um die Ohren gehauen hätte, sich aber nichts anmerken ließ. Und ich sagte: »Wie konntest du dabei nur so ruhig bleiben?«, oder: »Wieso hast du nicht zu ihm gesagt: Sie Ratte!, während er vor dir saß?« Und er sagte: »Was? Hätte ich unsere Karten offen auf den Tisch legen sollen?« So beschrieb er es mir gegenüber. Und an noch eine Sache erinnere ich mich, die Sache mit diesem Piloten, von dem Roger Hilsman mir letzten Winter in einem Brief schrieb – wie an einem der schlimmsten Tage überhaupt, dem letzten Tag, plötzlich ein U-2-Flugzeug über Alaska vom Kurs abkam oder etwas in der Art?[54]

Es verletzte den sowjetischen Luftraum.

---

53 Am letzten Wochenende der Krise trafen zwei Botschaften von Chruschtschow ein – die erste versöhnlich, die zweite sehr fordernd. Kennedys Krisenstab beschloss, nur die erste Botschaft als die definitive russische Antwort zu behandeln; eine Entscheidung, die mit dazu beitrug, die Krise zu beenden.

54 ROGER HILSMAN (*1919) war Chef des Nachrichtendienstes des Außenministeriums. Auf dem Höhepunkt der Krise drang ein amerikanisches U-2-Aufklärungsflugzeug versehentlich in sowjetischen Luftraum ein – rein rechtlich betrachtet ein kriegerischer Akt, der eine Vergeltungsaktion auslösen und sich zu einem nuklearen Schlagabtausch hätte entwickeln können. Woraufhin ein wütender JFK ausrief: »Es gibt immer einen Hurensohn, der nicht kapiert, was Sache ist.«

Ja, irgendeine schlimme Sache. Mein Gott, die Russen hätten glauben können, wir hätten es absichtlich geschickt, und das hätte wirklich böse enden könne. Ich erinnere mich, wie er mir davon erzählte. Und dann erinnere ich mich, als die Blockade … oh, ich erinnere mich, gehört zu haben, wie Anderson im Pentagon wütend auf McNamara war und ihn nicht … Ich weiß nicht mehr, ob das nachher war oder vorher – diese ganze Sache eben …[55] Und dann erinnere ich mich nur noch, wie wir dasaßen und warteten, während der Blockade. Es war wie in einer Wahlnacht, wenn man auf das Ergebnis wartet, nur viel schlimmer. Und ein Schiff wollte durchbrechen, und irgendein dicker Frachter hatte gewendet, aber der hatte außer Öl sowieso nichts geladen – und die ganzen Schiffe, die da ankamen. Und dann hörte ich, dass die *Joseph P. Kennedy*[56] ebenfalls dort war, und ich fragte Jack: »Hast du sie dahin geschickt?« Und er sagte: »Nein, aber ist das nicht seltsam?« Und wie dann die Nachricht kam, dass ein Schiff gewendet hatte oder geentert worden war oder etwas in der Art, und da konnte man dann zum ersten Mal aufatmen, war es nicht so? An dem Tag, als es endlich vorbei war, entweder an dem Tag oder einen später, ich weiß es nicht mehr, sagte Bundy zu mir, wenn es noch einen oder zwei Tage so weitergegangen wäre, wäre jeder Einzelne von ihnen körperlich zusammengebrochen, weil sie alle die ganze Zeit über, Tag und Nacht, auf den Beinen gewesen waren. Taz Shepard war auch im Situation

55 Als Kennedy erstmals öffentlich von einer Reaktion auf die Stationierung der sowjetischen Raketen auf Kuba sprach, hielten einige der Stabschefs, wie zum Beispiel Marinekommandeur GEORGE ANDERSON (1906–1992) und Luftwaffenkommandeur Curtis LeMay, den Präsidenten für zu nachgiebig – und dies noch am Sonntag, den 28. Oktober, als Radio Moskau den Abzug der Raketen verkündete, um auf diese Weise eine »fatale Wendung der Ereignisse zu vermeiden und den Weltfrieden zu schützen«.

56 Durch Zufall war der amerikanische Zerstörer *Joseph P. Kennedy, Jr.* eines der Schiffe, die Kuba blockierten.

NACH DER KUBAKRISE VERTEILTE PRÄSIDENT KENNEDY AN SEINE ENGSTEN BERATER TISCHKALENDER AUS SILBER. SEINER FRAU SCHENKTE ER DIESEN KALENDER, DER HIER AUF IHREM SCHREIBTISCH IM PRIVATBEREICH DES WEISSEN HAUSES ZU SEHEN IST

J.B.K. J.F.K.
OCTOBER 1962

Room,[57] und ich weiß noch, wie ich ihn einmal etwas fragen wollte, und es hieß: »Das geht jetzt nicht.« Auch er – Tag und Nacht … sie alle. Ich schrieb dann später auch einen Brief an McNamara, den ich Jack zeigte. Die Männer haben wirklich bis an die Grenzen der menschlichen Belastbarkeit gearbeitet.

Zeigte der Präsident Anzeichen von Erschöpfung?

Je mehr Tage vergingen, ja. Aber wegen der Erschöpfung machte ich mir bei ihm keine Sorgen, er hatte ja immer schon bis zum Umfallen gearbeitet, in den furchtbaren Wahlkämpfen, wo man todmüde ist und um fünf aufsteht, um pünktlich vor irgendeinem Fabriktor zu stehen. Ich wusste, dass er immer noch irgendwelche verborgenen Reserven hatte, die er anzapfen konnte. Aber, meine Güte, zum Ende hin … Ich dachte immer, wenn einem gesagt wird, wie lange man noch durchhalten muss, dann schafft man es auch. Aber das Schlimme damals war, dass man nicht wusste, wie lange es noch dauert. Als es schließlich vorbei war, also, ich weiß nicht, wie viele Tage oder Wochen später, da hatte er die Idee mit diesen Kalendern, die er allen schenkte. Damit hat er sich wirklich viel Mühe gegeben.[58]

Was war mit …

Es war eine Überraschung. Ich wusste nichts davon. Ich war so überrascht, als ich einen bekam. Er hatte mir gesagt, dass er das machen wollte mit dem Geschenk, und mich gebeten, Tish oder Tiffan damit zu beauftragen. Also tat ich das, und als sie kamen, war ich so überrascht, dass ich auch einen bekam, dass ich in Tränen ausbrach.

---

57 TAZEWELL SHEPARD JR. (*1921) war der Marineberater des Präsidenten.

58 JFK überreichte Jacqueline und seinen engsten Beratern in dieser Krise ein Erinnerungsgeschenk – einen kleinen Tiffany-Tischkalender für Oktober 1962, auf dessen silberner Platte die schicksalhaften dreizehn Tage in Gold hervorgehoben und »J. F. K.« sowie die Initialen des Empfängers eingraviert waren.

Und wie war das mit Stevenson und den Vereinten Nationen?

An diese Sachen erinnere ich mich nicht. Ich weiß nur noch, wie dann später der Artikel von Charlie Bartlett erschien. Aber ich weiß nicht mehr, wie viel später das war.

War das nicht ungefähr sechs Wochen später? Anfang Dezember – von Charlie Bartlett und Stewart Alsop.

An diese Diskussion erinnere ich mich noch. Ich glaube nicht, dass sich Jack zu der Zeit dazu äußerte. Oh, kam nicht Lyndon nur zu einer dieser Sitzungen? Und zu keiner einzigen sonst? Ich glaube, entweder ganz am Anfang oder ganz am Ende. Aber ich glaube eher, dass er am Ende kam und einfach keine Meinung äußern wollte. Wie immer, er wollte sich nie auf eine Position festlegen.

Ja.

Und er hätte zu allen Sitzungen kommen können und kam zu keiner einzigen. Ich weiß nicht, was er trieb. Dann war da doch auch noch etwas mit Chester Bowles, oder war das vorher?

Nein, das war die erste Kubakrise – die Kubakrise davor.

Stimmt.

Chester war in Indien.[59]

Stimmt. Als er sagen wollte, dass er nicht dagegen ... dass er nicht dafür sei, und Bobby sagte etwas in der Art wie: »Jeder, der den Raum verlässt, ist dafür.«[60] Ich weiß nicht mehr genau.

---

59 CHESTER BOWLES (1901–1986) war Inhaber einer Werbeagentur, Gouverneur von Connecticut und Stellvertreter von Außenminister Dean Rusk, bevor er Galbraiths Nachfolge als Botschafter in Indien antrat.

60 Als Bowles nach der gescheiterten Invasion in Washington äußerte, er sei gegen die Operation gewesen, stieß ein empörter RFK Bowles mit dem Finger

Reagierte der Präsident auf irgendeine Weise auf Charlies Artikel?[61]

O ja. Das war schlimm, nicht? Schlimm für Adlai, und ich glaube … es ist jetzt alles so verworren, aber hatte Charlie nicht recht?

Ich würde sagen, nein. Ich meine, es wurden in dieser Sache so viele Positionen vertreten, und viele Leute wechselten auch im Lauf der Zeit ihre Positionen – Mac zum Beispiel, den Sie erwähnten, der sich mal auf die Seite der Falken stellte und mal wieder auf die der Tauben. Es gab nun einmal zwei Standpunkte, und zu unterschiedlichen Zeitpunkten hat jeder, der an diesem Tisch saß, mal den einen, mal den anderen Standpunkt vertreten. Der Artikel vereinfachte die Sache sehr.

Nun, jedenfalls war Jack ziemlich aufgebracht wegen der scharfen Kritik in dem Artikel. Ich weiß noch, wie ich später in diesem Winter nach New York kam und mit Adlai zur UN ging. Clayton[62] hatte gemeint, es wäre nett von mir, wenn ich Adlai mal zu unseren privaten Partys einladen würde, das könnte vieles wieder ins Reine bringen. Und für Adlai war es wirklich wichtig, dass ich zu dem Essen bei der UN mitkam – und wie ich ihm ein klei-

---

gegen die Brust und sagte ihm, er solle in Zukunft lieber die Position vertreten, dass er für die Invasion gewesen sei.

61 JFKs Freund Charlie Bartlett hatte zusammen mit dem Kolumnisten STEWART ALSOP (1914–1974) einen Artikel für die *Saturday Evening Post* verfasst, in dem es hieß, Adlai Stevenson habe »ein zweites München gewollt« (in Anspielung auf das Münchner Abkommen von 1938, eine stehende Wendung für das Nachgeben gegenüber einem Aggressor; A.d.Ü). Weil bekannt war, dass Bartlett dem Präsidenten nahestand, interpretierte man in Washingtoner Politkreisen den Artikel als Indiz dafür, dass Kennedy seinen UN-Botschafter abservieren wollte. Stevenson war aufgebracht.

62 CLAYTON FRITCHES (1904–2001) war ein ehemaliger Journalist, der als Assistent für Stevenson tätig war und mit den Kennedys gesellschaftlich gut bekannt war.

nes Aquarellbild geschenkt habe. Ich hatte an einem Abend, als Jack und ich zu Hause waren, eine Sphinx gemalt, die sich in meinem Besitz befindet, und hatte es zufällig in meiner Handtasche. Und Adlai ließ es sogar rahmen. Er kam dann auch mit zu einer Party. Es ging darum, ihn zu besänftigen, und schlussendlich war dann alles wieder in bester Ordnung. Aber wissen Sie, was mir gerade zur Kubakrise eingefallen ist – der Unterschied zwischen Jack und Lyndon Johnson: Wo das wirklich ins Gewicht fallen wird, das ist bei dieser schreckliche Krise, die da gerade in Laos ausgebrochen ist. Die Zeitungen schreiben zwar darüber, aber niemand weiß wirklich, was los ist. Und wo ist Lyndon?[63] Dann fliegen diese Leute nach Hawaii, und Lyndon hat sie davor drei Tage am Stück nicht gesehen. Wo ist er jetzt? Reist durch Texas und besorgt sich Highschool- und College-Abschlüsse. Wahrscheinlich hat der arme Mann einfach Angst. Dave Powers[64] sagt, er erträgt es nicht, in Camp David oder irgendwo zu sein, wo er allein ist. Dass er Liegestühle um den Pool herum aufgestellt hat und an den Wochenenden gerne am Pool sitzt und seine Kumpels zu Drinks einlädt. Er erträgt es nicht, allein zu sein und sich einer schwierigen Situation zu stellen oder mit diesen Leuten zu diskutieren. Vielleicht will er sich ja aus allem heraushalten, damit er, wenn etwas schiefgeht, sagen kann: »Ich bin's nicht gewesen.« Oder: »Das ist McNamaras Krieg.« Ich denke wirklich, dass er eine panische Angst hat und nicht weiß, was er tun soll. Dieser

63 Während der Kubakrise hatte der Vizepräsident nur an einer Sitzung des Krisenstabes (des »Executive Committee«) teilgenommen, den JFK am 16. Oktober 1962 einberief und der rund um die Uhr tagte, um eine Lösung für die Krise zu finden. Dem Gremium gehörten unter anderem Rusk, McNamara, RFK, Bundy, McCone und Taylor an. Die Anspielung auf Laos bezieht sich auf die geheimen Bemühungen sowohl von Nordvietnam wie den Vereinigten Staaten, das Genfer Laos-Abkommen von 1962 über die Bewahrung der Neutralität und Unabhängigkeit des Landes zu umgehen.

64 Powers und O'Donnell hatten sich bereit erklärt, für eine Übergangszeit bei Johnson zu bleiben.

Mann kam ins Amt, und sieben Monate lang gab es keine Probleme, was Jack zu verdanken war, und ich glaube auch, dass es dem Land sehr gutgetan hat, dass er herumgegangen ist und einfach diese Zuversicht ausgestrahlt hat, die Leute in Sicherheit gewiegt hat, denn genau das war es, was sie nach der Tragödie vom November gebraucht haben. Aber ein Präsident muss doch auch … ich meine, es passieren doch gleichzeitig diese furchtbaren Dinge, und jetzt zerfällt alles in kleine Gruppen, es gibt separate Sitzungen zu Laos und zu Vietnam, und niemand denkt daran, dass … Jack sagte immer, dass die politische Seite wichtiger ist als die militärische, aber daran denkt niemand mehr.[65] Und sie ziehen nicht die Leute hinzu, die bislang dafür zuständig waren. Genau das führt ins Chaos. Wenn man heute in den Zeitungen Berichte über die Invasion in der Schweinebucht liest, dass die CIA einfach ihre eigenen Pläne verfolgt hat und gesagt hat: »Selbst wenn ihr einen Befehl vom Präsidenten bekommt, macht einfach weiter.«[66] Genau solche Dinge werden wieder passieren. Wissen Sie, ich habe das von den Leuten, mit denen ich jetzt in Washington Kontakt habe, und ich reime mir so einiges zusammen. Joe Kraft[67] hat mir erzählt, wie Lyndon neulich Abend jemanden in Georgetown besuchte, sich sehr betrank, bis um drei oder vier Uhr morgens, und irgendwann sagte: »Ich weiß wirklich nicht, ob ich zum Präsidenten tauge, ob ich das Zeug dazu habe.« Das war vor … Das gehört jetzt nicht zum Thema, wir wollen nicht über Lyndon reden, die Leute werden glauben, dass ich verbittert bin, aber ich bin jetzt eigentlich nicht mehr verbittert. Es ging mir nur um den Vergleich, was für eine Art Präsident

---

65 Mit diesem Verweis auf die Warnung ihres Mannes im Zusammenhang mit Vietnam erwies sich Mrs Kennedy als sehr weitsichtig.

66 Mit anderen Worten: Wenn der Präsident den Befehl zum Abbruch der Invasion gibt, führt sie trotzdem durch.

67 JOSEPH KRAFT (1924–1986), Washingtoner Kolumnist aus Georgetown.

Jack war und was für eine Art Präsident Lyndon ist. Dieser dumme alte Harold Sassen[68] hat letztes Wochenende gesagt – hätte es doch bloß jemand anders gesagt, denn es ist ein ziemlich kluger Gedanke –, dass Johnson ein zweiter Harding ist und dass wir in eine neue Ära der Selbstgefälligkeit eintreten, denn die Wirtschaft liebte Harding, und die Senatoren liebten ihn auch, und er hat den Leuten, die unter ihm gearbeitet haben, nicht allzu sehr auf die Finger geschaut, sodass sie ruhig ein bisschen korrupt sein konnten – und sehen Sie sich an, was daraus wurde, nicht wahr? Und genau das ist es, was passieren wird. Lyndon kann einige der großartigen Dinge fortführen, die Jack in Gang gebracht hat, und viele davon werden weitergehen, weil man sie nicht mehr aufhalten kann – die Reform der Bürgerrechte, das Steuergesetz, die Sache mit dem Goldabfluss.[69] Vielleicht werden sie sich mehr um das Atlantische Bündnis kümmern und so, aber wenn es zu einer echten Krise kommt, dann werden sie Jack vermissen, weil sie nicht diese Art von Präsident haben, und nicht, weil es unvermeidbar gewesen wäre. Und ich möchte, dass sie das wissen.[70]

---

68 HAROLD E. SASSEN (1907–2001), der einstige republikanische Gouverneur von Minnesota, war einmal ein ernsthafter Mitbewerber um die Präsidentschaftskandidatur gewesen, hatte sich danach aber so oft und ohne die geringste Chance um das Amt beworben, dass er zu einer Art nationaler Witzfigur geworden war.

69 JFK hatte sich mit einem besorgniserregenden Abfluss von Goldreserven nach Westeuropa auseinandersetzen müssen.

70 Von Jacquelines (wie auch RFKs) einstmals wohlwollender Haltung gegenüber Johnson war zu diesem Zeitpunkt nichts mehr zu spüren. Als sie später im selben Jahr das Manuskript von Sorensens Buch *Kennedy* durchsah, bestand sie darauf, dass der Autor nahezu alle Stellen änderte oder strich, in denen sich ihr Ehemann positiv über seinen Vizepräsidenten äußerte. Unter anderem monierte sie »einige Lobeshymnen auf LBJ, von denen ich weiß, dass sie Präsident Kennedys Ansichten nicht entsprechen ... Sie wissen doch ebenso gut wie ich, dass sich seine Meinung über LBJ im Lauf der Zeit sehr geändert hatte ... und er sich zunehmend Sorgen darüber machte, was passieren würde, sollte er jemals Präsident

Was für eine Art Vizepräsident war Johnson?

Es war komisch, weil Jack immer dachte, wie öde es sein musste, Vizepräsident zu sein, und Lyndon deshalb möglichst viele Dinge zu tun gab. Aber er tat sie nie. Ich meine, er hätte diesen Menschenrechtsrat,[71] oder was es war, zur Chancengleichheit, er hätte das vorantreiben können. Er wollte einfach keine Entscheidung treffen oder sich mit irgendetwas festlegen. Was ihm gefiel, waren die Reisen.[72] Jack sagte immer, dass man in Kabinettssitzungen oder bei Treffen des Nationalen Sicherheitsrats von Johnson niemals eine Meinung zu hören bekam. Stattdessen

---

werden. Die Aussicht bereitete ihm wahrhaft Angst.« In seinem Manuskript behauptete Sorensen unter anderem, der Präsident habe von Johnson das Wahlkampfgeschäft »gelernt«. Dem widersprach Mrs Kennedy: »Tatsächlich war ihm Lyndons Art seit jeher peinlich, vor allem wenn er ihn als Vizepräsidenten in die Welt hinausschickte.« In späteren Jahren jedoch gelangte sie zu einer milderen Beurteilung und unterschied deutlich zwischen ihrer Kritik an der Politik Johnsons – insbesondere an seinem Engagement in Vietnam – und ihrer einstigen Zuneigung zu Lyndon sowie auch zu Lady Bird, mit der sie sich in den achtziger und frühen neunziger Jahren mehrmals traf, wenn sich die beiden ehemaligen First Ladys in den Sommermonaten auf Martha's Vineyard aufhielten. In einem 1974 aufgezeichneten Interview für die Johnson Library sagte Jacqueline über Johnson, er sei »ein außergewöhnlicher Mensch gewesen. Er tat alles in seiner Macht Stehende, um zu helfen … Ich war wirklich gerührt von seinem großmütigen Wesen … und habe das ihm gegenüber immer so empfunden.«

71 JFK hatte Johnson zum Vorsitzenden des vom ihm gegründeten President's Committee on Equal Employment Opportunities sowie seines Weltraumrats (National Space Council) ernannt.

72 Zur Verteidigung Johnsons muss gesagt werden, dass Kennedy seinem Vizepräsidenten mehrere repräsentative Ämter gab, aber gleichzeitig wenig zu tun; allerdings aus gutem Grund, da Johnson als Politiker gern über das Ziel hinausschoss, wenn er die Gelegenheit dazu bekam. Dafür schickte JFK Johnson häufig auf Reisen. Johnsons Assistent und Freund Jack Valenti beschrieb LBJ in seiner Funktion als Vizepräsident später so: »Dieses große und stolze Schiff war schlicht manövrierunfähig, irgendwo in der Sargassosee, ohne Wind und ohne Strömungen.«

VIZEPRÄSIDENT LYNDON B. JOHNSON UND
PRÄSIDENT KENNEDY IM WEISSEN HAUS

stimmte er allem und jedem einfach zu oder sagte gar nichts.[73] Also schickte er ihn eben nach Pakistan oder sonst wohin. Und bei seiner Rückkehr war er dann ganz hingerissen von diesem einen Kameltreiber.[74] Oder er bat ihn, nach Finnland zu gehen, und von dort brachte LBJ jede Menge kleiner Glasvögel mit der Aufschrift »Lyndon« zurück, die er dann verschenkte. Einmal bat Lyndon darum, nach Luxemburg geschickt zu werden. Ich meine, ist das nicht kläglich, wenn ihm in dieser Position nichts Besseres einfällt, als den Präsidenten zu bitten, ihn zum Staatsbesuch nach Luxemburg und Belgien zu schicken? In Griechenland haben sie uns nach seinem Besuch gesagt, dass wir uns nicht vorstellen könnten, was für einen Wirbel er dort verursacht hat, was er alles von den Leuten wollte, dass sogar Masseure geholt werden mussten und dass sie so etwas noch bei keinem Staatsbesuch erlebt hätten. Aber das gefiel ihm. Dabei war Lyndon am Anfang so bemüht. Godfrey McHugh hatte Jack anfangs dazu bringen wollen, vier neue Air Force Ones zu bestellen – 707er-Maschinen –, weil wir schnellere Flugzeuge brauchten. Moskau hatte ein schnelleres als wir. Jack wollte nicht so viel Geld für vier neue Flugzeuge ausgeben, aber Lyndon drängte ihn die ganze Zeit. Lyndon wollte einfach ein großes Flugzeug. Als dann Jack seine

---

73 In diesem Punkt hatte Mrs Kennedy völlig recht. Bei einem Treffen im Frühjahr 1963, auf dem es darum ging, ob JFK die Vorlage für ein Bürgerrechtsgesetz an den Kongress schicken sollte, bat er Johnson um seine Meinung, worauf der Vizepräsident säuerlich entgegnete, dazu könne er nichts sagen, weil man ihn nicht ausreichend informiert habe, um sich ein Urteil darüber zu bilden. In einem zeitgeschichtlichen Interview sagte Robert Kennedy, dass LBJ in der Kubakrise »zu keinem Zeitpunkt irgendwelche Vorschläge zu unserem Vorgehen machte ... Das, was wir taten, missfiel ihm zwar, aber er sagte nie, was er stattdessen tun würde.«

74 1961 lud LBJ während eines Aufenthalts in Pakistan einen Kameltreiber namens Baschir Achmed zu einem Besuch in die Vereinigten Staaten ein. Zu seiner Überraschung ging Achmed auf das Angebot ein, und Johnson nahm ihn mit auf seine Ranch in Texas, was großes Medieninteresse erregte.

Air Force One bekam, weiß ich nicht, ob Lyndon dasselbe Modell hatte oder eine der älteren Maschinen, jedenfalls forderte er immer ein größeres Flugzeug. Das war es, was er wollte, die Statussymbole, die mit der Macht einhergehen, aber ohne die Verantwortung. Immer wenn er von einem seiner kleinen Ausflüge nach Hause kam, fragte Jack sehr freundlich an, ob er ihm persönlich Bericht erstatten wolle. Einmal waren wir in Florida, mitten in Jacks Urlaub, und wenn Lyndon herkommen wollte, um Bericht zu erstatten, dann musste das mitten in der Nacht stattfinden, worauf Jack gern verzichtet hätte und Lyndon seiner Meinung doch wohl auch. Trotzdem sagte er: »Fragt mal an, ob er kommen will oder nicht« – und natürlich wollte er. Also wurde er in einer Sondermaschine eingeflogen und die Presse unterrichtet, und dann kam er nach Florida, und natürlich gab es überhaupt nichts zu bereden. Aber wissen Sie, es sah eben so aus, als ob. Also, diese Art Vizepräsident war er. Aber Jack sagte immer, dass er nie unloyal war. Ich meine, nun ja, das ist allerdings wahr.

Was ist mit politischen Ratschlägen oder dem Umgang mit dem Kongress? Spielte er da eine Rolle?

Nein, Jack sagte immer, nachdem Lyndon nicht mehr Mehrheitsführer war, dachte er – entweder dachte Jack das, oder es war Lyndon – jedenfalls wollte er mit dem Kongress nichts mehr zu tun haben. Ich glaube nicht, dass sie ihm groß Beachtung schenkten. Sie mögen es nun einmal nicht, wenn die Exekutive sich einmischt.[75] Jack sagte oft, eher belustigt, zu Ben Bradlee: »Meine Güte, Mansfield bekommt mehr auf die Reihe« – und in der Tat waren es Larry O'Brien und Mansfield, die sich um den Kon-

75 Vor der Amtseinsetzung hatte Johnson einen ungeschickten Versuch unternommen, die demokratischen Senatoren dazu zu überreden, ihn als ihren Mehrheitsführer zu behalten. Als sie ihn in einer formellen Abstimmung abwiesen, war das, wie JFK anmerkte, »als hätte man bei Lyndon einen Stöpsel rausgezogen«.

gress kümmerten. Ich glaube, ich habe das schon in einem anderen Gespräch erzählt, aber bei einem unserer letzten Dinner im Weißen Haus, vielleicht zwei oder drei Wochen vor Dallas, war Ben Bradlee da, und Jack sagte immer wieder zu ihm: »Warum bringen Sie nicht Mansfield auf das Titelbild von *Newsweek*? Warum schreiben Sie nicht mal etwas Nettes über ihn?« Habe ich das schon erzählt?

Nein.

Und er sagte: »Mansfield hat eindeutig mehr geleistet.« Die Sache ist, Lyndon redet die Leute einfach zu. Jack kritisierte Lyndon nicht, weil er Lyndon *nie* kritisierte. Aber er fand, dass er die Leute mit seiner Art einfach überrannte. Und er sagte noch: »Schau dir an, was unter Eisenhower war, was hat er da erreicht?«, und er zählte lauter unwichtige Dinge auf. Und dass die Situation heute viel schlimmer sei, viel schwieriger. Ich erinnere mich noch, er nannte achtundsechzig Prozent unseres Programms im ersten Jahr, einundsiebzig oder dreiundsiebzig im zweiten, und: »Wir werden dies, dies und dies durchbringen.« Und Ben stichelte dagegen an, er sagte: »Aber Sie werden das Steuergesetz und das Bürgerrechtsgesetz nicht wie versprochen dieses Jahr durchbringen. Zumindest das Steuergesetz nicht.« Worauf er antwortete: »Mein Gott, Ben, ich bitte Sie! Wir werden das Steuergesetz durchbringen. Im Februar kommt es durch. Das ist nicht dieses Jahr, aber eben zwei Monate später.« Und die Bürgerrechtssache sagte er auch korrekt voraus – auf den Tag. Er hielt Mansfield für einen wirklich guten Mann, aber niemand sah es, weil er kein Aufhebens darum machte. Und Lyndon, als Vizepräsident, machte schlichtweg nichts. Aber was soll's.

In den Zeitungen machte eine Geschichte die Runde, derzufolge es Überlegungen gab, Johnson '64 fallenzulassen.

Nicht 1964. Aber Bobby erzählte mir das später, und ich weiß noch, wie Jack mir gegenüber manchmal davon sprach. Er sagte:

»Mein Gott, kannst du dir vorstellen, was mit dem Land passieren würde, sollte Lyndon Präsident werden?« Er sagte das oft – oder was wäre, sollte es jemals ein Problem geben. Ja, es gab Berichte, die von '64 sprachen, aber ich sehe nicht, wie man ihn zu diesem Zeitpunkt hätte fallenlassen können.

Sehr schwierig.

Aber wohl '68. Ich weiß, dass er gelegentlich darüber nachdachte, was man tun könnte. Na ja, erstens dachte ich, Lyndon wäre dann zu alt, um für das Präsidentenamt zu kandidieren. Ihm gefiel der Gedanke nicht, dass Lyndon eines Tages Präsident werden könnte, weil er Angst um das Land hatte. Bobby hat mir erzählt, dass er mit ihm ein paarmal darüber gesprochen hat. Ich weiß nicht mehr, was genau sie planten oder an wen sie dachten. Nicht an Bobby. Aber sie wollten etwas unternehmen, damit man '68 jemand anderen nominieren könnte.[76]

Haben Sie irgendwelche Erinnerungen an den Kongresswahlkampf von '62? Natürlich wurde er überschattet von der Kubakrise. Sie sind nicht aufgetreten, glaube ich.

Nein, also, er bat mich nicht darum. Ich weiß nicht mehr.

Anfangs plante er einen eher kurzen Wahlkampf, führte dann aber doch einen längeren durch. Erzählte er je von dem Frühstück für die Kongressabgeordneten?[77]

---

76 In seinem letzten Jahr fragte JFK seinen Freund Charlie Bartlett, ob 1968 seiner Meinung nach »Bobby oder Lyndon« der demokratische Kandidat sein würde. Laut anderen Quellen soll der Präsident mit dem Gedanken gespielt haben, den liberalen Gouverneur von North Carolina, Terry Sanford, 1964 als möglichen Vize- oder 1968 als Präsidentschaftskandidaten aufzustellen.

77 Der Präsident lud die Kongressführer regelmäßig zu einem Frühstück ins Weiße Haus.

O ja. Manchmal fand es oben statt, und die Kinder kamen hereinspaziert. Und manchmal lief ich im Nachthemd aus meinem Zimmer, und all diese Männer kamen in Rauchwolken gehüllt heraus.

Das Frühstück fand oben im zweiten Stock statt?

Manchmal ja, und später dann in unserem Esszimmer. Die ganzen alten Stühle, die mir Harry du Pont besorgt hatte, gingen einer nach dem anderen zu Bruch. Und ja, er erzählte davon auch, und was gesagt wurde, wenn es gut war.

Wen mochte er besonders? Hubert?

Also, er war sehr angetan von Mansfield, und Dirksen war immer sehr freundlich. Ich weiß nicht, aber ich glaube, er war wirklich traurig, als Sam Rayburn starb. Mit McCormack hatte er Probleme. Aber ich glaube, dass McCormack bei den Frühstückseinladungen in Ordnung war. Ich weiß es nicht. Ich will ihm nicht unrecht tun.[78]

Rätselhaft ist mir immer geblieben …

Eine Sache über die Frühstückseinladungen habe ich von Larry O'Brien erfahren. Eine interessante Geschichte über Ted Sorensen. Larry konnte Sorensen nicht ausstehen, und deshalb erzählte er mir eines Abends … nun, die Iren waren offenkundig

---

78 EVERETT DIRKSEN (1896–1969) war ein Senator aus Illinois und Führer der Republikaner im Senat von 1959 bis zu seinem Tod. Obwohl Dirksens konservativer Stil sich stark von dem des Präsidenten unterschied, verstanden JFK und er sich hervorragend. Ganz anders John McCormack, der Sprecher des Repräsentantenhauses, der Kennedy immer noch den kometenhaften politischen Aufstieg neidete, der es ihm erlaubt hatte, McCormack die Führung der Demokraten in Massachusetts zu entreißen. Edward Kennedys Sieg bei der demokratischen Nominierung für den Senatswahlkampf in Massachusetts über McCormacks Neffen Edward verstärkte die Missgunst des Sprechers gegenüber dem Präsidenten nur noch.

neidisch auf die Sorensens … Also, Larry bereitete meistens die Agenda für das Frühstück vor, und kurz bevor es losging, wollte Ted dann die Agenda sehen und nahm sie an sich. Dann änderte er ein, zwei Sätze und versah das Ganze mit seinen Initialen »TCS« und teilte sie aus. Das war Ted Sorensens Art. Er wollte allem seinen Stempel aufdrücken.

Mit einer gewissen Überheblichkeit.

Ja. Ich habe Ihnen von der Angelegenheit mit *Zivilcourage* erzählt, und so ging er auch mit Larry O'Brien um. Mit allen. Das ist einfach schäbig.

Im Weißen Haus wurde es dann allerdings besser, oder nicht?

O ja. Aber ich meine eben …

Es ist in der Tat lächerlich, jemanden …

Jemand sagte einmal, Ted würde sich nur für sich selbst interessieren, und endlich gab es noch eine andere Person, für die er sich interessierte, und das war Jack.[79] Er bewunderte Jack wirklich. Ich erinnere mich noch, wie er damit anfing, Jacks Art zu sprechen zu übernehmen, oder wie er sich das erste Mal traute, ihn Jack zu nennen, und dabei fast rot wurde. Ich glaube, er wollte auch gern so locker sein wie Jack. Er bewunderte Jacks ungezwungene Art bei den Dinners oder dass die Frauen ihn mochten und die Männer. Und weil er wusste, dass er das nicht hinbekam, schlug das fast in Ressentiment um. Er hatte wirklich einen ziemlichen Minderwertigkeitskomplex, und man konnte sehen, wie es in ihm arbeitete. Aber ich sah ihn nicht sehr oft im Weißen Haus.

Er wurde nur sehr selten eingeladen.

---

79 Dieser »Jemand« war Robert Kennedy.

Nie.

Nie.

Ich nehme an, er kam zu Staatsbanketten, aber nie zu einem privaten Essen. Oder vielleicht kam er zu ein, zwei Bällen. Aber es wäre einfach nicht ... ich meine, er und Ted waren den ganzen Tag mit ihren Problemen befasst, da wäre er der Letzte gewesen, den man abends eingeladen hätte.

Eine Sache, die vielen ein Rätsel geblieben ist, betrifft George Smathers. Wie hat er es geschafft, im Amt zu bleiben? Der Präsident war oft furchtbar wütend auf Smathers, wegen seiner Quertreibereien in der Krankenversicherung und in der Entwicklungshilfe, und sagte immer wieder: »Das ist jetzt seine letzte Chance.« Und Smathers stimmte wieder dagegen und flog trotzdem nicht.

Ja, das machte mich wütend – und traurig. Er war einfach unglaublich nachsichtig mit ihm. Seine Freundschaft mit Smathers reichte zurück bis in die Zeit vor dem Senat und vor unserer Hochzeit. Ich glaube, dass die beiden sich zwischendurch auch immer mal wieder trafen, ab und zu im Sommer. Stockdale war ein Freund von Smathers.[80] In der letzten Zeit sahen sie sich dann nicht mehr so häufig. Smathers war vom Typ her fast ein wenig vulgär. Nicht dass Jack sich auch so verhielt, aber er konnte darüber lachen und sich solche Geschichten anhören – also, die Art Geschichten, die Leute wie Smathers erzählen. Keine Ahnung, ich nehme an, er wollte einem alten Freund nicht in den Rücken fallen. Natürlich verletzte er ihn, aber er kannte Smathers ja.

---

80 EDWARD STOCKDALE (1915–1963) war ein Immobilienspekulant und Berater von Smathers, der von JFK als Botschafter nach Irland geschickt wurde. Aus Kummer über die Ermordung des Präsidenten, so wurde berichtet, stürzte sich Stockdale Mitte Dezember 1963 von einem Bürohochhaus in Miami in den Tod.

Kenny[81] *hasste Smathers.*

Ja, ich mochte Smathers auch nicht. Aber er war nicht bereit, sich von jemandem abzuwenden, der einmal sein Freund gewesen war. Smathers verletzte ihn, aber er sagte nie: »Okay, das war's – jetzt sind wir Gegner.« Er war einfach zu nachsichtig und ließ die Dinge einfach laufen.

Mansfield leistete seiner Meinung nach exzellente Arbeit im Senat. Hat er je Boggs erwähnt?[82]

Ich weiß, dass er Hale Boggs sehr mochte, ja. Hale Boggs war schon vor dem Weißen Haus unser Freund. Wir trafen uns oft mit ihnen – weil Sie doch gefragt haben, mit wem wir uns trafen. Mansfield sahen wir oft, und wie gesagt, Hale Boggs mochte er sehr.

Er freute sich auf die Frühstückseinladungen mit den Kongressführern, oder?

Ja.

Sie waren ziemlich – unterhaltsam. Das Band ist zu Ende. Soll ich Ihnen diese Liste zuschicken – getippt? Zusammen mit allem, was mir sonst noch so einfällt?

Geben Sie mir einfach den Zettel, da – Sie müssen es nicht abtippen. Geben Sie mir einfach die Notizen.

Dann werde ich eine Kopie für mich selbst anfertigen.

Möchten Sie ein Blatt Papier? Hier, ich habe einen ganzen Block.

---

81 Kenneth O'Donnell bewertete Senatoren ausschließlich danach, ob sie Kennedys Politik unterstützten oder nicht.

82 HALE BOGGS (1914–1972) war ein demokratischer Kongressabgeordneter aus Louisiana und Mehrheitsführer im Repräsentantenhaus.

Wirklich? Vielen Dank. [Unterhaltung nach dem offiziellen Interview] *Was haben Sie da über Johnson gesagt? Dass er, auf Band, sozusagen seine Unfähigkeit eingestanden hat?*

Nein, nein. Joe Kraft sagte, jemand, der dabei gewesen war, sei ziemlich erschrocken gewesen und, ja, erschüttert, Johnson völlig betrunken um vier Uhr morgens zu sehen und ihn sagen zu hören, dass er daran zweifle, das Zeug zum Präsidenten zu haben. Diese Person ging dann nach Hause und nahm es auf Band auf.

Ach so, ich verstehe.

Ich weiß nicht, wer diese Person war. *[Macht sich lustig über Schlesinger]* Johnson, der das auf Band spricht! *[Beide lachen]*

Ich habe mich gefragt, wer genau … [Eine lange Pause auf dem Band, dann] *Macmillan sah sehr gut aus.*[83]

Ja, nicht wahr? Er hatte nicht diesen komischen, irgendwie müden Blick, den er sonst immer hatte.

Stimmt. Als ich ihn sah, sah er geradezu fesch und flott aus. Als ob er gerade vom Land gekommen wäre und …

Ich hoffe, dass es für ihn wieder bergauf geht, weil er wirklich …

Er hat sich in einer Nachwahl in Devizes zu Wort gemeldet, und die Torys haben erstaunlicherweise die Mehrheit erhalten, worüber er sehr froh war.

Während der Kubakrise – ich habe das auf dem Band nicht gesagt, aber ich war sehr erstaunt, dass all die Ehefrauen der Berater Washington verließen.

---

83 Bei seinem Auftritt in der Fernsehsendung zu JFKs siebenundvierzigstem Geburtstag.

Ach ja? Sie meinen, dass eine Frau eher so reagieren müsste, wie Sie reagiert haben?

Nun, der Gedanke war, wenn irgendetwas passieren sollte, dann sollten ihre Frauen in Sicherheit sein. Aber aus der Sicht der Mutter und der Kinder? Mein Gott, ich finde, das zeigt nicht gerade, dass eine Frau ihren Mann sehr liebt.

DAS SIEBTE

GESPRÄCH

MITTWOCH, 3. JUNI 1964

Wir haben das letzte Mal mit der Kubakrise aufgehört. Das nächste Ereignis von besonderem Interesse war dann das Problem mit den Briten wegen Skybolt. Sie erinnern sich, im Dezember flog der Präsident auf die Bermudas, und anschließend kam Macmillan mit dem Präsidenten zurück nach Florida, für, ich glaube, einen Tag?

Ich glaube nicht. Sie trafen sich einmal in Key West. Das war ganz am Anfang.

Ganz am Anfang.

Nein, ich glaube nicht, dass Macmillan …

David Ormsby-Gore kam zurück und Randolph Churchill, aber nicht Macmillan.

War das zur Zeit von Skybolt?

Ja.

Das war in Nassau.[1]

---

1 Kennedy und Macmillan trafen sich das erste Mal 1961 in Key West. Randolph Churchill (1911–1968) war der Sohn des britischen Expremiers, Journalist und

Das Treffen fand in Nassau statt.

Ja.

Nach Nassau kamen David und Randolph zu Ihnen und verbrachten einen Tag in Palm Beach, richtig?

Das ist richtig. Möchten Sie, dass ich darüber etwas sage?

Ja.

Zuerst trafen sie sich in Nassau. Jack hatte David gesagt, er solle Macmillan mitteilen, dass er sich nicht mehr auf Bermuda mit ihm treffen wolle – weil es im Haus des Generalgouverneurs kein Heißwasser im Bad gab. *[Beide lachen]* Also trafen sie sich auf den Bahamas, in Nassau. Ich glaube nicht, dass Jack dort Randolph Churchill traf – das war erst später. Aber ich erinnere mich, am nächsten Tag, wir saßen draußen, als Godfrey McHugh angerannt kam und rief: »Haben Sie die wunderbare Nachricht schon gehört?« – offenbar hatten sie Skybolt abgefeuert. Und er sagte … ich habe Ihnen das schon erzählt, dass er sagte: »Gottverdammt, Godfrey!« Es war einfach schrecklich. Er hängte sich ans Telefon und rief alle an. Gilpatric sagte, dass er von nichts wusste, und McNamara war verreist. Ich weiß nicht, ob Sie Dick Neustadts Bericht über Skybolt gelesen haben?

Nein.

Jack gab ihn mir im November – am 20. November. Normalerweise brachte er nie etwas mit nach Hause, und er sagte: »Das ist eine ungemein faszinierende Lektüre«, und: »Lies das mal!« Also

---

ein Freund der Familie Kennedy. Während sich JKF auf seine Abreise von Nassau vorbereitete, traf der ihm überaus unsympathische kanadische Premierminister John Diefenbaker zu einem Treffen mit Macmillan ein, was den Präsidenten zwang, an einem Essen mit Diefenbaker teilzunehmen. Bei dem Essen taten JFK und Macmillan so, als wären sie voller Hochachtung für Diefenbaker, und Diefenbaker seinerseits tat so, als würde er ihnen das abnehmen.

PRÄSIDENT KENNEDY UND DER BRITISCHE PREMIERMINISTER MACMILLAN IN NASSAU, DEZEMBER 1962

nahm ich es mit nach Texas. Der Bericht befindet sich noch immer in meiner Tasche, ich habe ihn noch nicht gelesen. Auf jeden Fall werden darin die ganzen Schwierigkeiten haarklein erklärt.

War der Präsident sehr besorgt deswegen?

Er war am Boden zerstört. Nassau war so wunderbar gelaufen, und Macmillan hatte … Macmillan steckte zu Hause wirklich in

Schwierigkeiten, nehme ich an, und sie haben dann diese Sache mit den Polaris-Stützpunkten ausgetüftelt. Es war nicht ganz das, was Macmillan erhofft hatte, aber zusammen haben sie alles in ihrer Macht Stehende getan, um zu einem Ergebnis zu gelangen, mit dem sie leben konnten. Ich erinnere mich noch an Davids Gesicht. Er sah aus, als hätte ihm jemand einen Tiefschlag verpasst, und Jack sagte: »Hm, also, was sollen wir jetzt tun?« Er hatte das Gefühl, den Premierminister furchtbar enttäuscht zu haben. David nahm seinen kleinen roten Aktenkoffer, ging in ein Nebenzimmer, rief Macmillan an, und zusammen formulierten sie das Kommuniqué. Aber beide waren zutiefst enttäuscht deswegen. Ich glaube, Jack hatte immer das Gefühl, Macmillan nur noch mehr in Schwierigkeiten gestürzt zu haben. Und, wie er sagte: Irgendwo gibt es immer ein schwaches Glied, das im entscheidenden Moment versagt. Wie sich dann zeigte, war es in diesem Fall Thorneycroft, den Jack immer schon für etwas beschränkt gehalten hatte. Thorneycroft, der irgendeine Kleinigkeit nicht richtig gemacht hatte, und jemand, der nicht da war, als jemand anders anrief … ich weiß es nicht.

Haben Sie irgendeine Erinnerung an die Stimmung des Präsidenten, bevor er nach Nassau flog?

Ehrlich gesagt, nein. In welcher Stimmung wird er gewesen sein? Er hatte natürlich gewisse Erwartungen.

Ja, und dürfte besorgt gewesen sein, weil es Macmillans politische Position schwächte. Ich glaube, die eigentliche Vereinbarung wurde vom Präsidenten, Mac Bundy und David im Flugzeug nach Nassau ausgearbeitet.

Ich erinnere mich noch, dass Jack furchtbar wütend war, als er mich, ich glaube von Nassau aus, anrief. Er verabscheute Diefenbaker, und Diefenbaker hatte irgendeine angeblich dringende Angelegenheit, dass er nach Nassau kommen und sich mit ihm zum Essen treffen müsse oder so. Deswegen war er wütend.

Aber wissen Sie, die beiden hatten immer ihren Spaß, er und Macmillan – sie machten ihre spöttischen Bemerkungen, rissen Witze, auch wenn sie es bitterernst meinten. Aber diese ganze Sache war wirklich furchtbar.

Das Ende des Skybolt-Programms, obwohl es zunächst so schlimm war, hatte nicht die negativen Auswirkungen, die alle befürchtet hatten. Die Sache war etwa eine Woche lang Thema, aber ich glaube, dass man sehr geschickt damit umging.

Nun, hier vielleicht, aber Macmillan machte es zu Hause ziemlich zu schaffen, oder?

In gewisser Weise – eine Zeit lang. Aber Labour wollte die Skybolt-Raketen ohnehin nicht, daher konnten sie das Thema nicht für sich ausschlachten.

Ich verstehe. Und ich erinnere mich an Randolph Churchill, der uns besuchte, als Jack nach Washington kam. Er war ganz und gar auf Jacks Seite – das war sehr nett. Ich glaube nicht, dass er bei der Gelegenheit Jack traf. Vielleicht aber doch.

Ja, er kam hinterher nach Washington und war sehr stolz darauf, dass der einzige positive Artikel zur Nassau-Vereinbarung in der britischen Presse von ihm stammte.

Richtig.

Das nächste große Thema war de Gaulles Veto gegen den britischen Eintritt in den Gemeinsamen Markt.[2] *De Gaulle als historische Erscheinung faszinierte den Präsidenten, oder nicht?*

Nun ja, er hat sich schon immer für ihn interessiert – mehr aber eigentlich für Churchill. Ich glaube, wahrscheinlich weil ich de

---

2 Im Januar 1963 legte de Gaulle überraschend Veto gegen den Eintritt Großbritanniens in die Europäische Wirtschaftsgemeinschaft, EWG, ein, weil sonst, wie er sagte, der Eindruck entstehen könnte, die Gemeinschaft würde »unter amerikanischer Herrschaft und Anleitung« stehen.

Gaulles Memoiren gelesen hatte und weil er einen Satz daraus verwendete, als er seine Kandidatur für das Präsidentenamt ankündigte: »Ich habe eine bestimmte Vision von Amerika« – das findet sich am Anfang von de Gaulles Memoiren: »Ich habe immer eine ganz bestimmte Idee von Frankreich gehabt.« Nur diesen einen Satz. Er sprach mir gegenüber immer sehr realistisch über de Gaulle. Also, der Mann war *wirklich* von Hass zerfressen, und Jack erklärte mir, dass de Gaulle die Schmach aus dem letzten Weltkrieg nie vergessen habe – und dass wir nicht eher in den Ersten Weltkrieg eingetreten waren. Und natürlich waren alle, mit denen er damals zu tun gehabt hatte, längst tot … Aber Jack nahm ihm das nicht übel. Er wurde auf ihn niemals so wütend wie auf die Deutschen oder so. Ihm missfielen einfach grundsätzlich Menschen, die so voller Hass waren. Ich weiß noch, er fragte ihn in Paris – das interessiert ihn sehr –, mit wem er besser ausgekommen war, mit Churchill oder mit Roosevelt. Und de Gaulle sagte: »Mit Churchill war ich nie einer Meinung, aber wir haben uns immer geeinigt. Mit Roosevelt war ich immer einer Meinung, aber wir haben uns nie geeinigt« – es war irgend so ein nettes französisches Wortspiel. Aber, nicht wahr, das Veto – es würde mich nicht wundern, wenn Jack fast damit gerechnet hätte. Und ich erinnere mich, einige Zeit später – ich musste einen Brief von Malraux beantworten oder so – als Malraux wegen der *Mona Lisa*[3] nach Amerika kam, was wohl eine ganze Weile später war. Er kam eines Abends zum Dinner zu uns, allein, und Jack sagte, er wolle bewusst nicht mit ihm über diese Dinge sprechen – nicht wahr, Frankreich und England und alles, die Sachen, die Hervé immer so in Rage brachten. Er sprach mit ihm daher über Rotchina. Bundy könnte Ihnen von diesem Gespräch berichten. Er sagte: »Warum machen sich alle so große Sorgen um dieses oder jenes und Ihre *Force de frappe*

3 Die *Mona Lisa* kam im Januar 1963 nach Washington.

und überhaupt?[4] Die Leute sollen sich lieber Rotchina ansehen und sich fragen, was passiert, wenn es dort losgeht.« Malraux war, glaube ich, ziemlich beeindruckt von ihm. Und später in diesem Frühjahr musste ich einen Brief beantworten … nein, es ging um die Rückreise aus Marokko, als ich nicht über Paris fliegen wollte.[5] Ich wollte einfach nie mehr französischen Boden betreten. Aber es gab keinen anderen Flug, um nach Hause zu kommen. Jack sagte: »So darfst du nicht denken. Versteh doch – du bist der einzige Weg, der uns noch offensteht! Mich halten sie für einen Halunken, aber dich mögen sie, weil du Frankreich liebst. Man muss sich immer einen Weg offenhalten.« Also immer auf die versöhnliche Tour. Er sagte auch: »Was bringt es, wenn du auch noch wütend auf sie wirst und Malraux einen beleidigenden Brief schreibst?« Aber es war … es war einfach so unchristlich von de Gaulle. Jack gab ihm so viel, und dieser verbitterte Mensch gab so wenig zurück. Ich glaube, auf gewisse Weise sah Jack – auch wenn de Gaulle nur *la gloire* im Sinn hatte –, dass man sich an ihn später vor allem als einen Mann erinnern würde, der zusammen mit Castro und Rotchina die Unterschrift unter den Teststoppvertrag verweigert hatte. So, wie er manchmal auch über Nehru sagte: »Ist das nicht traurig? Dieser Mann hat so viel für die Unabhängigkeit seines Landes getan, aber er ist zu lange im Amt geblieben, und nun geht Stück für Stück alles in die Brüche, und er begeht einen Fehler nach dem anderen.« Nehrus Image hat sich in den letzten Jahren ja ziemlich gewandelt, weil er so furchtbar scheinheilig geworden ist –

4 Mit *Force de frappe* wird landläufig das nukleare Abschreckungsarsenal Frankreichs bezeichnet, dessen Aufbau de Gaulle betrieb.

5 Im Oktober 1963 legten Mrs Kennedy und ihre Schwester Lee nach ihrer Griechenland-Kreuzfahrt auf der Onassis-Jacht einen Zwischenstopp in Marokko ein. Erzürnt über de Gaulles schroffe Zurückweisung der Bemühungen JFKs zur Verbesserung sowohl der französisch-amerikanischen als auch ihrer persönlichen Beziehung, protestierte sie gegen eine Zwischenlandung in Paris auf dem Heimweg.

ich meine, der Unterschied zwischen Goa und Ungarn und das alles.[6] Wie hat Jack damals gesagt? Ein sehr gutes Bild. »Das ist, als wenn der Prediger im Freudenhaus erwischt wird«, etwas in der Art. Sie haben mich gestern nach Jack und Nehru gefragt – das war der Eindruck, den er von ihm hatte. Und es gibt noch etwas über Nehru, das ich vergessen habe zu erzählen. Es war so lustig. Nehru hatte ja gewollt, dass sich alles im privaten Rahmen abspielt, aber dann hat er sich doch geärgert, dass kein Bad in der Menge organisiert worden war, deswegen ist er nach Disneyland geflogen, was so ganz und gar nicht zu Nehru passt, aber dort gab es jede Menge Kinder, die »*Chacha Nehru zindabad!*« riefen – »Lang lebe Onkel Nehru!«. Sonderbar, diese Egomanie. Jedenfalls sah Jack darin de Gaulles größtes Versagen, und ich glaube nicht, dass er viel von ihm hielt.

Gab es andere Franzosen, die er besonders mochte und denen er vertraute?

Der einzige, den ich kenne, ist Segonzac.[7]

Hervé nicht.

Nein, Hervé amüsierte ihn eher, also, seine ganze Art und seine Eifersucht auf David Gore. Jack bemühte sich immer, nett zu Hervé zu sein, und manchmal sagte er: »Wir sollten ihn zum Dinner einladen. Ich glaube, er ist wieder kurz vorm Explodieren.« Nein, generell mochte er die Franzosen nicht, und ich verabscheue sie auch. Mir fallen absolut keine Franzosen ein – außer vielleicht zwei einfache Bekannte. Vielleicht Boudin,[8] der ganz

---

6 Im Dezember 1961 befahl Nehru seinen Truppen, die an der indischen Westküste gelegene portugiesische Kolonie Goa zu besetzen. Der indische Ministerpräsident tat sich schwer zu erklären, inwieweit sich das von der sowjetischen Invasion in Ungarn unterschied.

7 ADALBERT DE SEGONZAC (1920–2002) war Washington-Korrespondent der Tageszeitung *France Soir.*

8 Stéphane Boudin, der sie bei der Restaurierung des Weißen Hauses beriet.

und gar unfranzösisch ist. Also, sie sind schon wirklich sehr unfreundlich. Sie denken nur an sich.

Der Präsident und Malraux – wie funktionierte das?

Malraux war ja ein hervorragender Redner und Jack ebenfalls, und dann war Bundy immer dabei. Also, es war ein reger Austausch – aber Malraux war immer irgendwie ziemlich abgehoben. Es war sehr interessant, und sie sprachen eigentlich nie über Politik. Er fand Malraux interessant, sah aber auch, dass de Gaulle ihn in etwa so behandelte wie Jack seinen Chauffeur – nur schlechter. Der Punkt war, dass niemand mit de Gaulle reden konnte. Es wäre völlig sinnlos gewesen, Malraux irgendwelche Botschaften mitzugeben.

Aber es hat ihn nicht sonderlich erstaunt. Er ging fast davon aus, dass de Gaulle derart halsstarrig …

Zu Beginn hat es ihn vielleicht doch ein wenig erstaunt, weil er sich ja sehr um ihn bemühte. Am Anfang vielleicht schon. Aber dann hat er gesehen, dass das ein typisches Verhaltensmuster ist und dass sich das nie ändern würde. Wie gesagt, er war wirklich wütend über de Gaulles Äußerungen nach Kuba – dass wir Europa niemals verteidigen würden[9] … Was für ein entsetzlicher Quertreiber dieser Mann war!

Trotzdem wollte er, dass de Gaulle zu einem Treffen in die Vereinigten Staaten kommt, und soweit ich weiß, hatte de Gaulle für März dieses Jahres auch zugesagt.[10]

---

9 De Gaulle hatte erklärt, die Kubakrise sei ein Beweis dafür, dass die Vereinigten Staaten im Zweifelsfall nicht davor zurückschreckten, eigenmächtig zu handeln, und man könne deshalb nicht darauf vertrauen, dass sie ihrer Verpflichtung zur Verteidigung Westeuropas zuverlässig nachkommen würden.

10 Als Präsident Johnsons Diplomaten versuchten, de Gaulle zur Einlösung seines Versprechens zu bewegen, weigerte sich der französische Präsident mit der

Ja, oder es sollte sogar schon im Januar stattfinden, und zwar in Hyannis. Hervé sagte immer, wenn die beiden sich doch nur ein Mal treffen würden, wie Macmillan und Jack das taten – wo auch immer, irgendwo auf halber Strecke –, das würde vieles erleichtern. Da hatte Hervé ausnahmsweise wohl mal recht. Er sagte, selbst wenn nichts dabei herauskommt. Jack wollte ein großes Treffen daraus machen, und ich glaube, ein solches Treffen hätte ganz unglaubliche Resultate gebracht, irgendwelche auf jeden Fall. Und de Gaulle hätte endlich …

Der Präsident hatte die Erwartung, dass ein Treffen mit de Gaulle die Lage entspannen könnte.

Ja. De Gaulle respektierte Jack. In Paris hatte er ja ein ganz neues Bild von ihm gewonnen. Ich meine, ich weiß nicht, wie er wirklich dachte, aber offenkundig dachte zuerst jeder: »Wer ist dieser junge Präsident?« Die Art und Weise, wie er sich während dieser endlosen Diners mit mir unterhielt oder was er mir nach seiner Beerdigung sagte, oben im Weißen Haus …[11]

Begründung, mit seiner Anwesenheit bei Kennedys Beerdigung habe er seine Zusage bereits erfüllt.

11 Nach der Beerdigung empfing Jacqueline de Gaulle im Yellow Oval Room und sagte ihm, dass die Unstimmigkeiten zwischen Frankreich, England und Amerika alle so verbittert hätten, Jack aber »zu keinem Zeitpunkt verbittert war«. Und de Gaulle erkannte an, dass Präsident Kennedy weltweit großen Einfluss gehabt hatte. Getrieben von dem Wunsch, stets die richtigen Akzente zu setzen, hatte Mrs Kennedy um sechs Uhr morgens, noch bevor sie zur Beerdigungsfeier in die St.-Matthew-Kathedrale ging, den Kurator des Weißen Hauses angerufen und gebeten, die Cézannes im Yellow Oval Room durch amerikanische Aquatinta-Arbeiten aus dem 19. Jahrhundert zu ersetzen: Ihre Treffen mit de Gaulle und mehreren anderen ausländischen Staatsführern sollten nicht in einer französischen, sondern in einer amerikanischen Atmosphäre stattfinden. De Gaulles Meinung von JFK war nicht grundsätzlich negativ. Während der Kubakrise bot Dean Acheson dem französischen Präsidenten an, ihm Fotomaterial zu Verfügung zu stellen, das die Existenz sowjetischer Raketen auf Kuba bewies, worauf de Gaulle erwiderte, das Wort Kennedys genüge ihm.

Was sagte er denn?

Also, dass Jack einer von den Menschen war … nun ja, ein beeindruckender Mensch. Und Segonzac schrieb mir in einem Brief, den kann ich Ihnen zeigen, er schreibt, dass Burin des Roziers – das ist, glaube ich, de Gaulles Kabinettschef[12] – ihm erzählt habe, was de Gaulle wirklich von Jack hielt. Er dachte, also, solange Kennedy am Leben war, sei er der Führer des Westens gewesen. Vielleicht gefiel es de Gaulle nicht, aber er schaute doch zu ihm auf. Bobby hat mir erzählt, dass offenbar Bohlen[13] oder wer es war, ihn am Anfang noch beruhigen wollte, von wegen dass Johnson schon in Ordnung wäre, weil Jack ihn schließlich zu seinem Vize gemacht habe. Einen Monat später oder so meinte er dann: »Vielleicht hat Kennedy einen Fehler gemacht«, oder: »Vielleicht haben wir uns alle in dem Mann getäuscht«, mit anderen Worten, sein Eindruck von Johnson verschlechterte sich rapide. Ich bin mir sicher, de Gaulle hätte niemals gewagt … er hätte niemals Rotchina anerkannt, wenn Jack noch am Leben gewesen wäre. Und so ging es in vielen Dingen, weil er ihn respektierte.

Sprach er je über Europa im Hinblick auf die europäische Einheit? Jean Monnet zum Beispiel, sprach er von ihm?

Nun, er hielt Jean Monnet für einen der ersten Anwärter auf die Freiheitsmedaille, und das bedeutet, dass er ihn für einen großen Mann hielt und seine Arbeit und seine Überzeugungen sehr schätzte.[14] Na ja, er hat sich mit mir natürlich nicht stundenlang

---

12 ÉTIENNE BURIN DES ROZIERS (*1913) stand seit dem Zweiten Weltkrieg in de Gaulles Diensten.

13 CHARLES »CHIP« BOHLEN (1904–1974) war Diplomat, Russland-Experte im Außenministerium und JFKs zweiter Botschafter in Frankreich.

14 JEAN MONNET (1888–1979) gilt als einer der Wegbereiter der Europäischen Gemeinschaft nach dem Zweiten Weltkrieg. Empört über die Tatsache, dass es keine angemessene Auszeichnung für zivile Leistungen gab, sondern nur für militärische, hatte Präsident Kennedy 1963 die Vergabe einer »Presidential

DIE BEERDIGUNG VON PRÄSIDENT JOHN F. KENNEDY

über die europäische Einigung unterhalten, aber ich weiß, dass er ... er war doch dafür, oder?

Ja, und ich halte das für ziemlich charakteristisch. Er war absolut dafür, aber er interessierte sich weniger für Fragen der inneren Struktur. Und das meiner Meinung nach völlig zu Recht. Er wusste, wenn die Europäer zu einer Einigung kommen würden, dann würden sie das auf ihre Weise tun, und in irgendwelchen taktischen Detailfragen konnte man sich nur allzu leicht festbeißen.

Ja, er schien nie darauf zu drängen oder so, aber ...

Ich denke, er sah darin eine historische Unausweichlichkeit.

Ach, und dann hat er mir noch etwas sehr Interessantes erzählt. Ich hätte diese Dinge wirklich aufschreiben sollen, ich habe so vieles vergessen. Es ging darum, warum de Gaulle sein Veto eingelegt hat gegen Englands Beitritt und was Macmillan zu ihm gesagt hat. Macmillan war, glaube ich, zwei Wochen vorher bei ihm in Rambouillet gewesen.[15]

Richtig.

Alles schien in bester Ordnung zu sein, doch dann tauchten irgendwelche Probleme auf, irgendetwas typisch Französisches – wie Hervé, der immer wütend wird, wenn er nicht den Vortritt erhält. Irgendein Land oder irgendeine Person hatte irgendetwas getan, das ihn verärgerte und – zack! – macht er eine Kehrtwende.

War es möglicherweise so, dass ...

Ob vielleicht Nassau der Grund war? Dass Macmillan ihm in Rambouillet davon erzählt hat?

Medal of Freedom« ins Leben gerufen, erlebte ihre erste Verleihung u.a. an Monnet im Dezember 1963 aber nicht mehr.

15 De Gaulle empfing Macmillan im Dezember 1962 auf Schloss Rambouillet in der Nähe von Paris, das für Gipfeltreffen und internationale Konferenzen genutzt wird.

Nun, in Rambouillet noch nicht, denn die gemeinsame Vereinbarung wurde erst später im Flugzeug auf dem Weg nach Nassau formuliert. Vielleicht nahm de Gaulle an, dass Macmillan in Rambouillet bereits von der Vereinbarung wusste und ihn hingehalten habe.

Ich verstehe.

Könnte es das gewesen sein?

Ich nehme an, das wird es gewesen sein, ja.

Weil ich etwas in der Richtung von den Franzosen hier gehört habe – dass Macmillan nach Rambouillet kam und de Gaulle hingehalten habe und de Gaulle ihm das als persönlichen Verrat anlastete.

Und das ist der Grund, warum er so plötzlich den Gemeinsamen Markt wollte, obwohl in Rambouillet alles noch so wunderbar ausgesehen hatte.

Zumindest der Grund, warum er bei der Umsetzung so brachial vorging. Es wäre wohl in jedem Fall so gekommen, aber nicht auf diese schmerzliche Weise. Was andere europäische Staatsführer anging – Fanfani war ein paarmal hier. In der Tat erinnerte Fanfani mich bei unserem Zusammentreffen daran, dass er dem Präsidenten zum ersten Mal 1956 auf dem Parteitag in Chicago begegnet war.[16]

Er mochte Fanfani. Das war sozusagen die Öffnung zur Linken, und sie kamen gut miteinander aus. Aber er hat sich nicht unbedingt von ihm beeinflussen lassen.

Nein, nein.

---

16 AMINTORE FANFANI (1908–1999) war Ministerpräsident von Italien. In seiner Eigenschaft als Parteiführer der italienischen Democrazia Christiana nahm er 1956 als Beobachter am Parteitag der Demokraten in Chicago teil.

Andere europäische Staatsmänner fallen mir keine ein. Ich war nicht … Tito hatte hohes Fieber, als er ihn traf, was natürlich ungünstig war.[17]

Wie war das Treffen mit Tito?

Ich war nicht dabei. Soweit ich weiß, hatte der arme Mann vierzig Grad Fieber und konnte nichts essen. Sie haben hauptsächlich höflich geplaudert, nichts Weltbewegendes. Ich weiß nicht viel über den Besuch.

Wie kam es zu dieser Indien-Reise, die Sie und Lee zusammen unternahmen?

Nehru kam darauf zu sprechen, als er zum Dinner hier war, und Kenneth Galbraith war von der Idee hellauf begeistert. Aber dann wurde es immer wieder hinausgeschoben. Ich war nach der Geburt von John noch sehr geschwächt und konnte unmöglich reisen. Andererseits wollte ich unbedingt nach Indien. Die Reise wurde also verschoben, und dann kam etwas dazwischen – ich habe vergessen, was. War es irgendetwas mit Kuba? Ich weiß es nicht. Die Sache wurde auf jeden Fall auf Eis gelegt. Und dann – nur um Ihnen zu zeigen, wie aufmerksam Jack war – plötzlich stand der Terminplan für die Reise fest: zwei Wochen. Durch ganz Indien! Mein Gott, Jack war außer sich! Also schrieb ich hin und her und versuchte, den Plan zu ändern, aber Ken teilte uns mit, dass die Kinder in Mysore schon Kränze flochten und so weiter. Also setzten wir uns hin, mit einer Landkarte, und strichen den Terminplan zusammen – hauptsächlich Rajastan und ein paar Stationen im restlichen Indien. Wir waren gerade in Florida, entweder an Washingtons Geburtstag oder Ostern, ich weiß es nicht mehr, und Jack bekam Ken Galbraith ans Telefon. Er

17 JOSIP BROZ TITO (1892–1980), der Begründer und Staatspräsident Jugoslawiens, wurde von JFK im Oktober 1963 zu einem Essen im Weißen Haus empfangen. Mrs Kennedy war zu der Zeit noch in Griechenland.

JACQUELINE KENNEDY ENTDECKT INDIEN

DER PAKISTANISCHE PRÄSIDENT AYUB KAHN ÜBERREICHT MRS KENNEDY EIN PFERD ALS GESCHENK

hatte nur ein paar Tage Urlaub und verbrachte den gesamten letzten Tag damit, mit Ken zu schimpfen: »Es ist zu viel für meine Frau«, sagte er und: »Ken, das ist mir egal. Alle beschweren sich. Dasselbe erzählen sie dir im Wahlkampf auch immer, wenn du ihnen sagst, das kannst du nicht. Ich lasse sie nicht gehen. Sie ist zu geschwächt.« Er bestand dann darauf, dass die Reise verkürzt wurde. Nicht wahr, es war wunderschön, nach Indien zu gehen, aber er hätte nie von mir gefordert, dass ich die Reise mache. Aber ich denke, er hielt sie doch für eine gute Sache.

Ich glaube, er war sehr angetan von der Idee und sehr stolz auf den Erfolg. Und ich denke, abgesehen davon, dass es für Sie die Möglichkeit war, einmal aus Washington herauszukommen – es war auch gut für das Land und eine große Hilfe in vielerlei Hinsicht.

Wissen Sie, es war so seltsam – der Unterschied zwischen Indien und Pakistan. In Indien ging es eigentlich nur darum, Nehru näher kennenzulernen, weil er Lee und mich mochte. Pakistan wurde mit keiner Silbe erwähnt. Außerdem war Ken Galbraith da und B. K. Nehru und Frau Pandit und ihre Schwester.[18] Es war fast schon familiär. Die gemeinsamen Mahlzeiten waren überaus angenehm. Als wir dann nach Pakistan kamen … Also, eigentlich mag ich die Pakistanis lieber als die Inder. Sie sind irgendwie männlicher. Aber Ayub sprach die ganze Zeit über Politik und zog über Nehru her, den er hasste oder wenigstens nicht mochte.[19] Ich erhielt eine Nachricht von Ken aus dem Außenministerium, der mich noch einmal darauf hinwies, dass ich unbedingt so tun sollte, als ob McConaughy und Jack alte Freunde seien.[20] Und das war das Erste, was ich tat, als ich die beiden traf. McConaughy kam am selben Tag an wie ich – halt, nein, als Botschafter kam er einen Tag früher. Wie auch immer, ich deutete jedenfalls an, dass die beiden sich schon weiß Gott wie lange kennen. Und McConaughy? Er sagte: »Nein, nein« – wir standen direkt vor Ayub –, »da irren Sie sich, Mrs Kennedy. Ich habe den Präsidenten vor zwei Wochen zum ersten Mal getroffen …« Das war das einzige Mal, dass ich Jack einen Bericht schrieb. Ich schrieb ihn auf dem

---

18 VIJAYA LAKSHMI PANDIT (1900–1990) wurde von ihrem Bruder, Ministerpräsident Nehru, als Botschafterin nach London, Moskau und Washington entsandt.

19 MOHAMMED AYUB KHAN (1907–1974), pakistanischer Präsident von 1958 bis 1969; ihm zu Ehren veranstalteten die Kennedys 1961 ein glanzvolles Galadinner auf Mount Vernon.

20 WALTER MCCONAUGHY (1908–2000) war als Diplomat zuvor in Burma und Südkorea tätig gewesen und war von 1962 bis 1966 amerikanischer Botschafter in Pakistan. Das Außenministerium wollte den Eindruck erwecken, als habe der Präsident, wie in Neu-Delhi, einen alten Freund nach Islamabad geschickt.

Rückweg vom Khaiberpass und gab ihn Jack, als wir nach Hause kamen – ich schrieb, was für ein hoffnungsloser Fall McConaughy als Botschafter für Pakistan war und wie meiner Meinung nach unser Botschafter dort sein sollte – nämlich ein Gentleman, ein Soldat und ein guter Freund des Präsidenten … Ich schlug ihm sogar ein paar Leute vor – Bill Blair und Bill Battle.[21] Jack war so beeindruckt von dem Bericht, dass er ihn Dean Rusk zeigte, der McConaughy ausgewählt hatte, und er sagte: »*Solche* Berichte würde ich gern von unseren Inspektoren lesen.« Jack war nie für McConaughy gewesen, auch wenn er sonst vielleicht ein netter Kerl war, aber was für ein … Als wir nach Rawalpindi kamen und aus dem Flugzeug stiegen, rief der Reporter von *Paris Match*: »*Bonjour,* Jacqueline!« Und am Abend sagte McConaughy zu Ayub Khan: »Herr Präsident, ich habe am Flughafen viel Französisch gehört. Wie interessant. Ich wusste gar nicht, dass der französische Einfluss in Pakistan so stark ist.« Ayub sah ihn an und sagte dann: »Ich denke, Sie werden feststellen, dass der Einfluss hier eher britisch ist.« Aber Sie wissen ja – Dean Rusk! Jedenfalls, das war die Reise. Und sie war so anstrengend, dass Lee und ich in Pakistan jeden Tag und jede Nacht Nasenbluten hatten. Als wir nach Hause kamen, waren wir wirklich erschöpft.

Sprach der Präsident viel über Afrika? Den Kongo?

Ja. Einmal sagte er über Ed Gullion und Bill Attwood – Bill Attwood war dort krank geworden, er konnte einem wirklich leidtun – also, er sagte: »Das sind heute die eigentlich wichtigen Orte für Diplomaten. London und Paris, all das zählt nicht mehr. Dafür gibt es das Telefon, und der Großteil der Arbeit wird telefonisch erledigt. Die abgelegenen Orte in Afrika sind es, die für Diplomaten heute aufregend sind, wo sie wirklich etwas tun kön-

---

21 WILLIAM MCCORMICK BLAIR (*1916) war ein enger Berater Stevensons, der von Kennedy zum Botschafter in Dänemark ernannt wurde; WILLIAM BATTLE (1920–1988) war sein Botschafter in Australien.

nen.« Zu Ed Gullion hatte er ja sowieso ein besonderes Verhältnis. Als er seine Rede zu Indochina schrieb – ich weiß noch, das war im Jahr vor unserer Hochzeit, weil ich damals alles abtippen musste, ich meine, diese ganzen französischen Bücher übersetzen und so weiter –, da war Ed Gullion der einzige Mensch im Außenministerium, der mit Jack sprach und ganz offen sagte, wie schlimm die Lage in Indochina war.[22] Und ich vermute, dass er deswegen gefeuert – oder nein, versetzt wurde in irgendein …

Er wurde versetzt.

Ja. Auf irgendeinen lächerlichen Posten abgeschoben. Wir haben ihn oft gesehen. Ich glaube, Jack schickte ihn in den Kongo, um zu zeigen, wie viel er von ihm hielt. Er schätzte ihn wirklich sehr.

Eine weitere Sache, die den Präsidenten 1963 sehr beschäftigte, war natürlich Vietnam – Präsident Diem und Madame Nhu und so weiter.[23]

---

22 In den Kennedy-Jahren herrschten in der postkolonialen Republik Kongo bürgerkriegsähnliche Zustände. EDMUND GULLION (1913–1998) und WILLIAM ATTWOOD (1919–1989) waren JFKs Botschafter in der Demokratischen Republik Kongo beziehungsweise in Guinea. 1963 zog Kennedy in Erwägung, Gullion als Botschafter nach Südvietnam zu entsenden, bevor er sich schließlich für Henry Cabot Lodge jr. entschied, den er 1952 im Wahlkampf um den Einzug in den Senat gebracht hatte.

23 Im Sommer 1963 ging der südvietnamesische Präsident Diem mit brutaler Gewalt gegen die demonstrierende Opposition vor, insbesondere gegen die Buddhisten. Als sich auf einer Straße in Saigon ein buddhistischer Priester selbst verbrannte, sprach Diems Schwägerin TRAN LE XUAN (1924–2011), die als First Lady von Südvietnam gehandelte »Madame Nhu«, zynisch von »Grillfleisch«. In diesem Sommer und Herbst dachte der Präsident darüber nach, ob und in welcher Weise das amerikanische Militär der südvietnamesischen Regierung zu Hilfe kommen sollte, die zwar antikommunistisch war, sich aber zusehends unberechenbar, autokratisch und korrupt gebärdete. Schließlich gab er seine Zustimmung zu einem Staatsstreich südvietnamesischer Offiziere gegen die Brüder Diem, der dann außer Kontrolle geriet und in ihrer Ermordung gipfelte. »Madame Nhu« machte Kennedy für den Tod ihres Mannes und ihres Schwagers verantwortlich.

Ja, also, das war schon seit langer Zeit ein Problem, und man fragte Jack besser nicht danach, wenn er nach Hause kam. Aber einmal … Ich habe vergessen, wie lange Lodge schon dort war, bevor die schlimmen Dinge passierten. Ein paar Monate, oder?

Lodge kam, glaube ich, etwa drei Monate vor Diems Sturz nach Saigon.

Ich weiß noch, dass Lodge anfing, sich ziemlich seltsam zu verhalten. Jack sagte, dass Lodge unsere Fernschreiben nicht mehr beantwortete und man ihn nicht erreichen konnte – so, als würde er die Dinge dort selbst in die Hand nehmen. Als es dann zu dem Putsch kam, war Jack völlig fertig. Ich weiß, dass er noch versucht hatte, die Sache aufzuhalten – Lodge hatte irgendetwas in die Wege geleitet, und sie hatten es gestoppt. Aber darüber können Ihnen andere Leute mehr erzählen. Ich habe das meiste davon erst später erfahren. Jedenfalls hatte Jack versucht, die Sache aufzuhalten. Als Diem dann ermordet wurde, war Jack … Er sah schlimm aus, wie während der Schweinebucht-Invasion. Er war … es hat ihn wirklich getroffen. Wir waren zu Hause, in unserem Zimmer im Weißen Haus, und er schüttelte nur noch den Kopf und sagte: »O nein! Wie konnte das passieren?« Er sagte, Diem hätte zwanzig Jahre lang gegen den Kommunismus gekämpft, und so ein Ende hätte er nicht verdient. Er war völlig fertig. Madame Nhu tobte und gab Jack die Schuld – doch ich nehme an, sie war nur ein Ärgernis am Rande. Aber einmal fragte ich: »Warum sind Frauen wie sie und Clare Luce, die doch offensichtlich attraktiv auf Männer wirken – warum sind sie so machtversessen?« Sie verkörpert genau den Typ Frau, den Jack schon immer … den ich schon immer unattraktiv fand. Und er sagte: »Es ist komisch, aber ich denke, es gefällt ihnen einfach nicht, ihre Macht erst durch Männer zu erhalten.« Und auf diese Weise werden sie zu … sie hassen die Männer einfach, wie auch immer man das nennen will. Sie war Clare Luce sehr ähnlich. *[Flüstert]* Es würde mich nicht wundern, wenn sie lesbisch wären.

Clare Luce hat über Sie aber sehr vorteilhaft geschrieben, Sie erinnern sich?

Ja, aber einmal war sie zum Essen mit Jack ins Weiße Haus gekommen, als Tish noch bei uns war. Und sie war ganz versessen darauf, ihn so zu besuchen, wie ein Mann das tun würde, wollte zu ihm ins Büro und so. Es wurde daher auch eine Art Männer-Tischgesellschaft arrangiert, und Tish erzählte mir hinterher, sie sei so nervös gewesen, dass sie sich mit drei Martinis beruhigen musste.[24] Ich selbst war so wütend auf sie, dass ich … ich richtete es so ein, dass ich gerade nicht im Esszimmer war, als sie kam, und tat so, als würde ich etwas auf meinem Schreibtisch suchen und sie überhaupt nicht bemerken. Als Jack sie mir schließlich vorstellte, stand ich erst da und stemmt die Hände in die Seiten, bevor ich sie begrüßte. Später sagte er zu mir: »Weißt du, Liebling, wenn du den Leuten schon aus dem Weg gehst …« Irgendwie rührte ihn meine Loyalität, denn natürlich schadete ich mir mit meinem Verhalten nur selbst, aber es gefiel ihm trotzdem nicht. Und er sagte: »… dann mach es richtig, aber spiel keine Spielchen mit ihnen.« Und Mrs Luce war wohl auch nicht mehr ganz nüchtern, auf jeden Fall setzte sie ihm während des Essens ziemlich zu und machte ihm alle mögliche Vorhaltungen. Jack war, wie Sie wissen, Frauen gegenüber immer sehr höflich – deswegen sagte er irgendwann nur ganz höflich zu ihr: »Es tut mir leid, Mrs Luce, aber unglücklicherweise befinden Sie sich nicht in der Position, an diesen Dingen irgendetwas zu ändern, ich dagegen schon.« Damit war das Thema dann beendet. Aber das Traurige daran ist, dass sie Freunde gewesen waren, dass sie mit Mr Kennedy befreundet war und Jack ihr oft geholfen hatte. Sie

24 Letitia »Tish« Baldridge, Jacquelines Protokolldame, hatte zuvor für Mrs Luce in Rom gearbeitet, als diese dort als Botschafterin tätig war, und sie verspürte wenig Verlangen danach, mit ansehen zu müssen, wie sich ihre ehemalige Chefin mit ihrer neuen Chefin wegen dieser Mittagstafel anlegte.

wissen, damals mit Morse und so weiter, als sie dann schließlich doch nicht nach Brasilien ging.[25] Harry Luce und Mr Kennedy hatten ihr geraten, nicht nach Brasilien zu gehen, aber Jack rief sie extra deswegen an und sagte: »Hören Sie, die beiden täuschen sich. Brasilien wäre genau das Richtige für sie. Geben Sie sich einen Ruck!« Und er sagte: »Diese ganze Aufregung ist bald vergessen, und ich empfehle Ihnen wirklich, den Posten anzunehmen.« Und: »Mein Vater ist nicht mehr der Jüngste, er sieht die Dinge anders.« Nun, sie nahm den Posten nicht an. Aber ich finde, Jack hatte vollkommen recht. Und was tat sie? Kehrte zurück nach Arizona, stellte kleine Mosaiktische her und wurde immer verbitterter und gehässiger.

Sie lernte Tauchen.

Stimmt. Aber Jack hatte wirklich versucht, ihr zu helfen. Dass sie sich dann so gegen ihn wenden würde ... Wie gesagt, dieser Hass auf Männer.

Aber Harry Luce blieb ihm weiterhin wohlgesonnen.

Ja, ich glaube schon. Also, ich weiß, dass Jack ihn danach ein paarmal traf, und das war wohl ganz in Ordnung. Es gab immer mal Reibereien, aber das hielt sich in Grenzen.

Wie kam es, dass Harry Luce das Vorwort zu Why England Slept *verfasste?*

---

25 WAYNE MORSE (1900–1974) war ein demokratischer Senator aus Oregon und saß mit JFK im außenpolitischen Ausschuss des Senats. Nach ihrer Tätigkeit als Botschafterin in Italien hatte Eisenhower Mrs Luce für den Botschafterposten in Brasilien vorgeschlagen; Morse war dagegen, und Mrs Luce verkündete, Morse' schlechtes Urteilsvermögen müsse darauf zurückzuführen sein, dass er 1951 von einem Pferd einen Tritt gegen den Schädel bekommen habe (er war tatsächlich seinerzeit von einem Pferd getreten worden). Ungeachtet der empörten Reaktionen der Senatoren weigerte sie sich, ihre beleidigenden Worte zurückzunehmen, und bat stattdessen Eisenhower, ihre Nominierung zurückzuziehen.

Oh, das war Mr Kennedy. Jack hatte schon Arthur Krock dafür gewonnen. Aber Mr Kennedy war der Meinung, das könnte den Eindruck erwecken, als hätte Arthur Krock das Buch geschrieben, weil er ja ein alter Freund der Familie war, und dass es besser wäre, wenn Henry Luce das machen würde. Und so wurde es dann auch arrangiert, was Arthur Krock Jack nie verziehen hat. Krock sprach ihn sogar darauf an, als wir uns das letzte Mal sahen.

Tatsächlich?

Er war tödlich beleidigt. Daher kam die Feindseligkeit von Krock ihm gegenüber. Also, ich meine, immerhin kannte er Jack, seit er ein kleiner Junge war, und wir kannten uns auch von früher. In gewisser Weise war er sogar sein Mentor gewesen – nicht gerade Mentor, aber er hat sich oft mit ihm unterhalten und so. Aber daher kam diese Verbitterung. Seit Mr Kennedy die Sache mit dem Vorwort geändert hatte.

Ich erinnere mich an den ersten Winter, an das Dinner im Weißen Haus, als die Krocks da waren. Da hielten sie wenigstens noch Kontakt. Aber danach wurde es mit Krock immer schlimmer.

Wir haben uns immer wieder bemüht. Wissen Sie, er hat mich aufwachsen sehen, hat mir die Stelle beim *Times-Herald* besorgt, war ein guter Freund meines Großvaters gewesen – wir haben uns Gedichte geschrieben, jeder dem anderen. Und man bemüht sich immer und immer wieder, die Freundschaft aufrechtzuerhalten, und jedes Mal bekommt man einen Schlag ins Gesicht. Irgendwann lässt man es dann sein. Er war verbittert, konnte es nicht ertragen, mit ansehen zu müssen, wie ein Jüngerer aufstieg. Dabei bemühten wir uns wirklich, nett zu ihnen zu sein, und sind einmal auch zu ihnen zum Dinner gegangen – als Jack schon Präsident war.

Tatsächlich? Am Anfang oder …?

Ja, irgendwann im ersten Jahr. Ich glaube, im Frühjahr.

Was Vietnam angeht, war es eher überraschend, dass der Präsident Cabot Lodge als Botschafter nach Saigon schickte. Lodge hatte 1952 seinen Senatssitz an Jack verloren und war 1960 als Vizepräsidentschaftskandidat für Nixon ins Rennen gegangen. Hatten Lodge und er in dieser Zeit engeren Kontakt?

Nein. Ich kann mich nur erinnern, dass wir Lodge einmal eingeladen hatten, zu dem Dinner für Abbud aus dem Sudan. Lodge war sehr nett an diesem Abend. Ich meine, Jack hielt ihn eigentlich für eher arrogant. Aber er freute sich ganz offensichtlich, dass wir ihn eingeladen hatten, und er war sehr höflich. Und ich weiß noch, dass Jack ihn zur Tür brachte. Seit er Präsident war, machte er solche Dinge sehr bewusst, bemühte sich sehr um die Leute. Und als wir nach oben gingen, sagte ich zu Jack, er sei an diesem Abend auffallend nett gewesen, und Jack sagte: »Stimmt.« Ich glaube, er tat das, weil er es für einen klugen Schachzug hielt, einen Republikaner nach Vietnam zu schicken – oder? –, wo die Lage sowieso hoffnungslos war. Ich weiß nicht, aber ich habe das in den Zeitungen gelesen. Ich habe ihn nie direkt gefragt, warum er Lodge dorthin geschickt hat.

Ich glaube, Rusk schlug ihn vor, und dem Präsidenten gefiel der Vorschlag zum Teil aus dem Grund, den Sie nannten, aber auch, weil Lodge im Zweiten Weltkrieg als Verbindungsoffizier zur französischen Armee gedient hatte und fließend Französisch sprach.

Ja, das stimmt.

Und zum Teil, weil er herausfinden wollte, ob es nicht doch möglich wäre, General Harkins[26] *und dem Militär etwas entgegenzu-*

---

26 PAUL HARKINS (1904–1984) war der Kommandeur der amerikanischen Truppen in Vietnam.

setzen. All diese Dinge werden eine Rolle gespielt haben. Ich denke, dass der Präsident gleichzeitig auch intensiv über Lateinamerika nachdachte. Sie haben ja schon seine Bewunderung für Betancourt und Lleras Camargo erwähnt. Erinnern Sie sich an Frondizi aus Argentinien?

Nein, das war ein reines Herrenessen.

Das war ein Herrenessen, hm-hm. Die Reise nach Brasilien stand unmittelbar bevor.

Oh, wir hatten unsere Koffer für diese Reise immer gepackt. Ich erinnere mich an eine sehr interessante Sache, die er über Quadros[27] sagte, über seinen Rücktritt. Quadros trat doch zurück, oder?

Genau.

Und Jack schüttelte den Kopf, er war ziemlich wütend, er sagte: »So etwas tut man nicht. Niemand hat das Recht dazu« – niemand hat das Recht, einfach so zurückzutreten. »Man muss ja nicht wieder kandidieren, aber man hat nicht das Recht, wenn man mittendrin ist, und es wird heiß, einfach aus der Küche zu rennen.« Also nehme ich an, dass er zunächst eine hohe Meinung von Quadros hatte, nicht wahr? Und große Hoffnungen in ihn gesetzt hatte. Jack war – nicht gerade bestürzt, das wäre ein zu starkes Wort, aber es war eben nicht seine Art, die Dinge zu regeln. Ich meine, wenn er eine Sache in Angriff nahm ... So, wie er auch darauf vorbereitet war, diese Abstimmung über das Bürgerrechtsgesetz zu verlieren – ich glaube nicht, dass er sie verloren hätte, aber er sprach davon. Manchmal, wenn die Dinge schlecht standen, sagte er: »Man kann nie wissen ...« Aber er wusste, man konnte kein großer Präsident sein, wenn man nicht darauf vor-

27 JÂNIO QUADROS (1917–1992) war von Januar 1961 bis zu seinem Rücktritt im August desselben Jahres Präsident von Brasilien.

bereitet war, sich Feinde zu machen oder in einer wichtigen Sache zu unterliegen. Davon handelt ja auch sein Buch *Zivilcourage*. Quadros war das genaue Gegenteil davon.

Erinnern Sie sich an irgendeine besondere Reaktion auf Goulart?[28]

Nein, das war wieder bei diesem Herrenhessen. Ich war krank. Ich glaube, er hielt Goulart für ziemlich verschlagen, ich meine, Goulart – er hat überall nur Unheil angerichtet, oder nicht? – in der Wirtschaft und mit den Kommunisten. Ich glaube, er hielt ihn für einen Blender und einen Dieb … aber ich weiß nicht, was er genau über ihn dachte.

Erinnern Sie sich an irgendetwas Spezielles über Peru?

Ja, wissen Sie, Prado aus Peru war zu einem Staatsbesuch hier gewesen. Er war ein eher komischer Kauz. Aber als er dann gestürzt wurde, daran erinnere ich mich, da sagten alle, die Vereinigten Staaten hätten die Junta zu rasch anerkannt, oder wir hätten die Anerkennung verschleppt, weil wir …

Wir haben die diplomatischen Beziehungen suspendiert und die Entwicklungshilfe eingestellt.

Genau. Und später schrieb Rosita Prado – Pat[29] ist mit ihr zur Schule gegangen – sie schrieb Jack einen Brief, in dem sie ihm dafür dankte, dass er ihrem Vater das Leben gerettet habe. Offensichtlich wollten sie Prado, und ich glaube, auch seine Frau, hinrichten, und durch unser Vorgehen … Jedenfalls ließen sie ihn

28 JOÃO GOULART (1918–1976) war brasilianischer Präsident von 1961 bis 1964. JFK war wenig erfreut über die Beteiligung kommunistischer Sympathisanten an Goularts Regierung und seine Annäherung an den Sowjetblock; Goulart verhielt sich zudem ablehnend zu den US-amerikanischen Sanktionen gegen Kuba.

29 PATRICIA KENNEDY LAWFORD (1924–2006), JFKs Schwester.

nach Paris gehen. Wir haben ihnen eine Weile das Leben schwergemacht, und auf lange Sicht war das besser, als einfach »Hurra, er ist gestürzt!« zu rufen.

Allerdings. Wir suspendierten die diplomatischen Beziehungen und erklärten, diese wiederaufzunehmen, sobald sie sich zu bestimmten Schritten bereit erklärten, beispielsweise die freie Betätigung politischer Parteien zuzulassen, die Pressefreiheit wiederherzustellen und der Durchführung von Wahlen zuzustimmen. Schließlich kamen sie diesen Forderungen nach, was sehr viel bewirkte, und wir nahmen die Beziehungen wieder auf.

In Brasilien dagegen – als jetzt im März die Junta die Macht übernommen hat, da haben alle nur begeistert reagiert. Das war so erschütternd. Betancourt war hier, vor zwei Monaten, und erzählte mir davon. Er sagte, sie hätten alle ihre Bürgerrechte verloren – der halbe Kongress oder Parlament oder was es ist, die ganzen berühmten Schriftsteller, einfach alle. Das ist das Schlimmste, was Lateinamerika passieren konnte. Das ist der Unterschied zwischen Kennedy und Johnson. Und das betrifft alle Länder dort. Jack hätte ganz anders gehandelt.

Charlie Bartlett war an der Aushandlung der Bedingungen mit der neuen Regierung in Peru beteiligt. Erinnern Sie sich daran?

Nein, das wusste ich nicht.

Ich glaube, Charlie und Berckemeyer[30] *waren damit befasst. Die Dominikanische Republik – erwähnte er dazu etwas? John Bartlow Martin oder Bosch?*[31]

---

30 Fernando Berckemeyer war der peruanische Botschafter in Washington.

31 JOHN BARTLOW MARTIN (1915–1987) war Journalist und ein früherer Stevenson-Berater. JFK schickte ihn als Botschafter in die Dominikanische Republik, die 1963 sieben Monate von JUAN BOSCH GAVIÑO (1909–2001) regiert wurde, dem ersten demokratisch gewählten Präsidenten des Landes, der dann durch einen Militärputsch gestürzt wurde.

Er sprach nur davon, dass auf Bosch größte Probleme zukommen würden. Er hoffte sehr, dass es gut ausgehen würde, aber es kam dann anders.

Wie stand er generell zum Auswärtigen Dienst?

Oh, und zum Außenministerium.

Und zum Außenministerium.

Nun, er war verzweifelt und sprach dauernd davon. Wissen Sie, er hatte am Anfang so große Hoffnungen in Dean Rusk gesetzt. Sein Dossier war ja recht beeindruckend. Und Jack mochte ihn, also, als Menschen. Ich meine, er war kein schlechter Kerl, aber er war wirklich nur ein Handlanger, er traute sich nie, eine Entscheidung zu treffen – er traf einfach keine Entscheidungen. Manchmal kam Jack abends nach Hause und sagte: »Verdammt, Bundy und ich schaffen im Weißen Haus an einem Tag mehr als die im Außenministerium in sechs Monaten.« Ich erinnere mich, wie sie um die Ausarbeitung einer Mitteilung an Russland gebeten hatten – irgendetwas völlig Triviales – Geburtstagsgrüße an Chruschtschow oder vielleicht auch ein bisschen wichtiger – jedenfalls war auch nach sechs oder sieben Wochen immer noch nichts da. Oder ein anderes Beispiel aus der Zeit, als ich aus Marokko zurückkehrte. Ich erzählte Jack von diesem talentierten jungen Mann in unserer Botschaft dort, der dem Secret Service zugewiesen worden war – er hatte sämtliche Berbersprachen gelernt. Er war gerade zwei Jahre dort und sollte jetzt in die Karibik oder sonst wohin versetzt werden, aber er wollte eigentlich lieber irgendwo in der Gegend bleiben – Algerien oder so. Als ich Jack das erzählte, wurde er richtig wütend und sagte: »Ich habe Rusk vor sechs Monaten ein Memo dazu geschrieben, dass sie diese Vorschrift abschaffen sollen, die Leute alle zwei Jahre zu versetzen. Sie sollen lieber die Region immer besser kennenlernen.« Außerdem sagte er, wenn man Rusk im Außenministerium eine Anordnung schickte, wäre das, »als würde man sie in einen toten

Briefkasten stecken«. Sie haben mich doch nach seinen Plänen nach der Wahl gefragt. Also, eine Sache war, Dean Rusk loszuwerden.[32] Aber er wollte nun einmal niemanden verletzen. Ich sagte: »Kann er nicht wieder zur Rockefeller-Stiftung gehen?« Und er sagte: »Nein, leider. Er hat das alles aufgegeben, hat alle Brücken hinter sich abgebrochen.« Ich glaube, er spielte mit dem Gedanken, McNamara auf den Posten zu setzen, aber besprochen war das noch nicht. Er war sich wohl nicht sicher, ob McNamara für die Außenpolitik der richtige Mann wäre. Und Bundy wollte er nicht gehen lassen, weil er ihn an seiner Seite brauchte. Aber er wollte jemanden wie McNamara im Außenministerium haben, oder Bobby – jemanden, der aufräumen konnte mit diesen ganzen ... Es war so lustig, eines Tages kamen drei Botschafter zu Jack, um sich von ihm zu verabschieden, und er erzählte hinterher, alle drei hätten gestreifte Hemden getragen mit weißen Kragen und weißen Manschetten – nicht wahr, sehr englisch, mit Regenschirm am Arm –, und zwei trugen noch, wie er sie nannte, Sklavenarmbänder. Ich weiß nicht, was er damit meinte, irgendwelche Identifikationsarmbänder oder Armbänder aus Elefantenhaar.

Das waren amerikanische Botschafter, die kurz vor ihrer Abreise ins Ausland standen.

Ja. Einer sollte nach Afrika und ein anderer in den Nahen Osten – in den Libanon oder in die Türkei, ich weiß nicht mehr. Als diese geschniegelten Jüngelchen in sein Büro kamen, war er einfach ... Sie entsprachen so gar nicht seiner Vorstellung von Männern, die er ins Ausland schicken wollte. Er wollte Durchsetzungsfähig-

32 In seinen 1991 veröffentlichten Memoiren behauptete Rusk, er und JFK hätten von Anfang an die private Absprache getroffen, dass er nur für eine Amtszeit als Außenminister zur Verfügung stehe. Wenn das stimmt, dann wusste Jacqueline nichts davon – und Rusk muss seine Absicht geändert haben, denn er blieb unter Präsident Johnson weitere fünf Jahre im Amt.

keit demonstrieren. Jedenfalls, kaum hatte der Letzte sein Büro verlassen, rief er Rusk an – ich glaube, es waren nicht drei an einem Tag, aber sagen wir, drei innerhalb einer Woche –, und er sagte: »Ich möchte, dass Sie an alle im Auswärtigen Dienst ein Memo schicken, dass ab sofort niemand mehr Sklavenarmbänder trägt.«[33] Aber das war genau die Sorte Leute, die bei Rusk am Ende den Ton angaben. Es machte Jack wirklich zu schaffen. Ich meine, wo war Rusk? In der Kubakrise zum Beispiel oder bei igendeiner anderen furchtbaren Sache – er war nicht dabei, weil er irgendwohin …

Das betraf Nassau.

Genau, Nassau.

Er kam nicht mit nach Nassau, weil er am jährlichen Diplomatenempfang der ausländischen Botschafter in Washington teilnehmen musste.

Ja, solche Dinge eben, ich meine, er wurde immer mehr zu einem … Jack sagte einmal etwas sehr Nettes über Angier Duke, auf den er so stolz war, weil er immer so formvollendet auftrat und ihm so wahnsinnig viel half. Aber Angier wollte als Protokollchef aufhören, und Jack war so überrascht, als er hörte, wohin er gehen wollte. Nach Tanganjika. Und Jack hatte gedacht, er wollte vielleicht nach …

Dänemark.

Ja, so wie Bill Blair, der immer nur zu den Festen ging. Weswegen er übrigens ziemlich enttäuscht war von Bill Blair. Er sagte dann allerdings: »Ich bin mir nicht sicher, ob Angier der richtige Mann

33 Nigerianische Sklavenhändler fertigten einst aus portugiesischen Münzen Schmuckstücke, sogenannte »Sklavenarmbänder«, an. Für US-Diplomaten gewiss nicht das geeignete Accessoire in einer Zeit heftiger Auseinandersetzungen um die Bürgerrechte der Schwarzen.

für Tanganjika ist.« Aber er war sehr beeindruckt, dass er in eine solche Gegend gehen wollte, wo das Leben wirklich hart sein kann. Und noch eine Sache über Dean Rusk. Jack war sehr förmlich, wie Sie wissen. Er nannte andere nie bei ihrem Vornamen, bis er sie wirklich gut kannte. Dean Rusk war das einzige Mitglied seines Kabinetts – wahrscheinlich weil er älter war und er ihn nicht schon von früher kannte –, zu dem er »*Mr* Rusk« sagte. Ganz zum Schluss erst sind sie sich dann nähergekommen und er hat »Dean« zu ihm gesagt, aber die Leute wissen nicht, dass er so war. Das war seine britische Seite. Er mochte es nicht, wenn ihn jemand »Jack« nannte oder mich »Jackie« – außer im Wahlkampf, wenn die Leute das riefen. Das ist dann ein Zeichen, dass sie einen mögen. Aber er nannte nie jemanden … Er sprach meine Mutter und meinen Stiefvater immer mit »Mr und Mrs Auchincloss« an.

Ach, wirklich?

Er nannte meine Mutter »Mummy«, weil er den Namen so lustig fand – eine Art Scherz. Aber zu meinem Vater sagte er immer »Mr Bouvier«.

Er sagte nie »Janet« zu Ihrer Mutter?

Nie. Und dabei kannte er sie wirklich gut. Aber er – er hielt es einfach nicht für angemessen.

Was war mit den anderen Leuten im Außenministerium? George Ball?[34]

Also, ich kann mich nicht mehr genau erinnern, aber ich weiß noch, dass er mit George Ball nicht immer zufrieden war.

Und natürlich der arme alte Chester.

---

34 Chester Bowles war Kennedys erster Unterstaatssekretär im Außenministerium, George Ball sein zweiter.

O ja, Chester. In irgendeiner Besprechung hielt Chester Bowles einen endlosen Vortrag über die Befreiung der Schwarzen aus der Unmündigkeit und die Anhebung ihres Lebensstandards, blabla – nicht wahr, stundenlang, bis Jack irgendwann sagte: »Ja, Chester, aber danach habe ich Sie nicht gefragt. Ich wollte von Ihnen wissen, was wir in der Angelegenheit XY unternehmen sollen« – irgendein ganz einfaches Problem, aber darauf hatte Chester keine Antwort parat. Jack konnte es gar nicht abwarten, ihn loszuwerden.

Averell mochte er.

Ja, Averell mochte er. Walt Rostow[35] – das war lustig, eines Abends war ich zu einem Vortrag bei den Dillons. Jack war unterwegs, er hielt irgendwo eine Rede und rief mich an. Ich ging zum Telefon, und er sagte: »Worum geht es in dem Vortrag?« Und ich sagte: »Walt Rostow spricht über unterentwickelte Länder.« Es waren sehr viele Leute da. Sie waren ja auch dort und Bundy und alle. Und er sagte – so laut, dass ich die Hand auf den Hörer legen musste: »Jesus Christus! All diese Leute sind … Walt Rostow hat sie alle in der Falle, und sie müssen ihm zuhören?« Er meinte, Walt würde wieder mal kein Ende finden und alle langweilen. Er sagte: »Bin ich froh, dass ich nicht kommen konnte!« Aber er mochte Walt und sprach niemals schlecht über ihn. Und er erzählte oft, wie Jerome Wiesner immer die Nase in sein Büro steckte.[36] Er kam durch Mrs Lincolns Büro und steckte immer kurz die Nase in sein Büro – was ihn furchtbar störte. Die Tür ging auf, und Wiesner guckte herein. Das regte ihn so sehr auf, dass er irgendwann sagte: »Entweder kommen Sie ganz rein,

35 WALT ROSTOW (1916–2003) war Entwicklungsökonom am Massachusetts Institute of Technology (MIT) und Bundys Stellvertreter, bevor er als Leiter des Politischen Planungsstabs ins Außenministerium wechselte.

36 JEROME WIESNER (1915–1994) war Präsident des MIT, als JFK ihn zu seinem Wissenschaftsberater berief.

oder Sie verschwinden.« Es ging meistens nur um irgendetwas völlig Belangloses.

Trotzdem mochte er Wiesner, glaube ich.

O ja.

Was die Ernennung von Botschaftern anging – das Außenministerium wollte immer Beamte aus dem Auswärtigen Dienst nehmen, und das Weiße Haus hatte immer lieber andere Leute, zum Beispiel den Journalisten Bill Attwood. Äußerte er sich mal zu diesem generellen Problem?

Wie gesagt, die Botschafter vom Auswärtigen Dienst waren für gewöhnlich eine Katastrophe. Aber hin und wieder musste man natürlich auch einen von denen nehmen. Man wollte das Außenministerium ja nicht vollkommen frustrieren. Einmal ging er hin, um mit ihnen zu sprechen. Er hatte eine Rede vorbereitet. Er sagte, es sei so furchtbar im Außenministerium. Sie sind so schnell mit allem überfordert. Sie werden darauf getrimmt, sich auf keine Position festzulegen, sie sind nie für oder gegen etwas. Wenn die sich irgendwann von unten nach oben hochgearbeitet haben – Jack meinte auch, die jüngeren Mitarbeiter sollten schneller aufsteigen –, dann können sie einem keine Antwort mehr geben, nur noch Antworten, die keine Antworten sind, weil sie sich nach allen Seiten absichern. In der Rede, die er vor ihnen hielt, ging es dann auch darum, dass man in der Lage sein muss, eine klare Position zu beziehen, dafür oder dagegen, und dass man auch in der Lage sein muss, vor den Kongress zu treten, und so weiter … Er meinte, dass sie sich freiwillig einer Gehirnwäsche unterzogen auf ihrem Weg nach oben und am Ende keinerlei Durchsetzungsvermögen besäßen, um irgendetwas Gutes bewirken zu können, aber für die Leute im Außenministerium sei das geradezu das Ideal, dem sie nacheiferten. Ich kann ihnen ein interessantes Beispiel nennen – es ist etwas gemein, weil es sich um einen Freund handelt. Jack hat mir das selbst nie erzählt, aber ich habe es später erfahren, vergangenen Winter, als er mich besuchen kam. Ich meine Chip Bohlen. Jack mochte Chip Bohlen und hatte ihn gern um sich. Ich zog Chip Bohlen manchmal auf und sagte zu ihm, er sei so entsetzlich spießig – so *außenministeriell.* Das fiel mir immer wieder bei ihm auf. Aber ungefähr zur Zeit der Kubakrise wurde er zum Botschafter in Paris ernannt.

Richtig.

Und Bobby bat ihn zu bleiben, und ich glaube, Jack auch, wenn auch vielleicht nicht direkt. Aber Chip Bohlen konnte es gar nicht erwarten, das Schiff nach Europa zu besteigen. Und jetzt im Winter – er kam mich besuchen – sprach ich ihn darauf an oder fragte ihn, warum er während der Kubakrise nicht dabei gewesen sei. Bobby hat mir erzählt, er hätte Chip Bohlen gern dabeigehabt. Er war seit langem ihr Russland-Berater, und Llewellyn Thompson war noch ganz neu, und sie kannten ihn noch nicht so gut.[37] Aber nein, Bohlen musste unbedingt dieses Schiff nehmen – auf die Idee, zu fliegen, kam er nicht einmal. Und ich sagte zu ihm: »Hat Sie das nicht traurig gemacht, dass Sie nicht dabei waren? Warum sind Sie gegangen?« Er sagte: »Na ja, ich hatte es nicht für so wichtig gehalten. So schlimm sah es gar nicht aus.« Und dann sagte er: »Ich dachte, ich könnte von drüben aus vielleicht mehr ausrichten.« Was völliger Unsinn ist, weil er ge-

---

37 LLEWELLYN THOMPSON (1904–1972) trat 1929 in den Auswärtigen Dienst ein. Er spezialisierte sich auf die Sowjetunion und war von 1957 bis 1962 amerikanischer Botschafter in Moskau. Zu Beginn der Kubakrise hatte JFK Bohlen gebeten, seine Abreise zu verschieben. Er kannte Bohlen gut und wusste, dass er in seiner Zeit als Botschafter in Moskau von 1953 bis 1957 ein umfassendes Wissen über Chruschtschow erworben hatte. Stattdessen war es dann Thompson, der JFK während der Kubakrise als Berater zur Seite stand. Obwohl der Präsident mit ihm kaum bekannt war, konnte der zurückhaltende Thompson ihm Einblicke in die sowjetische Führung erschließen, die aktueller waren als die, über die Bohlen verfügte.

rade erst in Europa eingetroffen war. Und er sagte: »War es wirklich so ernst? Mir kam es gar nicht so vor.« Ich dachte bloß: Mein Gott, die größte Krise, die sich zu deinen Lebzeiten ereignet hat – und alles, was du dazu zu sagen hast, ist, dass es nicht so schlimm war? Das heißt, selbst ein so kluger Kopf wie Chip Bohlen war so sehr befangen in diesem Außenministeriums-Denken, dass für ihn nur eine Sache zählte: dass er es endlich zum Botschafter in Paris gebracht hatte. Sobald das entschieden war, war ihm egal, was um ihn herum passierte, er reiste sofort ab. Ich finde das ziemlich jämmerlich. Obwohl ich Bohlen sehr mag, setzt ihn das in meinen Augen sehr herab.

Ich weiß. Es ist wirklich rätselhaft. Ich habe ihn ebenfalls interviewt und auch danach gefragt, bekam aber dieselbe unbefriedigende Antwort, er sagte: »Es war nun einmal alles vorbereitet, und so konnte ich doch wenigsten in Paris unsere Politik erklären.« Wie gesagt, nicht sehr überzeugend. Aber er bewunderte den Präsidenten und sagte etwas sehr Schönes über ihn, er sagte: »Als der Präsident ermordet wurde und Johnson das Amt übernahm, kam es mir so vor, als müsste die Zukunft der Gegenwart weichen.«

Oh – aber noch eine Sache hat mich enttäuscht bei ihm. Er nahm an der Feier teil, als sie in Paris eine Straße nach Jack benannten, und schickte mir seine Rede. Darin sagte er, wiewohl »diesem Tag eine gewisse Traurigkeit anhaftet«, zeige die Benennung dieser Straße doch, dass die französisch-amerikanischen Beziehungen einen großen Schritt vorangekommen seien, oder so ähnlich. Ich dachte: Was haftet diesem Tag an? *»Une certaine tristesse«?* Das waren seine Worte. Ich wollte ihm eigentlich sofort schreiben. Aber er hat es natürlich nur gut gemeint. Ich hätte ihn am liebsten gefragt: Ist das alles, was Ihnen zu diesem Tag einfällt? Eine gewisse Traurigkeit? Das klingt wie Hervé mit seinen »franco-amerikanischen Beziehungen«! Bohlen hatte so viele Talente, aber ihm fehlte – ich weiß nicht, ein gewisses Etwas.

Er ist der beste Diplomat im Auswärtigen Dienst, aber auch er leidet unter einer gewissen Berufskrankheit.

Und wenn er zum Beispiel Außenminister geworden wäre, dann hätte er mit all seinen Talenten doch nichts bewirkt, weil er auch dort nur an sich selbst gedacht hätte. Genau das wollte Jack dort nicht mehr sehen – diese Leute, die nur an sich selbst denken.

Wenden wir uns dem Inland zu, der Wirtschaftspolitik – Walter Heller.[38]

Ich weiß wirklich nicht, was er von Walter Heller hielt. Jack war vom Typ her so ganz anders als er. Galbraith und die anderen haben wir auch zum Dinner nach Hause eingeladen, aber Walter Heller nie. Ich glaube, er hatte ihn im Verdacht, Informationen weiterzugeben. Das war es doch, oder?

Ja, ich glaube schon.

Oder dass er mit der Presse sprach. Also, ich hörte ihn nie schlecht über Walter Heller sprechen, aber wenn ich ihn sah, kam er mir immer vor – nun ja, wie ein ziemlicher Trottel. Ich konnte nie glauben, dass er so ein großer Wirtschaftsexperte sein soll.

Soweit ich weiß, hat er gute Arbeit geleistet.

Aber …

Und ist seither ziemlich unglücklich.

Also, Jack und ich sprachen eigentlich nie über Wirtschaftsdinge, und deshalb … Ich denke mal, er schätzte ihn.

Was den Obersten Gerichtshof angeht …

---

38 WALTER HELLER (1915–1987), der Sohn deutscher Immigranten, war Wirtschaftswissenschaftler an der University of Minnesota, bevor JFK ihn zum obersten Wirtschaftsberater machte.

Oh, er war ein großer Bewunderer von Douglas Dillon.[39]

Ja.

Und er hielt große Stücke auf Dave Bell.

Ja, er verließ sich sehr auf David Bell, nicht? Als Kermit Gordon sein Nachfolger als Etatdirektor wurde, hat er sich dazu in irgendeiner Weise geäußert?[40]

Nun, er wollte, dass Dave Bell – was sollte er noch mal übernehmen?

Die Behörde für internationale Entwicklung.

Genau, USAID.

Ja, aber Gordon war nicht …

Über Gordon weiß ich nichts. Aber hat er es nicht bedauert, dass er auf Dave Bell als Etatdirektor verzichten musste? Ich glaube, er war ziemlich unglücklich deswegen.

Er war der Meinung, Dave sei der Einzige, der die Situation bei USAID in den Griff bekommen könnte.[41] *Sie erinnern sich, Fowler Hamilton*[42] *hatte …*

Oh, richtig. Und er bedauerte sehr, dass es in der Öffentlichkeit so aussah, als sei es Fowlers Schuld gewesen. Ich weiß nicht

39 Kennedys Finanzminister.

40 DAVID BELL (1919–2000) und KERMIT GORDON (1916–1976) waren nacheinander Leiter des damals so genannten »Bureau of Budget«, des heutigen Office of Management and Budget.

41 Im November 1961 hatte JFK die United States Agency for International Development (USAID), eine Behörde für Entwicklungshilfe, ins Leben gerufen, die Ende 1962 noch unter Startschwierigkeiten litt.

42 FOWLER HAMILTON (1911–1984) war der erste USAID-Direktor.

mehr, aber man sagte, er hätte … o nein, nein. Das war Labouisse.[43]

Labouisse.

Ja, Labouisse. Man dachte, er sei wegen Inkompetenz gefeuert worden, dabei wollte Jack seine Ernennung zum Botschafter in Griechenland unbedingt wie eine Beförderung aussehen lassen. Wie auch immer, als die Geschichte die Runde machte, tat ihm Labouisse sehr leid – er war wirklich traurig. Was auch wieder zeigt, dass er ein Herz hatte.

Der Präsident nominierte, wie Sie sich erinnern werden, zwei Richter für den Obersten Gerichtshof: Byron White[44] und Arthur Goldberg. Sprach er viel über den Gerichtshof oder über …

Ich weiß noch, dass er sich sehr darüber freute, die beiden ernennen zu dürfen. Und er wusste auch, dass Richter Frankfurter es gern gesehen hätte, wenn er Paul Soundso nominiert hätte …

Paul Freund.[45]

---

43 HENRY LABOUISSE (1904–1987), ein Bekannter der Kennedys und Direktor der USAID-Vorläuferorganisation, wurde von JKF 1962 als Botschafter nach Griechenland entsandt.

44 BYRON WHITE (1917–2002) war erfolgreicher Footballspieler und Jurist aus Colorado. White und JFK hatten sich vor dem Zweiten Weltkrieg in London kennengelernt. Zufällig gehörte er zu den Marinegeheimdienstoffizieren, die die Berichte über Kennedys Heldenmut als Kommandant des Schnellboots PT-109 verfassten. White wurde im April 1962 als Richter an den Obersten Gerichtshof berufen, wo er sich jedoch konservativer gebärdete, als Kennedy und seine Leute es erwartet hatten.

45 PAUL FREUND (1908–1992), Professor an der Harvard Law School und Koryphäe des amerikanischen Verfassungsrechts, lehnte Präsident Kennedys Angebot zur Berufung als Generalstaatsanwalt ab. JFK zog ihn auch für den Obersten Gerichtshof in Betracht, bevor er sich dann für Arthur Goldberg entschied.

Ja, also, er wusste von diesem Wunsch. Er rief Frankfurter sogar ein paarmal an und lud ihn in sein Büro ein. Aber er wollte Goldberg auf den Richterstuhl setzen.

Er und Bill Douglas waren – oder zumindest Bill Douglas war ein guter Freund von Mr Kennedy.[46]

Von seinem Vater und dann vor allem von Bobby. Sie gingen zusammen auf Reisen durch Russland und so. Wir sahen Bill Douglas nicht sehr häufig, aber ich glaube, er mochte ihn.

Bill Douglas war nicht sehr häufig im Weißen Haus?

Nein, nie.

Nie.

Keiner von ihnen. Arthur Goldberg war oft bei uns zu Hause in Georgetown, als es um das Arbeitsgesetz ging, aber immer nur zum Frühstück. Und Arthur Goldberg … Einmal sagte ich zu Jack, als ich bei einem Dinner neben ihm saß: »Goldberg ist der größte Egomane, dem ich je begegnet bin.« Und das stimmt. Ich habe noch keinen Menschen erlebt, der einfach immer und ausschließlich über sich selbst redet.

Ja, auf eine gewisse arglose Weise. Aber es ist anstrengend.

Nein, ich finde es furchtbar. Ich bin mir nicht sicher, ob es nicht ein Fehler war, dass Jack ihn in den Gerichtshof berief, das führt nur dazu, dass solche Leute noch mehr von sich eingenommen werden.

Wenn sie nicht mehr selber in den Zeitungen erscheinen, glauben sie das kompensieren zu müssen, indem sie über andere …

---

46 WILLIAM O. DOUGLAS (1898–1980) war der am längsten amtierende Richter am Obersten Gerichtshof der US-Geschichte und seit seiner Arbeit mit Joseph Kennedy in der Börsenaufsichtsbehörde in den dreißiger Jahren ein enger Freund der Familie.

Dieses Urteil, das letzten Winter gesprochen wurde – dass es in Ordnung ist, alles in der Presse abzudrucken, selbst Beleidigungen – es ist ein bisschen komplizierter, aber Sie wissen, was ich meine …

Der New York Times-*Fall.*

Ja. Was für eine furchtbare Entscheidung – und Goldberg hat dem Ganzen noch die Krone aufgesetzt und die Meinung vertreten, es können sogar Verleumdungen und völlige Unwahrheiten sein. Und ich musste an das Flugblatt denken, das an dem Tag in Dallas auftauchte, mit Jacks Bild darauf: »Gesucht wegen Verrats«. Und da geht dieser Richter her – der von ihm berufen worden ist – und sagt, dass alles, sogar so etwas, in Ordnung ist? Das kommt daher, dass der Oberste Gerichtshof so isoliert ist. Die Zeitungen, all das – es kümmert sie nicht. Und so wird Arthur Goldberg immer nur noch größenwahnsinniger. Andererseits sagte Jack immer, er sei der beste Arbeitsrechtler aller Zeiten.

Wie war das mit dem Präsidenten und der Presse – abgesehen von Charlie Bartlett und Ben Bradlee, die ja …

Viele unserer Freunde aus der Zeit vor dem Weißen Haus waren bei der Zeitung. Also, Rowlie Evans, Hugh Sidey – mit Bill Lawrence spielte Jack Golf.[47] Im Grunde mochte er sie alle. Ich hatte immer das Gefühl, in Washington, wenn man irgendwie mitmischen wollte, ging man entweder in die Politik oder zur Zeitung. Viele seiner Freunde waren dort. Bill Kent aus Florida kam hin und wieder zu uns. Jack scherzte gern mit ihnen herum. Viel mehr als mit seinen Kollegen aus dem Kongress, obwohl auch ein paar von denen oft bei uns waren. Und die Leute sagten immer, er sei so dünnhäutig gegenüber der Presse gewesen, aber das stimmt

---

47 Rowland Evans von der *New York Herald Tribune*, HUGH SIDEY (1927–2005) vom *Time*-Magazin und WILLIAM LAWRENCE (1916–1972) von der *New York Times* und später ABC News.

nicht. Das war lustig – eines Abends zog Ben Bradlee ihn auf – nein, Jack beschwerte sich bei Ben Bradlee über einen Artikel, in dem irgendetwas falsch wiedergegeben war. Und später kam Ben Bradlee wieder einmal zum Dinner und war fuchsteufelswild, weil in irgendeinem kleinen Provinzblatt, das seine Schwiegermutter abonniert hatte, ein Artikel stand von – nicht von Tony Lewis, von irgendeinem Tony, der für Nixon geschrieben hat …

Ralph de Toledano.[48]

Ralph de Toledano hatte irgendetwas Schlechtes über Ben Bradlee geschrieben. Man hätte meinen können, es hätte auf der Titelseite der *New York Times* gestanden. Es waren nur ein oder zwei Sätze, aber Ben war außer sich. Jack lehnte sich zurück, grinste und sagte: »Na bitte, ihr mögt es also auch nicht, wenn man Unwahrheiten über euch schreibt.« Dass er die *Herald Tribune* aus Protest abbestellt hat, das hat er, glaube ich, hinterher als Fehler betrachtet.[49] Anfangs regte er sich also schon noch auf, aber später erwähnte er die schlechte Presse gar nicht mehr oder sagte, wenn ich nach Hause kam und mich über irgendjemanden beschwerte, der irgendetwas Gemeines geschrieben hatte: »Denk nicht darüber nach. Lies es einfach nicht.« Er akzeptierte es, nicht wahr … und wenn etwas Gutes in der Zeitung stand, dann erwähnte er es auch nicht. Ich dagegen sagte: »Ist das nicht wunderbar, was« – keine Ahnung – »der und der heute geschrieben hat?«

Was war mit den großen, politisch einflussreichen Journalisten, Lippmann und Scotty und all die anderen – Joe Alsop?

---

48 RALPH DE TOLEDANO (1916–2007) war Mitbegründer der konservativen, von William F. Buckley herausgegebenen und Nixon nahestehenden Zeitschrift *National Review.*

49 Wütend über die Berichterstattung dieser New Yorker Tageszeitung, die – so sein Verdacht – darauf abzielte, Nelson Rockefeller für den Wahlkampf 1964 zu stärken, hatte Kennedy sein Abonnement gekündigt, was in Washington für beträchtlichen Wirbel sorgte.

Nun, Joe war ein Freund. Und ich glaube, Lippman und Reston – Reston war ein schrecklich überheblicher Kerl und irgendwie … sie standen sich nicht besonders nahe. Ich meine, Jack empfing sie in seinem Büro und so. Aber natürlich hatten sie Vorbehalte gegenüber Jack, weil es da zum ersten Mal einen Präsidenten gab, der wahrscheinlich intelligenter war als sie, der jünger war … Lippmann störten zwei Dinge an ihm, einmal sein Vater und zweitens sein Katholizismus, komischerweise. Man hört das in Gesprächen mit anderen Leuten immer wieder heraus …

Ja. Ich glaube, Lippmanns Frau war ursprünglich katholisch. Sie wuchs katholisch auf und ging auf eine Klosterschule, aber dann brach sie damit, und ich glaube, das hatte einen gewissen Einfluss.

Ich erinnere mich, als …

Aber Lippmann schrieb 1960 hervorragende Kolumnen.

Ich weiß beim besten Willen nicht mehr, was sie schrieben und was nicht. Aber, nicht wahr, er ist ihnen niemals hinterhergelaufen. Er hat sich bei niemandem eingeschmeichelt. Was die Presse anging, traf er sich eigentlich nur mit Leuten, die er mochte, Leuten mit Humor – wie Bill Lawrence … Sie wissen schon.

Also, Sie sind nicht der Meinung, dass er besonders empfindlich …

Nein, nein.

… gegenüber der Presse war? Eine Menge Leute haben über diese Regierung gesagt, sie sei mehr als jede andere an ihrem »Image« interessiert gewesen, um dieses verpönte Wort einmal zu verwenden.[50]

---

50 In den frühen sechziger Jahren war diese für heutige Präsidenten selbstverständliche Praxis noch so neuartig, dass JFK sich auf einer Pressekonferenz den Vorwurf gefallen lassen musste, er betreibe »Nachrichtenmanipulation« (»news management«).

DER PRÄSIDENT UND MRS KENNEDY BEI DER BEGRÜSSUNG VON GÄSTEN AUF EINEM EMPFANG IM WEISSEN HAUS ANLÄSSLICH DES HUNDERTSTEN JAHRESTAGS DER EMANZIPATIONS-PROKLAMATION AN LINCOLNS GEBURTSTAG, 1963

Das stimmt einfach nicht. Und dann reden sie von einer Propagandamaschinerie, die wir im Wahlkampf – oder schon vor dem Wahlkampf – betrieben hätten und so weiter, und von unserem Image. Wir haben nie an ein Image gedacht. Und es hat auch niemand Öffentlichkeitsarbeit betrieben. Charlie Bartlett sagte dauernd: »Wir bringen zu viele Artikel.« Aber Jack sagte zu Charlie: »Ich muss so viele Hindernisse aus dem Weg räumen. Wenn ich in einer anderen Position wäre, dann wäre das vielleicht nicht die beste Methode, die Nominierung zu bekommen. Aber unter den gegebenen Umständen sehe ich keine andere Möglichkeit, als immer bekannter zu werden und die Leute mit Artikeln zu bombardieren.« Der Großteil der Öffentlichkeitsarbeit bestand darin, dass Anfragen für Interviews eingingen, die er dann auch gab. Und er hatte nie jemanden, der ihn beriet, und er machte sich auch nie Gedanken über unser Image. In Wahrheit war unser Image … das müssen Sie sich einmal klarmachen – in Wahrheit war ich eine Belastung für ihn bis zu unserem Einzug ins Weiße Haus. Aber er forderte mich nie auf, mich zu ändern. Alle hielten mich für einen Snob aus Newport, der sich das Haar toupiert, französische Kleider[51] trägt und die Politik hasst. Dann kamen die Kinder, und ich konnte keinen Wahlkampf machen und nicht so viel Zeit mit ihm verbringen, wie ich das gern getan hätte. Jack regte sich so auf, wenn sie wieder über mich herzogen. Und manchmal sagte ich zu ihm: »Oh, Jack, es tut mir so leid, dass ich für dich so eine Enttäuschung bin.« Aber er wusste, dass das nicht stimmte, und er wollte nicht, dass ich mich ändere. Und er wusste, dass ich ihn liebe und alles für ihn gab. Im Wahlkampf in Massachusetts sprach ich die ganze Zeit französisch, um Henry Cabot Lodge

---

51 Nicht zuletzt Clare Luce warf ihr vor, sie solle lieber in Amerika hergestellte Kleider tragen, was Mrs Kennedy später im Weißen Haus dann auch tat. Mrs Luce lobte sie daraufhin und meinte, Jackie könne wirklich alles tragen, sie sei »selbst in einem Jutesack« noch eine schöne Frau.

DER PRÄSIDENT, DER VIZEPRÄSIDENT UND DIE FIRST LADY
1963 BEIM EMPFANG DES MERCURY-ASTRONAUTEN
GORDON COOPER IM WEISSEN HAUS

PRÄSIDENT KENNEDY BEI EINEM PRIVATEN DINNER
IM WEISSEN HAUS, 9. FEBRUAR 1962

etwas entgegenzusetzen, bis die Leute auf mich zukamen und ganz überrascht waren, dass ich auch Englisch sprechen konnte! Wissen Sie, er war so stolz auf mich. Und … ich war so glücklich, ich weiß noch, wie ich dachte, sobald du im Weißen Haus bist – aber das gilt für jede Präsidentengattin – alles, was schlecht war, ist plötzlich neu und aufregend. Und wenn man eine feine französische Küche pflegt, ist das plötzlich ein Plus und kein Minus mehr – wenn man nicht den ganzen Tag in der Küche stehen und Irischen Eintopf zubereiten will. Als ich die Führung durchs Weiße Haus machte, war er auch stolz auf mich. Er zeigte den Film gern und fragte die Leute hinterher danach. Und dann habe ich, obwohl alle abrieten, das Buch über das Weiße Haus gemacht. Im Westflügel war man entsetzt von der Vorstellung, dass im Weißen Haus etwas verkauft werden sollte.[52] Aber er war so stolz auf mich, und ich war glücklich, dass ich wenigstens etwas zustande gebracht hatte, worauf er stolz sein konnte. Ich meine, das alles zeigt, dass er nicht an sein Image dachte, sonst hätte er mich aufgefordert, mir eine Dauerwelle verpassen zu lassen, damit ich aussehe wie Pat Nixon. Sie wissen schon – »Pat und Dick«. Und niemals … er hielt niemals Händchen in der Öffentlichkeit oder legte den Arm um mich – weil ihm das von Natur aus einfach zuwider war, und ich finde, das sollte für jedes Ehepaar … Also, er tat nichts für sein Image, manchmal sagte er nur, ich solle doch vielleicht Hüte tragen statt Schals.[53] Ach, und diese ganzen Briefe über meine Röcke, die zu kurz wären. Ich sagte: »Aber sie sind nicht zu kurz«, und er sagte: »Oh, du hast bestimmt recht.« Aber er sagte nie: »Mach sie doch bitte etwas länger.«

---

52 Als Jackie 1940 als junges Mädchen das Weiße Haus besichtigte, war sie enttäuscht, dass es keinen Führer in Buchform gab.

53 JFK hatte eine Vorliebe für Hüte.

PRÄSIDENT KENNEDY UND MRS KENNEDY IM GESPRÄCH
MIT ISAAC STERN BEI EINEM DINNER ZU EHREN
VON ANDRÉ MALRAUX, 1962

Er hat niemals versucht, Sie aus irgendwelchen politischen oder anderen Gründen dazu zu bringen, sich anders zu verhalten, nicht Sie selbst zu sein?

Nein. Ich glaube, es gefiel ihm, dass ich … Ich meine, er wusste, ich war ich selbst und hielt mich gern im Hintergrund. Ich glaube, er schätzte das an einer Ehefrau. Er hat mich geheiratet, weil ich war, wie ich war. Aber auch, als sich das politisch als eine Belastung erwies, sagte er nie zu mir, ich solle mich ändern, was ich ihm immer sehr hoch angerechnet habe. Weil er einfach nicht unecht sein wollte. Er spielte der Öffentlichkeit auch nichts vor mit seinen Kindern, er küsste keine Babys. All das wurde von Leuten über ihn geschrieben, die ihn einfach nicht verstanden. Und in dieser Hinsicht tut mir der arme Nixon leid – denn Jack war der unbefangenste Mensch, dem ich je begegnet bin. Er wirkte einfach in jeder Menschenmenge, in jedem Raum ganz natürlich und attraktiv. Er war völlig unbefangen, selbst wenn er nur mit einem Handtuch um die Hüften herumlief. Wenn es herunterfiel, wickelte er es sich eben wieder um. So viele Leute werden ängstlich oder nervös in der Öffentlichkeit oder bei Auftritten. Nixon ist so, er fängt sofort an zu schwitzen. Die Leute, die nicht so selbstsicher waren, nicht diese Leichtigkeit von Jack hatten, waren eifersüchtig auf ihn und schrieben ihm alle möglichen merkwürdigen Eigenarten zu, die er überhaupt nicht hatte. Er war einfach nur immer ganz natürlich.

Wie war sein Verhältnis zum Mitarbeiterstab im Weißen Haus?

Was meinen Sie?

Nun, wir haben über die Öffentlichkeitsarbeit gesprochen. Pierre Salinger und …

Wissen Sie, Jack mochte sie alle sehr. Ich war oft wütend auf Pierre, weil er häufig dick auftrug, was nicht gerade dazu beitrug, meine Kinder zu schützen. Einmal gab er ein langes Interview

PRÄSIDENT KENNEDY MIT PEARL S. BUCK UND JACQUELINE MIT ROBERT FROST BEIM EMPFANG DER NOBELPREISTRÄGER, 1962

und erzählte irgendetwas über ein betrunkenes Kaninchen,[54] woraufhin ich ihn ziemlich zusammenstauchte. Aber das Gute an Pierre ist – und das habe ich auch zu Jack gesagt –, wenn man mit ihm heftig geschimpft hatte, was hin und wieder vorkam, dann trug er es einem nicht nach. Er vergaß es einfach. Jack war ihm dafür sehr dankbar. Wenn man es jetzt so betrachtet, ohne Jack, dann sieht man, dass seine Mitarbeiter im Weißen Haus wirklich alle außergewöhnliche Menschen waren – die aber im Grunde sehr verschieden waren und von denen sich jetzt auch viele nicht mehr ausstehen können. Vielleicht konnten sie das schon damals nicht, aber man merkte es nicht. Ich meine, da war die »irische Mafia«. Da war Pierre. Und Mrs Lincoln, die auf jeden eifersüchtig war, der Jack zu nahe kam. Dann gab es die Professoren – also Sie, Bundy, Ralph Dungan, Mike Feldman.[55] Und alle verehrten Jack. Und dann gab es noch mich und unser Privatleben und Freunde. Alle hielten zusammen, weil sie wussten, wie viel er von jedem Einzelnen hielt und weil jeder sein Bestes gab. Er liebte sie alle, und alle liebten ihn. Jack hielt diesen bunt zusammengewürfelten Haufen zusammen. Jetzt sind einige von ihnen – zumindest von den Iren – nur noch schlecht auf die anderen zu sprechen.[56] Aber damals kam so etwas nicht vor.

54 Jacqueline, die sehr auf den Schutz der Privatsphäre ihrer Kinder bedacht war, war entsetzt, als Salinger einmal einem Reporter von einem ihrer Haustiere erzählte, einem Kaninchen namens Zsa Zsa, das eine Vorliebe für Bier hatte.

55 RALPH DUNGAN (*1923) und MYER FELDMAN (1914–2007) waren Mitglieder des Stabs im Weißen Haus.

56 Gemeint ist hier vor allem Ken O'Donnell, der Sorensen und Schlesinger nicht ausstehen konnte. Ein Indiz für JFKs Fähigkeit, die vielen verschiedenen Fraktionen zur Zusammenarbeit zu bewegen, ist, dass er keinen Stabschef im Weißen Haus einsetzte. JFK legte großen Wert darauf, selbst die »Gängelbänder« seiner Berater in Händen zu halten, und ließ alle Mitarbeiter seines Stabs direkt an ihn berichten.

Ich empfand es immer als unglaublich harmonisch. Wissen Sie, alle hatten mich vorher gewarnt, vor den Intrigen und dass einer dem anderen an die Gurgel geht und so weiter. Tatsächlich herrschte ein vorbildlicher Umgang untereinander – im Umfeld des Präsidenten – einfach, weil er jeden zu handhaben wusste.

Ja. Ich dachte oft, dass es – nun, es nicht dasselbe, aber man sagt doch, die Liebe einer Mutter ist grenzenlos – wenn man zwei Kinder hat oder neun, das bedeutet dann nicht, dass man die neun weniger liebt. Also, es gab tatsächlich keine Eifersüchteleien, niemand wurde bevorzugt, keiner hatte das Gefühl, dass Jack irgendwelche Lieblinge hatte …

Das stimmt.

… außer vielleicht Dave Powers, weil er dafür sorgte, dass Jack sich entspannen konnte, und dafür waren ihm auch alle anderen nur dankbar. Aber nein, er hatte keine Lieblinge. Und auf diese Weise konnten sie alle zusammenarbeiten. Es gab keine Intrigen, keine Grabenkämpfe. Kenny hat es selbst gesagt – Jack sorgte dafür, dass Kenny nicht die einzige Person war, durch die man Zugang zum Präsidenten bekam. Man konnte auch durch Mrs Lincolns Tür schleichen, oder man wandte sich an Tish … Es gab so viele Möglichkeiten.

Das stimmt.

Er war wirklich zugänglich, und trotzdem erledigte er so viel mehr als – als das heute der Fall ist. Er war zugänglich, aber wenn er gearbeitet hat, dann ließ er sich dabei nicht stören. Wenn er etwas anfing, brachte er das zu Ende.

Wann sah der Präsident die Kinder?

Habe ich Ihnen noch nicht unseren typischen Tagesablauf geschildert? Wie George Thomas morgens immer gegen Viertel vor acht an unsere Schlafzimmertür geklopft hat und wir in Jacks

Zimmer gegangen sind und die Kinder hereinkamen? Sie haben dann den Fernseher eingeschaltet und auf volle Lautstärke gedreht, und Jack hat sich an den Tisch gesetzt, sein Frühstück von einem Tablett gegessen und die Morgenzeitungen gelesen und alle Lageberichte … Sie wissen, diese Schreibmaschinenseiten – seine Agenda für den Tag.

Er machte das, bevor er sich anzog?

Ja.

Er trug einen Morgenmantel oder so.

Nein, er nahm zuerst ein Bad, und die Kinder kamen herein, während er badete. Ich habe ja erzählt, dass Johns Spielsachen immer neben der Wanne lagen. Dann frühstückte er in Hemd und Unterhosen. Und im Fernsehen – meine Güte, der Apparat war manchmal so entsetzlich laut, und ich wäre gern einfach mal bis neun im Bett liegen geblieben, aber dann ging ich in sein Zimmer und setzte mich zu ihm – im Fernsehen liefen Zeichentrickfilme, und dann gab es diesen schrecklichen Frühsport-Menschen, Jack La Sowieso …

LaLanne.

Also, Jack drehte den Fernseher leiser – es lief Jack LaLanne –, und er sagte Caroline und John, sie sollten dies und das tun, oder er kitzelte John mit den Zehen. Und er ließ sie immer herumtoben. Er liebte es, wenn die Kinder sich auf dem Boden herumwälzten – so genussvoll – das ist das Wort, das mir dazu einfällt. Und wenn sie morgens Schulpause hatten, kam er immer herunter in den Garten, klatschte in die Hände, und die ganze Bande kam angerannt.[57] Jack rief immer seine beiden Lieblinge zu sich,

57 In ihrer Zeit im Weißen Haus besuchte Caroline eine Schule, die Jacqueline im sogenannten »Sun Room«, im dritten Stock des Weißen Hauses, eingerichtet hatte. Die meisten ihrer Mitschüler waren Kinder von Regierungsbeamten.

Caroline und Mary Warner. Und die Lehrerin sagte zu Caroline, es sei nicht recht, sie dürfe nur dann Süßigkeiten nehmen, wenn die ganze Klasse welche bekommt. Also gab Mrs Lincoln ihnen eine ganze Schachtel Barracini-Bonbons. Oder wenn ich mit John da war, rief er uns kurz in sein Büro, und dann schickte er uns wieder hinaus, und John spielte auf der Schreibmaschine von Mrs Lincoln herum. Abends dann, wenn er die letzte Arbeit abschloss, gingen sie zu ihm rein und spielten in seinem Büro. Einer der letzten Tage, an die ich mich erinnere – von dem es dieses wunderbare Foto gibt, wo sie alle über Berlin reden, diese schlimme Krise, und plötzlich purzelt John unter seinem Tisch heraus. Und, oh, an einem der letzten Tage kam Charlie, der Hund, herein und biss John in die Nase, und Bundy musste Dr. Burkley[58] holen. Die Kinder waren ja niemals ungezogen, und er hatte sie gerne um sich. Er ging mit ihnen schwimmen – oder wenn die Zeit nicht reichte, bevor er zum Essen hochkam, kamen die Kinder dazu, egal wen wir zum Essen eingeladen hatten. Sie kamen in ihren Pyjamas herein, und er nahm sich Zeit für sie. Er spielte mit ihnen, selbst wenn es ein Staatsdinner war oder einfach ein Arbeitsessen – also, meistens war ich mit im Raum, und dann sagte er zu mir: »Hol doch die Kinder!« Natürlich machten sie gerade ihren Mittagsschlaf, und ich musste sie in ihren Pyjamas hereinbringen, weil er mir vorher nie Bescheid sagte. Aber er liebte es einfach, sie um sich zu haben. Und er brachte sogar Caroline das Schwimmen bei. Er brachte ihr bei, vom Sprungbrett zu springen, und in Florida schwamm sie zum ersten Mal der Länge nach durchs Becken. Na ja, sie schwamm ein Viertel, und den Rest tauchte sie. Und er stand daneben und rief: »Komm, du schaffst es!« Er unternahm viel mit ihnen. Und er erzählte ihnen Geschichten. Er dachte sie sich aus: »Der weiße Hai und der

58 GEORGE BURKLEY (1902–1991) war Marineadmiral und Hausarzt des Präsidenten, nachdem Dr. Janet Travell von seinem Fall abgezogen worden war, auch wenn Travell ihren offiziellen Titel weiterhin führen durfte.

DIE SCHULE IM WEISSEN HAUS

schwarze Hai« und »Bobo, der Lobo« und »Maybelle« – ein kleines Mädchen, das in den Wäldern versteckt lebte. Eines Tages war er ganz verzweifelt, und ich fragte: »Was ist?« Er sagte: »Du musst mir unbedingt ein paar Bücher besorgen. So langsam fallen mir keine Kindergeschichten mehr ein. Ich habe Caroline gerade eben erzählt, wie sie und ich drei japanische Kampfflugzeuge abgeschossen haben.«

Gab es irgendwelche Bücher, die er den Kindern gern vorlas? Oder Bücher, die sie von ihm hören wollten?

Nein, er las ihnen nicht viel aus Büchern vor. Viel lieber erzählte er ihnen eigene Geschichten – ziemlich wilde Geschichten, und sie hingen an seinen Lippen. Für Caroline erfand er Ponys – White Star und Black Star hießen sie. Caroline erzählte mir, dass er sie immer auswählen ließ, welches Pony sie reiten wollte und welches ihre Freundin. Und dann schickte er sie auf ein Rennen und ließ Caroline gewinnen. Oh, Miss Shaw kam auch oft vor, sie hatte ziemlich absurde Auftritte, und an dem Rennen nahm Mrs Throttlebottom teil[59] – wie Caroline auf die Jagd ging – mit Jagdhunden und White Star und Black Star – wie sie beim Grand National antrat und alle besiegte – kleine Dinge, die mit ihrer Welt zu tun hatten und mit denen sie dann große Abenteuer erlebten – John bekam sein PT-Schnellboot und versenkte einen japanischen Zerstörer … Sie kamen zu ihm ins Bett, und Jack wurde nie ungeduldig.

Wenn Sie in Hyannis Port oder Newport oder Palm Beach waren, verbrachte er noch mehr Zeit mit den Kindern, nehme ich an. Aber hochheben konnte er sie nicht oder mit ihnen toben, mit seinem Rücken?

---

59 Mit Miss Shaw dürfte Dorothy Shaw aus dem Film *Gentlemen Prefer Blondes (Blondinen bevorzugt)* gemeint sein; Throttlebottom ist der trottelige Vizepräsident in dem satirischen Gershwin-Musical *For Thee I Sing*.

CAROLINE UND JOHN BESUCHEN IHREN VATER
BEI DER ARBEIT

Wenn er sich auf den Boden setzte, konnte er mit ihnen schon rumbalgen. Und Caroline konnte er hochheben – ein bisschen zumindest. Bevor wir ins Weiße Haus einzogen, warf er sie zumindest oft in die Luft.[60] Jedenfalls, sie kamen morgens in unser Zimmer, und dann ging er mit ihnen eine Stunde oder so schwimmen, und anschließend wollte er immer, dass sie mit uns aufs Boot kamen. Sie waren ja noch ziemlich klein, und wenn sie nicht zu ihrem Mittagsschlaf kamen, konnten sie ziemlich quengelig werden. Aber er wollte sie trotzdem mitnehmen, also steckte man sie kurz ins Bett, und manchmal waren sie trotzdem weinerlich, aber er wollte sie eben dabeihaben. Oder in Camp David – man saß draußen, aß gemeinsam zu Abend, und er tobte mit ihnen auf dem Rasen herum.

An welchem der Orte, an denen Sie sich aufhielten, konnte er sich Ihrer Meinung nach am besten entspannen?

Eigentlich war das Boot der Ort, wo er sich am besten entspannen konnte. Vor seiner Wahl zum Präsidenten ist er viel mit dem Schiff seines Vaters unterwegs gewesen, der *Marlin*, und später mit der *Honey Fitz.* Der Grund war, dass es dort kein Telefon gab. Was das Telefon anging, war er furchtbar. Wenn es klingelte, *musste* er einfach rangehen. Und wenn es mal nicht klingelte, rief er selbst zehn Leute an … Ich erinnere mich noch, wie er Adlai Stevenson auf der *Honey Fitz* mitnahm, an einem späten Oktobertag in Newport, in der Hurrikansaison. Ich nahm zwei Polocoats für Adlai mit und einen Tropenhelm meines Stiefvaters. Jack saß im Heck mit einem schwarzen Sweater, sein Haar wehte im Wind, und er war glücklich. Ich saß drinnen, eingewickelt in zwei Decken, und trank heiße Suppe. So kalt war

---

60 Nachdem er sich 1961 bei einer Baumpflanzaktion in Ottawa am Rücken verletzt hatte, meinte JFK einmal, bevor er selbst wieder hoffen könnte, seinen Sohn hochzuheben, würde John alt genug sein, ihn hochzuheben.

es. Er dachte eben, alle würden das Boot lieben, weil es seine Zuflucht vor den Sorgen war. Das Boot war für ihn das, was für mich das Ausreiten mit dem Pferd ist – an der frischen Luft, weit und breit kein Telefon. Ich bin gar nicht so wild auf Reiten oder die Jagd. Aber man kommt raus, verliert die Anspannung. Er liebte die Sonne und das Wasser und dass es kein Telefon gab. Und er hatte immer Freunde dabei. Er benutzte das Boot nie zum Arbeiten.

Wie stand er zu den Parodien, die auf ihn gemacht wurden, zum Beispiel The First Family? *Hörte er sich so etwas an?*

Ich glaube schon. Ich bin mir nicht sicher, ob er sich die ganze Platte angehört hat.[61] Ich habe mir eine Seite angehört und sie dann weggeworfen, weil ich nicht wollte, dass meine Kinder sie zu Gesicht bekamen. Ich glaube, er nahm es einfach hin. Ich fand es so ungerecht, dass er nicht ... Ich meine, natürlich gefiel sie ihm nicht, aber ich war diejenige, die sich über solche Sachen aufregte. Ich fand es ziemlich geschmacklos. Es machte mir nichts aus, dass sie sich über mich oder was auch immer lustig machten, aber dass sie sich über kleine Kinder lustig machten ... In seinem ersten Jahr als Präsident ging ich zu zum Dinner des Frauenpresseclubs. Jack hatte an diesem Abend Fieber, deswegen ging ich mit Lyndon. Es ist Tradition, dass der Präsident und seine Frau an dem Dinner teilnehmen. Da kam nun eine Frau namens Bonnie Angelo auf die Bühne, verkleidet als Caroline auf einem Dreirad, und sang ein schreckliches Lied.[62] Im Jahr darauf weigerte

---

61 Das Hörspiel *The First Family* des Bühnenkomikers Vaughn Meader war die meistverkaufte Schallplatte der Zeit: in den ersten drei Monaten nach Erscheinen gingen 7,5 Millionen Exemplare über die Ladentische. Auf einer Pressekonferenz meinte JFK, Meaders Imitation von ihm klinge »mehr nach Teddy als nach mir«.

62 BONNIE ANGELO (*1924) berichtete damals für das *Time*-Magazin über Mrs Kennedy als First Lady.

DIE »FIRST FAMILY« IN HYANNIS PORT, 19

DIE *HONEY FITZ*

ich mich, zu dem Dinner zu gehen, zumal diese Bonnie Angelo jetzt Präsidentin des Presseclubs war. Pierre war in heller Aufregung, aber ich sagte: »Ich gehe da nicht hin, und Sie können denen gerne sagen, warum – oder Sie lassen sich irgendeine Entschuldigung einfallen, das ist mir egal.« Und ich erklärte es Jack. Was meine Kinder angeht, habe ich einfach sehr entschiedene Ansichten. Es war schwer genug, sie innerhalb der Kennedy-Familie zu beschützen – vor allem die Kinder von Eunice rannten immer so stolz herum, mit Kennedy-Ansteckern, und ließen immer diese Platte laufen: »My Daddy Is President, What Does Your Daddy Do?«[63] Ich versteckte all diese Dinge vor meinen Kindern und brachte ihnen bei, dass das Weiße Haus nur etwas Vorübergehendes war. Ich bin so froh, dass ich es getan habe, auch im Hinblick auf das Ende. Ich habe ihnen gesagt, dass wir nur so lange hier wohnen würden, wie ihr Vater Präsident sei, und dass vor uns schon andere Präsidenten hier gewohnt hätten. Ich erzählte ihnen, wie Franklin Roosevelt zum Dinner kam und Mrs Longworth oder Präsident Truman. Ich erzählte ihnen kleine Geschichten über andere Präsidenten und dass es einen anderen Präsidenten nach ihrem Vater geben werde und dass wir dann in Hyannis leben würden. Auf diese Weise kamen sie nie auf den Gedanken, dass er für immer diese Macht besitzen würde, die diesen ganzen Spott hervorrief ... Ja, ich regte mich über diese Parodien auf. Aber Jack mochte es nicht, wenn ich das tat. Ich nehme an, er dachte, dass das mit dazugehört, Präsident zu sein. Und weil wir als Familie so anders waren und so jung, gab es auch mehr, worüber man sich lustig machen konnte – das sagte er einmal ganz nüchtern zu mir.

Sprach der Präsident über Dinge, die er gern ändern wollte? Sie haben einen neuen Außenminister erwähnt.

Ich weiß, dass er J. Edgar Hoover loswerden wollte – Hoover und Allen Dulles, so bald wie möglich. Er musste sie ja am Anfang übernehmen ...

Sprach er darüber, was er mit dem FBI machen würde?

Nein, er nannte keine Personen. Allerdings wollte Bobby das Justizministerium verlassen. Ich glaube, er hätte vielleicht Nick

63 *My Daddy Is President,* gesungen von der siebenjährigen »Little Jo Ann« Morse, war 1962 ein Jukebox-Hit; die Schlusszeilen lauten: »No matter what I do, it makes a news event / ’cause my Daddy is the President«.

DER PRÄSIDENT UND MRS KENNEDY MIT IHRER MUTTER UND IHREM STIEFVATER AUF EINEM SEGELTÖRN VOR NEWPORT, 1962

Katzenbach[64] zum Leiter berufen, aber ich bin mir nicht sicher. Es sollte auch eine Art Friedenscorps aufgebaut werden, aber ich glaube, damit hatte man schon angefangen, oder? Und ich weiß, dass er das Thema Armut angehen wollte.[65] Und was ihm wirklich am Herzen lag … Kentucky war der Bundesstaat, von dem er mir erzählte, und er hatte vor, irgendwann dorthin zu reisen.[66]

64 NICHOLAS KATZENBACH (*1922) war Robert F. Kennedys Stellvertreter im Justizministerium und wurde unter Lyndon B. Johnson Justizminister.

65 Am Ende war es Lyndon B. Johnson, der 1964 das Freiwilligenprogramm »Volunteers in Service to America« (VISTA) ins Leben rief, und zwar im Rahmen seiner Wohlfahrtskampagne »War on Poverty«, die ihrerseits auf eine Initiative von JFK zurückging. Im Januar 1964 rief Johnson in seiner ersten Rede zur Lage der Nation »den bedingungslosen Krieg gegen die Armut in Amerika« aus.

66 1964 ließ sich dann LBJ mit armen Familien in den Appalachen ablichten.

DER PRÄSIDENT UND CAROLINE AUF DER *HONEY FITZ*

Ja, in die Appalachen.

Genau, die Appalachen. Und er wollte nach Russland.

Danach wollte ich Sie noch fragen.

Irgendwann in seiner zweiten Amtszeit wollten wir nach Russland reisen, und das wäre einfach unglaublich gewesen. Und wir wollten nach Fernost. Soweit ich weiß, sollte das im Dezember sein – er sprach nicht groß darüber, aber ich glaube, mit Indonesien und so weiter …

Ich glaube, er wollte im April, im Frühling, nach Fernost.

Es wäre einfach wunderbar für ihn gewesen, nach Japan zu reisen – nicht wahr, nachdem Eisenhower die Reise absagen musste[67] –, die Menschenmassen und was einen alles erwartet hätte. Ich wünschte mir wirklich, er hätte noch ein paar von den Erfolgen miterlebt, für die er so hart gearbeitet hat – das Steuergesetz, das Bürgerrechtsgesetz, die positive Entwicklung in der Wirtschaft. All diese Unternehmer, die immer noch schlecht über ihn reden – aber der Goldabfluss ist zum Stillstand gekommen und das Bruttosozialprodukt so hoch wie nie. Nach Japan reisen und nach Russland reisen. Hätte er doch nur all das noch sehen können. Und wenn er dann noch gewonnen hätte … Er hat dafür gebetet, gegen Goldwater antreten zu können. Er sagte immer: »Nichts gegen Barry. Er ist schon in Ordnung.« Wissen Sie, wenn er doch nur ein paar von den Erfolgen noch hätte miterleben können.

67 Ein für Juni 1960 angesetzter Staatsbesuch Eisenhowers in Japan war kurz vor seiner geplanten Ankunft wegen antiamerikanischer Ausschreitungen abgesagt worden.

Er wäre gern gegen Goldwater angetreten?[68] *Glaubte er, Goldwater würde nominiert werden?*

Oh, das wäre einfach zu schön gewesen. Ich glaube nicht, dass er damit rechnete. Ganz am Anfang ging er davon aus, dass es Romney werden würde, und das beunruhigte ihn, weil er Romney für ein Problem hielt.[69] Aber ich glaube, sah er keine so große Gefahr mehr in ihm . Ob er sonst jemanden fürchtete, weiß ich nicht.

Sprach er über Rockefeller?

Ja. Er hielt Rockefeller wohl irgendwie für einen Feigling. Seiner Meinung nach hätte er es wie Jack machen und damals bei den Vorwahlen antreten sollen.[70] Aber entweder hatte er kalte

---

68 BARRY GOLDWATER (1909–1998) war ein republikanischer Senator aus Arizona und der prominenteste Konservative seiner Zeit. JFK hatte Goldwater bereits vor dem Zweiten Weltkrieg kennengelernt, und die beiden blieben für den Rest ihres Lebens miteinander befreundet. Kennedy war überzeugt, dass Goldwater mit seinen extremen Ansichten 1964 haushoch gegen ihn verlieren würde (was er dann auch gegen LBJ tat). Goldwater behauptete später, JFK habe zugesagt, im Wahlkampf mit ihm durchs Land zu ziehen und gemeinsame Wahlkampfdebatten abzuhalten – so, wie es Lincoln und Stephen Douglas 1858 getan hatten. Es scheint aber höchst unwahrscheinlich, dass JFK einem derart schwachen Herausforderer wie Goldwater die Möglichkeit gegeben hätte, sich überall im Land mit dem Präsidenten als ebenbürtiger Gegner zu präsentieren.

69 GEORGE ROMNEY (1907–1995) war Präsident der American Motors Company, bevor er 1962 als Republikaner zum Gouverneur von Michigan gewählt wurde. RFK sagte 1964 im Rahmen des Oral-History-Projekts, eine Zeit lang sei Romney der Gegner gewesen, den sein Bruder am meisten fürchtete.

70 NELSON ROCKEFELLER (1908–1979) wurde 1958 zum Gouverneur von New York gewählt. Zwei Jahre später spielte er mit dem Gedanken, in den Vorwahlen der Republikaner gegen den ihm verhassten Nixon anzutreten, entschied sich dann aber dagegen. JFK hatte Rockefeller als einen starken Gegner bei seiner Wiederwahl gefürchtet, aber dann ließ sich Rockefeller von seiner Frau scheiden und heiratete im Mai 1963 eine Jüngere – damals eine politische Todsünde für einen Präsidentschaftskandidaten.

Füße bekommen, oder er war nervös wegen New Hampshire. Er sagte, wäre Rockefeller damals angetreten, er wäre Präsident geworden.

Ja. Der Präsident war überzeugt, wenn Rockefeller 1960 nominiert worden wäre, wäre er gewählt worden. Und ich glaube, damit hatte er recht.

Und er sagte, dass Rockefeller einfach nicht den Mumm habe oder die Weitsicht – irgendwas in der Art – oder dass er ein Zauderer sei. Und alles, was der arme Kerl jetzt anpackt, kommt immer zum falschen Zeitpunkt. Ich glaube nicht, dass Jack viel von Rockefeller hielt, aber er sprach auch nicht besonders schlecht von ihm. Nixon konnte er nicht ausstehen und hielt ihn wirklich für gefährlich. Und für ein bisschen …

Er dachte, er sei krank.

Krank, ja.[71]

Scranton?

Ich kann mich nicht daran erinnern, mit ihm über Scranton[72] gesprochen zu haben. Scranton machte damals viel von sich reden, und ich nehme an, Jack traute ihm die Nominierung zu. Aber ich kann mich nicht daran erinnern, mit ihm darüber gesprochen zu haben.

---

71 Nach dem Wahlkampf 1960 äußerte JFK gegenüber Bradlee, Nixon sei »geistesgestört« (»mentally unsound«) und »krank, krank, krank« (»sick, sick, sick«). Als Nixon 1962 im Kampf um den Gouverneursposten in Kalifornien unterlag, rief Kennedy den Sieger, EDMUND »PAT« BROWN (1905–1966), an und äußerte sich zufrieden darüber, dass Nixon vor Journalisten in Los Angeles angekündigt hatte, sich aus der Öffentlichkeit zurückzuziehen. JFK zu Brown: »Sie haben ihn in die Klapse geschickt.« Und Brown stimmte zu: »Ich halte ihn in der Tat für einen Psychotiker. Er ist ein talentierter Mann, aber verrückt.«

72 WILLIAM SCRANTON (*1917) war ein gemäßigter republikanischer Kongressabgeordneter und wurde 1962 zum Gouverneur von Pennsylvania gewählt.

Freute er sich auf den Wahlkampf '64?

O ja. Er konnte es kaum erwarten. Und wir hätten ihn gemeinsam führen können. Wahlkampf ist etwas ganz anderes, wenn man Präsident ist. Es hätte nicht mehr diese schrecklichen Auftritte wie in Wisconsin gegeben, wo man die Leute nötigen musste, einem die Hand zu schütteln. Er freute sich wirklich darauf – und darauf, zu gewinnen und seine Position zu festigen. Er tat sehr viel dafür. Es gab nicht mehr allzu viel zu tun, man musste die Sachen jetzt nur noch fortführen. Es wäre vor allem um die auswärtigen Beziehungen gegangen – Lateinamerika und Russland, und de Gaulle hätte Rotchina niemals anerkannt, wenn er am Leben geblieben wäre …

Äußerte er sich zu der Russland-Reise – was er dort tun oder sich anschauen wollte?

Nur, dass es dort riesige Menschenaufläufe geben würde.

Sollte es nur Moskau sein oder …?

Ich glaube, es sollte einfach eine Russland-Reise werden. Er äußerte sich eigentlich nie näher dazu. Und wie sagte er noch? Als sich die Beziehung zu Chruschtschow entspannte, nicht wahr, nach der Kubakrise und so weiter – er sagte, dass Chruschtschow wirklich ein Gangster ist und man sich von ihm nicht täuschen lassen darf, doch wenn man ihm mit Entschlossenheit entgegentritt, dann ginge es. Aber er wollte nie, dass die Leute dachten, Chruschtschow sei jetzt ein harmloser, freundlicher Mann.

Sprach er über seine Briefe, seine Korrespondenz mit Chruschtschow?[73]

---

73 JFK führte eine rege private Korrespondenz mit dem sowjetischen Führer, die Bundy etwas despektierlich als »die Brieffreunde-Briefe« bezeichnete.

Ich wusste nur, dass es sie gab. Aber er erzählte mir nicht, worüber sie sich schrieben, und ich fragte auch nicht danach. Wenn ich es getan hätte, hätte er mir die Briefe gegeben. Wenn ich ihn nach solchen Sachen fragte, sagte er immer: »Lass sie dir von Bundy zeigen.« Was Bundy dann auch tat. Einmal schickte Bundy mir ein paar Monate lang die ganzen CIA-Berichte, die Einsatzprotokolle und so weiter. Aber irgendwann langweilte es mich, sie zu lesen – nein, es langweilte mich nicht, es macht mich völlig mutlos – und ich sagte zu ihm: »Bitte, schicken Sie mir nichts mehr.« Wenn ich die Dinge las, die Jack jeden Tag durchsehen musste, fragte ich mich, wie er es schaffte, abends so fröhlich zu sein, einfach einen Drink zu nehmen oder mit der *Honey Fitz* rauszufahren. Jeden Tag zwanzig Seiten voller Probleme. Irgendwann dachte ich: »Es ist besser, wenn ich das nicht mehr lese. Ich sollte nur die erfreulichen Sachen lesen, um abends für ihn in guter Stimmung zu sein.« Einmal gaben wir ein kleines Dinner – ein Abschiedsessen für Ros Gilpatric, und Mrs Gilpatric sagte zu Jack – das war zur Zeit der TFX-Sache: »Jeden Abend, wenn Ros nach Hause kommt, sage ich zu ihm: ›Wie können die es wagen, solche Dinge über dich zu schreiben? Was sind das nur für Menschen?‹«[74] Und Jack sagte: »Das sagen Sie zu Ihrem Mann, wenn er abends nach Hause kommt? Das sollten Sie nicht tun. Suchen Sie lieber Berichte, wo er gelobt wird, und

74 1963 befasste sich der Permanente Investigationsausschuss des Senats mit der Vergabe eines 6,5 Milliarden US-Dollar schweren Auftrags (des bis dahin größten derartigen Auftrags in der amerikanischen Geschichte) an General Dynamics zum Bau eines mit dem Kürzel TFX (Tactical Fighter Experimental) bezeichneten neuen Jagdbombers. Vor seiner Ernennung zum Stellvertreter McNamaras war Gilpatric als Berater für General Dynamics tätig gewesen und wurde für seine Mitwirkung an der TFX-Entscheidung heftig kritisiert. Obwohl Gilpatric im März 1963 ankündigte, seine Tätigkeit als Anwalt in einer New Yorker Kanzlei wiederaufzunehmen, blieb er bis Januar 1964 im Pentagon, um seine Reputation wiederherzustellen.

DER PRÄSIDENT UND DIE FIRST LADY,
WASHINGTON, D. C., 3. MAI 1961

dann sagen Sie: ›Ist das nicht großartig?‹ Oder sprechen Sie über irgendetwas anderes, das ihm Freude macht.« Und das erwartete er auch von mir. Deswegen hörte ich auf, diese Berichte zu lesen – weil ich mir nicht unnötig Sorgen machen wollte.

Eine seiner größten Gaben war seine Fähigkeit, abzuschalten und sich nicht von den Problemen zerfressen zu lassen, sie in dem Wissen zur Seite zu legen, dass es im Moment nichts mehr gab, was er deswegen tun konnte.

Habe ich Ihnen schon erzählt, wie er mich dazu gezwungen hat, meinen Schreibtisch woandershin zu stellen?

Nein.

Nun, mein Schreibtisch stand zunächst in unserem Wohnzimmer, wo wir abends immer saßen, und auf dem Tisch türmten sich die Stapel – vor allem, weil Tish mir immer diese verdammten Mappen schickte. Kaum saß man gemütlich mit Jack zusammen, kam schon wieder ein Bote hereingestürmt. Bis er schließlich sagte: »Bitte schaff deinen Schreibtisch hier raus!« Das habe ich Ihnen aber schon erzählt …

Ja, stimmt.

Der Schreibtisch kam dann in den Treaty Room. Ich konnte Probleme nie loslassen. Aber er konnte abends unbekümmert einschlafen, und das hielt ich für sehr wichtig. Ich habe immer gedacht, dass Präsidenten in jedem Fall unter Schlaflosigkeit leiden müssen, weil diese Dinge nicht aufhören, an einem zu nagen – wenn dann vielleicht noch eine gewisse Unentschlossenheit dazukommt, was bei Lyndon Johnson bestimmt der Fall ist und vielleicht auch für Adlai Stevenson galt. Aber Jack hatte diesen eingebauten Schalter, von dem Ted Reardon[75] mir einmal er-

---

75 TIMOTHY REARDON (1915–1993) war JFKs persönlicher Assistent im Repräsentantenhaus und Senat und als Sonderberater im Weißen Haus tätig.

zählte – wie bei Soldaten im Schützengraben. Wenn es an der Zeit war, schlafen zu gehen, konnte er es einfach. Und das war sein größtes Glück … Das wäre wohl alles.

[John kommt ins Zimmer und spielt am Tonbandgerät herum.]

ANHANG

DANK

Es gibt viele Menschen, deren Unterstützung und Ermutigung mir bei der Vorbereitung dieses Projektes sehr geholfen haben. An allererster Stelle gilt mein Dank meinem Mann und meinen Kindern. Danken möchte ich auch der Familie von Arthur M. Schlesinger und insbesondere Alexandra Schlesinger für ihren Enthusiasmus, sowie Bill van den Heuvel für die kluge und umsichtige Beratung, die schon meine Mutter an ihm so sehr geschätzt hat. Ich hätte dieses Projekt niemals vollenden können ohne die Hilfe von Lauren Lipani, die meine Arbeit lesend und zuhörend begleitete und jedes Detail überprüfte.

Mein Dank auch an Tom Putnam, den Direktor von John F. Kennedy Presidential Library and Museum, sowie an die engagierten Archivare der Bibliothek, namentlich Karen Adler Abramson, Jaimie Quaglino, Maura Porter und Jenny Beaton. Die außergewöhnlichen Fotos, die das Buch so sehr bereichern, sind ein Ergebnis der Recherchen und des Fachwissens von Laurie Austin und Maryrose Grossman. Dank auch an Sharon Kelly, Jane Silva und Stephen Plotkin für ihre Unterstützung bei der Recherche. Danken möchte ich ebenso Tom McNaught, dem Direktor der John F. Kennedy Library Foundation, Rachel Day, die sämtliche Anfragen im Zusammenhang mit diesem Buch koordinierte, und darüber hinaus dem gesamten Mitarbeiterstab der Stiftung für ihre phantastische Arbeit in dem Bemühen, das Vermächtnis meiner Eltern zu bewahren.

Bob Barnett, Deneen Howell, Jim Fuller, Tom Hentoff und Esther Newberg möchte ich für ihre juristischen und verlagstechnischen Ratschläge danken.

So viele Menschen gaben für meine Mutter stets ihr Bestes, und dieses Projekt war keine Ausnahme. Besonders erfreut gewesen wäre sie über den Umstand, dass das talentierte Team bei Hyperion ausschließlich aus Frauen bestand, darunter Sharon Kitter, Linda Prather, Kristin Kiser, Jill Sansone, Marie Coolman, Sally Anne McCartin und Ellen Archer. Für ihre Arbeit bei der Produktion der CD möchte ich Marcos Sueiro Bal sowie Paul Fowlie und Karen Dziekonski danken.

Ich wünschte, meine Mutter hätte das große Glück gehabt, mit Gretchen Young arbeiten zu können, die genau die Art Lektorin ist, die sie selbst war, mit Shubhani Sarkar, der das Design mit großer Einfühlsamkeit gestaltete, und mit Navorn Johnson, die dieses Projekt von Anfang bis Ende betreute. Ranny Cooper und Stephanie Cutter möchte ich für ihre vielen klugen Ratschläge danken, ebenso wie Debra Reed und Amy Weiss.

Schließlich schulde ich Michael Beschloss Dank für seine aufschlussreiche Einführung und umfassenden Anmerkungen, von denen das Buch immens profitiert.

Caroline Kennedy

CHRONOLOGIE

29. MAI 1917 John Fitzgerald »Jack« Kennedy wird in Brookline (Massachusetts) als zweites von insgesamt neun Kindern des Unternehmers Joseph P. Kennedy und seiner Frau Rose geboren.

1931–1935 Besuch des Choate-Internats in Wallingford (Connecticut); gesundheitliche Probleme; 1934 Notaufnahme ins Krankenhaus mit schwerer Kolitis.

SEPTEMBER 1935 Zusammen mit den Eltern und Schwester Kathleen in London.

OKTOBER 1935 Zurück in den USA, schreibt er sich an der Princeton University ein; Abbruch des Studiums aus gesundheitlichen Gründen (Verdacht auf Leukämie); zweimonatiger Krankenhausaufenthalt.

SOMMER 1936 Arbeitet auf einer Ranch in Arizona (als Reha-Maßnahme).

1936–1940 Studium an der Harvard University in Cambridge (Massachusetts); Reise mit »Lem« Billings nach Europa (Frankreich, Spanien, Italien, Deutschland).

1937–1940 Vater JPK Botschafter in London.

1938 JFK verbringt den Sommer in London und arbeitet bei seinem Vater in der Botschaft; schlechter Gesundheitszustand (Kolitis; Osteoporose am Lendenwirbel).

1939 Reise nach Russland und in den Nahen Osten.

1940 Schreibt seine Abschlussarbeit im Fachbereich »International Affairs« (Internationale Beziehungen) über den Beitrag Großbritanniens zum Münchner Abkommen von 1938 *(Appeasement in Munich)*, die »cum laude« ausgezeichnet wird. Auf Anraten seines Vaters erscheint die Arbeit in Buchform und wird unter dem Titel *Why England Slept* achtzigtausendmal verkauft. JFK studiert einige Monate an der Stanford University (Kalifornien).

1941 Als Freiwilliger zur Armee; Rückenprobleme.

1942 Nach den Ereignissen von Pearl Harbor Wunsch, zur Marine zu gehen; zunächst Bürotätigkeit.

1943 Kommandant des Schnellboots PT-109, das bei einer Geheimaktion im Pazifik von einem japanischen Zerstörer gerammt und versenkt wird. Die Überlebenden können sich auf eine Insel retten (heute Kennedy Island).

1944 JFKs älterer Bruder Joseph stirbt bei einem Flugzeugeinsatz vor der englischen Küste.

1945 Arbeit als Journalist.

1946–1952 JFK vertritt den 11. Kongressdistrikt von Massachusetts im Repräsentantenhaus.

OKTOBER 1951 Zusammen mit Bruder Robert und Schwester Patricia Reise nach Indien, Japan, Vietnam, Israel.

MAI 1952 Verlobung mit Jacqueline Lee Bouvier (*28. Juli 1929).

1952–1958 JFK ist einer von zwei Senatoren in Massachusetts.

12. SEPTEMBER 1953 Heirat.

1954 Erste Rückenoperation; JFK schwebt in Lebensgefahr und erhält die Letzte Ölung.

1955 Jacqueline erleidet eine Fehlgeburt.

FEBRUAR 1955 Zweite Rückenoperation; anschließend drei Monate Rekonvaleszenz; JFK schreibt das Buch *Profiles in Courage (Zivilcourage)*.

1956 Kandidatur beim Demokratischen Parteitag in Chicago für die Vizepräsidentschaft; JFK unterliegt knapp Estes Kefauver aus Tennessee.

AUGUST 1956 Jacqueline erleidet Todgeburt.

1957 *Profiles in Courage* wird mit dem Pulitzer-Preis ausgezeichnet.

27. NOVEMBER 1957 Geburt der Tochter Caroline.

1958 JFK wird mit Rekordergebnis als Senator wiedergewählt.

1960 Im innerparteilichen Vorwahlkampf setzt sich JFK gegen Senator Hubert H. Humphrey als Präsidentschaftskandidat durch und auf dem Nominierungsparteitag der Demokraten vom 11. bis 15. Juli gegen Lyndon B. Johnson und Adlai Stevenson.

8. NOVEMBER 1960 JFK gewinnt die Präsidentschaftswahl knapp gegen den republikanischen Kandidaten Richard Nixon.

25. NOVEMBER 1960 Geburt von John F. Kennedy junior.

20. JANUAR 1961 Amtseinführung; JFKs engste Mitarbeiter im Weißen Haus sind u. a. Larry O'Brien (Verbindungsmann zum Senat), Ted Sorensen (Chefberater, Redenschreiber), Pierre

Salinger (Pressesprecher), Kenneth O'Donnell und David Powers (Terminplanung), Evelyn Lincoln (Chefsekretärin), McGeorge Bundy (Sicherheitsberater) und Robert F. Kennedy (persönlicher Berater).

1. MÄRZ 1961 Gründung des Friedenskorps (Peace Corps).

12. APRIL 1961 Der Sowjet-Kosmonaut Juri Gagarin ist der erste Mensch im All.

17. APRIL 1961 Der von der CIA unterstützte Invasionsversuch auf Kuba durch Exilkubaner scheitert in der Schweinebucht.

MAI 1961 JFK entsendet Lyndon B. Johnson nach Südvietnam, um Präsident Ngo Dinh Diem weitere militärische Unterstützung im Kampf gegen die kommunistischen Vietcong zuzusichern.

31. MAI 1961 Treffen mit Präsident Charles de Gaulle in Paris.

3./4. JUNI 1961 Treffen mit Staats- und Parteichef Nikita Chruschtschow in Wien.

13. AUGUST 1961 Bau der Berliner Mauer.

14. FEBRUAR 1962 Das Fernsehen sendet Jacqueline Kennedys Führung durch das auf ihre Initiative hin historisch restaurierte Weiße Haus.

20. FEBRUAR 1962 John Glenn ist der erste US-Astronaut im All.

12.–26. MÄRZ 1962 Jacqueline Kennedy bereist Indien und Pakistan.

APRIL 1962 »Stahlkrise« in den USA.

SEPTEMBER 1962 JFK entsendet Militär zur University of Mississippi, um die Immatrikulation des schwarzen Studenten James Meredith durchzusetzen.

16.–28. OKTOBER 1962 Kubakrise.

21. DEZEMBER 1962 JFK und der britische Premierminister Harold Macmillan beschließen die »Vereinbarung von Nassau« (Skybolt-Affäre).

JANUAR 1963 Auf Initiative von Jacqueline Kennedy wird Leonardo da Vincis *Mona Lisa* in Washington und anschließend in New York ausgestellt.

29. MÄRZ 1963 Der Beitritt Großbritanniens zur Europäischen Wirtschaftsgemeinschaft, EWG, scheitert am Veto Frankreichs.

JUNI 1963 Gewaltsame Proteste in Südvietnam gegen die Diem-Regierung; JFK entsendet Botschafter Henry Cabot Lodge, der Diem zum Rücktritt bewegen soll.

11. JUNI 1963 George Wallace, Gouverneur von Alabama, verweigert zwei schwarzen Studenten den Zugang ins Universitätsgebäude; JFK entsendet die Alabama-Nationalgarde.

23.–26. JUNI 1963 JFK besucht die Bundesrepublik; hält eine Rede vor dem Schöneberger Rathaus in Berlin.

7. AUGUST 1963 Geburt des Sohnes Patrick, der zwei Tage später stirbt.

28. AUGUST 1963 »Marsch auf Washington«; JFK empfängt Martin Luther King im Weißen Haus.

7. OKTOBER 1963 JFK unterzeichnet Atomteststoppabkommen.

22. NOVEMBER 1963 Auf einer Wahlkampfreise durch Texas wird JFK in Dallas erschossen.

AUSWAHL-BIBLIOGRAPHIE

JAMES ABBOTT / ELAINE RICE, *Designing Camelot*, Wiley 1997.

MICHAEL BESCHLOSS, *The Crisis Years*, HarperCollins 1991 [*Kennedy und Chruschtschow – Die Krisenjahre 1960–1963*, Econ 1991].

MICHAEL BESCHLOSS, *Reaching for Glory*, Simon and Schuster 2001.

BENJAMIN BREDLEE, *Conversations with Kennedy*, Norton 1975.

WINSTON CHURCHILL, *Lord Randolph Churchill*, Macmillan 1908.

CLARK CLIFFORD, *Counsel to the President*, Random House 1992.

JOHN CONNALLY, *In History's Shadow*, Hyperion 1994.

ROBERT DALLEK, *An Unfinished Life*, Little, Brown, 2004 [*John F. Kennedy: Ein unvollendetes Leben*, DVA 2003].

DAVID HALBERSTAM, *The Best and the Brightest*, Random House 1973.

EDWARD KENNEDY, *True Compass*, Twelve 2009.

GORDON LANGLEY HALL / ANN PINCHOT, *Jacqueline Kennedy*, Frederick Fell 1964.

JAMES MACGREGOR BURNS, *John Kennedy: A Political Profile*, Harcourt Brace 1960.

WILLIAM MANCHESTER, *The Death of a President*, Harper and Row 1967 [*Der Tod des Präsidenten*, Fischer 1967].

RALPH MARTIN, *A Hero for Our Time*, Macmillan 1983.

JAMES C. OLSON, *Stuart Symington*, University of Missouri 2003.

RICHARD REEVES, *President Kennedy*, Simon and Schuster 1993.

MARY VAN RENSSELAER THAYER, *Jacqueline Kennedy: The White House Years*, Little, Brown 1971.

ARTHUR M. SCHLESINGER, *Robert Kennedy and His Times*, Houghton Mifflin 1978.

ARTHUR M. SCHESINGER, *A Thousand Days: John F. Kennedy in the White House*, Houghton Mifflin 1965 [*Die tausend Tage Kennedys*, Scherz 1967].

CARL SFERRAZZA ANTHONY, *As We Remember Her*, Harper Collins 1997.

TED SORENSEN, *Kennedy*, Harper and Row, 1965 [*Kennedy*, Piper 1966].

TED SORENSEN, *Counselor*, Harper 2008.

J. B. WEST, *Upstairs at the White House*, Coward / McCann 1973.

BILDNACHWEISE

©2000 Mark Shaw/mptvimages.com: 2, 88, 259

AP Photo/Henry Burroughs: 220

John F. Kennedy Presidential Library and Museum, Boston: 45, 47, 49, 53, 71, 81, 101, 103, 112, 123, 124, 194, 201 (oben und unten), 208 (beide), 211, 286, 297, 304 (links), 395 (oben)

AP/John F. Kennedy Presidential Library and Museum, Boston: 153

CBS Photo Archive/Getty Images/John F. Kennedy Presidential Library and Museum, Boston: 205

Fay Foto Service/John F. Kennedy Presidential Library and Museum, Boston: 107, 142

Caroline Kennedy/John F. Kennedy Presidential Library and Museum, Boston: 63

Robert Knudsen, White House/John F. Kennedy Presidential Library and Museum, Boston: 202 (unten), 236 (oben), 239, 243, 306, 423, 426/427, 431, 436 (beide), 438/439, 445

Dan McElleney/BettmanCORBIS/John F. Kennedy Presidential Library and Museum, Boston: 60

President's Office Files, Speech Files Series, »Inaugural address, 20, 1961«, Box 34/John F. Kennedy Presidential Library and Museum, Boston: 213

Abbie Rowe, National Park Service/John F. Kennedy Presidential Library and Museum, Boston: 67, 182, 199, 202 (oben), 241, 325, 365, 390/391

Bob Sandberg, *Look*-Magazin/John F. Kennedy Presidential Library and Museum, Boston: 159, 446

Paul Schutzer, *Time & Life Pictures*/Getty Images/John F. Kennedy Presidential Library and Museum, Boston: 174

Cecil Stoughton, White House/John F. Kennedy Presidential Library and Museum, Boston: 28, 69, 162, 207, 228, 234, 235, 236 (unten), 266, 275, 298, 356/357, 381, 395 (unten), 396, 425, 429, 442, 443

Stanley Tretick/BettmannCORBIS/John F. Kennedy Presidential Library and Museum, Boston: 452/453

U.S. Army Signal Corps/John F. Kennedy Presidential Library and Museum, Boston: 218/219

U.S. Department of State/John F. Kennedy Presidential Library and Museum, Boston: 304 (rechts), 335

USIS/John F. Kennedy Presidential Library and Museum, Boston: 328

Hank Walker, *Time & Life Pictures*/Getty Images/John F. Kennedy Presidential Library and Museum, Boston: 136/137

George Tames/*The New York Times*/Redux: 27

PERSONENREGISTER

A

B

C

D

E

F

G

H

I

J

K

L

M

N

O

P

Q

R

S

T

U

V

W

Y